Materialien SII · Biologie

Stoffwechsel-physiologie

Schroedel

Materialien SII · Biologie

Stoffwechselphysiologie

Herausgegeben und bearbeitet von
Prof. Dr. Andreas Christian, Flensburg
Dr. Iris Mackensen-Friedrichs, IPN Kiel
Christian Wendel, Vechta
Elisabeth Westendorf-Bröring, Vechta

Druck A [1] / Jahr 2006

Alle Drucke der Serie A sind im Unterricht parallel verwendbar.

Redaktion: Heidrun Kiene, Sabine Gilbert
Illustrationen: Brigitte Karnath, Tom Menzel, Frank Wohlgemuth
Einbandgestaltung: Janssen Kahlert Design & Kommunikation
Layout und Satz: Jesse Konzept & Text GmbH, Hannover
Druck und Bindung: westermann druck GmbH, Braunschweig

ISBN 978-3-507-10918-6
alt: 3-507-10918-2

Bildquellen:

Umschlag Steve Gschmeissner / SPL / Agentur Focus; 6.0 Steve Gschmeissner/SPL / Agentur Focus; 6.1 Manfred P. Kage / Okapia; 6.2 Bach / Mauritius; 6.3 Norbert Lange / Okapia; 6.4 Kuchlbauer / Mauritius; 6.5 J. Beck / Mauritius; 7.1 Klaus G. Kohn; 7.2 Manfred P. Kage / Okapia; 7.3 dpa / dpaweb / picture-alliance; 7.4 Gunther von Hagens / Institut für Plastination, Heidelberg (www.koerperwelten.de); 7.5 SST / Mauritius; 7.6 Pictures / Helga Lade; 8.0 Manfred P. Kage / Okapia; 14.2 Elisabeth Westendorf-Bröring; 15.1 li. Science Source / Okapia; 15.1 re. K. Eward / Science Source / Okapia; 16.0 Bach / Mauritius; 24.0 Norbert Lange / Okapia; 27.3 James L. Amos / Corbis; 36.0 Kuchlbauer / Mauritius; 37.1 Hans Reinhard / Okapia; 37.2 Markus Kappeler; 38.1 A Weimann / Mauritius; 38.1 B Silvestris; 38.1 C Dr. Wolfgang Schiffer / agrar press; 38.3 Deutsches Museum; 40.1 Lichtbild-Archiv Dr. Keil; 40.2 A Prof. Dr. W. Weber; 40.2 B Reinhard / Okapia; 40.3 A + B Prof. Dr. W. Weber; 41.1 Johannes Lieder; 41.2 Dr. H.-D. Frey; 41.3 Prof. Dr. W. Weber; 42.1 Klaus G. Kohn; 42.2 A + B KHS-Bildarchiv, Finningen; 42.2 C Johannes Lieder; 45.1 Uwe Anders; 46.1 Lichtbild-Archiv Dr. Keil; 49.1 A Ernst Schacke / Naturbild / Okapia; 49.1 B + C Johannes Lieder; 51.1 Hans Pfletschinger / Tierbildarchiv Angermayer; 51.2 A Michael Fogden / OSF / Okapia; 51.2 B Johannes Lieder; 53.1 A Institut für wissenschaftliche Fotografie Manfred Kage; 54.1 A Hans Reinhard / Okapia; 54.1 B Xeniel-Dia; 55.1 A Giel / Silvestris; 55.1 B Prof. Godbold, Institut f. Forstbotanik Universität Göttingen; 55.2 A Heppner / Silvestris; 55.2 B Hapo / Okapia; 60.0 J. Beck / Mauritius; 60.1 A Thonig / Mauritius; 60.1 B Manfred P. Kage / Okapia; 60.1 C Rosenfeld / Mauritius; 60.1 D Visa Image / Mauritius; 60.1 E H. Schmied / Mauritius; 60.1 F Telegraph Colour / Silvestris; 61.1 A Martin Land/SPL / Agentur Focus; 61.1 B N J Butterfield; 61.1 D J. W. Schopf, Museum of Paleontology / University of California, Berkeley; 64.1 A eye of science; 64.1 B eye of science; 67 ob. IPS / Mauritius; 73.2 Prof. Dr. Rüdiger Schulz-Friedrich / Bot. Institut Kiel, aus: BIUZ 3/98; 73.3 dpa / picture-alliance; 74.1 Sylke Brünn; 76.1 A Hecker / Silvestris; 76.1 B Nigel Cattlin/Holt Studios / Okapia; 76.1 C Frithjof Skibbe / Silvestris; 76.3 A ob. Johannes Lieder; 77.1 A Ronald Göckel / Okapia; 77.1 B Martin Wendler / Okapia; 77.1 C Obst / Mauritius; 78.1 Max-Planck-Institut für marine Mikrobiologie; 78.2 Dr. Heide Schulz-Vogt / Institut für Mikrobiologie, Universität Hannover; 79.1 A marum Universität Bremen © 2004; 84.0 Klaus G. Kohn; 87.1 eye of science; 91.1 Langbehn / action press; 91.2 Winfried Zemann; 98.0 Manfred P. Kage / Okapia; 101.1 K. Porter/NAS / Okapia; 104.1 ob. D. Scharf, Peter Arnold Inc. / Okapia; 104.1 unt. Dr. Tony Brain/SPL / Agentur Focus; 105.1 Bildarchiv Preußischer Kulturbesitz; 109.1 A dpa / picture-alliance; 109.1 B Workbookstock.com / Mauritius; 109.1 C dpa / picture-alliance; 116.1 li. Johannes Lieder; 116.1 re. Phototake / Mauritius; 117.1 Nill / Mauritius; 117.2 Clive Bromhall / OSF / Okapia; 117.3 Davis / NAS / Okapia; 118.0 dpa/dpaweb / picture-alliance; 122.2 ZB-Fotoreport / picture-alliance; 124.0 Gunther von Hagens / Institut für Plastination, Heidelberg (www.koerperwelten.de); 126.1 Dr. Reinbacher; 130.2 Bordis / Mauritius; 133.1 Erhard Schulz, Hamburg; 135.1 Dr. med. J.P. Müller / Okapia; 137.1 KHS-Bildarchiv, Finningen; 138.0 SST / Mauritius; 138.1 Prof. Dieter O. Fuerst, PhD / Universität Potsdam; 141.1 A Eric Grave / SPL / Agentur Focus; 141.1 B Innerspace Imaging/SPL / Agentur Focus; 141.1 C SPL / Agentur Focus; 145.1 Georg Quedens; 146.0 Pictures / Helga Lade

Es war uns nicht bei allen Abbildungen möglich, den Inhaber der Rechte ausfindig zu machen. Berechtigte Ansprüche werden selbstverständlich im Rahmen der üblichen Vereinbarungen abgegolten.

Inhalt

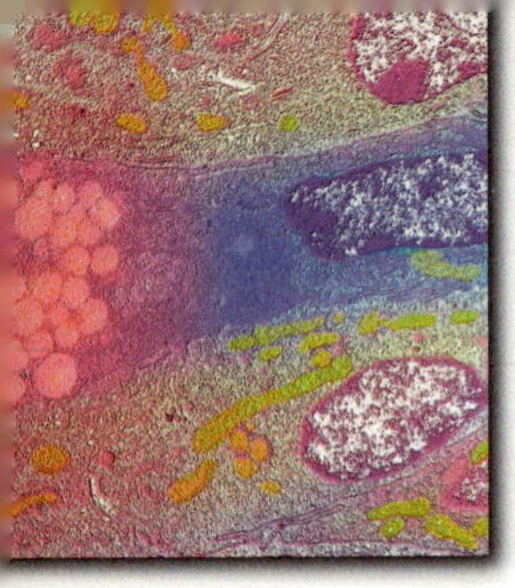

Was ist Stoffwechselphysiologie?

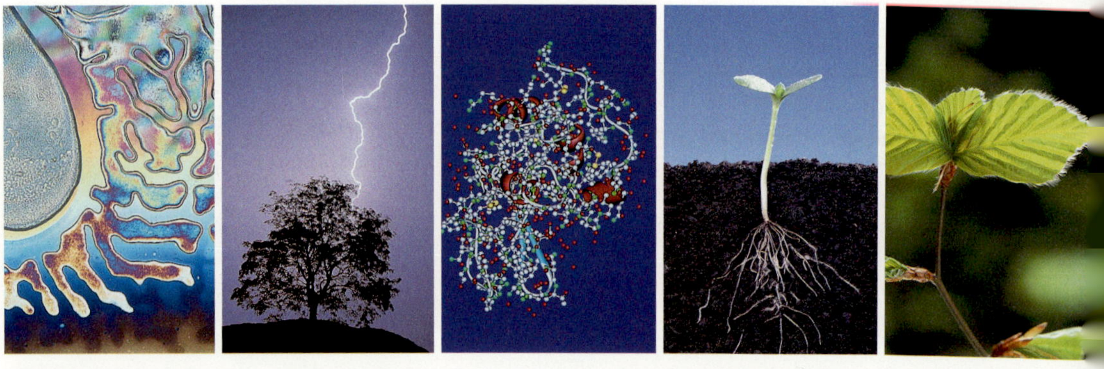

Organismen sind aus verschiedenen, teils hochmolekularen Verbindungen aufgebaut. Zu den stoffwechselphysiologisch bedeutsamsten **Inhaltsstoffen der Zelle** gehören Proteine, Kohlenhydrate, Fette, Wasser, Mineralsalze und Nukleinsäuren. Diese Verbindungen können in den Zellen durch chemische Reaktionen umgewandelt werden.

Die Gesamtheit der chemischen Reaktionen, die in lebenden Zellen ablaufen, bezeichnet man als **Stoffwechsel.** Wie bei allen chemischen Reaktionen gibt es auch im Stoffwechsel Energie freisetzende, endergonische, und Energie verbrauchende, exergonische Reaktionen. Bei den **katabolen** Stoffwechselwegen wird durch den Abbau hochmolekularer Verbindungen Energie freigesetzt, die in energiereichen Molekülen, wie dem Adenosintriphosphat (ATP), gespeichert werden kann. Hingegen werden in den **anabolen** Stoffwechselreaktionen aus einfach gebauten Molekülen hochmolekulare Verbindungen synthetisiert. Hierbei wird chemische Energie benötigt, die über den Abbau energiereicher ATP-Moleküle bereitgestellt wird.

Anabole Stoffwechselreaktionen können meistens nur ablaufen, wenn durch katabole Reaktionen genügend Energie in Form von ATP-Molekülen zur Verfügung gestellt wird. Diesen energetischen Zusammenhang bezeichnet man als **Energiekopplung.**

Die Zelle ist ein **offenes System,** da zwischen ihr und der Umgebung ein ständiger Stoff- und Energieaustausch möglich ist.

Sämtliche Stoffwechselprozesse werden durch Biokatalysatoren, **Enzyme,** katalysiert. Ihre Aktivität ist von verschiedenen Faktoren abhängig und wird ständig reguliert.

Bei grünen Pflanzen und einigen Bakterien können anabole Stoffwechselreaktionen unabhängig von katabolen Stoffwechselreaktionen ablaufen. Man nennt diese Organismen daher autotroph. Bei Pflanzen erfolgt die **Wasser- und Mineralsalzaufnahme** über die Wurzeln im Boden. Über den Stängel werden die Stoffe zu den Blättern transportiert. Dort erfolgt aus dem Kohlenstoffdioxid der Luft, das über die Blätter aufgenommen wird, und Wasser die Synthese des energiereichen Stoffes Glucose. Bei diesen Reaktionen wird Sauerstoff frei. Als Energiequelle wird das absorbierte Sonnenlicht genutzt. Diesen Vorgang nennt man **Fotosynthese.** Die Organismen, die ihn durchführen, sind fotoautotroph. Die Fotosynthese, bei der die Lichtenergie in energiereichen, chemischen Stoffen gespeichert wird, ist der fundamentalste Stoffwechselprozess für das Leben auf der Erde.

Verschiedene Bakterien können ihre Energie anstatt aus dem Sonnenlicht auch aus energiereichen anorganischen Verbindungen ge-

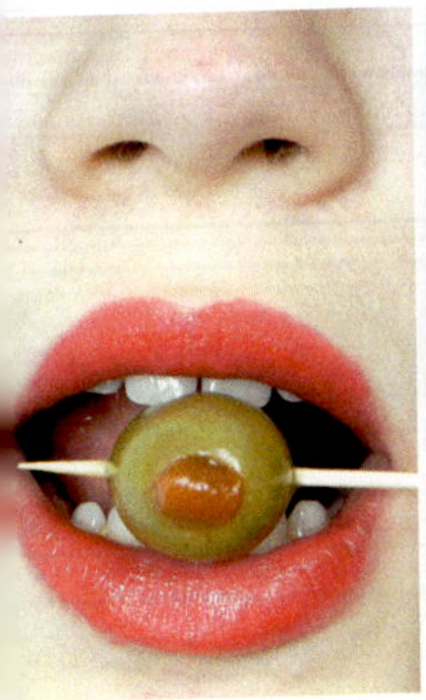

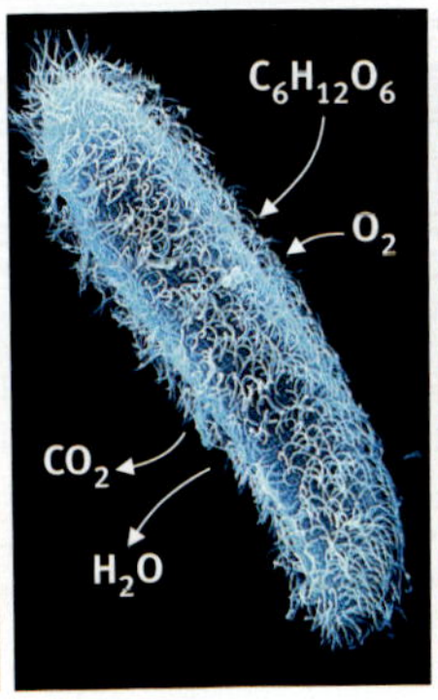

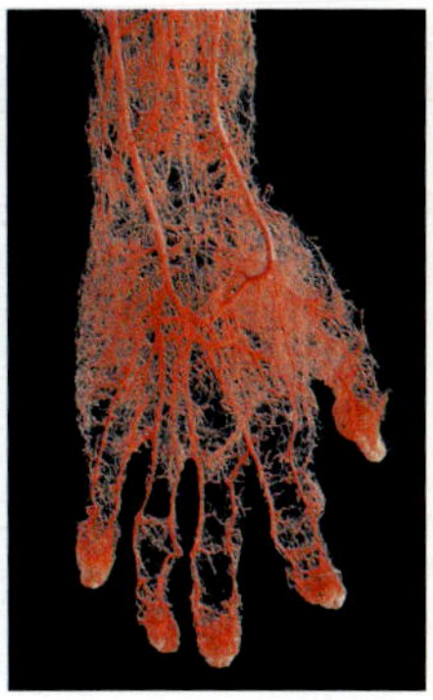

winnen. Diesen Prozess nennt man **Chemosynthese,** die betreffenden Organismen chemoautotroph. Organismen, die nicht durch Fotosynthese energiereiche Verbindungen aufbauen können sondern diese in Form von Nährstoffen aufnehmen müssen, nennt man heterotroph. Sie sind von den autotrophen Organismen als Nahrungsquelle abhängig.

Bei Tieren werden die in der Nahrung enthaltenen Stoffe bei der **Verdauung** in kleinere Bausteine zerlegt und aus dem Darm ins Blut aufgenommen. Dieser Vorgang heißt **Resorption.** Über das Blut werden die Bausteine zu den Zellen transportiert und von ihnen aufgenommen. Beim **intrazellulären Abbau** werden die energiereichen Moleküle über zahlreiche Stoffwechselreaktionen mithilfe von Sauerstoff zu energiearmen, anorganischen Stoffen abgebaut. Dieser als **Zellatmung** oder **innere Atmung** bezeichnete Vorgang findet bei allen Lebewesen statt. Bei Abwesenheit von Sauerstoff können auch verschiedene Arten von Gärungen stattfinden.

Den für die Zellatmung benötigten Sauerstoff produzieren die Pflanzen bei der Fotosynthese selber oder nehmen ihn über Spaltöffnungen des Blattes aus der Luft auf. Tiere besitzen für diese **äußere Atmung** meistens besondere Organe wie Tracheen, Kiemen oder Lungen. Über sie wird der Sauerstoff aus dem Außenmedium in das Körperinnere aufgenommen.

Der Transport des Sauerstoffs zu den Zellen erfolgt über das **Blut.** Es enthält zahlreiche in Wasser gelöste Stoffe, Gase sowie Zellen mit verschiedenen Aufgaben. Das Blut fließt in einem aus Blutgefäßen aufgebauten **Blutkreislauf.** Es wird mithilfe des **Herzens,** einer muskulären Pumpe, durch das Blutgefäßsystem zu allen Zellen des Körpers befördert.

Chemische Energie wird zu einem großen Teil für **Bewegungen** genutzt. Im Gegensatz zu Pflanzen, die überwiegend nur Wachstumsbewegungen durchführen, verfügen Tiere über **Muskeln**, die sich kontrahieren können. Hierdurch können die Tiere aktiv schnelle Bewegungen durchführen. Auch zahlreiche innere Organe sind auf Muskelaktivität angewiesen.

Unverdauliche Nahrungsbestandteile passieren den Darm und werden ausgeschieden. Stickstoffhaltige Endprodukte des Stoffwechsels werden durch besondere Organe, beim Menschen die Nieren, ausgeschieden. Diese **Exkretion** steht auch im Zusammenhang mit dem Wasserhaushalt des Körpers.
Die von Tieren ausgeschiedenen Stoffe werden von Mikroorganismen als **Destruenten** zu anorganischen Stoffen abgebaut. Diese können von Pflanzen als **Produzenten** erneut aufgenommen werden. Da sich Tiere als **Konsumenten** meistens von der pflanzlichen Biomasse ernähren, befinden sich die chemischen Stoffe in einem Kreislauf.

Inhaltsstoffe der Zelle

1 Proteine

Zellen bestehen zum größten Teil aus Wasser mit einer Vielzahl von darin gelösten Ionen und Molekülen. Weitere Inhaltsstoffe sind Proteine (Eiweiße), Kohlenhydrate und Fette, die man gemeinsam auch als Nährstoffe bezeichnet, sowie Nukleinsäuren.

8.1 Struktur einer Aminosäure. A nicht ionisierte Form; **B** Zwitterion

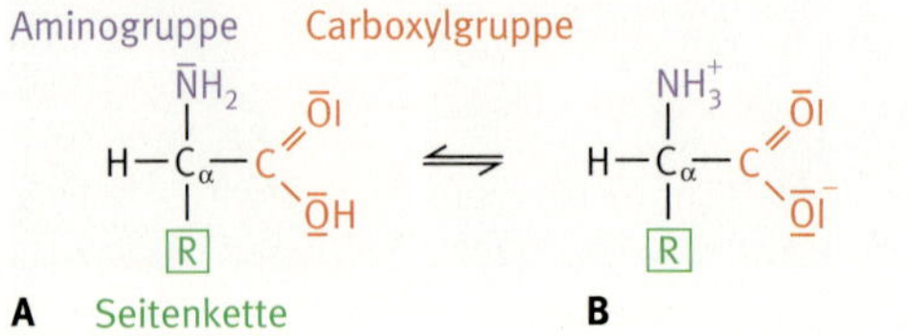

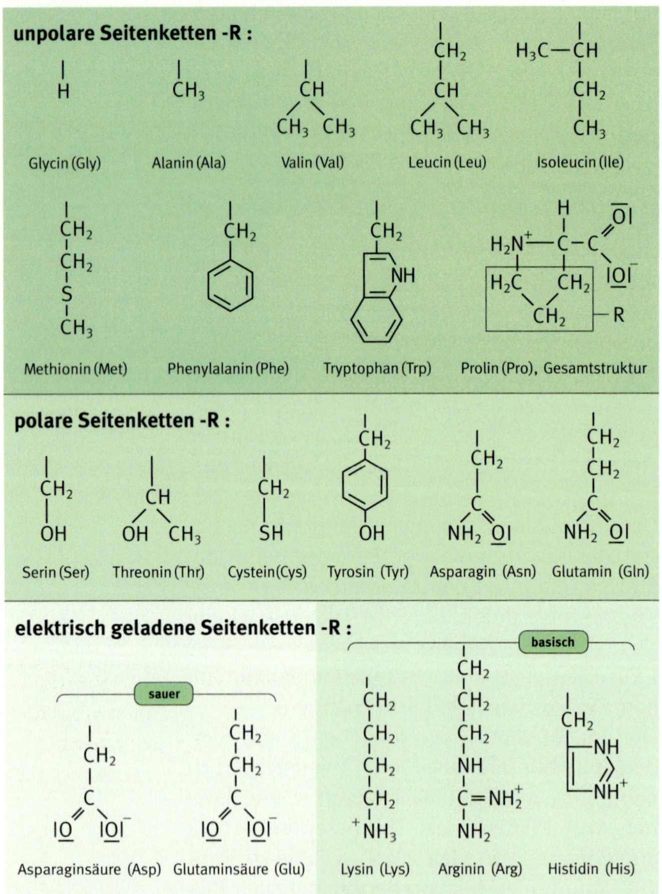

8.2 Formeln der Seitenketten (Reste) der 20 Aminosäuren von Proteinen
(In Klammern die Abkürzung des Aminosäurenamens)

Proteine bilden üblicherweise mehr als 50 Prozent des Trockengewichtes des Zellinhaltes. Sie erfüllen eine ganze Reihe verschiedener Aufgaben im Körper: Strukturproteine, wie Kollagen und Elastin, sorgen für mechanische Stabilität, kontraktile Proteine, wie Aktin und Myosin, sind für Bewegungen verantwortlich, Enzyme beschleunigen chemische Reaktionen und bewirken dadurch den Stoffwechsel. Speicherproteine, wie das Ovalbumin im Hühnereiweiß, dienen als Nahrungsreserven, Transportproteine, wie das Hämoglobin, befördern Stoffe im Körper, hormonelle Proteine dienen der Informationsübertragung und damit der Koordination von Aktivitäten eines Lebewesens, Rezeptorproteine lösen Reaktionen der Zellen auf bestimmte chemische Reize hin aus und Abwehrproteine dienen dem Schutz vor Krankheiten.

Proteine sind Polymere aus **Aminosäuren.** Es kommen über 20 verschiedene Aminosäuren in Proteinen vor. Aminosäuren bestehen aus einer Aminogruppe, einer Carboxylgruppe, einem Wasserstoff-Atom und einer Seitenkette (Rest, R), die an ein zentrales Kohlenstoff-Atom gebunden sind, dem α-Kohlenstoff-Atom. Im neutralen pH-Bereich, wie er in der Zelle vorliegt, ist die Aminogruppe gewöhnlich mit einem zusätzlichen Proton beladen ($-NH_3^+$), während die Carboxylgruppe ein Proton abgegeben hat, also dissoziiert ist (COO^-). Man spricht von der Zwitterionen-Form der Aminosäure. Die verschiedenen Seitenketten der Aminosäuren sind für die Struktur und die chemischen Eigenschaften eines Proteins bedeutsam. Man kann die Seitenketten grob in unpolar, polar und elektrisch geladen unterteilen.

Die Carboxylgruppe am α-Kohlenstoff-Atom einer Aminosäure kann unter Abspaltung eines Wasser-Moleküls mit der Aminogruppe am α-Kohlenstoff-Atom einer zweiten Aminosäure reagieren. Durch solche **Peptidbindungen** können lange, unverzweigte Ketten von

Aminosäuren, so genannte **Polypeptide,** gebildet werden. Proteine bestehen aus einem oder mehreren Polypeptiden. Die Reihenfolge der Aminosäuren in einem Polypeptid, die Aminosäuresequenz, bezeichnet man als **Primärstruktur** des Proteins.

Die räumliche Gestalt von Proteinen resultiert aus Wechselwirkungen zwischen den Aminosäuren: Wasserstoff-Atome, die an ein Sauerstoff- oder Stickstoff-Atom gebunden sind, tragen eine positive Partialladung. Sie können mit einem weiteren Sauerstoff- oder Stickstoff-Atom mit negativer Partialladung in Wechselwirkung treten. Es resultieren Wasserstoffbrücken. Wasserstoffbrücken zwischen Carbonyl- (–CO–) und Amidgruppen (–NH–) der Hauptkette eines Polypeptids können zu regelmäßigen Mustern in Abschnitten des Proteins führen, die man zusammen als **Sekundärstruktur** des Proteins bezeichnet. Beispiele sind die α-Helix und die β-Faltblattstruktur.

Zwischen elektrisch geladenen Seitenketten können Ionenbindungen auftreten. Außerdem können kurzzeitige Veränderungen in der Elektronenverteilung nahe benachbarter Atome zu sehr schwachen elektrostatischen Wechselwirkungen, den VAN-DER-WAALS-Wechselwirkungen führen. Die Seitenketten von zwei Aminosäuren Cystein können zwischen ihren Schwefel-Atomen kovalente Bindungen, so genannte Disulfidbindungen, bilden. Unpolare hydrophobe Seitenketten werden durch die polaren Wasser-Moleküle, die sie umgeben, oft in das Innere des Proteins gedrängt. Man spricht von hydrophoben Wechselwirkungen. Die aus den verschiedenen Wechselwirkungen resultierende gesamte räumliche Anordnung eines Proteins nennt man **Tertiärstruktur.** Lagern sich mehrere Polypeptidketten zu einem Protein zusammen, so spricht man von einer **Quartärstruktur.**

Die dreidimensionale Struktur eines Proteins ist von Umgebungsfaktoren, wie der Temperatur, dem pH-Wert oder dem Salzgehalt, abhängig. In einem veränderten Milieu kann ein Protein seine natürliche räumliche Struktur verlieren. Durch diese **Denaturierung** wird es biologisch funktionslos. Selten nimmt ein denaturiertes Protein durch Renaturierung die natürliche Struktur wieder von selbst an, wenn es in sein normales Milieu überführt wird.

1 Wie viele Möglichkeiten gibt es, Peptide zu bilden, die zehn Aminosäuren lang sind?

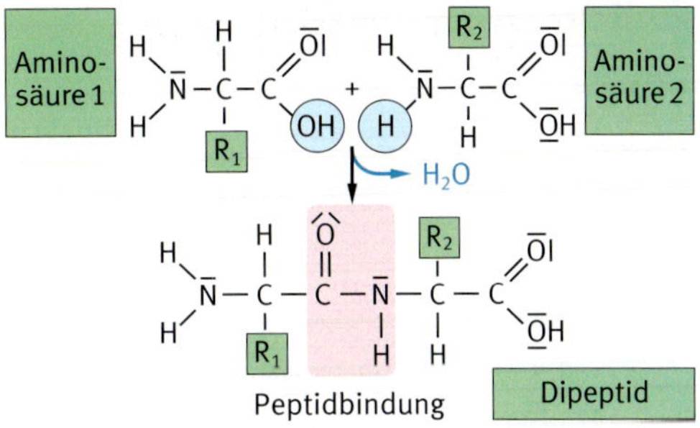

9.1 Peptidbindung

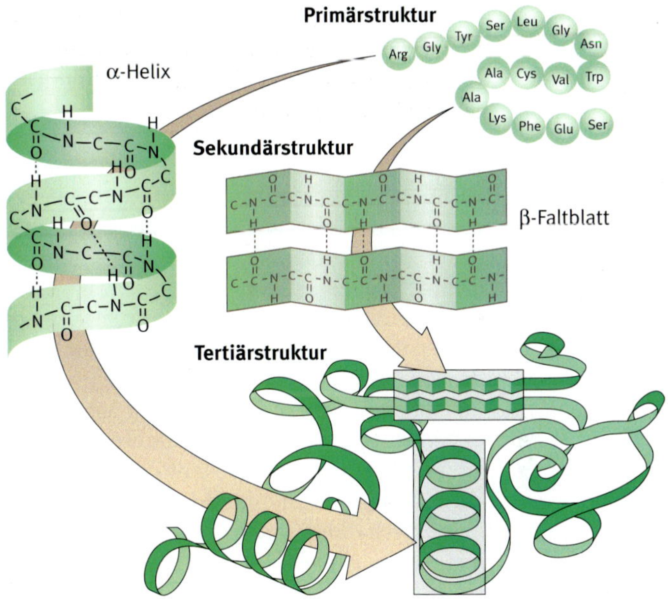

9.2 Primär-, Sekundär- und Tertiärstruktur eines Proteins

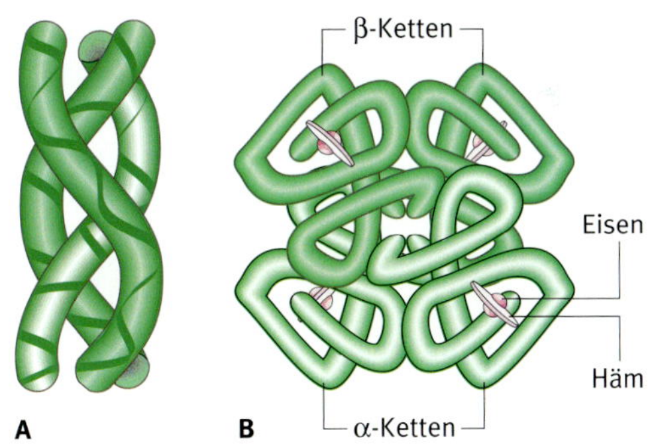

9.3 Quartärstruktur.
A Kollagen;
B Hämoglobin

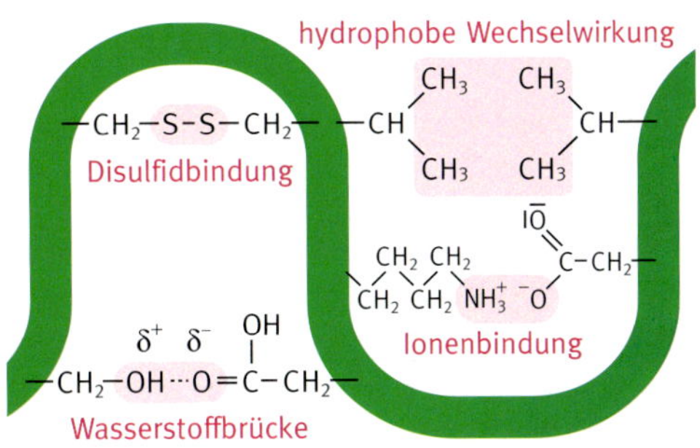

9.4 Wichtige Bindungsarten in Proteinen

2 Kohlenhydrate

Jährlich werden durch die Fotosynthese mehr als 100 Milliarden Tonnen **Kohlenhydrate** erzeugt. Kohlenhydrate sind die häufigsten Moleküle in Lebewesen. Sie dienen ihnen als Grundlage für den Aufbau sämtlicher organischer Moleküle. Für die meisten Zellen ist die Oxidation von Kohlenhydraten der hauptsächliche Energie liefernde Stoffwechselweg. Zu den vielen Funktionen von Kohlenhydraten zählen vor allem die Energiespeicherung sowie der Schutz und die Stabilität von Zellen und ganzen Organismen.

Die einfachsten Kohlenhydrate sind die **Monosaccharide** (Einfachzucker). Ihre Summenformel ist in der Regel ein Mehrfaches von **CH_2O**, daher stammt auch die Bezeichnung „Kohlen-Hydrat“. Der bekannteste Einfachzucker ist die **Glucose** mit der Summenformel $C_6H_{12}O_6$. Sie ist der wichtigste Energie liefernde Nährstoff der Zellen. Glucose kann linear oder, wie im Zellmilieu üblich, in Ringform vorliegen. Von den möglichen zyklischen Strukturen des Moleküls findet man in der Natur zwei Formen, die α-D-Glucose und die β-D-Glucose. Neben Monosacchariden mit sechs Kohlenstoff-Atomen sind auch solche mit drei und fünf Kohlenstoff-Atomen in Zellen verbreitet.

Unter Abspaltung eines Wasser-Moleküls und der Bildung einer **glykosidischen Bindung** zwischen dem ersten und vierten Kohlenstoff-Atom (1,4-glykosidische Bindung) können sich zwei Monosaccharide zu einem **Disaccharid** (Zweifachzucker) verbinden. So entsteht Maltose aus zwei Glucose-Molekülen. Das verbreitetste Disaccharid ist die als Haushaltszucker verwendete **Saccharose** aus Glucose und Fructose. Saccharose ist die übliche Transportform von Kohlenhydraten in Pflanzen.

Hunderte bis tausende Monosaccharide können zu **Polysacchariden** verknüpft werden. Diese dienen der Energiespeicherung oder der Bildung von festen Strukturen. Der wichtigste Speicherstoff der Pflanzen ist die **Stärke.** Sie enthält zwei Polymere der α-D-Glucose: die Amylose, eine unverzweigte, spiralige Kette, und das Amylopektin, dessen Kette etwa pro 30 Glucose-Einheiten eine seitliche Verzweigung aufweist. Die Verzweigungen resultieren aus zusätzlichen glykosidischen Bindungen zwischen dem ersten und sechsten Kohlenstoff-Atom zweier Glucose-Moleküle (1,6-glykosidische Bindungen). Das **Glykogen** der Tiere ähnelt dem Amylopektin, ist aber stärker verzweigt. Die **Cellulose,** Hauptbestandteil der Zellwände von Pflanzen, besteht aus β-D-Glucose-Einheiten. Diese bildet lineare Ketten, die sich zum Aufbau zugfester Fasern eignen. Das vor allem im Exoskelett von Gliederfüßern und in Zellwänden von Pilzen verbreitete **Chitin** sowie das ähnlich gebaute Murein der Bakterienzellwände sind stickstoffhaltige Strukturkohlenhydrate, die dem Schutz und der Stabilität dienen.

1 Formulieren Sie eine Reaktionsgleichung der Monosaccharide β-D-Galactose, α-D-Glucose und β-D-Fructose zu einem Trisaccharid.

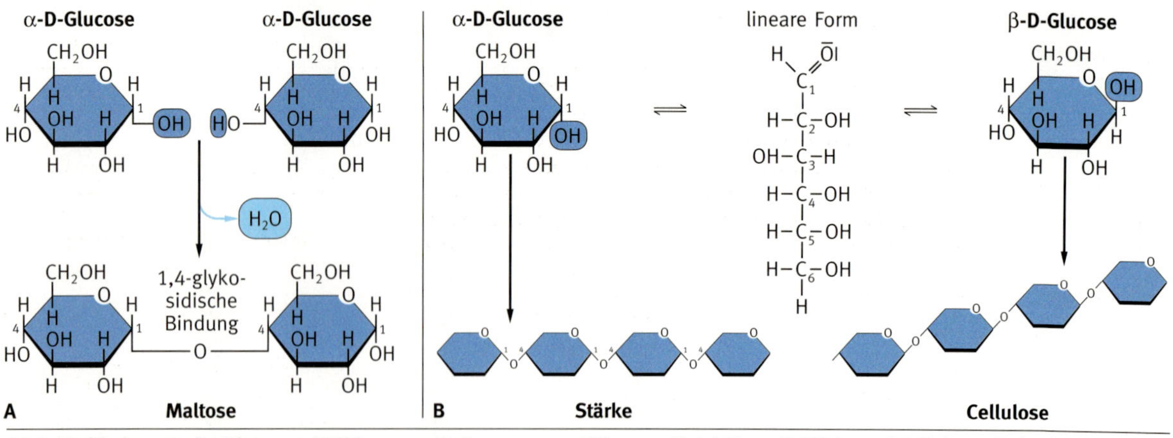

10.1 Verbindungen der Glucose. A Bildung von Maltose aus zwei Glucose-Molekülen; **B** Stärke und Cellulose sind Polymere aus Glucose-Molekülen, die in verschiedenen Konformationen vorliegen

	Name	Vorkommen und Bedeutung	Formel
MONOSACCHARIDE	Glucose (Traubenzucker)	• Baustein von Glykogen, Stärke, Saccharose, Maltose, Lactose; in Früchten, Honig, Nektar • Assimilationsprodukt grüner Pflanzen • wichtigstes Monosaccharid im Stoffwechsel; Blutzucker	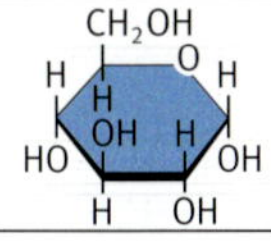 α-D-Glucose
	Fructose (Fruchtzucker)	• Baustein der Saccharose; in Früchten und Honig • Verwertung im menschlichen Körper nach Umbau in Glucose; vorwiegend direkter Abbau in der Leber; schmeckt süßer als alle anderen Kohlenhydrate	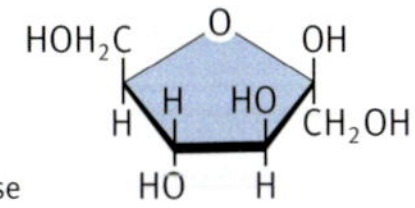 β-D-Fructose
	Galactose	• Baustein der Lactose; im Tierreich weit verbreitet; Bestandteil des Trisaccharids Raffinose (aus Galactose, Glucose und Fructose), das neben Saccharose in Blütenpflanzen am häufigsten vorkommt (z. B. in Zuckerrüben) • Abbau in der Leber über Glucose; Synthese im Milchdrüsengewebe bei der Lactosebildung	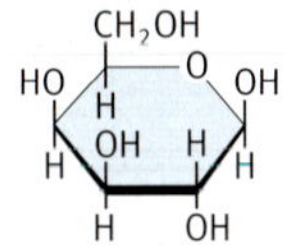 β-D-Galactose
DISACCHARIDE	Maltose (Malzzucker)	• Abbauprodukt von Stärke und Glykogen; vereinzelt auch frei in Pflanzen • Ausgangssubstanz zur Bierherstellung (aus Stärke)	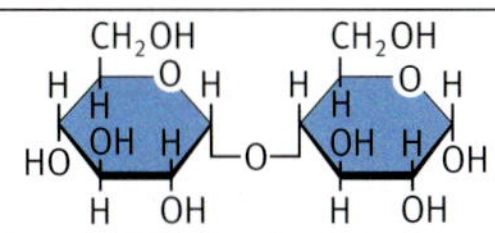 Glucose + Glucose
	Saccharose (Rübenzucker, Rohrzucker)	• in Zuckerrohr (15–20 %) und Zuckerrüben (15–20 %); Transportform löslicher Kohlenhydrate in pflanzlichen Leitgeweben • Nahrungs- und Genussmittel; Konservierungsmittel; wichtiges Stoffwechselprodukt grüner Pflanzen; kann vom tierischen Organismus nicht synthetisiert werden	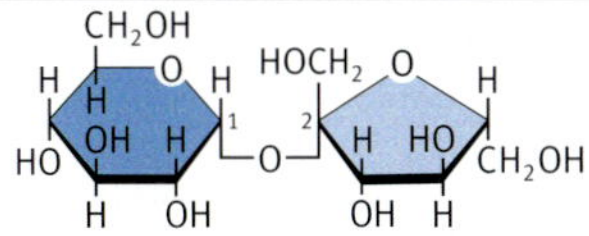 Glucose + Fructose
	Lactose (Milchzucker)	• Bestandteil der Milch aller Säuger (Mensch 6–8 %, Kuh 4–5 %); Herstellung aus Molke, die bei der Käseherstellung anfällt (durch Eindampfen) • Grundsubstanz pharmazeutischer Präparate, Nährsubstrat bei der mikrobiologischen Penicillinproduktion	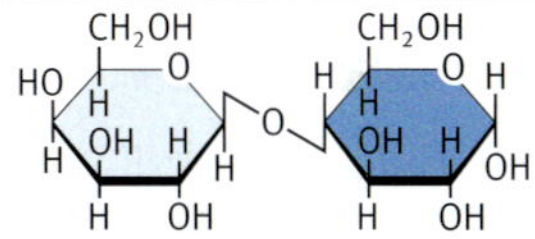 Galactose + Glucose
POLYSACCHARIDE	Stärke	• als Reservestoff in Pflanzen aus 80 % wasserunlöslichem Amylopektin (aus bis zu mehreren tausend Glucose-Einheiten in verzweigten Ketten) und 20 % wasserlöslicher Amylose (aus mehreren hundert Glucose-Einheiten in unverzweigten Ketten) • wichtigstes pflanzliches Reservekohlenhydrat; wichtigste Kohlenhydratquelle für die tierische und menschliche Ernährung (Kartoffeln, Getreide, Bananen, Hülsenfrüchte)	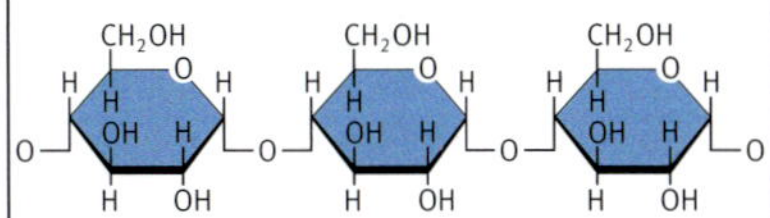 + Glucose + Glucose + Glucose +
	Glykogen	• „tierische Stärke", vor allem in der Leber (bis zu 10 % der Lebermasse) und in Muskeln (bis zu 1 % der Muskelmasse); Ketten aus bis zu 100 000 Glucose-Einheiten; stärker verzweigt als Amylopektin (etwa eine Verzweigung auf zehn Glucose-Einheiten) • als schnell mobilisierbares Reservekohlenhydrat wichtig; ständiger Auf- und Abbau	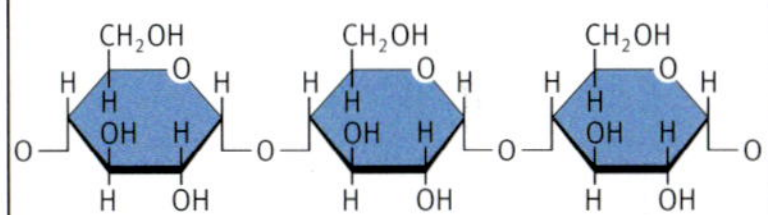 + Glucose + Glucose + Glucose +
	Cellulose	• Hauptbestandteil pflanzlicher Zellwände, besonders bei Pflanzenfasern (Flachs, Hanf, Jute); aus mehreren hundert bis einigen tausend Glucose-Einheiten • mengenmäßig der bedeutendste Naturstoff; Mensch und Fleischfresser sind nicht in der Lage, Cellulose abzubauen; Holz zerstörende Pilze, Geißeltierchen im Darm der Termiten, einige Schneckenarten können Cellulose verwerten; Wiederkäuer verdauen Cellulose mithilfe von Bakterien und Wimperntierchen im Pansen und im Darm	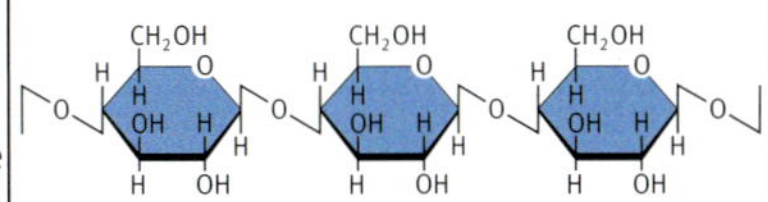 + Glucose + Glucose + Glucose +
	Chitin	• Hauptbestandteil des Außenskeletts von Insekten und Krebsen; kommt auch in Zellwänden von Pilzen vor; Bausteine des Chitins sind stickstoffhaltige Monosaccharide (N-Acetyl-Glucosamin-Moleküle), die sich von Glucose ableiten	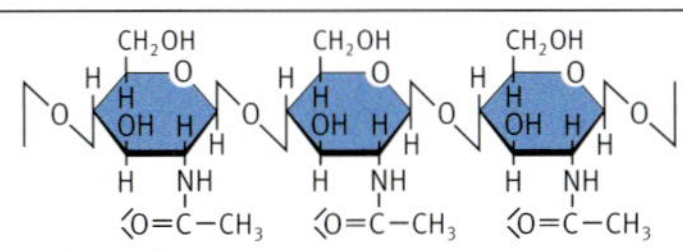 N-Acetyl-Glucosamin + N-Acetyl-Glucosamin + N-Acetyl-Glucosamin

11.1 Auswahl biologisch wichtiger Kohlenhydrate

3 Fette

Vor allem Tiere, die im Gegensatz zu Pflanzen ihre Körpermasse bewegen müssen, benötigen kompakte Energiespeicherstoffe. Hierzu eignen sich besonders die **Fette.** In einem Gramm Fett kann etwa die doppelte Energiemenge wie in einem Gramm Stärke oder Glykogen gespeichert werden. Allerdings ist diese Energie nicht so schnell verfügbar wie bei Kohlenhydraten. Fette sind Langzeitspeicher. Sie dienen ferner der Polsterung einiger Organe, wie der Nieren, und im Unterhautfettgewebe zur Wärmeisolation.

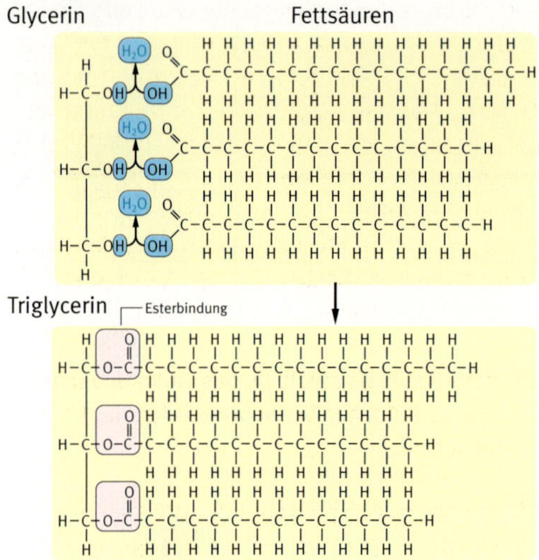

12.1 Bildung eines Fett-Moleküls (Triglycerin) aus Glycerin und drei Fettsäuren

Fette sind **Ester.** Ester entstehen, wenn Alkohole und Säuren unter Abspaltung von Wasser-Molekülen miteinander reagieren. In natürlichen Fetten kommen nur Triglycerine vor, bei denen der dreiwertige Alkohol Glycerin mit drei Fettsäure-Molekülen verestert ist. Wegen der langen, unpolaren Bereiche der Fettsäuren sind Fette wasserunlöslich. Fettsäuren ohne Doppelbindungen heißen **gesättigte Fettsäuren.** Sie überwiegen in tierischen Fetten. In Pflanzen kommen Fettsäuren mit einer oder mehreren Doppelbindungen zwischen den Kohlenstoff-Atomen häufiger vor. Solche einfach oder mehrfach **ungesättigten Fettsäure-Moleküle** sind in den Bereichen der Doppelbindungen geknickt. Fett-Moleküle mit ungesättigten Fettsäuren können nicht so dicht gepackt werden und nicht so viele Wechselwirkungen miteinander eingehen wie Fett-Moleküle mit gesättigten Fettsäuren. Viele Pflanzenfette sind daher bei Zimmertemperatur Öle. Einige Fettsäuren müssen Tiere mit der Nahrung aufnehmen, die **essenziellen Fettsäuren.** Hauptbestandteil der Biomembranen der Zellen sind **Phospholipide.** Diese ähneln den Fetten, besitzen aber einen Phosphorsäure-Rest anstelle einer Fettsäure.

1 Erläutern Sie die ölige Konsistenz von Fischfett.

Name	Formel / Vorkommen und Bedeutung
Myristinsäure (gesättigt)	**CH_3–$(CH_2)_{12}$–COOH** • Bestandteil des Milchfetts und einiger pflanzlicher und tierischer Fette (Kokosfett, Rapsöl, Fischöle); die Muskatnussgewächse *(Myristicaceae)* sind besonders reich an Myristinsäure
Palmitinsäure (gesättigt)	**CH_3–$(CH_2)_{14}$–COOH** • gehört zu den häufigsten Fettsäuren aller pflanzlichen und tierischen Fette (Palmkernfett, Olivenöl, Erdnussöl, Sojaöl, Milch, Schweineschmalz) • dient zur Herstellung von Kerzen und Seifen
Stearinsäure (gesättigt)	**CH_3–$(CH_2)_{16}$–COOH** • gehört zu den verbreitetsten Fettsäuren in sämtlichen tierischen und pflanzlichen Fetten und Ölen • dient zur Herstellung von Kerzen, Seifen und pharmazeutischen Präparaten
Palmitoleinsäure (einfach ungesättigt)	**CH_3–$(CH_2)_5$–CH=CH–$(CH_2)_7$–COOH** • Bestandteil von zahlreichen pflanzlichen und tierischen Fetten (Milchfett, Depotfett, Fischöl, Walöl, pflanzliche Öle)
Ölsäure (einfach ungesättigt)	**CH_3–$(CH_2)_7$–CH=CH–$(CH_2)_7$–COOH** • in der Natur am weitesten verbreitete ungesättigte Fettsäure, vor allem in Milchfett; in Depotfetten und in zahlreichen pflanzlichen Ölen sehr häufig
Linolsäure (zweifach ungesättigt)	**CH_3–$(CH_2)_4$–CH=CH–CH_2– CH=CH–$(CH_2)_7$–COOH** • sehr weit im Pflanzen- und Tierreich verbreitet; wie alle mehrfach ungesättigten Fettsäuren bei Pflanzen häufiger als bei Tieren • für Säugetiere ein essenzieller Nahrungsbestandteil
Linolensäure (dreifach ungesättigt)	**CH_3–CH_2–CH=CH–CH_2– CH=CH–CH_2–CH=CH–$(CH_2)_7$–COOH** • im Pflanzen- und Tierreich verbreitet; wie alle mehrfach ungesättigten Fettsäuren bei Pflanzen häufiger als bei Tieren • für Säugetiere ein essenzieller Nahrungsbestandteil

12.2 Einige biologisch wichtige Fettsäuren

4 Wasser, Mineralsalze, Spurenelemente und Vitamine

Wasser ist der zentrale Bestandteil der Zellen. Es nimmt an sämtlichen physiologischen Vorgängen teil. Insbesondere ist es Lösungsmittel und Partner bei chemischen Reaktionen. Insgesamt stellt Wasser etwa zwei Drittel der Körpermasse von Menschen und anderen Wirbeltieren dar. Der Wassergehalt von Pflanzenzellen liegt meistens bei 70–80 %. Einige Medusen (Quallen) bestehen zu 98 % aus Wasser. Beim Menschen führt ein Wasserverlust von 10 % der Körpermasse zu schweren Stoffwechselstörungen, 20 % Wasserverlust sind tödlich.

Neben Wasser und organischen Verbindungen enthalten Zellen verschiedene **Mineralsalze,** wie Natrium- und Kaliumchlorid, Magnesiumcarbonat oder Calciumphosphat. Diese sind in der Zellflüssigkeit als Ionen gelöst. Calcium gehört zu den häufigsten Elementen in den Körpern der Wirbeltiere, da Calciumphosphat Hauptbestandteil der Knochen ist. Auch auf zellulärer Ebene erfüllen Mineralsalze vielfältige Funktionen. So wirken Calcium-Ionen bei der Muskelkontraktion mit, Natrium- und Kalium-Ionen transportieren Ladungen, etwa durch die Membranen von Nervenzellen, und Chlorid-Ionen dienen unter anderem zum Ausgleich von Ladungen und zur Regulation der Konzentration an gelösten Stoffen in der Zelle. Häufig im Körper vorkommende chemische Elemente werden als **Mengenelemente** bezeichnet. Einige Elemente kommen nur in Spuren in Lebewesen vor, man bezeichnet sie als **Spurenelemente.** Hierzu zählt man alle Elemente, deren Konzentration in der Regel 50 Milligramm pro Kilogramm Körpermasse nicht übersteigt. Die Gesamtmenge aller Spurenelemente im menschlichen Körper beträgt 0,01 – 0,02 % der Körpermasse. Viele Spurenelemente sind lebensnotwendig, wie Eisen, Iod, Kupfer oder Zink. Oft sind Spurenelemente als **Cofaktoren** an Proteine gebunden und ermöglichen dadurch erst deren biologische Funktion. Einige Spurenelemente scheinen keine biologische Funktion zu haben. Manche sind sogar starke Zellgifte, wie Cadmium, Blei und Quecksilber. Sie geraten wegen ihrer Verbreitung in Luft, Boden und Wasser in den Körper. **Vitamine** sind organische Verbindungen, die für den Stoffwechsel benötigt werden. Da Vitamine oder deren Vorstufen mit der Nahrung aufgenommen werden müssen, gehören auch sie zu den essenziellen Nährstoffen.

1 Nennen Sie Beispiele für das Vorkommen der sechs häufigsten Elemente aus Tabelle 13.1 im Körper.

2 Wie lässt sich nachweisen, ob ein Spurenelement oder Vitamin lebensnotwendig ist?

Chemisches Element (Symbol)	Anteil an der Körpermasse des Menschen in Prozent
Sauerstoff (O)	65,0
Kohlenstoff (C)	18,5
Wasserstoff (H)	9,5
Stickstoff (N)	3,5
Calcium (Ca)	1,5
Phosphor (P)	1,0
Kalium (K)	0,4
Schwefel (S)	0,3
Natrium (Na)	0,2
Chlor (Cl)	0,2
Magnesium (Mg)	0,1

13.1 Mengenelemente

Einige Spurenelemente (Symbol)	Wichtige biologische Funktionen
Chrom (Cr)	beteiligt am Glucosestoffwechsel, unterstützt die Funktion von Insulin
Eisen (Fe)	als Bestandteil verschiedener Proteine (Hämoglobin, Myoglobin, Cytochrome) am Sauerstofftransport im Körper und an Elektronenübertragungsprozessen in der Zelle beteiligt
Fluor (F)	beteiligt an der Mineralisierung der Zähne
Iod (I)	Bestandteil von Schilddrüsenhormonen
Kobalt (Co)	Bestandteil von Vitamin B_{12}
Kupfer (Cu)	beteiligt am Eisenstoffwechsel und an Elektronenübertragungsprozessen
Mangan (Mn)	Bestandteil von Proteinen
Molybdän (Mo)	Bestandteil von Proteinen, beteiligt an Elektronenübertragungsprozessen in der Zelle
Selen (Se)	schützt andere Stoffe vor Oxidation
Zink (Zn)	Bestandteil vieler Proteine; beteiligt an der Speicherung von Insulin und der Stabilisierung von Membranen in der Zelle

13.2 Einige essenzielle Spurenelemente

Inhaltsstoffe der Zelle

1 Stärkenachweis (Iod-Probe)

Sachinformation: Stärke weist man in der Iod-Probe mit rötlich brauner Iodkaliumiodid-Lösung, auch Lugolsche Lösung genannt, nach. Es entsteht Iodstärke, die in Abhängigkeit von der Konzentration der verwendeten Iod-Lösung eine tiefblaue, violette bis schwarze Färbung aufweist.
Amylose hat eine helikale Struktur mit einem kanalartigen Hohlraum in der Mitte. In diesen können sich Iod-Moleküle einlagern, wodurch eine blau gefärbte Iodstärke-Einschlussverbindung entsteht.

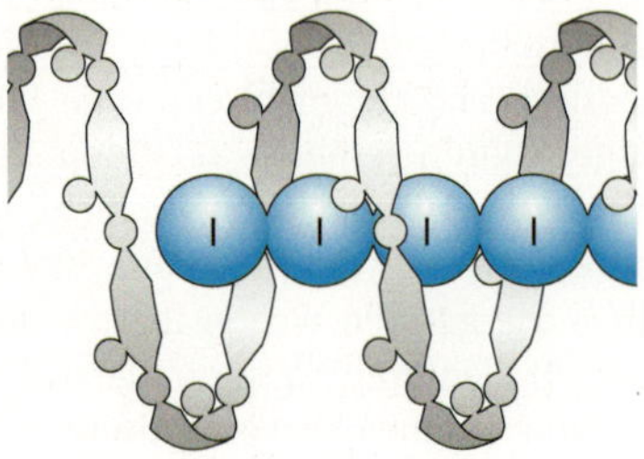

Material: Amylose, 0,25%ige Iodkaliumiodid-Lösung (500 mg Kaliumiodid in 5 ml Wasser lösen, 250 mg Iod zugeben und mit Wasser auf 100 ml auffüllen), Gasbrenner, Wasserbad (35 °C), Thermometer, Erlenmeyerkolben (150 ml)

Durchführung: Lösen Sie im Erlenmeyerkolben 5 g Amylose und 100 ml Wasser und tropfen Sie Iodkaliumiodid-Lösung hinzu. Erwärmen Sie die Suspension langsam auf 35 °C und lassen Sie die Lösung danach wieder abkühlen. Geben Sie eventuell nach dem Abkühlen noch einige Tropfen Iodkaliumiodid-Lösung hinzu.

Aufgaben:
- **a)** Beschreiben und erklären Sie die Versuchsergebnisse.
- **b)** Stellen Sie begründete Vermutungen darüber an, warum Amylopektin in der Iod-Probe keine Blaufärbung zeigt.

2 Stärkeverkleisterung

Material: Kartoffelstärke, Iodkaliumiodid-Lösung (0,25%ig), Gasbrenner, Wasserbad, Thermometer, Erlenmeyerkolben (150 ml), Mikroskop und Zubehör

Durchführung: Verrühren Sie im Erlenmeyerkolben 5 g Kartoffelstärke und 100 ml Wasser und tropfen Sie Iodkaliumiodid-Lösung hinzu. Mikroskopieren Sie einen Tropfen der Lösung bei 400-facher Vergrößerung. Erwärmen Sie dann die Stärke-Lösung vorsichtig im Wasserbad. Entnehmen Sie der Lösung bei 40 °C, 60 °C und 80 °C einen Tropfen. Lassen Sie den Tropfen auf dem Objektträger abkühlen und geben sie einen Tropfen Iodkaliumiodid-Lösung hinzu. Mikroskopieren Sie dann bei 400-facher Vergrößerung.

Aufgaben:
- **a)** Beschreiben und erklären Sie die Versuchsergebnisse.
- **b)** Informieren Sie sich über den Aufbau von Stärkekörnern und über die Verkleisterung von Stärke.
- **c)** Zeichnen Sie den Aufbau eines Stärkekorns.
- **d)** Tropft man auf eine rohe sowie auf eine gekochte Kartoffelscheibe Iodkaliumiodid-Lösung, erhält man das in der Abbildung dargestellte Ergebnis. Erklären Sie die unterschiedlichen Reaktionen.

blauviolett rotbraun

3 Hydrolyse von Stärke

Material: frische Kartoffelstärke-Lösung (5 %), Iodkaliumiodid-Lösung (0,25%ige), Fehling-Lösung I und II (C), pH-Papier, Salzsäure (c = 5 mol/l, C), Natronlauge (c = 5 mol/l, C), 6 Reagenzgläser, Wasserbad (100 °C), Thermometer, Siedesteinchen, 3 Pipetten (5 ml)

Durchführung: Geben Sie in die 6 Reagenzgläser jeweils die in der Tabelle angegebenen Reagenzien und führen Sie die angegebenen Versuchsanweisungen durch.
Iod-Probe: Tropfenweise Zugabe von Iodkaliumiodid-Lösung.
Fehling-Probe: Zu der zu untersuchenden Lösung werden 5 ml Fehling-Lösung I und 5 ml Fehling-Lösung II gegeben und im Wasserbad erhitzt.
Die Fehling-Probe weist Zucker nach.

1	2	3	4	5	6
5 ml Stärke-Lösung	5 ml Stärke-Lösung	5 ml Stärke-Lösung	5 ml Stärke-Lösung	5 ml Stärke-Lösung	5 ml Stärke-Lösung
–	–	Siede-steinchen	Siede-steinchen	Siede-steinchen	Siede-steinchen
–	–	Sieden 5 min	Sieden 5 min	1 ml Salzsäure	1 ml Salzsäure
–	–	–	–	Sieden 5 min	Sieden 5 min
–	–	–	–	Neutralisieren mit Natronlauge	Neutralisieren mit Natronlauge
Iod-Probe	Fehling-Probe	Iod-Probe	Fehling-Probe	Iod-Probe	Fehling-Probe

Aufgabe:
Beschreiben und erklären Sie die Versuchsergebnisse.

Inhaltsstoffe der Zelle

1 Ein Hämoglobin-Molekül setzt sich aus vier Polypeptidketten zusammen. Dabei handelt es sich um zwei α-Ketten und zwei β-Ketten, die aus je etwa 140 Aminosäuren bestehen. Bei der Untersuchung des Hämoglobins fand man über 200 Varianten, bei denen in den β-Ketten eine Aminosäure gegen eine andere ausgetauscht ist. Bei der Variante Hb-Athens ist zum Beispiel in der Position 40 Arginin gegen Lysin ausgetauscht, bei der Variante Hb-S ist in der Position 6 Glutamin gegen Valin ausgetauscht. Nur wenige der Varianten haben Nachteile für den betroffenen Menschen. Homozygote Träger der Variante Hb-S leiden an Sichelzellenanämie. Sichelzell-Hämoglobin bildet unter Sauerstoffmangel lange, faserförmige Aggregate. Dadurch nehmen die Roten Blutkörperchen eine sichelförmige Gestalt an (Abbildung rechts). Sie sind weniger elastisch als die normalen Blutkörperchen (Abbildung links) und verstopfen leicht kleinere Blutgefäße. Als Folge davon werden Organe und Gewebe nicht ausreichend mit Sauerstoff versorgt und so geschädigt.

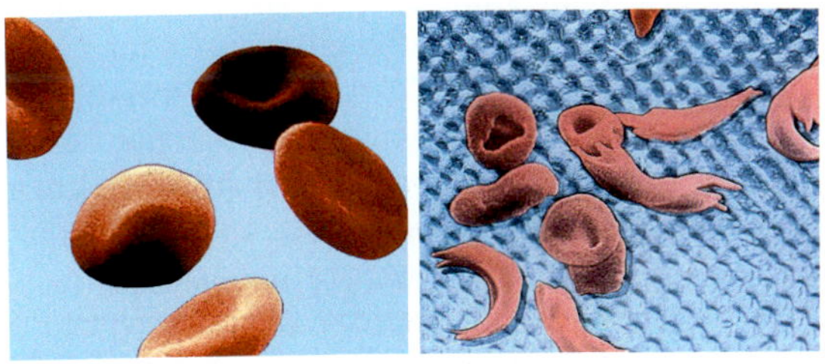

a) Erklären Sie unter Berücksichtigung der Strukturformeln der Aminosäuren, warum der Austausch bestimmter Aminosäuren in der β-Kette keine Auswirkungen auf die Eigenschaften des Hämoglobins hat, während sich beim Hb-S der Austausch von Glutamin gegen Valin deutlich auf die Eigenschaften des Hämoglobins auswirkt.

b) Eine pH-Wert-Verschiebung des Blutes zum sauren Milieu begünstigt das „Sicheln“ der Roten Blutkörperchen. Erklären Sie diese Beobachtung.

2 Calcium ist nicht nur für den Aufbau von Knochen und Zähnen wichtig, sondern auch für die Blutgerinnung, die Muskelkontraktion, die Nervenfunktion sowie für die Aktivierung von Enzymen und Hormonen. Die Knochen dienen als Calcium-Speicher. Bei einem niedrigen Calciumspiegel im Blut wird es verstärkt aus den Knochen freigesetzt, sodass es für die anderen Stoffwechselprozesse zur Verfügung steht.
Der Blutcalciumspiegel wird durch die zwei gegensinnig wirkenden Hormone Kalzitonin und Parathormon reguliert. Bei einem Anstieg des Blutcalciumspiegels schüttet die Schilddrüse Kalzitonin aus. Dieses bewirkt einen verstärkten Einbau von Calcium in die Knochen und damit eine Senkung des Blutcalciumspiegels. Sinkt der Blutcalciumspiegel dagegen, so schüttet die Nebenschilddrüse Parathormon aus. Dieses Hormon sorgt für eine verstärkte Freisetzung von Calcium aus den Knochen sowie für eine verminderte Calciumausscheidung mit dem Harn. Weiterhin bewirkt es eine Aktivierung von Vitamin D. Aktiviertes Vitamin D ist unbedingt nötig, um das in der Nahrung enthaltene Calcium vom Darm ins Blut aufzunehmen. Es fördert auch die Calciumfreisetzung aus den Knochen und erhöht somit den Calciumspiegel.

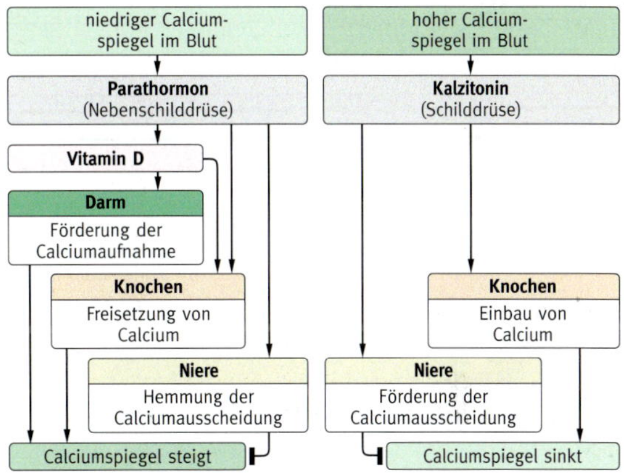

a) Erläutern Sie anhand der Abbildung, wie der Blutcalciumspiegel nach einer calciumreichen Mahlzeit reguliert wird.

b) Ein länger anhaltender Vitamin-D-Mangel führt zu einer Knochenerweichung und Knochenverformung, Rachitits genannt. Erläutern Sie die Zusammenhänge anhand der Abbildung.

c) Bei einer ständigen Vitamin-D-Überversorgung können schwere Vergiftungserscheinungen auftreten, die sich alle auf einen zu hohen Calciumspiegel des Blutes zurückführen lassen. Calciumsalze werden dann in den Nieren und Gefäßen abgelagert. Gleichzeitig kommt es auch zu einer Knochenerweichung. Erklären Sie die Zusammenhänge.

3 Patienten, die zu Thrombosen neigen, werden häufig mit dem Medikament Macumar, einem Vitamin-K-Antagonisten, behandelt. Die Dosis muss sehr genau eingestellt werden.

a) Informieren Sie sich über die Bedeutung von Vitamin K im Körper und erklären Sie den Einsatz von Macumar zur Thromboseprophylaxe.

b) Stellen Sie begründete Vermutungen zu den auftretenden Schäden bei einer zu hohen Gabe von Macumar auf.

Umwandlung und Speicherung von Energie

1 Energie und Entropie

Zellen und auch vielzellige Organismen sind offene Systeme, die neben verschiedenen Stoffen auch ständig Energie mit ihrer Umgebung austauschen. Dabei kann eine Zelle längere Zeit fast unverändert bleiben. Sie befindet sich in einem **dynamischen Gleichgewichtszustand,** einem Fließgleichgewicht. Energie erhält die Zelle aus chemischen Verbindungen, die sie als Nährstoff-Moleküle aufnimmt, oder, im Fall von Fotosynthese betreibenden Zellen, aus dem Licht. Diese Energie wird für Lebensprozesse wie Bewegungen oder für die Synthese von anderen chemischen Verbindungen benötigt.

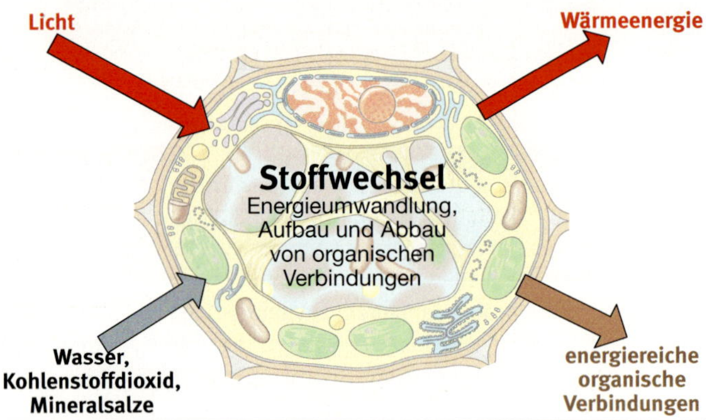

16.1 Eine Pflanzenzelle im Fließgleichgewicht

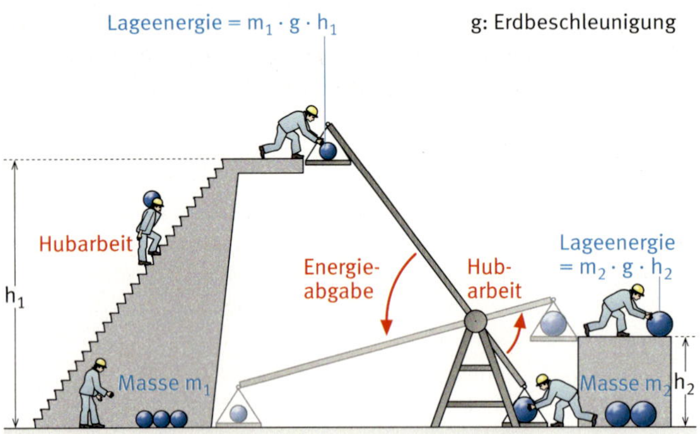

16.2 Arbeit und Energie. Durch Verrichtung von Arbeit wird die Lageenergie einer Masse m_1 erhöht. Diese Energie kann genutzt werden, um Arbeit an einer zweiten Masse m_2 zu verrichten.

Energie kann man als die Fähigkeit bezeichnen, Arbeit zu verrichten. Wird etwa ein Gegenstand gehoben, so erhöht sich seine Energie. Lässt man den Gegenstand wieder herunter, wird diese Energie frei und kann zum Verrichten von Arbeit genutzt werden; beispielsweise könnte damit ein zweiter Gegenstand gehoben werden.

Energie kann in verschiedenen Formen auftreten. Bei einer hochgehobenen Masse spricht man von **Lageenergie** und bei einer gespannten Sprungfeder oder Sehne von **Spannenergie.** Beides sind Formen von potentieller Energie. Ein sich bewegender Gegenstand verfügt über kinetische Energie oder **Bewegungsenergie.** Die bisher genannten Energieformen gehören gemeinsam zur **mechanischen Energie. Wärmeenergie** oder thermische Energie ist die Energie, die erforderlich ist, um die Temperatur eines Körpers, einer Flüssigkeit oder eines Gases zu erhöhen. Die Temperatur ist ein Maß für die mittlere kinetische Energie der Atome oder Moleküle. Für Stoffwechselprozesse ist die **chemische Energie** von großer Bedeutung. Das ist die Energie, die in chemischen Verbindungen, wie Zuckern oder Fetten, gebunden ist. Lichtenergie, oder allgemeiner **elektromagnetische Energie,** die bei der Fotosynthese genutzt wird, ist letztlich die energetische Grundlage fast allen Lebens auf der Erde. Auch **elektrische Energie** ist für einige Lebensprozesse, etwa für die Erregungsleitung in Nervenzellen, von Bedeutung.

Die verschiedenen Energieformen können ineinander umgewandelt werden. Dabei gilt das Prinzip der **Energieerhaltung.** Bei jedem Prozess geht insgesamt weder Energie verloren noch kommt Energie hinzu. Wird ein Gegenstand oder ein System auf einen höheren Energiezustand gebracht, so muss Energie aus der Umgebung zugeführt werden. Ein Apfel fällt daher nicht vom Boden zurück auf den Baum, geht also nicht von selbst von einem Zustand mit niedriger Lageenergie in einen Zustand mit höherer Lageenergie über. Um den Apfel auf den Baum zu heben, muss die Energiedifferenz als Hubarbeit von außen zugeführt werden. Kennt man den Energiezustand eines Objektes oder eines Systems, so lassen sich Vorhersagen über mögliche Veränderungen treffen. Von selbst, also ohne Zufuhr von Energie, können nur Zustände mit gleichem oder geringerem Energiegehalt eingenommen werden.

Nicht alle Energieformen sind für biologische oder technische Abläufe gleich gut verwertbar. In einer idealen, völlig reibungsfreien Situation können Lageenergie und kinetische Energie verlustfrei ineinander umgewandelt werden, sodass die mechanische Energie insgesamt erhalten bleibt. Sobald aber Reibung entsteht, geht zunehmend mechanische Energie in Wärmeenergie über.
Wärmeenergie ist anders als mechanische Energie nicht gut nutzbar. Daher spricht man bei technischen und natürlichen Prozessen mit Wärmeentwicklung oft von einem Wärmeverlust. Die meist schlechte Nutzbarkeit der Wärmeenergie hängt mit ihrer Verteilung zusammen. Eine Erhöhung der Wärmeenergie bedeutet eine Erhöhung der durchschnittlichen Bewegungsenergie von sehr vielen Atomen oder Molekülen. Erhöht sich zum Beispiel die mittlere Bewegungsenergie der Wasser-Moleküle in einem See um einen kleinen Betrag, so lässt sich diese Energie kaum zum Verrichten von Arbeit verwenden, da sie zu sehr verteilt ist. Wird im Gegensatz dazu das Wasser in einem sehr begrenzten Bereich, etwa in einem Druckkessel, um den gleichen Energiebetrag erwärmt, so entsteht ein erhebliches Temperaturgefälle, also ein Gefälle bei der kinetischen Energie zwischen den Wasser-Molekülen im Kessel und den Teilchen in der Umgebung. Dieses Gefälle in der Bewegungsenergie kann zur Verrichtung von Arbeit genutzt werden, etwa um Zylinderkolben in einer Dampfmaschine anzutreiben. Die kinetischen Energien der Wasser-Moleküle und der Teilchen in der Umgebung gleichen sich dabei an.

Auch Konzentrationsgefälle von beweglichen Teilchen bauen sich mit der Zeit von selbst ab. Öffnet man ein Parfümfläschchen in der Ecke eines Raumes, so verteilen sich die Duft-Moleküle im ganzen Raum. Ein hochgradig geordneter Zustand, bei dem sich Duft-Moleküle und übrige Luftteilchen völlig getrennt in verschiedenen Bereichen des Raumes befinden, geht von selbst in einen weniger geordneten Zustand mit zufällig vermischten Teilchen über. Es handelt sich hierbei um ein allgemeines Prinzip: Von selbst nimmt Unordnung nur zu, nie ab.
Als Maß für die Unordnung verwendet man die **Entropie S.** Die Entropie eines Systems, etwa eines mit Gas gefüllten Raumes oder einer lebenden Zelle, ist umso größer, je ungeordneter das System ist.

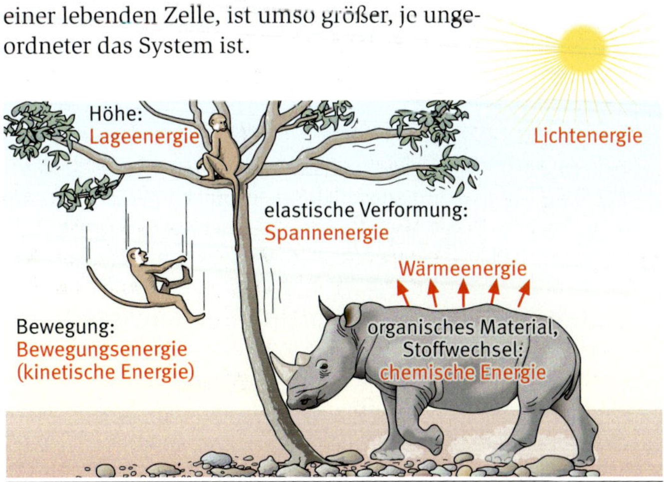

17.1 Verschiedene Energieformen

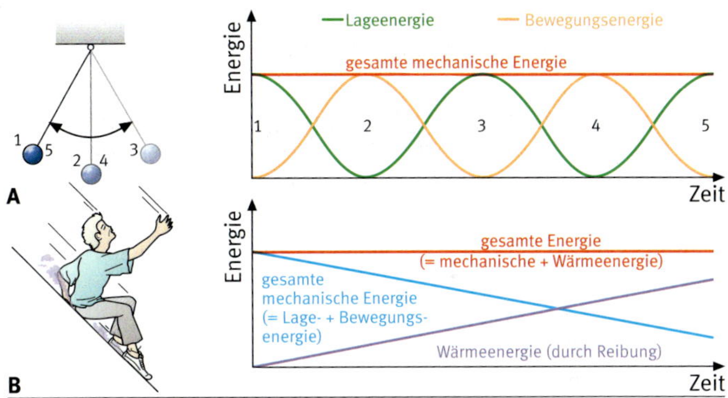

17.2 Energieumwandlung. A Erhaltung der mechanischen Energie bei reibungsfreier Bewegung; **B** Wärmeverlust bei Reibung

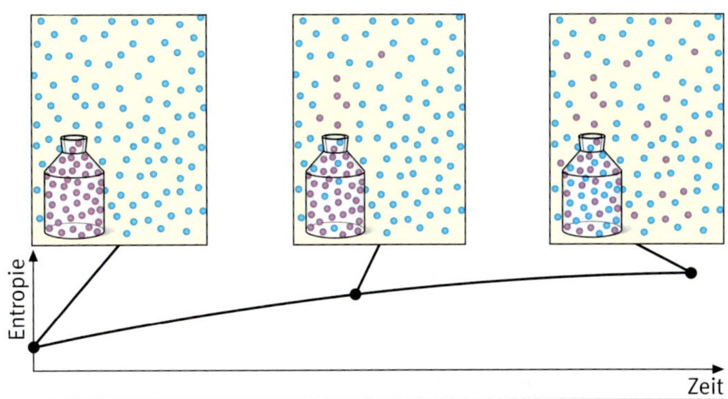

17.3 Entropiezunahme bei der Verteilung eines Duftstoffes im Raum

Bei der Frage, ob ein Vorgang von selbst abläuft, muss neben der Energiebilanz auch die **Entropiebilanz** berücksichtigt werden. Vorgänge laufen nur dann von selbst ab, wenn sich die Entropie insgesamt erhöht. Sie laufen umso leichter ab, je größer die Entropiezunahme ist. Die gesamte Entropie S_{ges} setzt sich aus der Entropie des betrachteten Systems S_{Sys} und der Entropie der Umgebung S_{Um} zusammen. Eine Verringerung der Entropie des Systems muss mit einer größeren Erhöhung der Entropie der Umgebung verbunden sein.

$$\Delta S_{ges} = \Delta S_{Sys} + \Delta S_{Um} > 0$$

Wenn zum Beispiel flüssiges Wasser gefriert, verringert sich die Entropie des Wassers, da die Wasser-Moleküle in stark geordnete Eiskristalle eingebaut werden. Beim Gefrieren gibt das System aus flüssigem und eisförmigem Wasser Wärmeenergie an die Umgebung ab. Durch diese Wärmeenergie werden die ungeordneten Bewegungen der Teilchen in der Umgebung schneller. Hierdurch wird die Entropie in der Umgebung erhöht. Die gesamte Entropie, also die Entropie des Wassers plus der Entropie der Umgebung, nimmt zu.

Die Entropiezunahme der Umgebung lässt sich allgemein aus dem Quotienten der Wärmeenergie Q, die an die Umgebung abgeführt wird, und der absoluten Temperatur T berechnen:

$$\Delta S_{Um} = Q/T.$$

PHYSIK

Erster und zweiter Hauptsatz der Thermodynamik

Zur Klärung der Frage, ob und wie Vorgänge ablaufen, wurden in der Physik verschiedene Erhaltungssätze formuliert. Von großer Bedeutung ist der **Energieerhaltungssatz.** Er besagt, dass bei keinem Vorgang insgesamt Energie gewonnen wird oder verloren geht. So geht einem fahrenden Auto zwar ständig im Benzin gebundene chemische Energie verloren, dafür gewinnt aber die Umgebung Wärmeenergie. Insgesamt heben sich der Energieverlust des Autos und der Energiegewinn der Umgebung genau auf.

Einen Bereich, der mit seiner Umgebung keine Energie austauscht, bezeichnet man als ein **energetisch abgeschlossenes System.** Aus dem Energieerhaltungssatz folgt, dass die gesamte in einem abgeschlossenen System enthaltene Energie sich nicht verändern kann, egal was darin geschieht.

Systeme in Biologie und Technik, wie Zellen oder Maschinen, sind nicht abgeschlossen, sondern tauschen mit ihrer Umgebung Energie aus. Der **erste Hauptsatz der Thermodynamik** ist eine spezielle Formulierung des Energieerhaltungssatzes. Dabei wird die Änderung des Energieinhaltes, das heißt der **inneren Energie U,** eines Systems mit der zwischen dem System und seiner Umgebung ausgetauschten **Wärmeenergie Q** und der am System verrichteten **Arbeit W** in Beziehung gesetzt:

Die Änderung der inneren Energie ΔU eines Systems ist die Summe aus der zugeführten Wärmeenergie Q und der am System verrichteten Arbeit W.

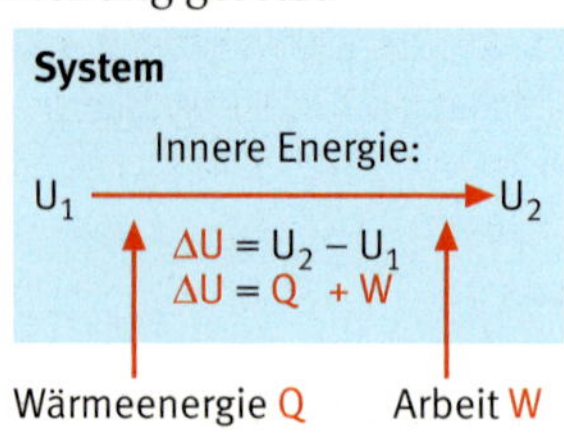

Der erste Hauptsatz schließt eine Reihe von Vorgängen aus. So kann es keine Maschine geben, die ohne Energiezufuhr ständig Arbeit leistet, ein so genanntes **Perpetuum mobile.**

Der erste Hauptsatz der Thermodynamik berücksichtigt nicht, dass einige Prozesse **irreversibel,** nicht umkehrbar, sind. So wäre es nach dem ersten Hauptsatz möglich, dass ein sich bewegender Körper durch Reibung gebremst wird und die dabei entstehende Wärmeenergie wieder genutzt wird, um ihn auf die ursprüngliche Geschwindigkeit zu beschleunigen. Bei der Umwandlung von mechanischer Energie in Wärmeenergie oder auch beim Temperaturausgleich zwischen zwei Körpern erhöht sich die Entropie. Die Umkehrung solcher Prozesse würde eine Verringerung der Entropie bewirken, was grundsätzlich nicht möglich ist. Diese Einschränkung wird durch den **zweiten Hauptsatz der Thermodynamik** ausgedrückt. Er besagt, dass sich bei allen Vorgängen, die von selbst ablaufen, die Entropie insgesamt erhöht. Dabei muss die Entropieänderung im betrachteten System und in der Umgebung berücksichtigt werden.

Der zweite Hauptsatz schränkt die Möglichkeit ein, Energie nutzbar zu machen, sie also in andere, gewünschte Energieformen umzuwandeln. So kann keine Maschine die chemische Energie eines Brennstoffes vollständig zur Verrichtung von Arbeit nutzen. Ein gewisser Anteil der eingesetzten Energie wird unweigerlich in Wärmeenergie umgewandelt, die schließlich zu einer Erhöhung der Entropie in der Umgebung führt.

2 Energieumwandlung bei chemischen Reaktionen

Die Energieveränderungen bei chemischen Reaktionen lassen sich gewöhnlich an der Wärmebilanz erkennen. Die Wärmeenergie, die bei einer chemischen Reaktion bei konstantem Druck aufgenommen oder abgegeben wird, wird als **Reaktionsenthalpie ΔH** bezeichnet. Ist die Reaktionsenthalpie negativ, so wird Wärmeenergie abgegeben, die Reaktion ist exotherm. Ist die Reaktionsenthalpie positiv, muss Wärmeenergie zugeführt werden, die Reaktion ist endotherm.

Um zu klären, ob eine Reaktion von selbst, freiwillig ablaufen kann, muss neben der Wärmebilanz auch die Änderung der Entropie im Reaktionssystem ΔS_{Sys}, kurz ΔS, berücksichtigt werden. Dazu wurde eine weitere Energiegröße eingeführt, die **freie Enthalpie G,** die auch GIBBsche freie Enthalpie oder freie Energie genannt wird. Die Änderung der freien Enthalpie im Verlauf einer Reaktion wird als **freie Reaktionsenthalpie ΔG** bezeichnet. Sie ergibt sich aus der Reaktionsenthalpie ΔH abzüglich des Produktes aus der Entropieänderung ΔS des Reaktionssystems und der Temperatur T:

$$\Delta G = \Delta H - T \cdot \Delta S.$$

Bei konstantem Druck und konstanter Temperatur, wie das in lebenden Zellen annähernd der Fall ist, entspricht $-\Delta G/T$ der Änderung der gesamten Entropie. Eine Reaktion läuft in der Zelle nur dann von selbst ab, wenn die freie Enthalpie abnimmt, die gesamte Entropie also zunimmt. Eine solche Reaktion bezeichnet man als Energie liefernd oder **exergonisch.** Die für andere Prozesse nutzbar werdende Energie beträgt −ΔG. Ein Beispiel ist die Knallgasreaktion von Wasserstoffgas und Sauerstoffgas zu flüssigem Wasser:

$$2\,H_2(g) + O_2(g) \rightarrow 2\,H_2O(l);\ \Delta G = -474\ kJ/mol.$$

Die Angabe der freien Reaktionsenthalpie bezieht sich auf Standardbedingungen, das heißt auf die Temperatur von 25 Grad Celsius und den Druck von 101,3 Kilopascal. Allerdings läuft nicht jede exergonische Reaktion sofort ab. Zunächst muss eine Energiebarriere mithilfe der so genannten Aktivierungsenergie überwunden werden, etwa um Reaktionspartner zusammenstoßen zu lassen. Die **Aktivierungsenergie** wird später zwar wieder frei, verzögert aber den Ablauf der Reaktion.

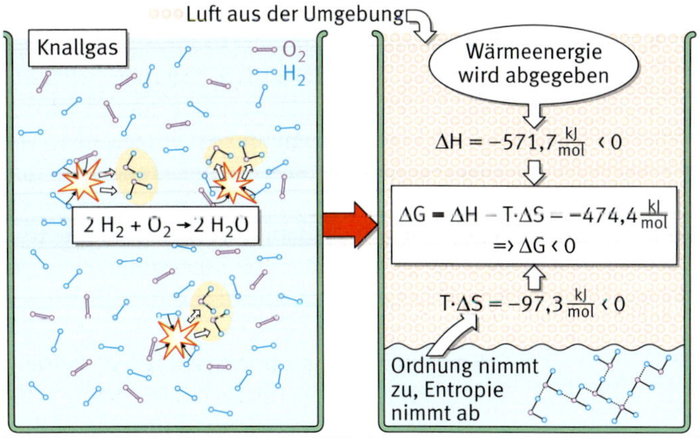

19.1 Energie- und Entropiebilanz der Knallgasreaktion.
(Angaben bei 25 °C und 101,3 kPa)

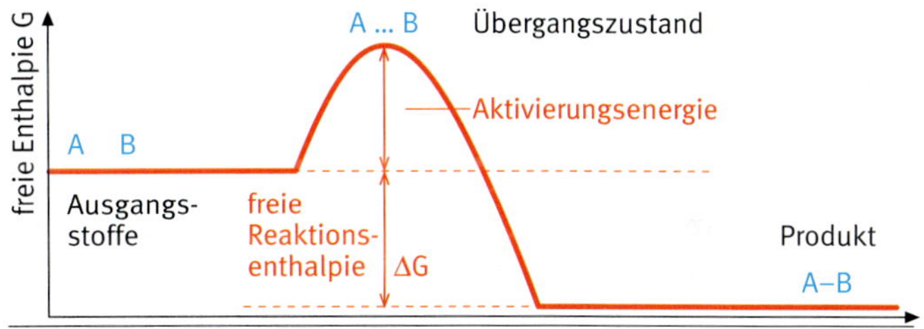

19.2 Typischer Verlauf einer chemischen Reaktion

Reaktionen mit positiver freier Reaktionsenthalpie werden **endergonisch** genannt. Sie können nur ablaufen, wenn Energie zugeführt wird. Ein Beispiel ist die Spaltung von Wasser mithilfe von Lichtenergie bei der Fotosynthese, die formal eine Umkehrung der Knallgasreaktion ist.

In Zellen laufen sowohl exergonische als auch endergonische Reaktionen ab. Da nur die exergonischen Reaktionen von selbst ablaufen können, muss die Zelle für endergonische Reaktionen Energie bereitstellen. Das geschieht gewöhnlich durch die Kopplung von exergonischen und endergonischen Reaktionen. Bei solchen **gekoppelten Reaktionen** wird die bei den exergonischen Prozessen frei werdende Energie zum Antrieb der endergonischen Reaktionen genutzt. Dabei wird Energie vom energiereichen Ausgangsstoff der exergonischen Reaktion durch einen Energieüberträger, in der Regel ATP, auf den energiearmen Ausgangsstoff der endergonischen Reaktion übertragen.

1 Zeigen Sie, dass bei konstanter Temperatur und konstantem Druck $\Delta G = \Delta S_{ges}$ ist.

3 Energiespeicher und -überträger in der Zelle

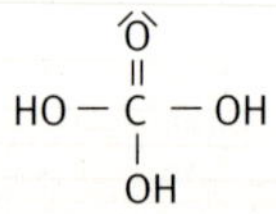

Phosphorsäure

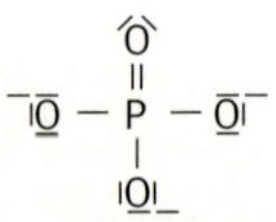

anorganisches Phosphat, P_i

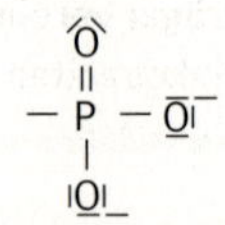

Phosphatgruppe

Für die zahllosen in der Zelle ablaufenden endergonischen Stoffwechselreaktionen muss langfristig und kurzfristig Energie bereitstehen. Zellen speichern Energie hauptsächlich in Form von energiereichen Molekülen, vor allem Kohlenhydraten und Fetten, die Ausgangsstoffe von exergonischen Reaktionen sind. Bei ihrer Oxidation wird viel Energie frei. Kohlenhydrate und Fette dienen der Zelle als langfristige Energiereserven.

Zellen benötigen auch sehr schnell verfügbare Energiequellen, die ihre Energie ohne viele Zwischenschritte möglichst direkt für endergonische Reaktionen zur Verfügung stellen können.

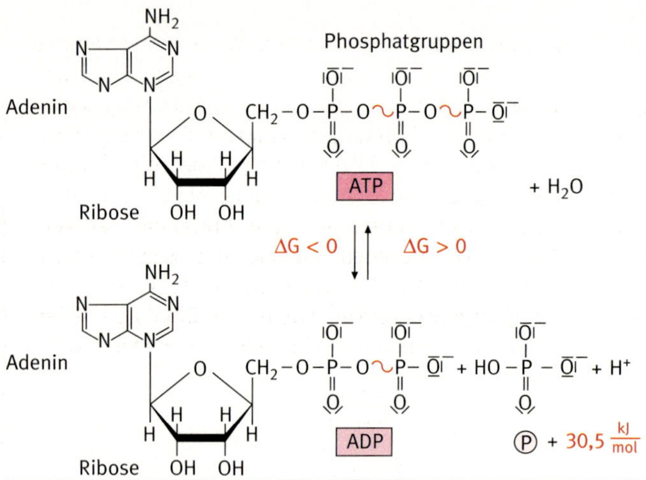

20.1 ATP als Energiespeicher und -überträger

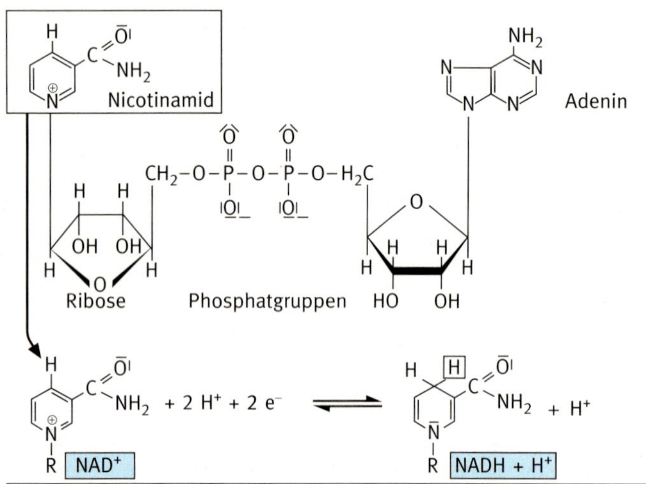

20.2 NADH als Elektronenüberträger

Der verbreitetste Energiespeicher der Zellen ist das **Adenosintriphosphat (ATP).** ATP wird auch als universeller Energiespeicher der Zelle bezeichnet. Täglich setzt ein Mensch etwa 70 Kilogramm ATP um. Ein ATP-Molekül besteht aus der Pyrimidinbase Adenin und dem Zucker Ribose, die zusammen das Adenosin bilden, sowie drei miteinander verbundenen Phosphatgruppen, dem Triphosphat. ATP speichert Energie in Form von energiereichen, chemischen Bindungen zwischen den Phosphatgruppen. Bei Abspaltung einer Phosphatgruppe vom ATP-Molekül unter Einsatz eines Wasser-Moleküls entstehen ein Molekül Adenosindiphosphat (ADP) und ein anorganisches Phosphat-Ion P_i. Unter Standardbedingungen wird bei dieser Reaktion eine Energie von etwa 30,5 Kilojoule pro Mol ATP frei. Je nach den Reaktionsbedingungen sind in Zellen auch erheblich abweichende Werte möglich.

$$ATP + H_2O \rightarrow ADP + P_i + 2\,H^+; \quad \Delta G = -30{,}5\ kJ/mol.$$

ADP kann unter Energiefreisetzung weiter zu Adenosinmonophosphat (AMP) und P_i gespalten werden.

ATP ist auch der wichtigste Energieüberträger bei gekoppelten exergonischen und endergonischen Reaktionen. Durch die Übertragung der endständigen Phosphatgruppe eines ATP-Moleküls auf ein anderes Molekül, eine **Phosphorylierung,** wird dieses andere Molekül aktiviert und damit reaktionsbereit. Ein großer Teil der Energie aus der Spaltung der energiereichen Bindung des ATP-Moleküls befindet sich jetzt in der Bindung zwischen der Phosphatgruppe und dem aktivierten Molekül. Ein Teil der Energie geht als Wärmeenergie verloren. Das ATP wird in exergonischen Vorgängen durch die erneute Bindung einer Phosphatgruppe an ADP wieder regeneriert.
Zur Vereinfachung werden im Folgenden sowohl Phosphat-Gruppen als auch Phosphat-Ionen mit Ⓟ gekennzeichnet.

Ein Beispiel für die Energieübertragung durch ATP zwischen einer endergonischen und einer exergonischen Reaktion ist die Phosphorylierung von Glucose zu Glucose-6-phosphat:

$$Glucose + Ⓟ \rightarrow Glucose\text{-}6\text{-}phosphat; \quad \Delta G = 13{,}8\ kJ/mol.$$

Weil diese Reaktion endergonisch ist, läuft sie nur ab, wenn sie mit einer exergonischen Reaktion wie der Spaltung von ATP gekoppelt wird. Als exergonische Gesamtreaktion für die Phosphorylierung der Glucose ergibt sich dann:

Glucose + ATP → Glucose-6-phosphat + ADP
$\Delta G = -16{,}7$ kJ/mol (= 13,8 – 30,5 kJ/mol).

Energie kann auch in Form energiereicher Elektronen gespeichert und übertragen werden. Als Akzeptor für Elektronen und Protonen, die bei Oxidationsvorgängen in der Zelle auftreten, dient beispielsweise das **Nicotinamidadenindinukleotid (NAD^+).** Es kann durch zwei Wasserstoff-Atome unter Energieaufwand zu NADH reduziert werden. Dabei werden zwei Elektronen und ein Proton auf das NAD^+ übertragen, das zweite Proton bleibt im Medium. Man schreibt daher meistens $NADH + H^+$:

$$NAD^+ + 2\,H \rightarrow NADH + H^+$$

Da NADH die Elektronen wieder an andere Stoffe abgeben kann, die dabei reduziert werden, wird es auch als **Reduktionsäquivalent** bezeichnet. Je nach Elektronen-Akzeptor kann hierbei viel Energie frei werden. Mit einem Sauerstoff-Atom als Elektronen-Akzeptor bildet sich im Verlaufe der Zellatmung in einer stark exergonischen Reaktion Wasser:

$$NADH + H^+ + \tfrac{1}{2}\,O_2 \rightarrow NAD^+ + H_2O\,; \quad \Delta G = -218 \text{ kJ/mol.}$$

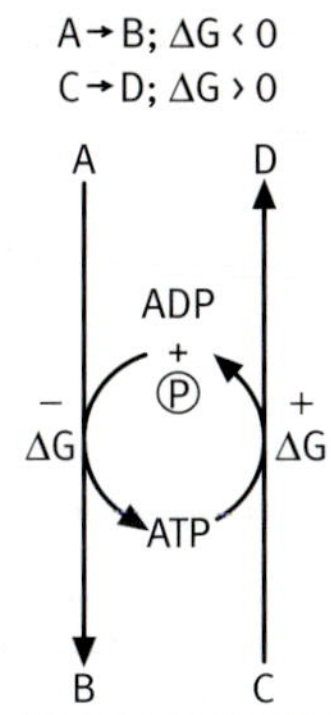

21.1 ATP als Energieüberträger bei einer gekoppelten Reaktion

Energiefluss und Biomassenverteilung in Ökosystemen

Innerhalb eines Ökosystems lassen sich Nahrungsketten beschreiben. Am Anfang typischer Nahrungsketten stehen Fotosynthese betreibende Organismen, die **Produzenten.** Von ihnen ernähren sich als **Konsumenten 1. Ordnung** die Pflanzenfresser, die wiederum die Beute von Fleischfressern, den Konsumenten höherer Ordnungen, sind. Man spricht von verschiedenen Nahrungsstufen, Trophiestufen oder Trophieebenen. Die Einstufung der Konsumenten höherer Ordnung ist oft nicht eindeutig, da die Nahrungsketten zu komplexen Nahrungsnetzen verknüpft sein können.

In der **Biomasse,** der Substanz der Lebewesen, ist Energie in Form von energiereichen Verbindungen gespeichert. Während in einem Ökosystem ein kontinuierlicher Stoffkreislauf herrscht, durchläuft die Energie das Ökosystem nur einmal. Dabei nimmt die verfügbare Energie mit zunehmender **Trophiestufe** erheblich ab. Einerseits wird nicht die gesamte in den Organismen einer Stufe enthaltene Energie von den Tieren der nächsten Stufe aufgenommen. Andererseits kann die aufgenommene Energie nicht vollständig zum Aufbau körpereigener Verbindungen verwendet werden, da Organismen aufgrund ihrer Lebensfunktionen Wärmeenergie an die Umgebung abgeben. Hinzu kommt ein Verlust an organischem Material, etwa bei sommergrünen Pflanzen durch den Laubabwurf oder bei Tieren durch die Ausscheidung unverdaulicher Reste.

Gewöhnlich können höchstens 10 bis 20 Prozent der Energie von einer Trophiestufe zur nächsten gelangen. Hierdurch wird die Länge von Nahrungsketten begrenzt. Eine **Biomassenpyramide** (Nahrungspyramide), in der für ein bestimmtes Areal die gesamte Biomasse der Individuen jeder Trophiestufe dargestellt wird, verdeutlicht die Abnahme der verfügbaren chemischen Energie mit zunehmender Trophiestufe. Die Biomassenpyramide wird zu einer **Energiepyramide,** wenn die Biomasse jeder Trophiestufe durch ihren Energiewert ersetzt wird.

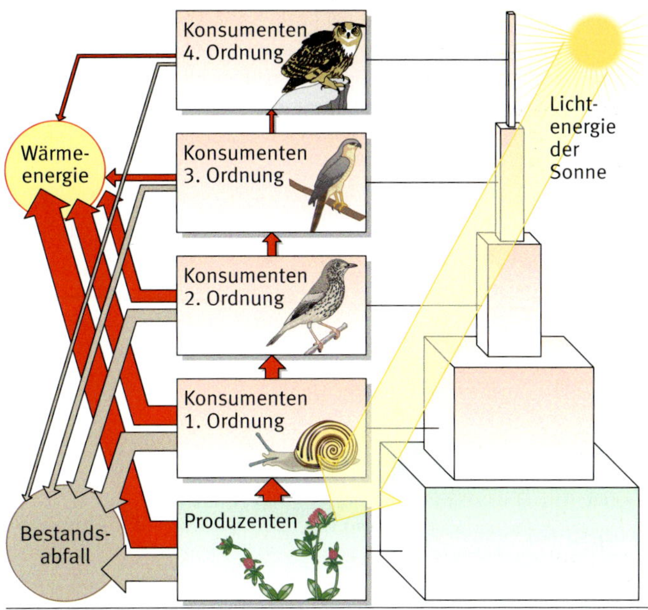

Energiefluss in einem Ökosystem und Biomassenpyramide

Energiehaushalt

1 Reaktionsenthalpie der Oxidation von Saccharose

Material: Stryroporbecher (500 ml), großes Reagenzglas, Thermometer, Würfelzucker, Waage, Sauerstoffflasche, Gummischlauch mit Glasrohr, Tigelzange, Stativ, Rührer, Zigarettenasche als Katalysator, Feuerzeug, Messzylinder

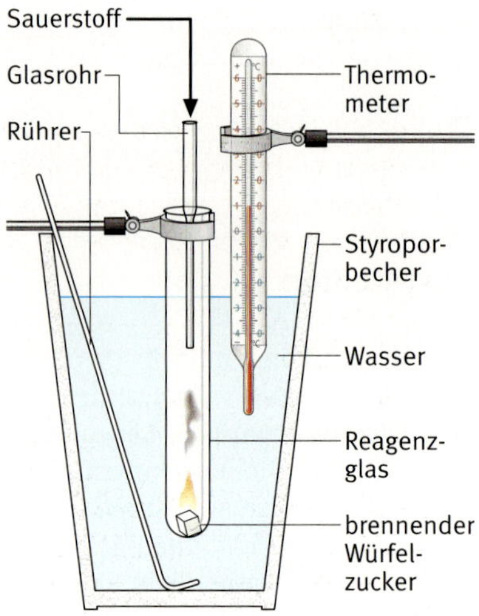

Durchführung: Bauen Sie eine Versuchsanordnung entsprechend der Abbildung auf. Verbinden Sie das Glasrohr über den Gummischlauch mit der Sauerstoffflasche. Füllen Sie 500 ml Wasser in den Styroporbecher und messen Sie die Temperatur des Wassers. Wiegen Sie den Würfelzucker. Tauchen Sie eine Ecke des Würfelzuckers in Zigarettenasche. Halten Sie ihn mit der Tigelzange über die Öffnung des Reagenzglases und entzünden Sie ihn mit einem Feuerzeug. Lassen Sie den brennenden Zuckerwürfel in das Reagenzglas fallen. Geben Sie über das Glasrohr Sauerstoff in das Reagenzglas, um zu gewährleisten, dass der Zucker vollständig verbrennt. Rühren Sie das Wasser im Styroporbecher mehrmals um, sodass sich die Wärme gleichmäßig verteilt. Lesen Sie die Wassertemperatur erneut ab, nachdem der Zucker vollständig verbrannt ist.

Aufgaben:

a) Die spezifische Wärmekapazität von Wasser beträgt bei konstantem Druck $4{,}18\ \text{J} \cdot \text{g}^{-1} \cdot \text{K}^{-1}$, das heißt, um 1 g reines Wasser um 1 K zu erwärmen, sind 4,18 J nötig. Berechnen Sie, wie viel Energie beim Verbrennen des Würfelzuckers etwa abgegeben wurde.

b) Die Reaktionsenthalpie erhält man, wenn man die Reaktionswärme auf eine Stoffmenge von einem Mol bezieht. Die molare Masse von Saccharose ($C_{12}H_{22}O_{11}$) beträgt 342 g/mol. Berechnen Sie die ungefähre Reaktionsenthalpie.

c) Schlagen Sie Veränderungen hinsichtlich der Versuchsdurchführung vor, sodass Fehlerquellen minimiert werden könnten.

2 Endotherme Reaktionen, die freiwillig ablaufen

Material: Styroporbecher, Thermometer, Zitronensäure, Natriumhydrogencarbonat, Spatel, Messzylinder

Durchführung: Lösen Sie 10 g Zitronensäure in 25 ml Wasser. Warten Sie, bis die Lösung Raumtemperatur angenommen hat. Geben Sie die Lösung in einen Styroporbecher und fügen Sie 12,5 g Natriumhydrogencarbonat hinzu. Messen Sie die Temperatur am Ende des Versuchs. Vereinfachtes Symbol für Zitronensäure: H_3A. Reaktionsschema:

$$H_3A\,(aq) + 3\ NaHCO_3\,(s) \rightarrow 3\ H_2O\,(l) + Na_3A\,(aq) + 3\ CO_2\,(g).$$

Aufgaben:

a) Berechnen Sie die ungefähre Reaktionsenthalpie.

b) Die Entropie kann als Maß für die Unordnung eines Systems betrachtet werden. Unordnung wird erhöht,
- wenn Teilchen sich regellos in einem ihnen zur Verfügung stehenden Raum verteilen oder wenn dieser Raum vergrößert wird;
- wenn die Anzahl der Teilchen zunimmt;
- wenn die mittlere Geschwindigkeit der Teilchen, also die Temperatur, zunimmt;
- wenn unterschiedliche Temperaturen, Konzentrationen oder Drücke ausgeglichen werden.

Erklären Sie unter Berücksichtigung dieser Angaben, warum die Reaktion zwischen Zitronensäure und Natriumhydrogencarbonat von selbst abläuft.

c) Geben Sie an, wie sich die Entropie des Systems und der Umgebung bei folgenden Reaktionen verändert: Verdunsten eines Kältesprays auf der Haut, Wäsche trocknet im Winter (0 °C) auf der Leine, Iod sublimiert, Lösen von Kohlenstoffdioxid in Wasser, Lösen von Ethanol in Wasser, Verdampfen eines Stoffes.

d) Geben Sie die Aussagen der folgenden Tabelle mit eigenen Worten wieder und erklären Sie die Aussagen.

ΔH	ΔS	ΔG	Temperaturabhängigkeit der Reaktion
–	+	negativ	Reaktion verläuft bei jeder Temperatur von selbst
+	–	positiv	Reaktion verläuft bei keiner Temperatur von selbst
+	+	bei niedrigen Temperaturen positiv, bei hohen Temperaturen negativ	Reaktion verläuft nicht von selbst bei niedrigen Temperaturen, bei Erhöhung der Temperatur freiwilliger Ablauf
–	–	bei niedrigen Temperaturen negativ, bei hohen Temperaturen positiv	Reaktion verläuft bei niedrigen Temperaturen von selbst

Umwandlung und Speicherung von Energie

1 Unter Standardbedingungen beträgt die freie Reaktionsenthalpie ΔG für die vollständige Oxidation von Glucose zu Wasser und Kohlenstoffdioxid -2872 kJ/mol.

a) Erklären Sie, weshalb die Reaktion nicht sofort von selbst abläuft.

b) Wie viel Energie wird bei der Oxidation von einem Gramm Glucose frei? *Hinweis:* Die molare Masse von Glucose beträgt etwa 180 g/mol.

c) Wie hoch könnte man einen Menschen der Masse $m = 80$ kg heben, wenn die gesamte Energie, die bei der Oxidation von einem Gramm Glucose frei wird, dazu genutzt werden könnte? *Hinweis:* Das Heben der Masse m um die Höhe h erfordert die Arbeit $W = m \cdot g \cdot h$, wobei die Erdbeschleunigung g etwa $9{,}81\,m/s^2$ beträgt; h wird in Metern und m in Kilogramm angegeben.

2

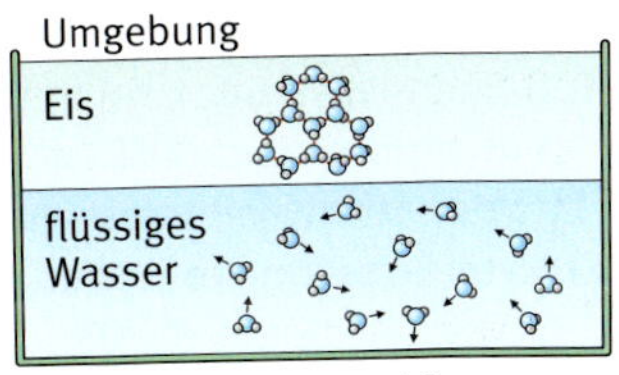

Änderung der Entropie beim Übergang flüssiges Wasser zu Eis im System (flüssiges Wasser/Eis) ΔS_{Sys} und in der Umgebung ΔS_{Um}

Temperatur	ΔS_{Sys}	ΔS_{Um}
−1 °C	$-21{,}85\ J \cdot mol^{-1} \cdot K^{-1}$	$+21{,}93\ J \cdot mol^{-1} \cdot K^{-1}$
0 °C	$-21{,}99\ J \cdot mol^{-1} \cdot K^{-1}$	$+21{,}99\ J \cdot mol^{-1} \cdot K^{-1}$
+1 °C	$-22{,}13\ J \cdot mol^{-1} \cdot K^{-1}$	$+22{,}05\ J \cdot mol^{-1} \cdot K^{-1}$

Beim Normaldruck von 101,3 kPa liegt der Gefrierpunkt von Wasser bei 0 °C. Zum Schmelzen von gefrorenem Wasser wird Energie benötigt, um die Anziehungskräfte zwischen den Molekülen zu überwinden und die Moleküle in Bewegung zu versetzen. Diese Schmelzwärme oder Schmelzenthalpie wird von gefrierendem Wasser wieder an die Umgebung abgegeben.

a) Erklären Sie die Vorzeichen der Entropieänderung des gefrierenden Wassers ΔS_{Sys} und der Entropieänderung der Umgebung ΔS_{Um}.

b) Begründen Sie aus den Entropieänderungen, weshalb reines Wasser bei einem Druck von 101,3 kPa bei −1 °C gefriert, während bei +1 °C Eis taut. *Hinweis:* Verwenden Sie die Formel auf Seite 18 links.

c) Wie groß ist die Schmelzwärme von einem Mol Wasser bei einem Druck von 101,3 kPa und einer Temperatur nahe 0 °C? *Hinweis:* Verwenden Sie die Formel auf Seite 18 rechts; 0 °C entspricht einer absoluten Temperatur von etwa 273 K.

d) In warmer Umgebung werden einige Eiswürfel in ein Glas Wasser geworfen. Die Wassertemperatur sinkt rasch auf 0 °C und steigt erst wieder an, wenn das gesamte Eis geschmolzen ist. Erklären Sie diese Beobachtung. *Hinweis:* Die Erwärmung von einem Mol Wasser um ein Grad erfordert etwa 75 J.

3 Im Laufe seiner Entwicklung wächst ein Baum von einer einzelnen Zelle zu einem komplexen, hochgeordneten Organismus heran. Die Ausgangsstoffe für sein Wachstum sind hauptsächlich Wasser und Kohlenstoffdioxid, die wenig geordnet in der Umgebung vorliegen. Während ein Baum wächst, verringert sich also die Entropie seiner Baustoffe. Es können aber grundsätzlich nur Vorgänge ablaufen, bei denen sich die Entropie insgesamt erhöht.

a) Erklären Sie den scheinbaren Widerspruch.

b) Finden Sie ähnliche Beispiele aus Natur oder Technik.

4 Die Abbildungen stellen die Ausdehnung eines Gases in einem zweigeteilten Raum dar. Im Fall A treiben die von links nach rechts wechselnden Teilchen einen Generator an, dabei wird Arbeit verrichtet. Im Fall B kann keine Arbeit geleistet werden.

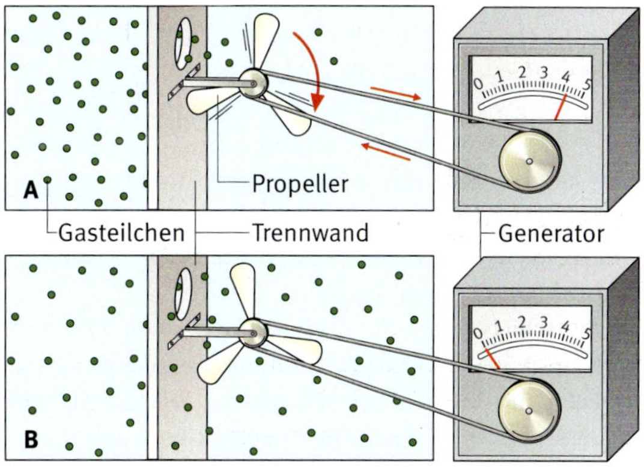

a) Erläutern Sie, woher die Energie zum Antrieb des Generators stammt.

b) Erklären Sie, weshalb nur im Fall A Arbeit geleistet werden kann.

c) Begründen Sie anhand des Beispiels die Aussage: „Eine geordnete Situation bedeutet ein hohes Energieniveau."

5 In einer Zelle laufen folgende Reaktionen mit den Verbindungen X, Y und Z ab, P steht für eine Phosphatgruppe:

(1) $X + ATP \rightarrow X\text{-}P + ADP$; $\Delta G = -14{,}2$ kJ/mol

(2) $X\text{-}P + Y + H_2O \rightarrow Z + P_i$; $\Delta G = -12{,}7$ kJ/mol.

Für die Spaltung von ATP gilt:

(3) $ATP + H_2O \rightarrow ADP + P_i$; $\Delta G = -30{,}5$ kJ/mol.

a) Würde die Reaktion $X + Y \rightarrow Z$ von selbst ablaufen? *Hinweis:* Diese Reaktionsgleichung lässt sich durch Addition und Subtraktion der Gleichungen (1), (2) und (3) aufstellen.

b) Erläutern Sie die Rolle des ATPs bei der Bildung von Z aus X und Y.

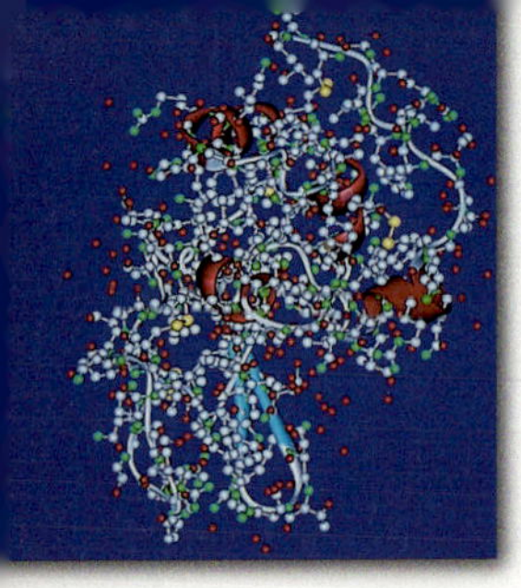

Stoffumwandlung durch Enzyme

1 Bau und Funktion von Enzymen

1.1 Enzyme sind Biokatalysatoren

Fast alle Stoffwechselprozesse beruhen auf der Aktivität und Zusammenarbeit von verschiedenen **Enzymen.** Als hochspezifische Biokatalysatoren ermöglichen diese chemische Reaktionen des Stoffwechsels, die bei den Temperaturen in den Zellen nicht oder nur sehr langsam ablaufen würden.

Katalysatoren beschleunigen die Geschwindigkeit von chemischen Reaktionen und gehen unverändert aus ihnen hervor. Im Vergleich zu den aus der Industrie bekannten Katalysatoren, wie Platin oder Nickel, katalysieren Enzyme nur ganz bestimmte, oftmals nur eine einzige Reaktion. Zudem erhöhen sie die Reaktionsgeschwindigkeit um ein Vielfaches mehr als Nicht-Protein-Katalysatoren und sie sind regulierbar.

Für alle chemischen Reaktionen gilt der Grundsatz, dass sie nur dann von selbst ablaufen, wenn ihre Ausgangsstoffe mehr Energie besitzen als die Produkte. Aber auch von selbst ablaufende Reaktionen müssen in der Regel zunächst in Form von Aktivierungsenergie einen Anstoß bekommen, damit sie ablaufen. Bei chemischen Reaktionen werden bestehende Bindungen zwischen Atomen gelöst. Gleichzeitig werden zwischen anderen Atomen neue Bindungen ausgebildet. Durch die Aktivierungsenergie nehmen die Ausgangsstoffe einen energiereichen Übergangszustand ein. In diesem sind Bindungen zwischen bestimmten Atomen so instabil, dass sie sich lösen. Durch die Ausbildung von neuen Bindungen zwischen anderen Atomen entsteht dann das Produkt. Dabei wird die Reaktionsenergie frei.

Wie Enzyme die Aktivierungsenergie biochemischer Reaktionen erniedrigen, kann man sich modellhaft folgendermaßen vorstellen: Ein Enzym-Molekül bindet zunächst an den Ausgangsstoff, das **Substrat.** Es bildet sich so kurzzeitig ein **Enzym-Substrat-Komplex.** Dabei werden im Substrat-Molekül die Bindungen zwischen bestimmten Atomen gestreckt und verzerrt, sodass sie instabil werden. Durch nur wenig Aktivierungsenergie lösen sie sich und ordnen sich zwischen anderen Atomen neu. Bei der Bildung des Produkts wird das Enzym-Molekül wieder freigesetzt, sodass es erneut ein Substrat-Molekül binden kann.

1 Bei der Oxidation liefert 1 g Ethanol 30 kJ Energie, unabhängig davon, ob die Reaktion im Reagenzglas durch Aktivierungsenergie in Gang gesetzt wird oder in Leberzellen durch Enzyme bewirkt wird. Erklären Sie diese Feststellung.

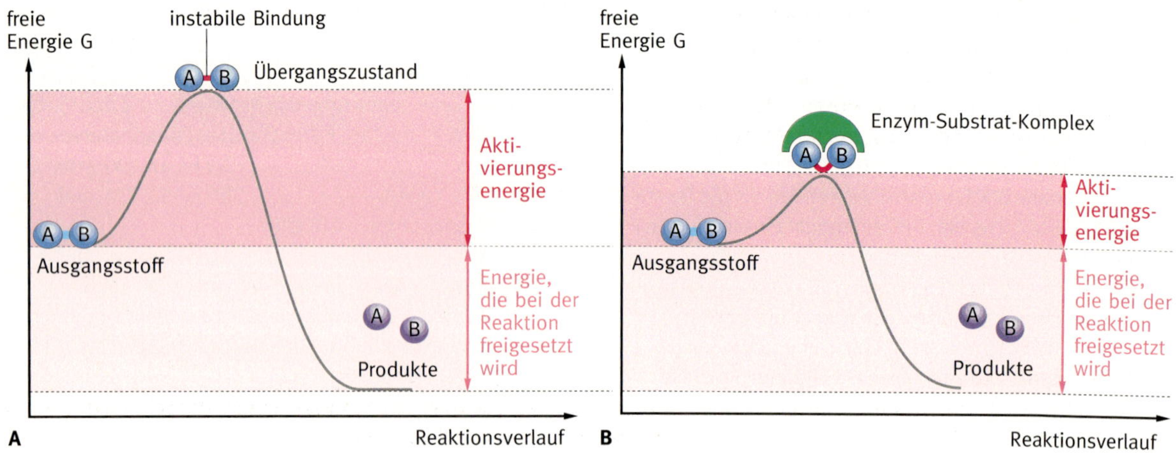

24.1 Die Aktivierungsenergie wird durch die katalytische Wirkung eines Enzyms herabgesetzt. **A** Reaktionsverlauf ohne Katalysator; **B** Reaktionsverlauf mit Katalysator

1.2 Enzyme sind substratspezifisch

Enzyme sind meistens Proteine, die von einer oder mehreren Polypeptidketten gebildet werden. Durch die Faltungen der Polypeptidketten entsteht eine Art Höhle an der Oberfläche des Enzym-Moleküls. Sie bildet das so genannte **aktive Zentrum**, an dem das Substrat umgesetzt wird. Spezielle Aminosäuren, die durch die Faltung der Ketten im Bereich des aktiven Zentrums liegen, binden mit ihren Seitenketten das Substrat und orientieren es so, dass einige Aminosäuren mit ihren Seitenketten katalytisch wirksam werden können.
Nur wenn ein Stoff Molekülgruppen besitzt, die von den Seitenketten der bindenden Aminosäuren im aktiven Zentrum eines Enzyms angezogen werden, kann er sich an das aktive Zentrum des Enzyms anlagern. Deshalb können Enzyme nur mit spezifischen Stoffen einen Enzym-Substrat-Komplex bilden: Sie sind **substratspezifisch.** Das Enzym Maltase kann zum Beispiel nur das Disaccharid Maltose anlagern, nicht aber andere Disaccharide.

Die Substratspezifität der Enzyme verdeutlichte E. FISCHER (1894) im Schlüssel-Schloss-Modell mit einem Schlüssel, der nur in ein bestimmtes Schloss passt. Nach dem Modell der induzierten Anpassung von D. KOSHLAND (1959) verändern sich bei der Bildung des Enzym-Substrat-Komplexes sowohl die Raumstruktur des Enzyms als auch des Substrat-Moleküls durch die Wechselwirkungen zwischen den beiden Molekülen.

Bei einigen Enzymen ist die Substratspezifität weniger deutlich ausgeprägt als bei der Maltase. Manche Enzyme setzen zum Beispiel Verbindungen mit gleichen funktionellen Gruppen um. Man spricht dann von einer **Gruppenspezifität.** So kann Alkohol-Dehydrogenase aus den Leberzellen neben Ethanol auch Propanol und Butanol umwandeln. Das Enzym ist spezifisch für die Gruppe der Alkanole (Alkohole).

1 Wenn in der Polypeptidkette eines Enzyms eine Aminosäure gegen eine andere ausgetauscht wird, kann das Enzym in einigen Fällen das Substrat-Molekül weniger gut oder überhaupt nicht mehr binden und umsetzen. In anderen Fällen hat der Austausch einer Aminosäure darauf keinen Einfluss. Erklären Sie diese Beobachtungen.

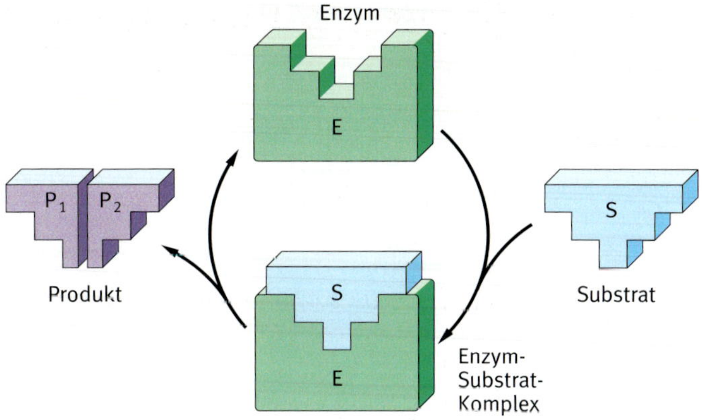

$$E + S \rightleftharpoons ES \longrightarrow E + P_1 + P_2$$

25.1 Der Katalyse-Zyklus eines Enzyms

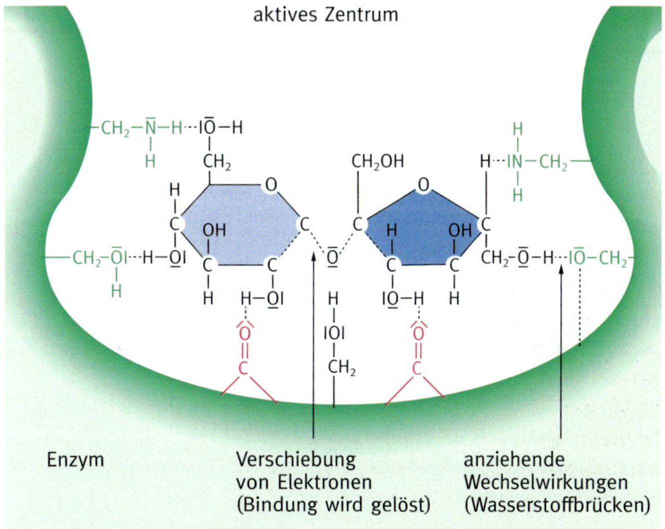

25.2 Modellhafte Darstellung der bindenden (rot) und katalytisch wirksamen (grün) Aminosäuren im aktiven Zentrum

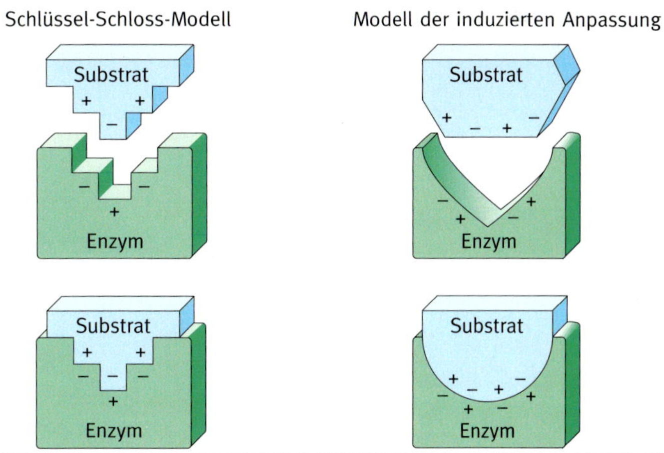

25.3 Modellvorstellungen zum Schlüssel-Schloss-Modell und zum Modell der induzierten Anpassung

1.3 Enzyme sind wirkungsspezifisch

In Leberzellen gibt es verschiedene Enzyme, die das Substrat Glucose binden können. Sie haben die gleiche Substratspezifität. Je nachdem, mit welchem Enzym Glucose einen Enzym-Substrat-Komplex bildet, entsteht aber ein anderes Produkt. So wird Glucose von Glucose-Isomerase zu Fructose umgesetzt, während Aldose-Reduktase Glucose zu Sorbit umsetzt.

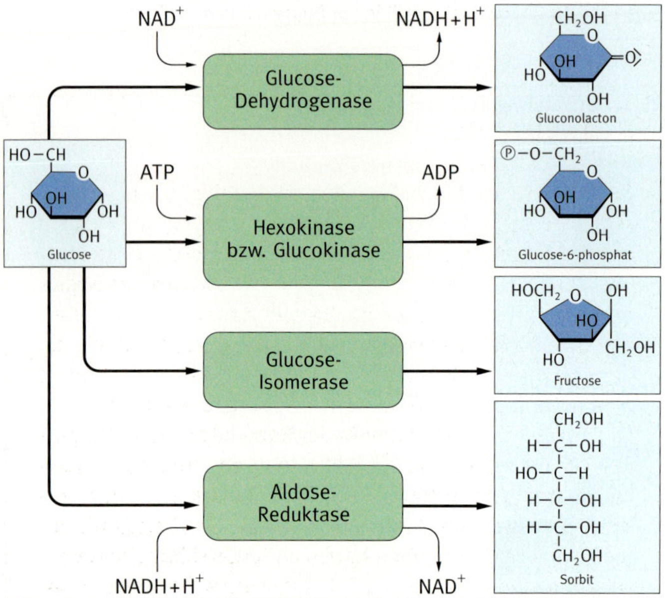

26.1 Glucose wird von verschiedenen Enzymen zu unterschiedlichen Produkten umgesetzt

Im Enzym-Substrat-Komplex bewirken die katalytisch wirksamen Aminosäuren eine Verschiebung von Elektronen und Ladungen im Substrat-Molekül. Dabei lösen sich Bindungen zwischen Atomen. Gleichzeitig werden zwischen anderen Atomen neue Bindungen ausgebildet, sodass das Produkt entsteht. Da in jedem Enzym andere katalytisch wirksame Aminosäuren im aktiven Zentrum liegen, hat jedes Enzym eine andere Wirkung. Ein Enzym ist demzufolge **reaktionsspezifisch** oder **wirkungsspezifisch.**

Enzyme werden nach dem Reaktionstyp, den sie beeinflussen, benannt und eingeteilt. Der Enzymname enthält meistens den Namen des umzusetzenden Substrats, den Reaktionstyp und die Endsilbe -ase, zum Beispiel Glucose-Dehydrogenase. Enzyme mit Gruppenspezifität werden oft nach dem Gruppennamen oder dem Namen des Bindungstyps benannt, zum Beispiel Peptidasen und Lipasen.
Enzyme, die ihr Substrat unter Anlagerung von Wasser spalten, erhalten den abgekürzten Namen des Substrats mit der Endsilbe -ase, zum Beispiel Maltase oder Amylase.

1 Erläutern Sie, welche Informationen man aus dem Namen „Pyruvat-Dehydrogenase“ erhält.

2 Bestimmte Stoffe können anstelle des Substrats an das aktive Zentrum eines Enzyms binden, aber sie werden nicht umgesetzt. Erklären Sie diese Beobachtung.

Hauptklasse	Reaktionsbeschreibung	Beispiel
1 Oxidoreduktasen (Unterklassen: Dehydrogenasen, Oxidasen, Reduktasen, Oxygenasen)	Sie katalysieren Oxidations- und Reduktionsreaktionen. Sie übertragen Elektronen von einem Donator- auf ein Akzeptor-Molekül.	**Glucose-Dehydrogenase** spaltet von Glucose zwei Wasserstoff-Atome ab und überträgt sie auf den Wasserstoff-Akzeptor NAD^+. **Aldose-Reduktase** überträgt zwei Wasserstoff-Atome von dem Wasserstoff-Donator $NADH+H^+$ auf ein Glucose-Molekül.
2 Transferasen	Sie übertragen funktionelle Gruppen, wie zum Beispiel eine Amino- oder Phosphatgruppe.	**Hexokinase** transferiert eine Phosphatgruppe von ATP auf ein Glucose-Molekül.
3 Hydrolasen	Sie spalten bestimmte Bindungen, zum Beispiel Ester-, Glykosid- oder Peptidbindungen, unter Anlagerung von Wasser.	**Ester-Hydrolasen** spalten Ester. **Peptidasen** spalten Peptidbindungen. **Maltase** spaltet Maltose.
4 Lyasen	Sie bewirken die Abspaltung von Atomen aus einem Molekül, wobei Doppelbindungen ausgebildet werden. Andere Lyasen katalysieren die Addition von kleineren Molekülen an Doppelbindungen.	**Pyruvat-Decarboxylase** spaltet von Pyruvat Kohlenstoffdioxid ab. **Citrat-Synthetase** lagert das Acetyl-Molekül an Oxalacetat.
5 Isomerasen	Sie katalysieren die Umlagerung von Atomen oder Gruppen innerhalb eines Moleküls.	**Glucose-6-phosphat-Isomerase** wandelt Glucose-6-phosphat in Fructose-6-phosphat um.
6 Ligasen	Sie verknüpfen Moleküle, wobei ATP als Energielieferant dient.	**DNA-Ligase** bewirkt die Bindung zwischen zwei benachbarten DNA-Segmenten, wobei gleichzeitig ATP gespalten wird.

26.2 Klassifizierung der Enzyme nach Reaktionstypen

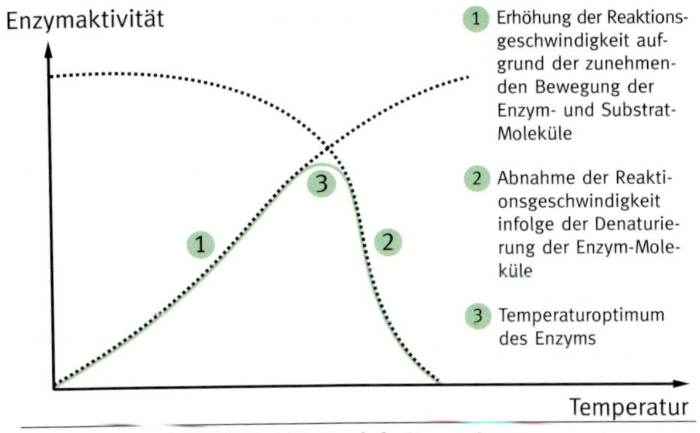

27.1 Enzymaktivität in Abhängigkeit von der Temperatur

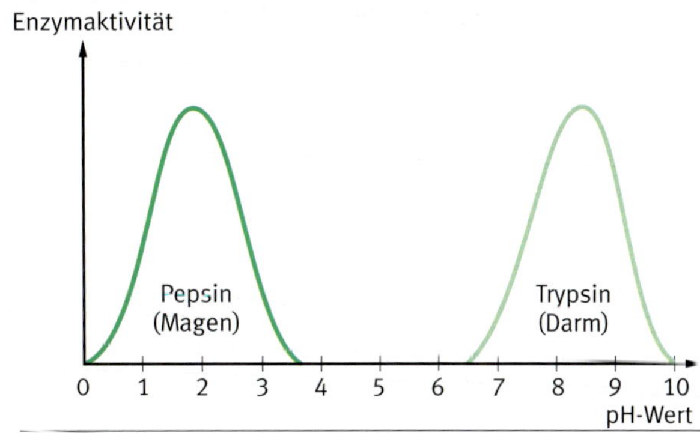

27.2 Enzymaktivität in Abhängigkeit vom pH-Wert

1.4 Enzyme sind milieuspezifisch

Die Temperatur, der pH-Wert und die Salzkonzentration des Milieus beeinflussen die Aktivität von Enzymen, da sie sich auf die Raumstrukturen der Enzym-Moleküle auswirken.

Die Reaktionsgeschwindigkeit nimmt bei Enzymreaktionen, wie bei fast allen chemischen Reaktionen, mit steigender Temperatur zu. Bei einer Temperaturerhöhung um zehn Grad Celsius verdoppelt bis verdreifacht sich in der Regel die Reaktionsgeschwindigkeit (**Reaktionsgeschwindigkeits-Temperatur-Regel,** oder RGT-Regel). Diese Beobachtung ist insbesondere mit den zunehmenden Molekülbewegungen zu erklären. Infolgedessen treffen Enzym- und Substrat-Moleküle häufiger aufeinander.

Jedes Enzym hat ein spezielles Temperaturoptimum, einen Temperaturbereich, bei dem es die höchste Aktivität hat. Mit steigender Temperatur verändert sich die Raumstruktur eines Enzyms. Bei zu hohen Temperaturen werden durch zu große thermische Bewegungen Bindungen, die die Faltung der Polypeptidketten des Enzyms stabilisieren, zerstört. Das Enzym denaturiert. Infolgedessen kann das Substrat nicht mehr an das aktive Zentrum binden und die Enzymaktivität sinkt.
Jedes Enzym hat auch ein spezielles pH-Optimum. Protonen einer Säure oder Hydroxid-Ionen einer Lauge lagern sich an polare Aminosäure-Seitenketten der Polypeptidkette des Enzyms und beeinflussen dadurch die Faltung der Kette. Infolgedessen denaturiert das Enzym und seine Aktivität nimmt ab.

1 Erklären Sie, warum die Enzymaktivität auch vom Salzgehalt des Mediums abhängig ist.

Extremophile

In den letzten Jahren wurde eine Vielzahl von Mikroorganismen aus extremen Biotopen wie zum Beispiel Vulkanen, Schwarzen Raucher in der Tiefsee, alkalischen Seen, Salzseen oder aus extrem sauren oder kalten Regionen isoliert. Entsprechend ihres natürlichen Lebensraumes sind diese Mikroorganismen in der Lage, zum Beispiel bei Temperaturen bis zu 110 °C, bei pH-Werten von 1 bis 11 oder bei Salzkonzentrationen von 30 % zu wachsen.
Die ungewöhnliche Stabilität der Enzyme aus Extremophilen ist auf eine hohe Anzahl von Ionenbindungen zwischen den Aminosäuren der Polypeptidketten und zusätzliche strukturerhaltende Elemente zurückzuführen. Stoffe aus Extremophilen haben außergewöhnliche Eigenschaften und sind deshalb für biotechnische Anwendungen hoch interessant. Zum Beispiel sind Eiweiß spaltende Proteasen aus thermophilen Bakterien bei Temperaturen zwischen 50 und 110 °C und pH-Werten zwischen 4 und 12 aktiv. Sie werden unter anderem als Zusatz in Wasch- und Reinigungsmitteln eingesetzt.
Aus der biologischen sowie medizinischen Forschung und Anwendung ist heutzutage die **Polymerase-Kettenreaktion,** kurz PCR genannt, nicht mehr wegzudenken. Mit ihr werden winzige Mengen DNA vervielfältigt, um sie zu untersuchen. Diese Methode konnte sich erst durchsetzen und verbreiten, nachdem thermostabile DNA-Polymerasen aus thermophilen Bakterien verwendet werden konnten.

Probeentnahme in einer heißen Quelle

MIKROBIOLOGIE

2 Reaktionsgeschwindigkeit und Beeinflussung der Enzymaktivität

2.1 MICHAELIS-MENTEN-Konstante

Leonard MICHAELIS und Maud MENTEN untersuchten 1913 die Frage, mit welcher Geschwindigkeit eine enzymatische Reaktion bei unterschiedlichen Substrat-Konzentrationen verläuft. Sie stellten fest: Bei konstanter Enzym-Konzentration nimmt die Reaktionsgeschwindigkeit *(v)* in Abhängigkeit von der Substrat-Konzentration zu und erreicht schließlich asymptotisch einen Sättigungswert.

Dieses Ergebnis lässt sich folgendermaßen erklären: Ein Enzym-Molekül kann pro Sekunde nur eine bestimmte, maximale Zahl von Substrat-Molekülen umsetzen. Angenommen, die maximale Umsetzungsrate des Enzyms liegt bei 100 Substrat-Molekülen pro Sekunde. Dann trifft bei einer geringen Substrat-Konzentration jedes Enzym im Reaktionsgefäß pro Sekunde vielleicht auf zehn Substrat-Moleküle und setzt sie um. Verdoppelt man die Substrat-Konzentration, setzt jedes Enzym 20 Substrat-Moleküle pro Sekunde um. Die Reaktionsgeschwindigkeit verdoppelt sich also. Wenn die maximale Reaktionsgeschwindigkeit erreicht ist, werden von jedem Enzym 100 Substrat-Moleküle pro Sekunde umgesetzt. Wird danach die Substrat-Konzentration weiter erhöht, setzt trotzdem jedes Enzym nur 100 Substrat-Moleküle pro Sekunde um, die Reaktionsgeschwindigkeit bleibt also gleich.

Bei dieser maximalen Reaktionsgeschwindigkeit sind alle Enzym-Moleküle an der Substratumsetzung beteiligt. Da ein Enzym-Molekül nach der Umsetzung eines Substrat-Moleküls sofort wieder ein neues Substrat bindet, würden in einer Momentaufnahme alle Enzym-Moleküle im Enzym-Substrat-Komplex vorliegen. Dagegen würden bei niedrigen Substrat-Konzentrationen in einer Momentaufnahme nur wenige Enzyme im Enzym-Substrat-Komplex gebunden sein. Viele Enzym-Moleküle lägen frei vor, da für sie kein Substrat-Molekül zur Verfügung stünde. Um ein Enzym zu charakterisieren, bestimmt man die Substrat-Konzentration, bei der die Reaktion mit halbmaximaler Geschwindigkeit verläuft. Sie wird als **K_M-Wert (MICHAELIS-MENTEN-Konstante)** bezeichnet. Wenn der K_M-Wert klein ist, die halbmaximale Reaktionsgeschwindigkeit also bereits bei geringer Substrat-Konzentration erreicht wird, kann man daraus folgern, dass die Affinität zwischen Enzym und Substrat groß ist, also schnell Enzym-Substrat-Komplexe gebildet werden.

Die Bedeutung der Enzymaffinität wird an folgenden Beispielen deutlich: Der Glucoseabbau in den Zellen beginnt mit der Umsetzung von Glucose zu Glucose-6-phosphat. Diese Reaktion kann sowohl von Hexokinase als auch von Glucokinase bewirkt werden. Hexokinase, die vorrangig in Hirnzellen arbeitet, bindet Glucose mit hoher Affinität. Ihr K_M-Wert beträgt 10^{-5} mol/l Glucose. Dies entspricht einer Konzentration, die unterhalb der niedrigsten Blutzucker-Konzentration liegt. Glucokinase, die in Leberzellen vorkommt, weist dagegen eine geringere Affinität zu Glucose auf. Ihr K_M-Wert beträgt 10^{-2} mol/l und liegt im Bereich der normalen Blutzucker-Konzentration. Glucokinase arbeitet erst bei diesen Konzentrationen in nennenswertem Umfang. So ist gewährleistet, dass auch bei niedrigen Blutzucker-Konzentrationen Glucose in die Hirnzellen gelangt und dort abgebaut wird und dass erst bei einem Anstieg der Glucose-Konzentration im Blut über den Normalwert in den Leberzellen proportional mehr Glucose umgesetzt wird.

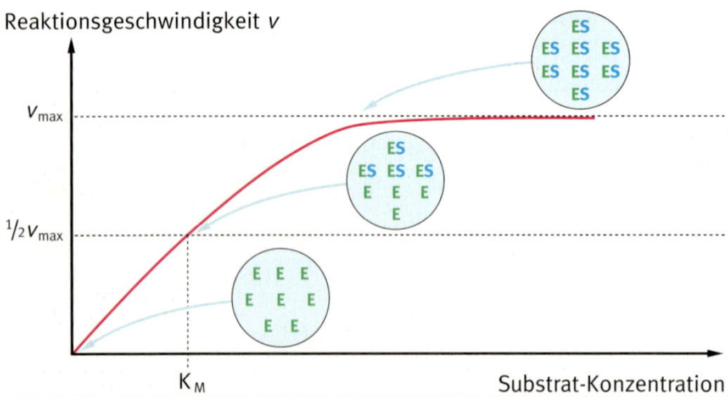

28.1 Die Abhängigkeit der Reaktionsgeschwindigkeit einer enzymatischen Reaktion von der Substrat-Konzentration

1 In einem Reaktionsgemisch befinden sich Hexokinase, Glucose-Isomerase und 0,0001 mol/l Glucose. Hexokinase (K_M-Wert = 10^{-5} mol/l) setzt Glucose zu Glucose-6-phosphat um, Glucose-Isomerase (K_M-Wert = 3,3 x 10^{-3} mol/l) zu Fructose. Welches Hauptprodukt erwarten Sie? Begründen Sie Ihre Vermutung.

2.2 Enzyme können gehemmt werden

Glucokinase setzt Glucose zu Glucose-6-phosphat um. In Gegenwart anderer Zucker wie zum Beispiel N-Acetyl-Glucosamin verläuft die Umsetzung viel langsamer. N-Acetyl-Glucosamin wirkt auf Glucokinase als Hemmstoff, auch **Inhibitor** genannt. Das Molekül hat eine ähnliche Raumstruktur wie Glucose und kann kurzfristig an das aktive Zentrum von Glucokinase binden. Da aber die katalytisch wirksamen Aminosäuren im aktiven Zentrum dieses Molekül nicht wirksam beeinflussen können, wird es nicht umgesetzt und löst sich wieder vom aktiven Zentrum.

Bindet ein Inhibitor an das aktive Zentrum eines Enzyms, so spricht man von einer **kompetitiven Hemmung.** Die Inhibitor- und Substrat-Moleküle konkurrieren dabei um die Besetzung des aktiven Zentrums. Mit zunehmender Substrat-Konzentration erhöht sich die Wahrscheinlichkeit, dass Substrate an das aktive Zentrum binden. Deshalb wird bei hohen Substrat-Konzentrationen die maximale Reaktionsgeschwindigkeit trotz des Hemmstoffs erreicht. Es wird aber eine höhere Substrat-Konzentration benötigt, um die halbmaximale Reaktionsgeschwindigkeit zu erreichen. Der K_M-Wert wird also größer. Die Affinität zwischen Substrat und Enzym ist dadurch verringert, dass die Inhibitoren kurzzeitig das aktive Zentrum blockieren.

Enzyme können auch dadurch gehemmt werden, dass Inhibitoren sich außerhalb des aktiven Zentrums an das Enzym-Molekül anlagern. Solche Hemmstoffe sind zum Beispiel Schwermetalle oder Gifte wie Cyanid-Ionen. Ihre Anlagerung wirkt sich auf die Raumstruktur des Enzyms aus. Das aktive Zentrum wird dabei so verändert, dass es kein Substrat mehr binden kann. Diese Form der Hemmung nennt man **nicht-kompetitive Hemmung.** Da die Hemmstoffe dabei nicht mit dem Substrat um das aktive Zentrum konkurrieren, kann eine Erhöhung der Substrat-Konzentration die Hemmung nicht aufheben. Bei der nicht-kompetitiven Hemmung wird ein Teil der Enzyme im Reaktionsgefäß blockiert. Da so die Konzentration an aktiven Enzymen gesenkt wird, kann die maximale Reaktionsgeschwindigkeit der ungehemmten Reaktion nicht erreicht werden. Die Affinität der aktiven Enzyme zu den Substraten verändert sich jedoch nicht. Der K_M-Wert bleibt gleich.
Wenn Hemmstoffe sich wieder vom Enzym lösen, nennt man die Hemmung **reversibel.** Bindet ein Hemmstoff aber unlösbar an das Enzym, ist die Hemmung nicht umkehrbar, also **irreversibel.**

1 Erläutern Sie, wie sich die Reaktionsgeschwindigkeit einer enzymkatalysierten Reaktion mit steigender Konzentration eines kompetitiven oder eines nicht-kompetitiven Hemmstoffs verändert.

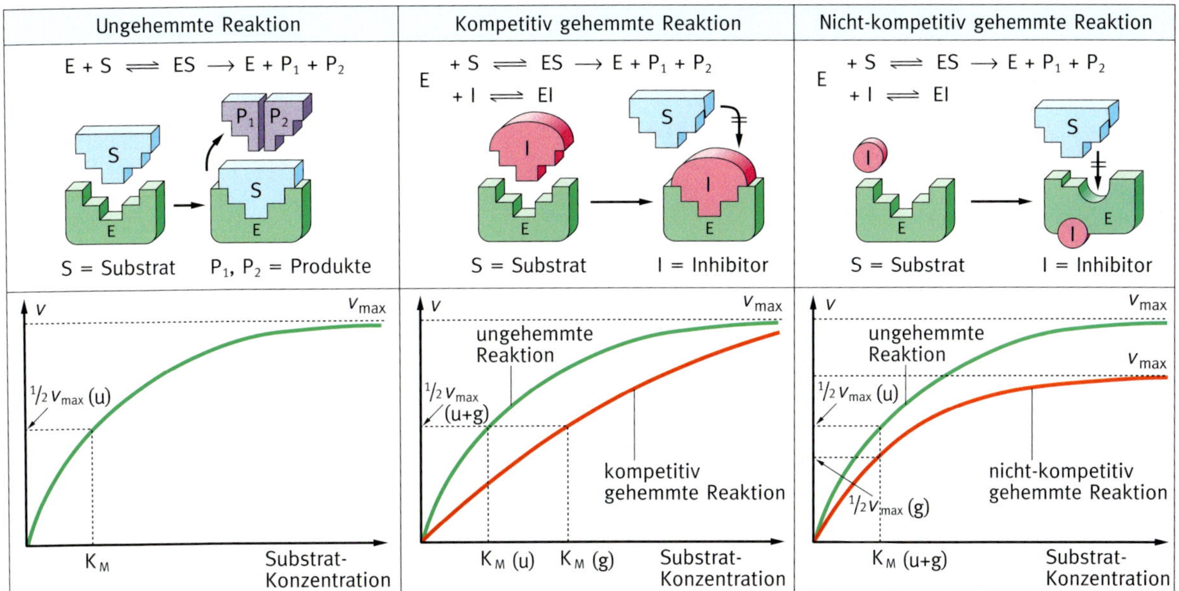

29.1 Ungehemmte (u) und gehemmte (g) Enzymreaktion

2.3 Enzyme können reguliert werden

Viele Enzyme können nicht nur eine stabile Raumstruktur einnehmen, sondern zwei oder sogar mehrere. Man nennt sie **allosterische Enzyme.** Die Umwandlung von einer in die andere Struktur wird durch **Effektoren** bewirkt. Ein Effektor bindet an ein so genanntes **regulatorisches Zentrum** des Enzyms. Dadurch verändert sich dessen Raumstruktur, insbesondere die Struktur des aktiven Zentrums. Positive Effektoren erhöhen die Enzymaktivität, negative Effektoren senken sie.

Man unterscheidet bei der allosterischen Regulation zwei Formen. Bei der **Allosterie vom K-Typ** bleibt die maximale Geschwindigkeit der Enzymreaktion (v_{max}) gleich, kann aber erst bei erhöhten Substrat-Konzentrationen erreicht werden. Durch die Anlagerung des Effektors an ein regulatorisches Zentrum werden diejenigen Aminosäuren, die für die Bindung des Substrats verantwortlich sind, im Bereich des aktiven Zentrums verlagert. Dadurch wird das Substrat, je nach Effektor, besser oder schlechter gebunden. Die Veränderung der Affinität zwischen Enzym und Substrat kann experimentell an einem veränderten K_M-Wert des Enzyms nachgewiesen werden.
Ein Beispiel ist der Glucoseabbau in der Zelle. Er besteht aus einer Kette von Reaktionen, wovon jede durch ein spezifisches Enzym katalysiert wird. Phosphofructokinase katalysiert den langsamsten Schritt beim Glucoseabbau, die Umwandlung von Fructose-6-phosphat in Fructose-1,6-bisphosphat. Es bestimmt damit die Geschwindigkeit der gesamten Stoffwechselkette; daher bezeichnet man das Enzym als **Schrittmacherenzym.** Durch eine Aktivierung oder Hemmung des Enzyms verändert sich die Geschwindigkeit der gesamten Abbaukette. Phosphofructokinase wird allosterisch reguliert. ADP wirkt als positiver Effektor auf Phosphofructokinase. Eine hohe ADP-Konzentration in der Zelle bedeutet, dass der Energiespeicher ATP leer ist. Um ATP zu gewinnen, muss die Zelle den Glucoseabbau aktivieren. ADP lagert sich an ein regulatorisches Zentrum der Phosphofructokinase. Dadurch wird das Substrat Fructose-6-phosphat besser an das aktive Zentrum gebunden und somit der Glucoseabbau beschleunigt. ATP wirkt dagegen als negativer Effektor auf Phosphofructokinase. Bei einer hohen ATP-Konzentration in der Zelle lagert sich ATP an ein regulatorisches Zentrum von Phosphofructokinase und bewirkt, dass das Substrat schlechter an das aktive Zentrum gebunden wird. Dadurch wird der Glucoseabbau in der Zelle verlangsamt.

Bei der **Allosterie vom V-Typ** wird die maximale Reaktionsgeschwindigkeit (v_{max}) verändert, dagegen bleibt der K_M-Wert gleich. Durch die Anlagerung des Effektors an ein regulatorisches Zentrum werden diejenigen Aminosäuren, die für die Umsetzung des Substrats verantwortlich sind, im Bereich des aktiven Zentrums verlagert. Dadurch wird, je nach

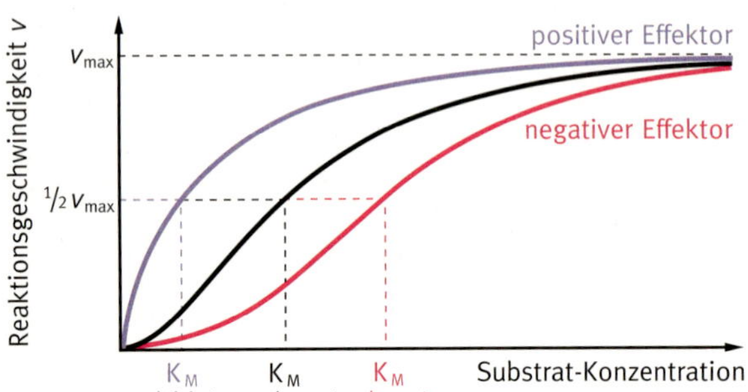

Beispiel	Positiver Effektor	Negativer Effektor
Phosphofructokinase	AMP, ADP, Fructose-6-phosphat	ATP

30.1 Regulation allosterischer Enzyme vom K-Typ.
Durch die Effektoranlagerung wird die Affinität des Enzyms zum Substrat (der K_M-Wert) verändert, während die maximale Reaktionsgeschwindigkeit (v_{max}) gleich bleibt.

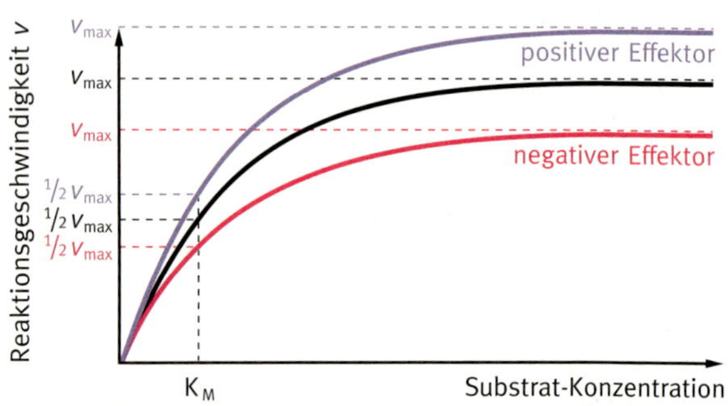

Beispiel	Positiver Effektor	Negativer Effektor
Pyruvat-Carboxylase	Acetyl-CoA	
Fructose-1,6-bisphosphatase		AMP

30.2 Regulation allosterischer Enzyme vom V-Typ.
Durch die Effektoranlagerung wird die maximale Reaktionsgeschwindigkeit (v_{max}) verändert, während der K_M-Wert gleich bleibt.

Effektor, die katalytische Umsetzung verändert. So wird durch einen positiven Effektor das Substrat schneller zum Produkt umgesetzt.

Neben dem Enzym, das die langsamste Reaktion einer Stoffwechselkette katalysiert, ist auch das Enzym, das den ersten Reaktionsschritt katalysiert, für die Gesamtreaktion von besonderer Bedeutung. Es wird als **Schlüsselenzym** bezeichnet, denn die Geschwindigkeit der gesamten Stoffwechselkette kann durch die Aktivität dieses Enzyms beeinflusst werden. Schlüsselenzyme werden oft durch die Substrat-Konzentration reguliert. Bei einer niedrigen Substrat-Konzentration in einer Zelle verläuft der Abbau nur mit geringer Geschwindigkeit. Erhöht sich die Konzentration, so wird das Substrat mit hoher Geschwindigkeit abgebaut. Ab einer bestimmten Konzentration lagern sich Substrat-Moleküle an die regulatorischen Zentren der Schlüsselenzyme. Als positive Effektoren aktivieren sie die Enzyme und damit die gesamte Abbaukette. Diese Form der allosterischen Regulation, bei der Substrat-Moleküle selbst als Effektoren die Umsetzung des Substrats aktivieren, wird als **Substratinduktion** bezeichnet.

Eine andere Form der allosterischen Regulation ist die **Endprodukthemmung**, die bei vielen zellulären Stoffwechselketten zu beobachten ist. Mit zunehmender Konzentration des Endprodukts verringert sich die Geschwindigkeit, mit der es gebildet wird. Endprodukt-Moleküle binden als negative Effektoren an die Schlüsselenzyme und hemmen dadurch die eigene Synthese.

1 Erklären Sie, warum es sinnvoll ist, in einer Stoffwechselkette das erste Enzym und das langsamste Enzym zu regulieren.

2 Erklären Sie die Regulation des Glucoseabbaus.

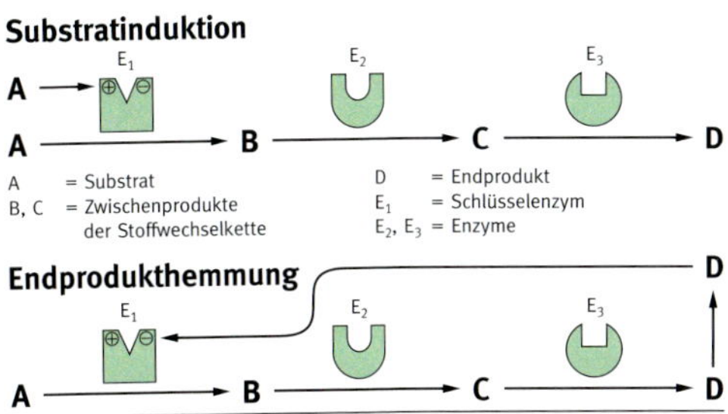

31.1 Substratinduktion und Endprodukthemmung

2.4 Cofaktoren

Viele Enzyme benötigen für die Umsetzung des Substrats Hilfsmoleküle, **Cofaktoren** genannt. Bei einigen Cofaktoren handelt es sich um Metall-Ionen wie Fe^{2+}, Cu^{2+} oder Zn^{2+}, die oft die Raumstruktur von Enzymen stabilisieren oder daran beteiligt sind, das Substrat zu binden. Andere Cofaktoren sind kleine organische Moleküle, **Coenzyme** genannt. Diese können als prosthetische Gruppe kovalent im aktiven Zentrum des Enzyms gebunden sein oder sich mit dem Substrat zusammen reversibel anlagern. Coenzyme werden während der Enzymreaktion chemisch verändert, daher werden sie auch als Cosubstrate bezeichnet. Sie übernehmen Elektronen, Atome oder chemische Gruppen. Deshalb müssen sie in einer zweiten Enzymreaktion wieder regeneriert werden. Nicotinamidadenindinukleotid (NAD^+) ist zum Beispiel Coenzym der Lactat-Dehydrogenase, einem Enzym, welches Lactat zu Pyruvat oxidiert. Die dabei frei werdenden Elektronen werden zusammen mit Protonen von NAD^+ übernommen. Es entsteht $NADH + H^+$. Dieses reduzierte Coenzym löst sich mit dem Produkt vom aktiven Zentrum des Enzyms und wird in einer anderen enzymatischen Reaktion wieder regeneriert.

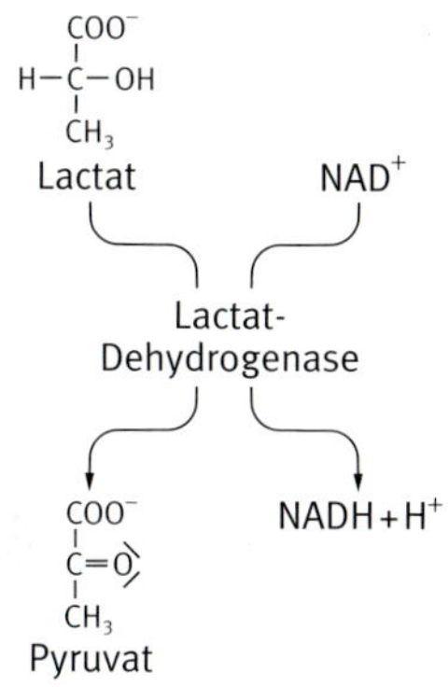

1 Beschreiben Sie die Unterschiede zwischen Enzymen und Coenzymen sowie zwischen Coenzymen und Substraten.

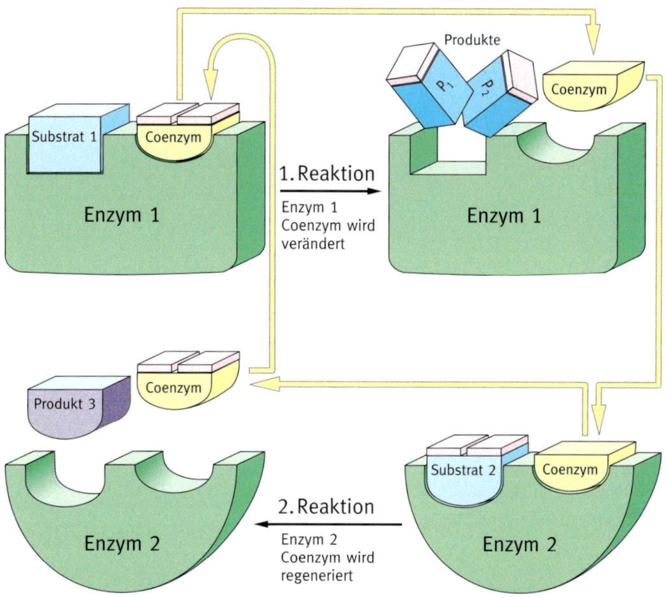

31.2 Zusammenwirken von Enzymen, Coenzymen und Substraten

TECHNIK

Nutzung von Enzymen bei der Stärkeverzuckerung

Schon in den 50er-Jahren wurden Enzyme großtechnisch mithilfe von Bakterien, Hefen oder anderen Pilzen gewonnen.
Heutzutage liefern genmanipulierte Bakterien Enzyme maßgeschneidert, in großen Mengen und hoher Reinheit. Sie werden bei der Herstellung und Verarbeitung von Nahrungsmitteln, Waschmitteln, Textilien, Zellstoff, Papier, Leder, Tierfutter und pharmazeutischen Produkten eingesetzt.

Ein Beispiel für die Anwendung von Enzymen in der Lebensmittelproduktion ist die Stärkeverarbeitung. Durch die **enzymatische Stärkeverzuckerung** können verschiedene Zucker nicht nur aus Zuckerrohr und Zuckerrüben, sondern auch aus Mais, Kartoffeln und Weizen gewonnen werden. Mit der Wahl der Enzyme lässt sich der Verzuckerungsprozess gezielt steuern, sodass man verschiedene Sirupe erhält, die sich in ihrer Süßkraft, aber auch in ihren technologischen Eigenschaften unterscheiden. Sie werden direkt als Süßungsmittel verwendet oder etwa zu Zuckeraustauschstoffen weiterverarbeitet.
Die Stärkeverzuckerung verläuft in drei Stufen. In der ersten Stufe, der **Stärkeverflüssigung**, werden die langen 1,4-Glucoseketten der Stärke durch α-Amylasen in Bruchstücke gespalten. Dadurch wird der Stärkebrei flüssiger. Es entsteht ein Gemisch aus Maltose und Dextrinen, Stärkebruchstücken aus 4 bis 35 Glucose-Molekülen.

Bei der **Verzuckerung** wird der Maltose-Dextrin-Sirup weiter zerlegt. Zum Beispiel bauen Glucoamylase und Pullulanase Maltose und Dextrine zu Glucose ab. Es entsteht Glucose-Sirup, der in vielen Süß- und Backwaren ganz oder teilweise den traditionellen Haushaltszucker Saccharose ersetzt. Glucose-Sirup hat zwar eine geringere Süßkraft als Saccharose, kristallisiert aber weniger schnell aus. Deshalb bleiben zum Beispiel daraus hergestellte Gummi- und Schaumzuckerwaren länger frisch. Aus Glucose-Sirup kann als Endprodukt kristalliner Traubenzucker gewonnen werden. Da Fructose eine größere Süßkraft als Glucose hat, verarbeitet man einen großen Teil des Glucose-Sirups weiter. Bei der **Isomerisierung** wandelt das Enzym Glucose-Isomerase einen Teil der Glucose in Fructose um. Man erhält dadurch Fructose-Sirup, der fast die Süßkraft von Saccharose erreicht. Fructose-Sirup enthält etwa 42 Prozent Fructose, 50 Prozent Glucose und 8 Prozent andere Mono- und Disaccharide.
In den USA hat dieser High Fructose Corn Sirup, das wichtigste Produkt der Maisstärkeindustrie, Saccharose bereits weitgehend verdrängt. Dort ist der Pro-Kopf-Verbrauch an Sirupen, die aus Stärke hergestellt werden, höher als der von Rohr- und Rübenzucker. Cola und Limonade werden ausschließlich mit Sirupe gesüßt. In der Europäischen Union wird der Zuckerrübenanbau durch die Agrarpolitik geschützt. Daher ist die Verdrängung von Saccharose durch Stärke-Sirup noch nicht so weit fortgeschritten.

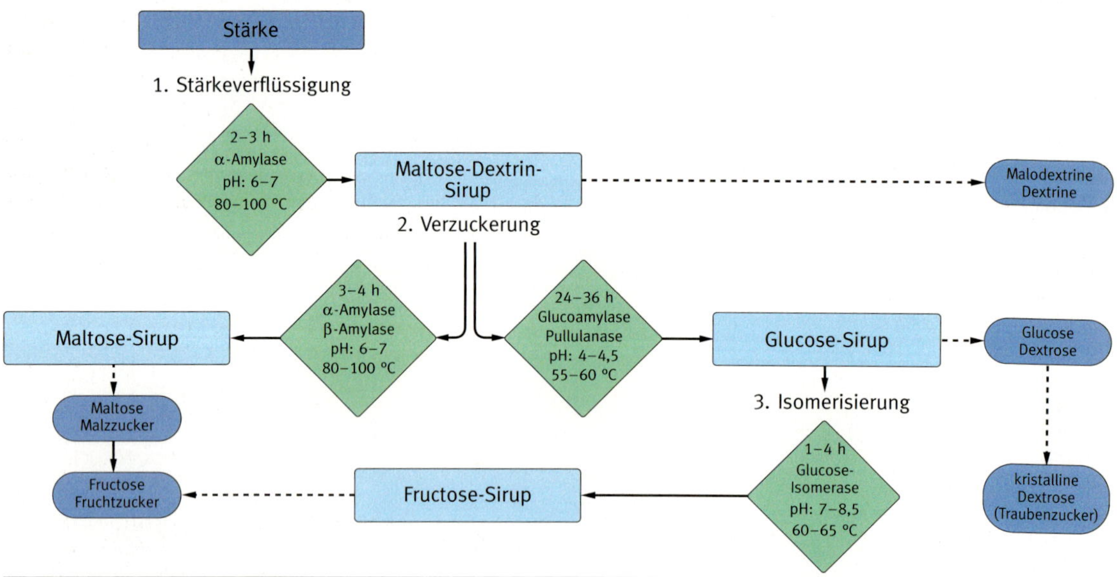

Verfahren der Stärkeverzuckerung

Hydrokultur

In der privaten und kommerziellen gärtnerischen Praxis werden Pflanzen heutzutage nicht immer in Erde, sondern auch auf anderen geeigneten Substraten kultiviert. Es handelt sich dabei um Blähton oder Steinwolle, zu denen eine Mineralsalz-Lösung gegeben wird. Diese Art der erdlosen Kultivierung wurde schon 1860 von SACHS entwickelt und als **hydroponische Kultur** bezeichnet; daraus leitet sich der heute gängige Kurzbegriff **Hydrokultur** ab.

Für Obst und Gemüse ist die Hydrokultur eine sehr gut kontrollierbare Form des Anbaus. In fließenden Kulturen erfolgt eine kontinuierliche Erneuerung der Nährlösung. Die Zufuhr von Wasser und Nährsalzen erfolgt hierbei oft computergesteuert. Dies führt zwar einerseits zu einem größeren, kostenintensiveren Bedarf an Geräten, andererseits bieten sich aber Möglichkeiten, die in der Landwirtschaft anfallende Gülle einzusetzen.

Kommerzieller Anbau von Tomaten in Hydrokultur

LANDWIRTSCHAFT

Phosphor

Phosphor ist vor allem für den Aufbau der Nukleinsäuren DNA und RNA sowie des Energieüberträgers ATP ein wichtiger Baustoff. Er kann von Pflanzen in Form von Phosphat aufgenommen werden. 80 Prozent der industriell gewonnenen Phosphate dienen als Bestandteil von Düngern. Ein Großteil des Phosphates auf der Erde befindet sich in einem Kreislauf. Ständig gelangen kleine Mengen der wasserlöslichen Phosphate über Zuflüsse ins Meer. Dort lagern sie sich in Gebieten mit nährstoffreichen, kalten, aufsteigenden Meeresströmungen ab, sodass Phosphate dem Kreislauf entzogen werden. Eine Erschließung dieser sedimentären, marinen Vorkommen ist schwierig und wenig rentabel.
Ressourcen an Phosphat lagern in Form von Phosphaterzen in der Erdkruste. Die abbauwürdigen Reserven betragen circa zwölf Milliarden Tonnen; bei einer jährlichen Abbaumenge von circa 128 Millionen Tonnen Phosphaterzen werden die Vorräte in ungefähr 100 Jahren erschöpft sein.

Abbau von Phosphaterzen

GEOLOGIE

1.2 Düngung und Pflanzenwachstum

38.1 Gülle-Düngung (A), Gründüngung (B), Mineralsalz-Düngung (C)

Auf landwirtschaftlich nicht genutzten Böden gelangen die Mineralsalze, die Pflanzen dem Boden entzogen haben, durch Blatt- und Fruchtfall sowie durch Absterben der Pflanzen weitgehend in den Boden zurück. Auf Kulturland ist dieser Kreislauf unterbrochen, da Ernten abgetragen werden. Daher müssen dem Boden durch **Düngung** wieder Mineralsalze zugeführt werden. **Organische Dünger** wie Stallmist, Stroh, Gülle und Kompost werden durch Bodenlebewesen zersetzt. Hierbei werden Mineralsalze frei. Gleichzeitig werden Struktur und Wasserhaltevermögen des Bodens verbessert sowie die Humusbildung gefördert. Bei der **Gründüngung** werden Ackerpflanzen wie Klee und Lupine angepflanzt und untergepflügt. Dadurch wird der Boden mit Stickstoff angereichert.

Große Bedeutung haben heute die synthetisch hergestellten **Kunstdünger.** Sie bieten den Pflanzen in direkt verfügbarer Form wichtige Mineralsalze. Da Pflanzen dem Boden vor allem Stickstoff (N), Phosphor (P) und Kalium (K) entziehen, gleicht der Landwirt diesen Mangel durch entsprechende NPK-Dünger aus. In der Landwirtschaft werden Kunstdünger meist in Körnerform auf das Feld gebracht, für Zimmerpflanzen bietet der Handel Flüssigdünger an.

Jede Pflanzenart benötigt für ein optimales Wachstum die Mineralsalze in unterschiedlichen Konzentrationen. Das Pflanzenwachstum wird dabei jeweils von dem Faktor begrenzt, der nicht in ausreichender Menge vorliegt. Dies nennt man das **Gesetz vom Minimum.**

1 Erläutern Sie mithilfe des Exkurses auf Seite 37 und der Abbildung 38.2, warum der Abbau von Phosphaterzen zur Düngung ein Problem darstellt.

PORTRÄT

Justus LIEBIG

Justus LIEBIG (1803–1873)

Nach einer Ausbildung als Apothekerlehrling studierte Justus LIEBIG Chemie und wurde im Alter von 21 Jahren Professor in Gießen. Er beschäftigte sich eingehend mit dem Stoffwechsel von Pflanzen und Tieren und legte die Grundlagen der modernen Düngelehre. Er stellte das noch heute gültige **Gesetz vom Minimum** auf. Als Vorreiter einer angewandten Biologie erfand er den nach ihm benannten LIEBIGschen Fleischextrakt und das Backpulver. Aufgrund seiner zahlreichen Entdeckungen wurde er 1845 geadelt.

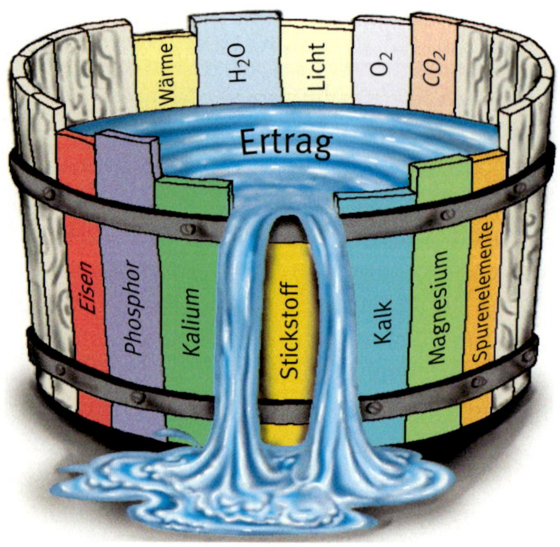

38.2 Modellvorstellung zum „Gesetz vom Minimum“

1.3 Stickstoff-Assimilation

Stickstoff ist als Baustein für Aminosäuren und Basen der Nukleinsäuren ein äußerst wichtiges Element und für das Pflanzenwachstum oft ein limitierender Faktor. Dies erstaunt, da die Luft zu 78 Prozent aus molekularem Stickstoff besteht. In dieser Form ist er aber für Tiere und Pflanzen nicht nutzbar.
Proteine, die als Abfall oder beim Tod von Lebewesen anfallen, werden im Boden durch Bakterien und Pilze zersetzt. Dabei werden die Aminogruppen ($-NH_2$) der organischen Aminosäuren zu anorganischen Ammonium-Ionen (NH_4^+) mineralisiert. Man spricht von **Ammonifikation.**
Ammonium-Ionen können von den Pflanzen direkt aufgenommen werden; in der Wurzel werden sie in der Aminosäure Glutamin fixiert. So wird verhindert, dass sich in der Zelle giftiges Ammoniak anreichert. Da die Wurzel Ammonium-Ionen im Austausch gegen Protonen aufnehmen, führt dies zur Ansäuerung des Bodens.
Ammonium-Ionen können im Boden unter aeroben Bedingungen von Bakterien auch zu Nitrat oxidiert werden: In dem ersten Schritt dieser **Nitrifikation** oxidieren Nitritbakterien die Ammonium-Ionen zu Nitrit-Ionen; in einem Folgeschritt oxidieren Nitratbakterien die Nitrit-Ionen weiter zu Nitrat-Ionen. Sie werden, wie die Ammonium-Ionen, von den Pflanzen aufgenommen und anschließend von ihnen unter Energieaufwand über Nitrit wieder zu Ammonium-Ionen reduziert. Dies geschieht mithilfe des Enzyms Nitratreduktase in den Wurzel- und Blattzellen. Im Boden kann Nitrat auch wieder in elementaren Stickstoff umgewandelt werden. Diese **Denitrifikation** wird von denitrifizierenden Bakterien durchgeführt.
Harnstoff, der neben Ammoniak und Harnsäure als ein Endprodukt des tierischen Proteinstoffwechsels ausgeschieden wird, kann von Harnstoffbakterien durch das Enzym Urease zu Kohlensäure und Ammoniak abgebaut werden. Im Boden entstehen so wieder Ammonium-Ionen, die von Pflanzen aufgenommen werden können.

Eine Bindung des elementaren Luftstickstoffs kann nur von Knöllchen-Bakterien mithilfe des Enzyms Nitrogenase durchgeführt werden. Diese Bakterien leben in einer Symbiose mit Wirtspflanzen, bei denen es sich um verschiedene Hülsenfrüchtler wie Lupine und Klee handelt. Der Luftstickstoff wird von den Knöllchen-Bakterien bis zum Ammonium-Ion reduziert, das sofort an Glutamat gebunden wird. Die mit den Knöllchen-Bakterien in Symbiose lebenden Pflanzen nutzen die Produkte der bakteriellen Stickstoffbindung. Die Bakterien beziehen Zucker von den Wirtspflanzen.

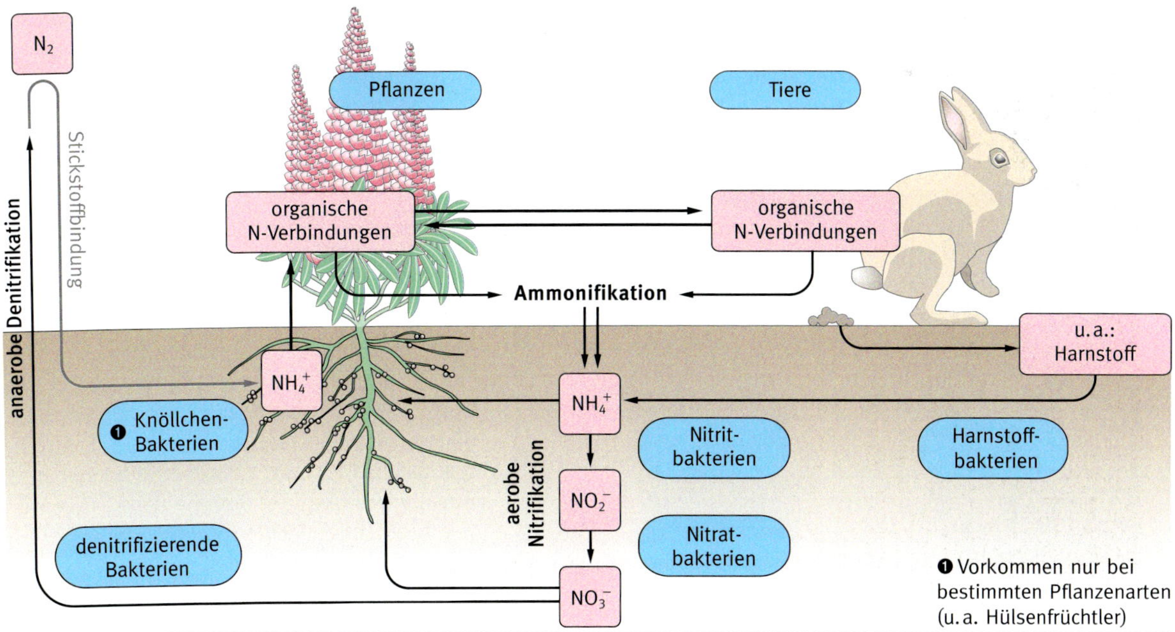

39.1 Stickstoffkreislauf in einem terrestrischen Ökosystem

40.1 Knöllchen-Bakterien an Lupinenwurzel

Da Stickstoff oft limitierender Wachstumsfaktor für Pflanzen ist, in der Atmosphäre aber in großer Menge vorliegt, wird in der Forschung auf verschiedene Weise versucht, Knöllchen-Bakterien auch mit anderen Kulturpflanzen in einer Symbiose zu verbinden. Vor allem Methoden der Gentechnik erscheinen hierbei vielversprechend.

1 Nennen Sie die Formen, in denen Stickstoff von Pflanzen aufgenommen werden kann.

2 Beschreiben Sie die Tätigkeiten der Bakterien im Boden innerhalb des Stickstoffkreislaufes.

3 Erläutern Sie die Symbiose zwischen Knöllchen-Bakterien und Hülsenfrüchtlern.

ÖKOLOGIE

Pflanzen als Bodenanzeiger

Stickstoffanzeiger. A Brennnessel (stickstoffliebend); **B** Zittergras (stickstoffmeidend)

Kalkanzeiger. A Behaarte Alpenrose (kalkliebend); **B** Rostrote Alpenrose (kalkmeidend)

Manche Pflanzenarten können auf sehr unterschiedlichen Böden gedeihen, andere Pflanzen hingegen stellen besondere, arttypische Ansprüche an den Boden: Faktoren wie pH-Wert, Kalkgehalt, Wasserhaltevermögen, Ionengehalt oder Bodenart müssen in bestimmten Ausprägungen vorliegen. Die Pflanze gilt dann für diesen Faktor als **Zeigerpflanze.** Sie kann dabei die starke oder auch die schwache Ausprägung eines Faktors anzeigen.

Stickstoffanzeiger. Brennnessel, Taubnessel und Vogelmiere bevorzugen Standorte mit hohem Gehalt an NO_3^- und NH_4^+. Sie besiedeln sehr oft Wegränder. Das auf trockenen Wiesen vorkommende Zittergras hingegen ist stickstoffmeidend.

Kalkanzeiger. Sogar innerhalb einer Pflanzengattung gibt es große Unterschiede zwischen nah verwandten Arten: So ist die Behaarte Alpenrose kalkliebend und die Rostrote Alpenrose kalkmeidend.

Einschränkend muss auch darauf hingewiesen werden, dass stets mehrere Faktoren auf die Pflanze einwirken und daher nur die Wirkung der Summe dieser Faktoren beobachtet werden kann. Infolge von Konkurrenz durch andere Pflanzen weichen Pflanzen auch auf für sie nicht optimale Standorte aus.

2 Wasser als Stabilitätsfaktor

Die Stängel einer Seerose ragen bis zur Wasseroberfläche. Außerhalb des Wassers könnten die Stängel das Gewicht der Blätter und Blüten nicht tragen. Im Wasser verleiht der Auftrieb der Pflanze Stabilität. Durch eine Vielzahl von Luftkammern im Stängel wird der Auftrieb noch erhöht.

Auf Landpflanzen hat die Schwerkraft eine stärkere Auswirkung, da der Auftrieb fehlt. In der Evolution war der Übergang vom Wasser- zum Landleben für Pflanzen mit der Notwendigkeit verbunden, stützende und die Form stabilisierende Elemente zu entwickeln. Zur Festigung werden häufig die Zellwände verdickt.

Vor allem bei verholzten Pflanzen ist die Stützfunktion der Zellwand durch zusätzliche Einlagerung von Holzstoffen wie Lignin erhöht.

Aber auch unverholzte Zellen besitzen Stabilität. Der Vegetationskörper einer Pflanze besteht zu 60 bis 98 Prozent aus Wasser. Sinkt der Wassergehalt unter einen bestimmten Schwellenwert, dann kann es zu Schädigungen kommen. Pflanzen beginnen bei unzureichender Versorgung mit Wasser, vor allem an den Blättern zu welken. Bei ausreichender Wasserversorgung verleihen die mit Wasser gefüllten Zellen der Pflanze Stabilität. Durch Angepasstheiten in Anatomie und Physiologie bei den verschiedenen Pflanzenorganen sind Pflanzen vor Wasserverlusten geschützt. Vor allem die Blätter zeigen vielfältige Schutzvorrichtungen, da die Wasserabgabe über die Blattoberfläche erfolgt. Die Speicherung von Wasser hingegen kann in allen Pflanzenorganen erfolgen.

Extreme Standorte

Trockenpflanzen (Xerophyten). An trockenen Standorten haben Pflanzen in der Regel ein tief und weit reichendes Wurzelsystem ausgebildet, mit dem sie genügend Wasser aufnehmen können. Anpassungen gegen eine zu hohe Transpiration sind Verdichtungen der Epidermisaußenwände und der Cuticula, Wachsüberzüge, filzige Behaarungen sowie eine Verkleinerung der Blattflächen. Zudem können die Spaltöffnungen eingesenkt sein. Zur Wasserspeicherung können Blätter oder Stängel auch verdickt sein. Dies bezeichnet man als **Sukkulenz.**

Feuchtpflanzen (Hygrophyten). An immerfeuchten Standorten mit hoher Luftfeuchtigkeit ist die Verdunstung erschwert, da die Luft wasserdampfgesättigt ist. Hier treten verdunstungsfördernde Strukturen vor allem im Blattbau auf: große, dünne Blattspreiten, dünne Epidermisaußenwände, hervorgehobene Cuticula.

Salzpflanzen (Halophyten). Durch den hohen Salzgehalt des Bodens und der Luft droht den Pflanzen Wassermangel. Dies verhindern zum Beispiel einige Salzpflanzen des Wattenmeeres, indem sie die aufgenommenen Ionen in bestimmten Pflanzenteilen sammeln oder entsorgen.

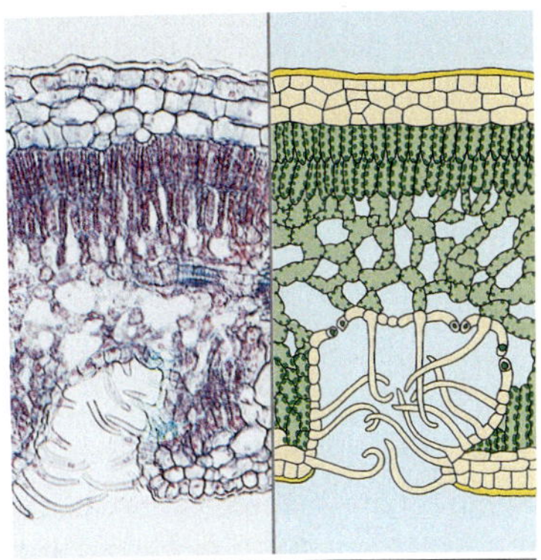

Blattquerschnitt einer Trockenpflanze *(Oleander)*

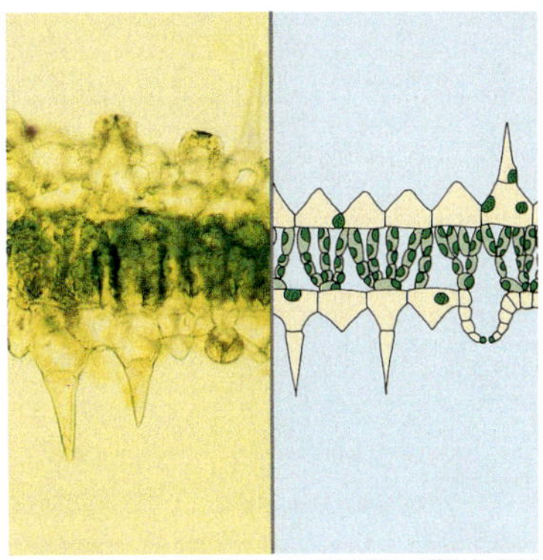

Blattquerschnitt einer Feuchtpflanze *(Ruellia)*

Blattquerschnitt einer Salzpflanze *(Queller)*

2.1 Turgor und Plasmolyse

42.1 Pflanze mit turgeszenten (A) und welken Blättern (B)

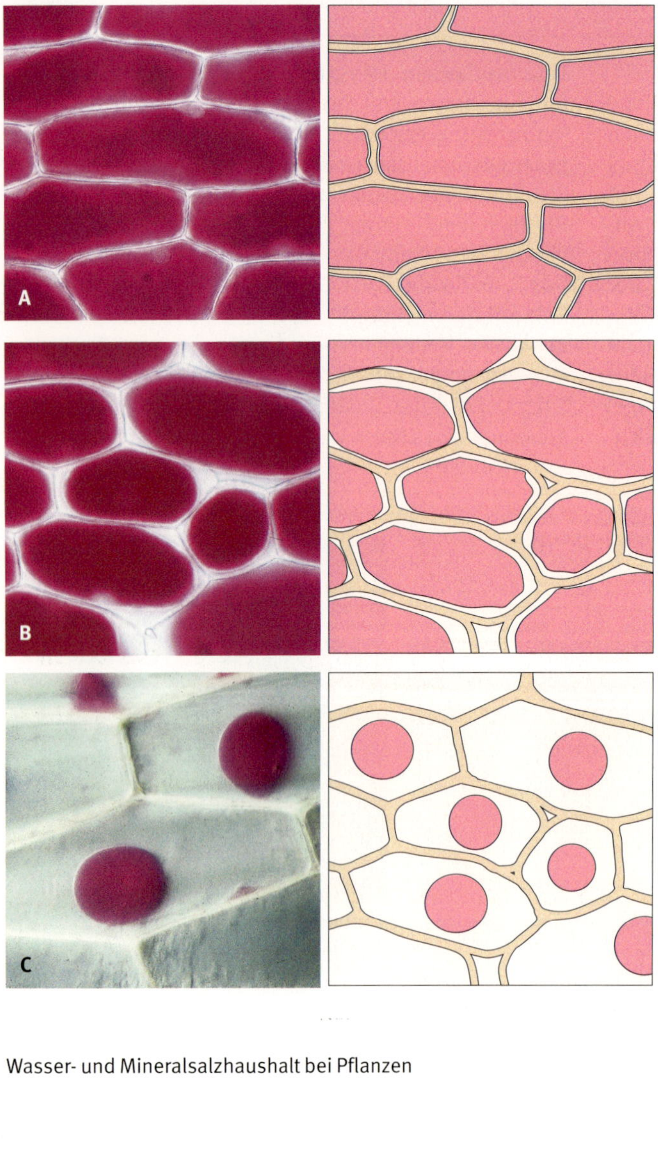

42.2 Plasmolysestadien.
A turgeszente Zelle;
B beginnende Plasmolyse;
C extreme Plasmolyse

In ausgewachsenen Pflanzenzellen nimmt die Vakuole den größten Teil des Zelllumens ein. Das Cytoplasma und der Zellsaft der Vakuole können sehr viel Wasser enthalten. Im wassergesättigten Zustand erreicht der **Protoplast,** also die Zelle ohne die Zellwand, sein größtes Volumen. Dabei wird die Zellmembran gegen die Zellwand gedrückt. Die Zelle bezeichnet man dann als voll **turgeszent.** Den jeweiligen Druck, der im Inneren der Zelle herrscht, nennt man **Turgor.** Die Ausdehnung des Zelllumens wird dadurch begrenzt, dass sowohl die Zellwand als auch die umgebenden Zellen einen Gegendruck ausüben.
Ein Wasserverlust der Zelle hat eine Verkleinerung des Protoplasten zur Folge. Dies macht sich vor allem bei unverholzten und dünnwandigen Zellen bemerkbar. Denn daraus aufgebaute Pflanzenteile sind leicht biegbar und welken bei Wasserverlust.

Legt man lebende Pflanzenzellen in eine konzentrierte Salz- oder Zucker-Lösung, kann man unter dem Mikroskop beobachten, dass sich der Protoplast von der Zellwand ablöst und zusammenzieht. Hierbei verkleinert sich insbesondere die Vakuole. Diesen Vorgang (Volumenabnahme) bezeichnet man als **Plasmolyse.** Der Protoplast kann hierbei verschiedene Formen annehmen; oft ist er kugelig. In lebenden Zellen kann man die Plasmolyse häufig rückgängig machen, indem man zu plasmolysierten Zellen reines Wasser gibt. Durch die Wasseraufnahme dehnen sich die Vakuolen und das Zellplasma wieder aus, bis die Zellen turgeszent sind. Dieser der Plasmolyse entgegengesetzte Vorgang heißt **Deplasmolyse.**
Zu erklären sind Plasmolyse und Deplasmolyse durch den Vorgang der Osmose und der ihr zugrunde liegenden Diffusion.

1 Beschreiben Sie die Unterschiede zwischen den turgeszenten und den plasmolysierten Zellen in Abbildung 42.2.

2.2 Diffusion und Osmose

Aufgrund ihrer kinetischen Energie befinden sich in Gasen und Flüssigkeiten die Teilchen in einer ungerichteten Eigenbewegung. Sie ändern dabei ständig ihre Bewegungsrichtung. Im Laufe der Zeit verteilen sie sich gleichmäßig in dem ihnen zur Verfügung stehenden Raum. Diesen Vorgang nennt man **Diffusion,** die Teilchen selber **diffundieren** (lat. *diffundere,* auseinanderströmen). Die kinetische Energie der Teilchen und daher auch ihre Diffusionsgeschwindigkeit lassen sich durch Zufuhr von Wärmeenergie erhöhen.

Liegt an einem Ort eine hohe Teilchen-Konzentration vor, so ist die statistische Wahrscheinlichkeit hoch, dass zahlreiche Teilchen von diesem Ort wegdiffundieren. Von einem Ort niedriger Konzentration aus bewegen sich nur wenige Teilchen zu einem Ort höherer Konzentration. Daraus resultiert im Endeffekt eine Wanderung der Teilchen entlang ihres Konzentrationsgradienten.
Gibt man einen löslichen Stoff in Wasser, so tritt im Laufe der Zeit eine Vermischung von gelöstem Stoff und Wasser ein, da beide Stoffe vom Ort ihrer hohen Konzentration ausgehend zum Ort ihrer niedrigen Konzentration strömen. Jeder Stoff strebt für sich einen Konzentrationsausgleich im Sinne einer gleichmäßigen Verteilung im Raume an.

Werden zwei Lösungen durch eine Membran voneinander getrennt, so wird die Diffusion von der Durchlässigkeit der Membran, ihrer **Permeabilität** (lat. *permeare,* hindurchwandern), für die einzelnen Stoffe beeinflusst. Ist die Membran nur für bestimmte Stoffe durchlässig, nennt man sie **semipermeabel** (lat. *semi,* halb). Die Permeabilität der Membran für einen Stoff hängt vom Aufbau der Membran sowie von Größe und Ladung der gelösten Teilchen ab. Oft werden gelöste Moleküle und Ionen nur schlecht durchgelassen. Die kleinen Wasser-Moleküle können dagegen gut durch die Membran gelangen, ihre Diffusion wird nicht behindert. Eine Diffusion durch eine semipermeable Membran nennt man **Osmose.** Dabei erfolgt eine Angleichung der Konzentration gelöster Teilchen auf beiden Seiten der semipermeablen Membran.
Die osmotische Wanderung der Wasserteilchen in eine Zelle führt dort zu einer Volumenvergrößerung und Druckerhöhung.

1 Erläutern Sie den Vorgang der Plasmolyse auf Grundlage der Osmose.

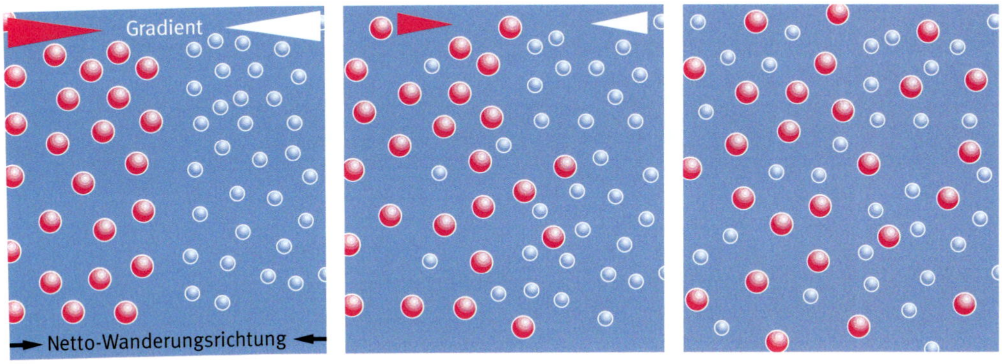

43.1 Diffusion

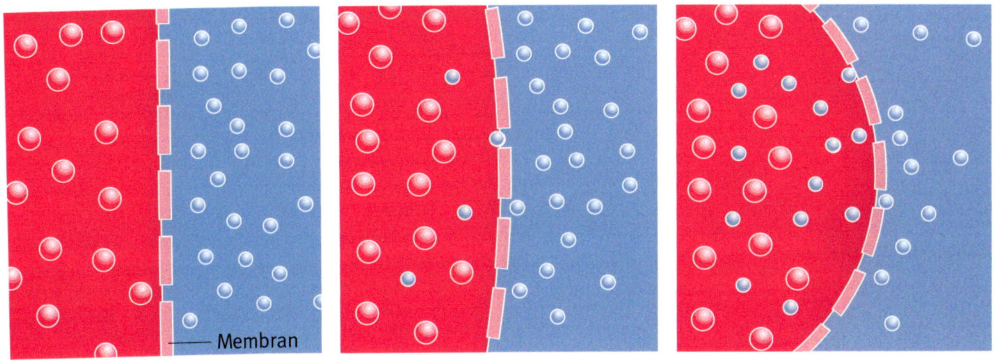

43.2 Osmose

2.3 Wasserpotential

Bei Flüssigkeitsströmungen ist es wie bei chemischen Reaktionen: Sie verlaufen in Richtung abnehmender freier Energie. Die freie Energie von Wasser pro Volumeneinheit bezeichnet man als **Wasserpotential.** Wasser fließt also vom höheren zum niedrigeren Wasserpotential. Kennt man die Höhe des Wasserpotentials an verschiedenen Orten, etwa in verschiedenen Teilen einer Pflanze, so kann man Aussagen über mögliche Wasserbewegungen treffen. Das Wasserpotential wird in Joule pro Kubikmeter ($J \cdot m^{-3}$) angegeben, was der Druckeinheit Pascal entspricht.

Das Wasserpotential ist die Summe von drei Komponenten, die durch die Schwerkraft (Gravitation), den Druck und die Konzentration an gelösten Teilchen bestimmt werden.
Wird Wasser aus einem Eimer gegossen, folgt es der Schwerkraft der Erde nach unten. Dabei wird Lageenergie in andere Energieformen wie Bewegungsenergie und Wärmeenergie umgewandelt. Die Lageenergie des Wassers pro Volumeneinheit ist eine der Komponenten des Wasserpotentials. Sie wird **Gravitationspotential** genannt.
Wasserbewegungen werden auch durch Druck angetrieben. Wasser fließt vom höheren zum niedrigeren Druck. Der hydrostatische Druck (Wasserdruck) stellt als **Druckpotential** eine weitere Komponente des Wasserpotentials dar. Im Wasser gelöste Teilchen verteilen sich durch Diffusion. Diesen Prozess kann man auch als Strömung des Wassers von Orten mit niedriger zu Orten mit hoher Konzentration gelöster Teilchen beschreiben. Das Wasserpotential sinkt mit steigender Konzentration gelöster Teilchen. Diese dritte Komponente des Wasserpotentials wird **Lösungspotential** oder **osmotisches Potential** genannt. Den negativen Wert des osmotischen Potentials nennt man **osmotischen Druck.**

Auch der Luft lässt sich ein Wasserpotential zuordnen. Je geringer der Wasserdampfgehalt oder die relative Luftfeuchte ist, desto größer ist die Tendenz von Wasser-Molekülen, in die Luft überzutreten. Trockene Luft hat somit ein niedrigeres Wasserpotential als feuchte Luft.

Die einzelnen Komponenten des Wasserpotentials werden immer auf Vergleichswerte bezogen. So sind definitionsgemäß das Druckpotential bei atmosphärischem Druck und das osmotische Potential beim Fehlen gelöster Stoffe Null.

1 Erklären Sie den Vorgang der Osmose unter Berücksichtigung des Wasserpotentials.

2 Begründen Sie die Bezeichnung „osmotischer Druck" für das negative osmotische Potential.

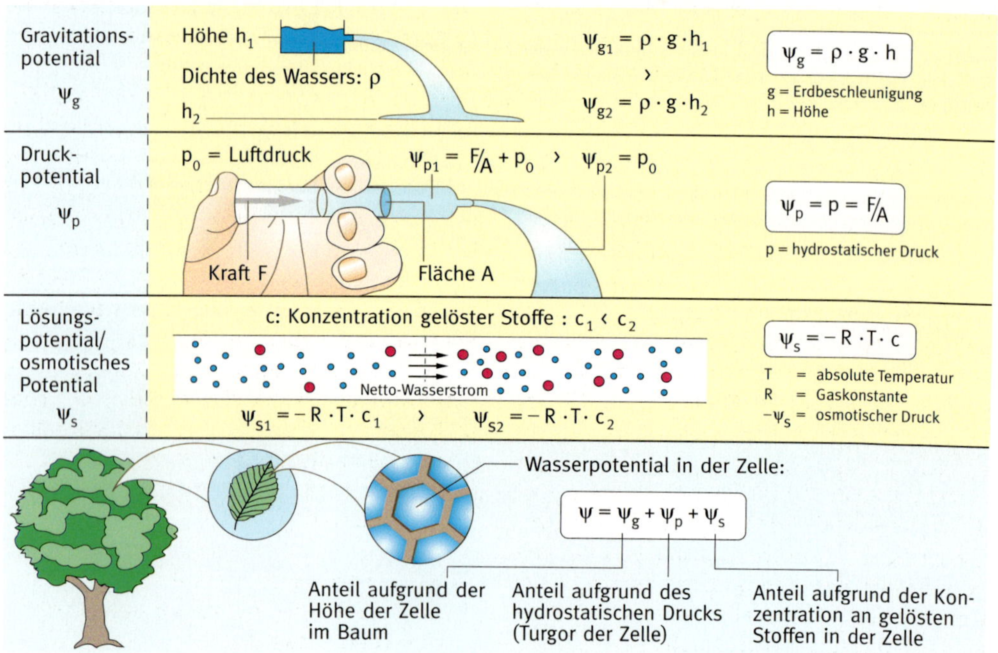

44.1 Das Wasserpotential und seine Komponenten

3 Wasser- und Stofftransport in Pflanzen

3.1 Bedeutung der Wurzeln

45.1 Wurzelhaare bei der Wurzel eines Keimlings

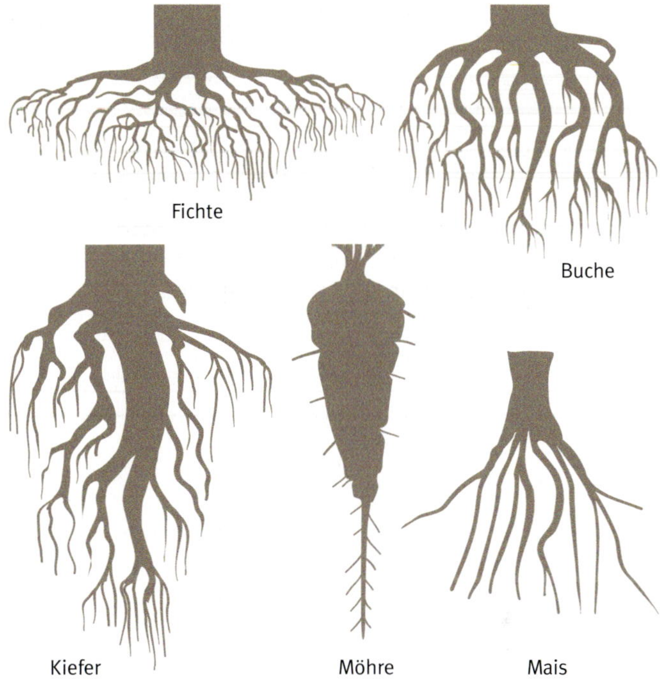

45.2 Unterschiedliche Wurzeltypen

An den Wurzelspitzen befindet sich eine Zone, in der feine Wurzelhaare seitlich ausgebildet werden. Über sie erfolgt die **Aufnahme von Wasser** mit den darin gelösten Mineralsalzen aus dem Boden. An allen sich später bildenden Wurzeln befindet sich ebenfalls eine Wurzelhaarzone an deren Spitze.

Im Verlauf des weiteren Wachstums verzweigen sich die Wurzeln immer mehr. Bei den einkeimblättrigen Pflanzen wie dem Mais entspringen nach dem Absterben der Keimwurzel aus der Basis der Sprossachse zahlreiche Wurzeln. Bei den zweikeimblättrigen Pflanzen und den Nadelhölzern entwickelt sich die Keimwurzel zu einer Hauptwurzel mit schwächeren Seitenwurzeln (Löwenzahn, Kiefer) oder es entstehen mehrere gleich starke Hauptwurzeln (Buche). Bei Flachwurzlern wie der Fichte entstehen vorwiegend flach verlaufende Seitenwurzeln. Durch wiederholte Verzweigung der Wurzeln kommt ein Wurzelsystem von großer Gesamtlänge zustande. Die Gesamtlänge des Wurzelsystems ist meist viel größer als die der oberirdischen Pflanze. Unter Einbeziehung der Wurzelhaare wurden bei einzelnen Roggenpflanzen schon Gesamtlängen von mehr als 10 000 Kilometern ermittelt. Das Wurzelsystem dient der Wasseraufnahme und der Verankerung der Pflanze im Boden.

Bei manchen Arten sind die Wurzeln verdickt, indem innere Schichten stärker ausgebildet sind. Verdickte Hauptwurzeln bezeichnet man als Rüben. Bei ihnen gehört der obere Teil noch zum Spross. Deshalb kann zum Beispiel bei einer Mohrrübe der oberirdische Teil der Rübe durch Bildung von Chlorophyll ergrünen. In den verdickten Geweben erfolgt eine **Speicherung** organischer Stoffe, in vielen Fällen von Kohlenhydraten. Die Pflanze nutzt diese Speicher, wenn die oberirdischen Teile im Herbst absterben. Für Tiere und Menschen ist vor allem die Zuckerrübe mit einem Saccharoseanteil von 16 Prozent ein wichtiges Nahrungsmittel.

1 Erläutern Sie, warum man beim Verpflanzen von Gartenblumen den Wurzelballen relativ groß belassen sollte.

3.2 Bau der Wurzel

In der Wurzel lassen sich im Längsschnitt mehrere Zonen mit Unterschieden in Bau und Funktion erkennen.

In der Wurzelspitze liegt die Teilungszelle mit dem Wurzelvegetationspunkt, einem Gewebe, das durch fortlaufende Teilungen neue Zellen erzeugt. Er wird von einer Hülle, der Wurzelhaube, schützend umgeben. Die äußeren Zellen der Wurzelhaube lösen sich unter Verschleimung fortlaufend ab und erleichtern so das Vordringen der Wurzel im Boden.

46.1 Wurzel im Querschnitt

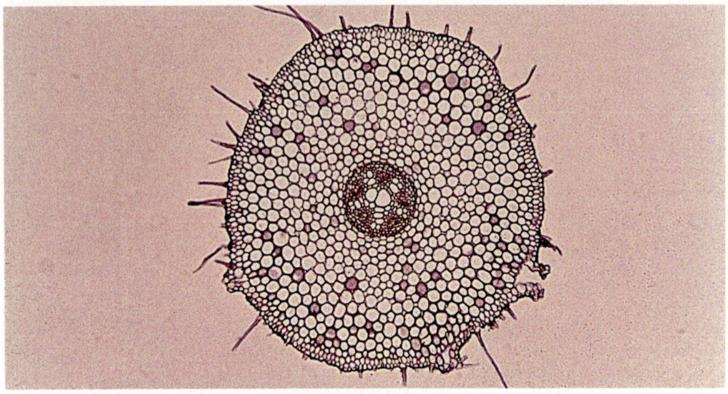

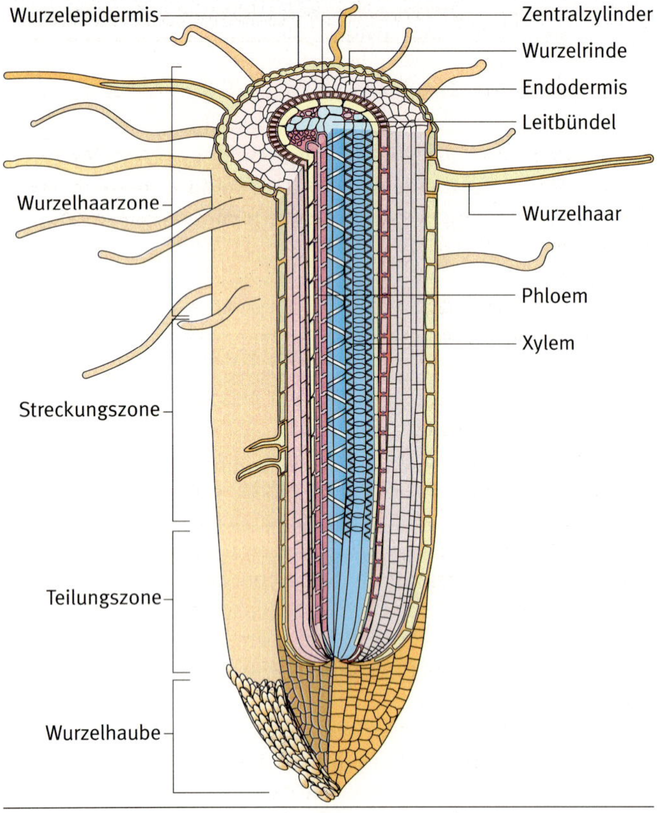

46.2 Schema einer Wurzel (Quer- und Längsschnitt)

Unmittelbar über der Wurzelspitze liegt die nur wenige Millimeter lange Streckungszone, in der im Wesentlichen das Längenwachstum der Wurzel und die Differenzierung zu verschiedenen Zelltypen stattfinden.

Direkt oberhalb der Streckungszone wachsen in einem Abschnitt von wenigen Zentimetern zahlreiche Zellen der Wurzelepidermis zu schlauchartigen, dünnen, bis zu zehn Millimeter langen Wurzelhaaren aus. Durch sie wird die Oberfläche dieser Wurzelhaarzone stark vergrößert, sodass eine verstärkte Aufnahme von Wasser und Mineralsalzen erfolgen kann. Die Lebensdauer der Wurzelhaare beträgt nur wenige Tage. Oberhalb der Wurzelhaarzone werden die Seitenwurzeln gebildet. Sumpf- und Wasserpflanzen bilden aufgrund ihres aquatischen Lebensraumes keine Wurzelhaare aus.

Im Querschnitt ist die äußerste Schicht der jungen Wurzel die einschichtige Wurzelepidermis. Sie ist dünnwandig und besitzt keine Cuticula. In älteren Wurzeln wandelt sie sich in eine mehrschichtige Exodermis um. In ihre Zellwände ist Suberin, ein wasserundurchlässiger Korkstoff, eingelagert. Unter der Wurzelepidermis liegt die Wurzelrinde. Sie besteht aus dünnwandigen Zellen mit kleinen Interzellularen und dient oft der Stoffspeicherung. Die innerste Rindenschicht ist die Endodermis. Sie trennt die Wurzelrinde vom Zentralzylinder. Er enthält die **Leitbündel.** Diese Leitungsbahnen bestehen aus den lebenden Zellen des Phloems und den toten Zellen des Xylems. Das **Phloem** (gr. *phloein,* sieben) enthält Zellen, die organische Stoffe transportieren. Die in Längsrichtung aneinanderstoßenden Zellwände sind bei den Bedecktsamern siebartig durchbrochen, sodass ein durchgehendes Siebröhrensystem entsteht. Die Zellen bleiben aber durch die Zellmembranen voneinander abgegrenzt. Das **Xylem** (gr. *xylos,* Holz) enthält Wasser leitende, lang gestreckte und verholzte Zellen. Sie stehen in Längsrichtung übereinander. Ihre Endwände sind entweder von porenartigen Tüpfeln durchbrochen, wie bei den Tracheiden der Nadelhölzer, oder vollständig aufgelöst, wie bei den Tracheen der zweikeimblättrigen Pflanzen. Hierdurch entstehen lange Leitungsröhren für den Wassertransport. In Leitbündeln tritt neben dem Grundgewebe auch Teilungsgewebe auf, das zum Dickenwachstum und zur Seitenwurzelbildung beiträgt.

3.3 Aufnahme und Transport von Wasser und Mineralsalzen

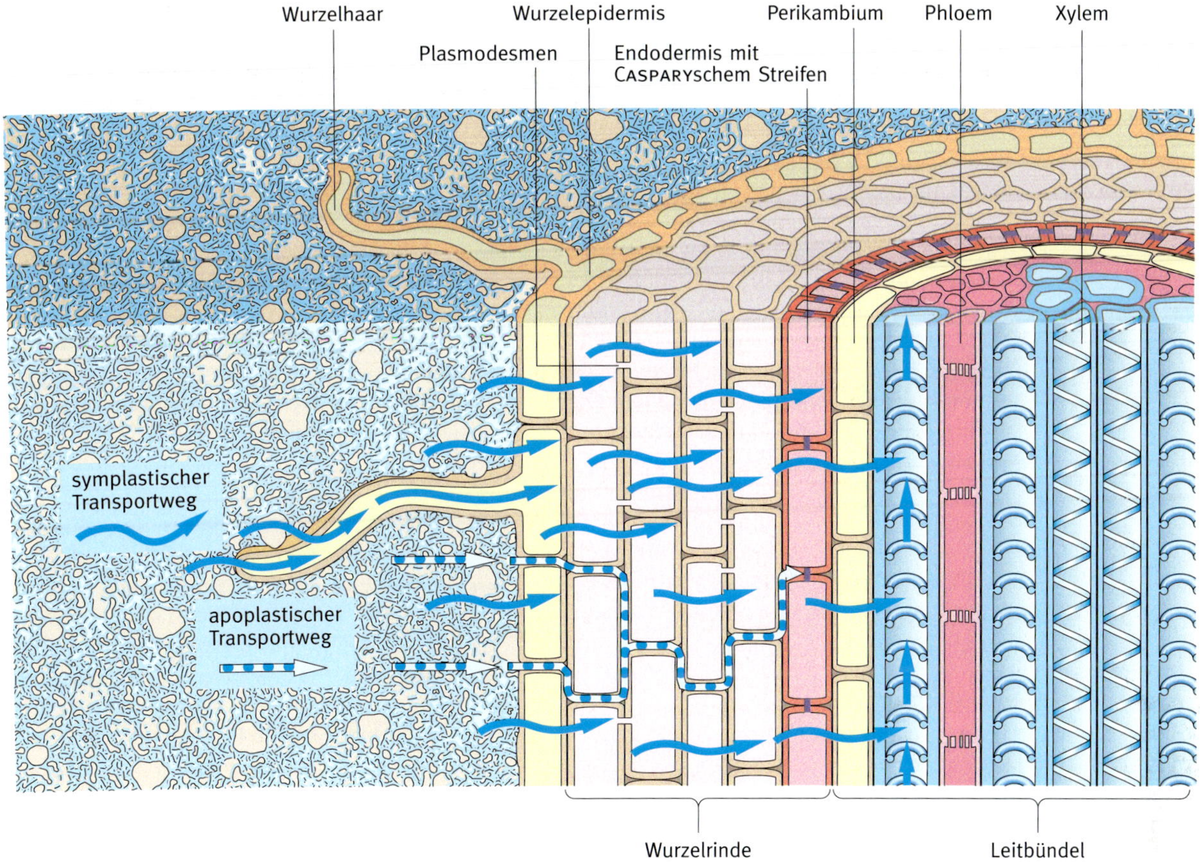

47.1 Wassertransportwege in der Wurzel

In unmittelbarem Kontakt mit dem Bodenwasser stehen nur die Zellen der Wurzelepidermis und vor allem die Wurzelhaare. Das Bodenwasser wird in die Kapillarräume der Außenwände dieser Zellen aufgenommen. Von hier aus kommt es auf zwei räumlich getrennten Wegen in den Zentralzylinder.

Beim **symplastischen** Transportweg bewegt sich das Wasser durch die Protoplasten der Zellen. Sie sind über Plasmabrücken, so genannte Plasmodesmen, zu einer größeren Einheit, dem Symplasten, verbunden.

Beim **apoplastischen** Transportweg diffundiert das Wasser in den Kapillaren zwischen den Cellulosefibrillen der Zellwände der Rindenzellen bis zur Endodermis vor. An der Endodermis endet der apoplastische Transportweg. Dort verhindert der CASPARYsche Streifen ein weiteres Vordringen des Wassers. Dieser ringförmig um die Endodermiszellen verlaufende Streifen besteht aus wasserundurchlässigem Suberin, das in die Zellwände eingelagert ist. Er ist eine Barriere für das Wasser mit den darin gelösten Ionen. Spätestens ab hier erfolgt der Weitertransport über das Cytoplasma. So ist die Endodermis eine Kontrollstelle für den Eintritt der Stoffe in den Zentralzylinder.

Gleichzeitig verhindert der CASPARYsche Streifen auch, dass Wasser aus dem Xylem nach außen in die Rinde gedrückt wird.

Eine **Wasseraufnahme** in die Zellen ist nur möglich, wenn das Wasserpotential der Wurzelzellen negativer ist als das Wasserpotential des Bodens. Weil das osmotische Potential von der Wurzelrinde bis zum Zentralzylinder sinkt, wird das Wasser in Richtung Zentralzylinder transportiert.

Für den Eintritt des Wassers in die Wasserleitungsbahnen des Xylems ist der in ihnen herrschende Unterdruck ausschlaggebend. Durch die Abgabe des Wassers über die Blätter entsteht ein Sog in den Xylemgefäßen, der sich bis in die Wurzelspitze fortsetzt.

Auch der so genannte **Wurzeldruck** ist am Wassereintritt ins Xylem beteiligt. Er entsteht dadurch, dass in den Wurzeln von den Phloemzellen Ionen und Zucker-Moleküle in die Xylemgefäße abgegeben werden. Hierdurch entsteht in ihnen eine Lösung mit höherer Konzentration und somit niedrigerem Wasserpotential, sodass Wasser in die Xylemgefäße diffundiert.

Mit dem Wasser werden auch Ionen in die Wurzel aufgenommen und transportiert. Das Bodenwasser ist meist eine sehr verdünnte Salz-Lösung, in der nur ein kleiner Anteil von circa zehn Prozent der im Boden enthaltenen Mineralsalze frei verfügbar ist. Zudem weicht die Bodenlösung meist stark von einer optimalen Mineralsalzversorgung der Pflanze ab.
Die freien Ionen dieser Bodenlösung können direkt über die Wurzel aufgenommen werden. Die Ionen diffundieren mit dem Wasser in den Kapillarräumen der Zellwände an die Protoplasten der Wurzelhaare und der Wurzelrinde heran. Durch die Plasmamembranen erfolgt dann eine aktive und selektive Ionenaufnahme über Carrier in das Innere der Zellen. Die Pflanze reguliert dabei die Art und Menge der aufgenommenen Ionen.

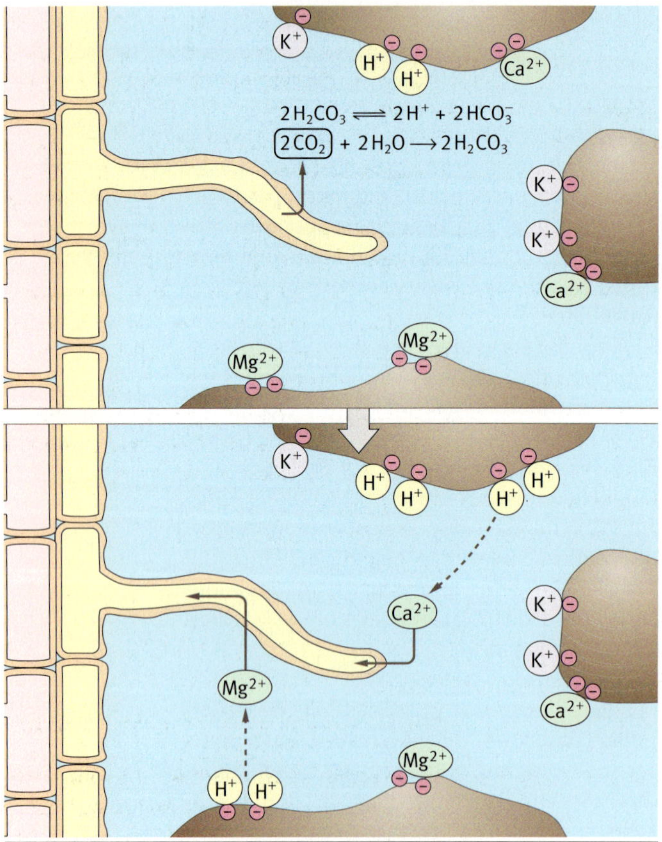

48.1 Kationenaustausch an den Wurzelhaaren

Der größte Teil der Ionen, ungefähr 90 Prozent, ist an die Oberfläche von Bodenpartikeln gebunden. Vor allem Ionen mit positiver Ladung wie Kalium, Calcium und Magnesium, sind an negativ geladene Bodenpartikel, beispielsweise fein verteilte Ton- und Humuspartikel, gebunden und für die Pflanze in dieser adsorbierten Form nicht verfügbar. Die Adsorption hat die Vorteile, dass die Ionen nicht ausgewaschen werden und die gelösten Ionen nicht in toxischen Konzentrationen vorliegen. Diese Ionen können von den Pflanzen aber durch einen **Ionenaustausch** aufgenommen werden.

Das durch die Zellatmung in den Wurzelzellen gebildete Kohlenstoffdioxid wird über die Wurzelepidermis ausgeschieden. Es reagiert mit dem Wasser im Boden sofort zu Kohlensäure (H_2CO_3). Sie dissoziiert in ein Proton (H^+) und ein Hydrogencarbonat-Anion (HCO_3^-). Die Protonen lagern sich an die negativ geladenen Bodenpartikel und verdrängen dabei die daran gebundenen Mineralsalz-Kationen. Diese werden freigesetzt und können dann von den Wurzelhaaren aufgenommen werden. Man bezeichnet den Vorgang als **Kationenaustausch.** Außerdem besitzen Wurzelhaare die Möglichkeit, mithilfe von ATP aktiv Protonen abzugeben und sich dadurch Kationen verfügbar zu machen.

Die größte Menge der Mineralsalze liegt mit circa 98 Prozent gebunden in Gesteinen vor, beispielsweise in schwer löslichen Verbindungen wie Phosphaterzen. Erst nach Verwitterungsprozessen werden diese Mineralsalze frei und können von Pflanzen verwertet werden. Eine gute Krümelstruktur des Bodens erhöht die Aufnahmefähigkeit der Wurzel für Wasser und Ionen. Ionen können auch über die Oberfläche des Blattes aufgenommen werden. Hiervon macht man bei der Blattdüngung Gebrauch.

1 Erläutern Sie, warum die Anwesenheit von Ton im Boden die Bodenqualität verbessert.

2 Zeigen Sie die Zweckmäßigkeit der Wurzelverzweigung mit Blick auf das Angebot an Mineralsalzen im Boden auf.

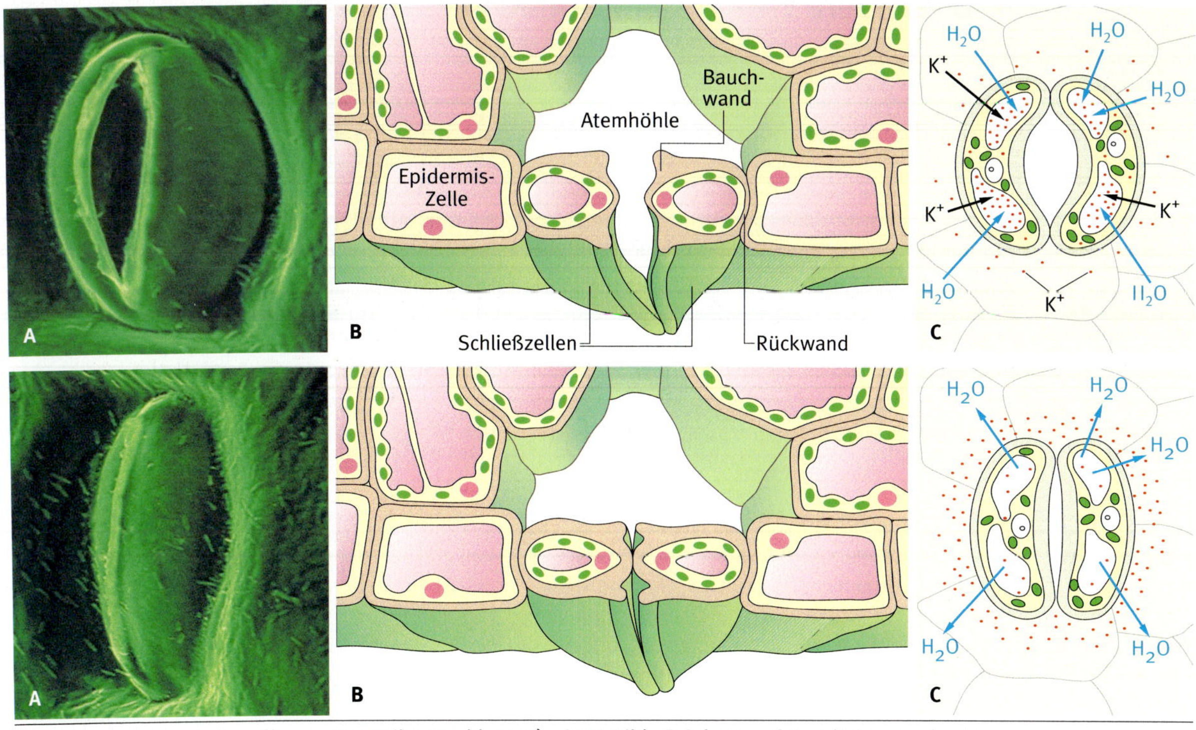

53.1 Stoma (obere Reihe offen, untere Reihe geschlossen). **A** EM-Bild; **B** Schema; **C** Regulationsmechanismus (A,C Aufsicht, B Querschnitt)

Die Wände der Zellen, die eine Interzellulare begrenzen, sind von einem Wasserfilm umgeben. Diese Wasseroberfläche ist konkav gekrümmt; man spricht von einem Meniskus. Abhängig von der Menge des Wasserdampfes, der an der Wasseroberfläche abgegeben wird, verändert sich die Krümmung des Meniskus. Je stärker er gekrümmt ist, desto stärker wird die Oberflächenspannung des Wassers aufgrund der Kohäsionskraft der Wasser-Moleküle. Das in den angrenzenden Zellwänden befindliche Wasser wird dadurch nachgesogen. Der durch die Oberflächenspannung bewirkte Sog pflanzt sich bis in die Leitbündel fort. Dadurch wird ständig Wasser aus den Leitbündeln des Blattes nachgesogen.

Zur Fotosynthese benötigt die Pflanze Kohlenstoffdioxid, das sie über die Stomata aufnimmt. Die Öffnung der Stomata bewirkt gleichzeitig die Aufrechterhaltung des Transpirationssoges, der das Wasser aus den Wurzeln in die Blätter transportiert. Bei hohen Außentemperaturen oder geringer Wasserversorgung droht der Pflanze durch die Transpiration ein Austrocknen. Die Regulation der Spaltöffnungsweite stellt somit einen Kompromiss zwischen der Intensität der Fotosynthese und der Transpirationsrate dar.

Neben der stomatären Transpiration wird Wasser auch über die obere und untere Cuticula abgegeben. Der Umfang dieser cuticulären Transpiration, der von der Pflanze nicht reguliert werden kann, wird vor allem durch die Dicke der stark wasserabweisenden Cuticula bestimmt.

1 Stellen Sie anhand des Exkurses auf Seite 41 dar, wie Pflanzen hohe Transpirationswerte vermeiden können.

2 Erklären Sie die Regulation der Stomataweite.

53.2 Einfluss des Meniskus auf die Transpiration

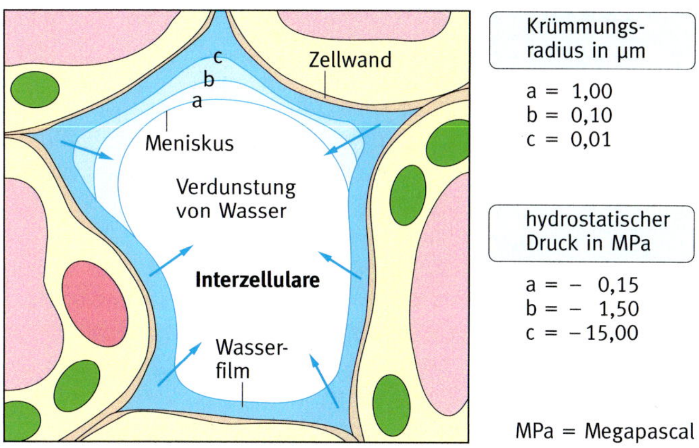

4 Besondere Ernährungsformen bei Pflanzen

Pflanzen nehmen in der Regel Wasser und Mineralsalze aus dem Boden auf und stellen energiereiche Stoffe durch Fotosynthese her. Abweichend hiervon gibt es Pflanzen, die auf andere Art in den Besitz von energiereichen Nährstoffen oder Mineralsalzen gelangen. Es können drei Gruppen unterschieden werden: Fleisch fressende, parasitäre und symbiontische Pflanzen.

Auf nährstoffarmen Standorten sind vor allem Stickstoff und Phosphor Mangelfaktoren. Durch den Fang und die Verdauung von Tieren, vor allem von Insekten, können Pflanzen diesen Mangel ausgleichen. Etwa 400 Arten aus 13 Gattungen zählen zu den **Fleisch fressenden Pflanzen.** Es sind grüne, Fotosynthese betreibende Pflanzen, deren Blätter teilweise zu passiven oder aktiven Fangapparaten umgebildet sind. Oft dienen Nektardrüsen oder Farbmuster der Anlockung von Insekten.
Der Sonnentau lebt auf sauren Böden, meist im Moor. Bei ihm dienen die mit zahlreichen beweglichen Drüsenhaaren besetzten Blätter als Klebfallen.
Die Venusfliegenfalle, die auf nassen, torfigen Sandböden vorkommt, besitzt fangeisenartige Blätter, auf deren Blattspreiten je drei Fühlborsten sitzen. Stößt ein Insekt mindestens zweimal an diese Borsten, klappt das Blatt infolge von Turgoränderungen an den so genannten Gelenkzellen sehr schnell zusammen und hält das Insekt auf diese Weise gefangen.
Die Verdauungsdrüsen auf der Blattoberfläche der Fleisch fressenden Pflanzen werden meistens durch chemische Stoffe aktiviert und produzieren Enzyme, die den Insektenkörper fast vollständig auflösen. Die Abbauprodukte werden durch die Blattoberfläche in die Blattzellen aufgenommen. Aminosäuren aus den Proteinen des Insekts sind schon zwei Stunden nach dem Beutefang im Blatt nachweisbar. Nur das Chitinskelett der Insekten bleibt unzersetzt. Neben Insekten und anderen kleineren Tieren werden auch Pollen verwertet.

54.1 Fleisch fressende Pflanzen.
A Sonnentau; **B** Venusfliegenfalle

Unter den Samenpflanzen gibt es Arten, die von anderen Pflanzen oder von Pilzen leben. Da sie die Wirtspflanzen schädigen, nennt man sie **Parasiten** (gr. *parasitos*, Mitesser). Mittels umgebildeter Wurzeln zapfen sie das Gewebe ihres Wirtes an, insbesondere dessen Leitungsbahnen. Man unterscheidet Halb- und Vollparasiten.

Zu den Halbparasiten zählt zum Beispiel die Mistel, die auf Wirtspflanzen wie der Pappel immergrüne, kugelige Büschel ausbildet. Ihr grünes Laub weist die Mistel als fotoautotrophe Pflanze aus. Sie bildet zunächst in der Baumrinde der Wirtspflanze Rindenwurzeln zur Befestigung, deren Ausläufer dann das Xylem der Wirtspflanze anzapfen. So entnimmt sie der Wirtspflanze Mineralsalze und Wasser, betreibt aber selbst Fotosynthese.

Den Vollparasiten wie dem Fichtenspargel fehlt das Chlorophyll weitgehend oder vollständig. Sie sind auf Mineralsalze, Wasser und organische Stoffe der Wirtspflanze angewiesen. Pflanzen selber werden auch von parasitären Lebewesen befallen. So ruft der Schlauchpilz *Uncinula necator* an Blättern und Früchten des Weins den so genannten Echten Mehltau hervor.

Als **Symbiose** bezeichnet man das Zusammenleben von artverschiedenen Organismen zum beiderseitigen Nutzen. Die heimischen Nadel- und Laubbäume gehen an ihren Wurzeln mit Pilzen eine Symbiose ein, die man als **Mykorrhiza** (gr. *mykes*, Pilz und *rhiza*, Wurzel) bezeichnet. An den feinen Endverzweigungen von Fichtenwurzeln lässt sich anstelle der Wurzelhaare ein Geflecht von Pilzhyphen erkennen, das die Wurzelenden umspinnt. Die Pilzhyphen dringen auch zwischen oder sogar in die Zellen des Wurzelrindengewebes ein. Andererseits durchziehen die Pilzhyphen auch das umgebende Erdreich. Sie ersetzen funktionell die Wurzelhaare, indem sie dem Baum Wasser und Mineralsalze zuführen. Außerdem ermöglicht die Zersetzung der abgestorbenen, organischen Stoffe durch den Pilz eine bessere Nitrat- und Phosphatversorgung des Baumes. Der Pilz erhält im Gegenzug Kohlenhydrate, die ihm gegen Ende der Vegetationsperiode die Ausbildung seiner Fruchtkörper ermöglichen. Viele Pilzarten sind auf die Symbiose mit Bäumen angewiesen und können nur als Mykorrhizapilze Fruchtkörper ausbilden. Pilze wie der Steinpilz sind deshalb schwer zu kultivieren, während sich nichtsymbiontische Pilze wie der Champignon gut kultivieren lassen.

Pflanzenarten verschiedener Gattungen, wie Erbsen, Bohnen und Lupinen, bilden Symbiosen mit Knöllchen-Bakterien, die für die Stickstoffanreicherung des Ackerbodens von großer Bedeutung sind.
Ein weiteres Beispiel für Symbiosen sind **Flechten:** Einzellige Algen, vor allem Grün- und Blaualgen, und Pilze gehen dabei eine so enge morphologische und stoffwechselphysiologische Verbindung ein, dass sie in aller Regel nicht isoliert überleben können. Der Pilz bezieht von der Alge Fotosyntheseprodukte, die Alge vom Pilz Wasser und Mineralsalze. Auch mit Tieren wie Korallen und Seeanemonen können Algen in Symbiose leben.

1 Begründen Sie vom Gesetz des Minimums ausgehend die Vorteile Fleisch fressender Pflanzen.

2 Orchideensamen, die winzig klein sind, fehlen ein Vitamin zum Wachstum. Stellen Sie begründete Vermutungen an, warum Orchideen zum Auskeimen so genannte „Ammenpilze" benötigen.

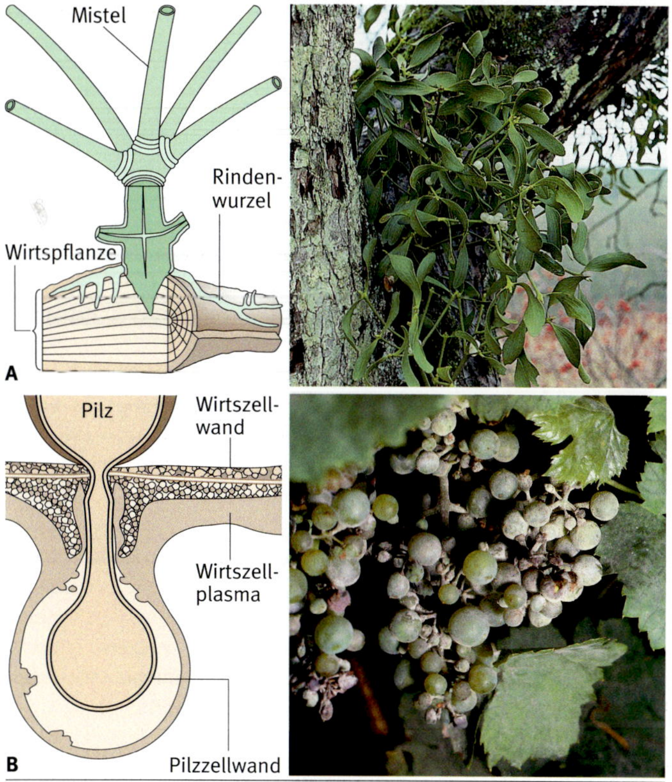

55.1 Parasitäre Pflanzen und Pilze. **A** Mistel; **B** Echter Mehltau

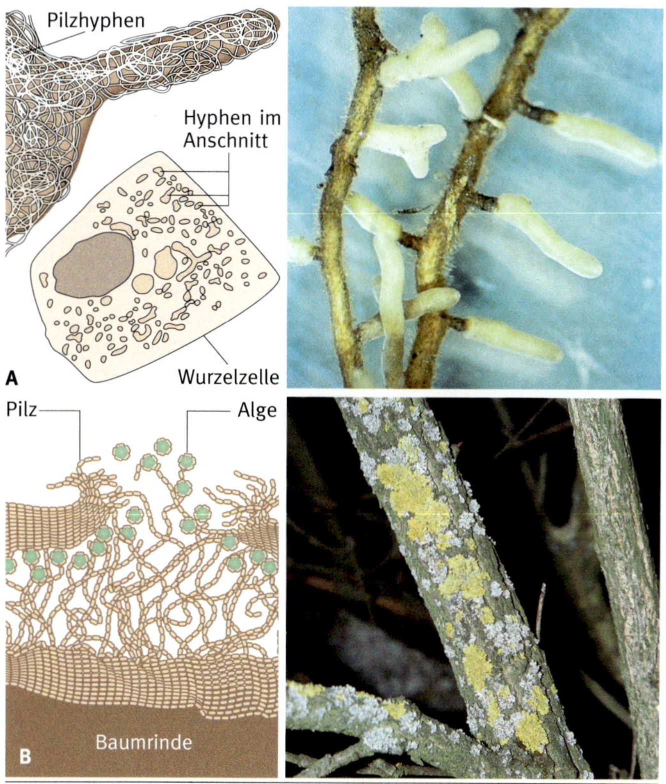

55.2 Symbiontische Pflanzen. **A** Mykorrhiza; **B** Flechte

Wasser- und Mineralsalzhaushalt

1 Wassergehalt und Aschegewicht verschiedener Pflanzenteile

Material: jeweils 100 g Laub- und Nadelblätter verschiedener Pflanzen, Früchte wie Apfel, Gurke oder Tomate, Rübe, Kartoffel, Samen, Sägemehl, Fruchtkörper eines Pilzes (z. B. Champignon), Messer, Rohkostreibe, Trockenschrank, Waage, Reibschale mit Pistill, Porzellanschälchen, Tondreieck, Gasbrenner oder Schamotteofen

Durchführung: Zerkleinern Sie die Pflanzenteile und wiegen Sie jeweils 100 g ab. Trocknen Sie das zerkleinerte Material mindestens 24 Stunden bei 110 °C im Trockenschrank. Zerkleinern Sie anschließend die Trockensubstanz in der Reibschale. Geben Sie jeweils 10 g Trockensubstanz in Porzellanschälchen, glühen Sie diese gut durch, bis eine helle Asche vorliegt, und wiegen Sie die Asche.

Aufgaben:

a) Ermitteln Sie den Prozentanteil der Asche an der Trockensubstanz und erklären Sie die Gewichtsveränderungen.

b) Stellen Sie die die Versuchsergebnisse grafisch dar. Interpretieren Sie die Ergebnisse.

2 Funktion und Bau von Membranen

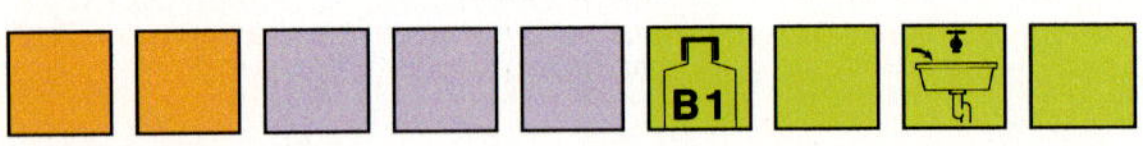

Material: Rote Bete (100 g) oder 10 Kirschen, destilliertes Wasser, Ethansäure (Essigsäure), Gasbrenner, 3 Bechergläser (100 ml), Dreifuß, Mineralfasernetz, Messer

Durchführung: Spülen Sie kleine Stücke der Roten Bete oder der Kirschen sorgfältig ab und verteilen Sie das Pflanzenmaterial auf drei Bechergläser mit destilliertem Wasser. In das erste Becherglas geben Sie zusätzlich Ethansäure. Das zweite Becherglas wird mit dem Gasbrenner erhitzt. Das dritte Becherglas bleibt unbehandelt und dient als Kontrolle. Beobachten Sie bei den Bechergläsern, ob Farbstoff austritt.

Aufgabe:
Erklären Sie die Ergebnisse in den drei Bechergläsern.

3 Plasmolyse und Deplasmolyse bei Pflanzenzellen

Material: Blatt von einem Alpenveilchen (Tradescantia) oder das Epidermis-Häutchen der Roten Küchenzwiebel oder reife Ligusterbeeren, als Plasmolytikum: Zucker-Lösung (15 g auf 100 ml Wasser) oder Kochsalz-Lösung (4 g auf 100 ml Wasser), Filtrierpapier, Pipette, Pinzette, Rasierklinge, Mikroskop mit Zubehör

Durchführung: Ziehen Sie mit der Pinzette von der Blattunterseite des Alpenveilchens oder von einer fleischigen Zwiebelschuppe ein Stückchen Epidermis ab. Von Tradescantia müssen Sie die Epidermis der Blattunterseite mit der Rasierklinge einschneiden und anschließend mit der Pinzette ein Stückchen Epidermis abziehen. Fertigen Sie in Wasser ein mikroskopisches Präparat an. Mikroskopieren und zeichnen Sie einige Zellen.
Setzen Sie dann am Deckglasrand mit der Pipette einen Tropfen des Plasmolytikums zu. Saugen Sie am gegenüberliegenden Deckglasrand mit einem Filtrierpapierstückchen etwas Wasser ab. Beobachten Sie die vorher gezeichneten Zellen. Zeichnen Sie einige aufeinanderfolgende Plasmolysestadien. Ersetzen Sie nun das Plasmolytikum wieder durch Wasser, indem Sie es mit Filtrierpapier absaugen und von der anderen Seite her Wasser zusetzen und mikroskopieren Sie.

Aufgabe:
Erklären Sie die Beobachtungen bei Zuführung des Plasmolytikums und des Wassers.

4 Guttation

Material: Glasglocke (3 l) oder Plastiktüte, Haferkeimlinge (10 Tage alt, im Blumentopf)

Durchführung: Stellen Sie die Haferkeimlinge luftdicht unter die Glasglocke oder die Plastiktüte und betrachten Sie nach 1–2 Stunden die Pflanzen.

Aufgabe:
Erklären Sie die Beobachtungen an den Haferkeimlingen.

5 Kartoffelstifte verändern ihre Länge

Material: eine große Kartoffel, Reagenzgläser, Reagenzglasständer, scharfes Küchenmesser, Saccharose-Lösungen (0,2; 0,4; 0,6; 0,8 und 1 mol/l; Molmasse Saccharose: 342 g/mol), destilliertes Wasser, Filzstift, Lineal, Millimeterpapier

Durchführung: Füllen Sie je ein Reagenzglas etwas über die Hälfte mit den unterschiedlichen Saccharose-Lösungen. Füllen Sie ein weiteres Reagenzglas mit destilliertem Wasser. Beschriften Sie die Reagenzgläser. Stellen Sie die Gläser in einen Reagenzglasständer. Schneiden Sie mithilfe des Küchenmessers aus den Kartoffeln Stifte mit einer Kantenlänge von 0,5 cm und einer Länge von genau 5 cm aus. Geben Sie in jedes der Reagenzgläser einen Kartoffelstift und füllen Sie eventuell mit der entsprechenden Lösung nach, sodass die Stifte vollständig bedeckt sind. Messen Sie nach circa sechs Stunden die Länge der Kartoffelstifte.

Aufgaben:

a) Stellen Sie die Messwerte grafisch dar.

b) Erklären Sie die Versuchsergebnisse.

6 Wasseraufnahme der Wurzel (Modellversuch)

Material: 2 Glasrohre (∅ 3–5 cm, Länge 15–30 cm), Stativ mit zwei Klemmen, Spatel, Glaswanne (20 x 10 x 30 cm), Stücke aus Einmachhaut (10 x 10 cm), 2 Gummibänder, 2 Petrischalen, Haushaltszucker, Wasser

Durchführung: Füllen Sie die Glaswanne zu $^2/_3$ mit Wasser. Verschließen Sie beide Glasrohre an einem Ende mit Einmachhaut und dem Gummiband in der Weise, dass die Einmachhaut noch gut zwei Zentimeter um das Glasrohr nach oben reicht. Füllen Sie in das eine Glasrohr 1 cm hoch Haushaltszucker. Befestigen Sie beide Glasrohre am Stativ und hängen Sie sie so in das wassergefüllte Gefäß, dass die Glasrohre gerade eintauchen, der Wasserspiegel aber nicht über den oberen Rand der Einmachhaut reicht. Holen Sie beide Glasrohre nach einer halben Stunde vorsichtig aus dem Wasser, entfernen Sie das Gummiband und legen Sie die Einmachhäute in je eine Petrischale.

Aufgaben:

a) Erklären Sie die beiden Versuchsergebnisse.

b) Vergleichen Sie den Modellversuch mit dem Bau der Wurzel und den Vorgängen bei der Wasseraufnahme.

7 Osmose (Modellversuch)

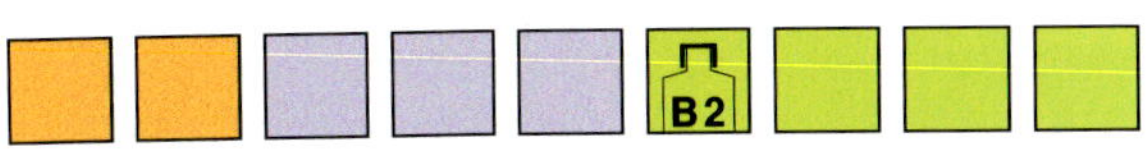

Material: Becherglas (100 ml), Pinzette, 50 ml Kupfersulfat-Lösung ($CuSO_4$) [2 g Kupfersulfat in 50 ml Wasser lösen], ein größerer Kristall Kaliumhexacyanoferrat („Gelbes Blutlaugensalz“, $K_4[Fe(CN)_6]$); Kaliumhexacyanoferrat reagiert in einer Kupfersulfat-Lösung zu Kupferhexacyanoferrat ($Cu_2[Fe(CN)_6]$). Dieser Stoff bildet eine Art dünner Haut, die man als „Niederschlagsmembran“ bezeichnet.

Durchführung: Füllen Sie die Kupfersulfat-Lösung in das Becherglas und legen Sie mit der Pinzette einen Kristall Kaliumhexacyanoferrat in die Lösung; achten Sie hierbei auf die Farbe des Kristalls. Beobachten Sie über eine Viertelstunde das ruhig stehende Becherglas.

Aufgabe:

Vergleichen Sie die Vorgänge am Kristall mit den osmotischen Vorgängen in einer Pflanzenzelle.

8 CASPARYscher-Streifen (Modellversuch)

Material: 2 Papprollen (ca. 15 cm lang, z. B. Haushaltsrolle), Glasgefäß (20 x 20 x 30 cm), Pinsel, Öl, Wasser

Durchführung: Bringen Sie bei einer Papprolle mit einem Pinsel einen Ölstreifen (0,5 bis 1 cm breit) ringsum auf. Stellen Sie dann beide Papprollen senkrecht in ein Gefäß, das einen Zentimeter hoch mit Wasser gefüllt ist. Beobachten Sie den Versuch für fünf Minuten.

Aufgaben:

a) Beschreiben und erklären Sie die Versuchsergebnisse.

b) Ziehen Sie Analogien zwischen dem Modellversuch und den Verhältnissen in der Wurzel.

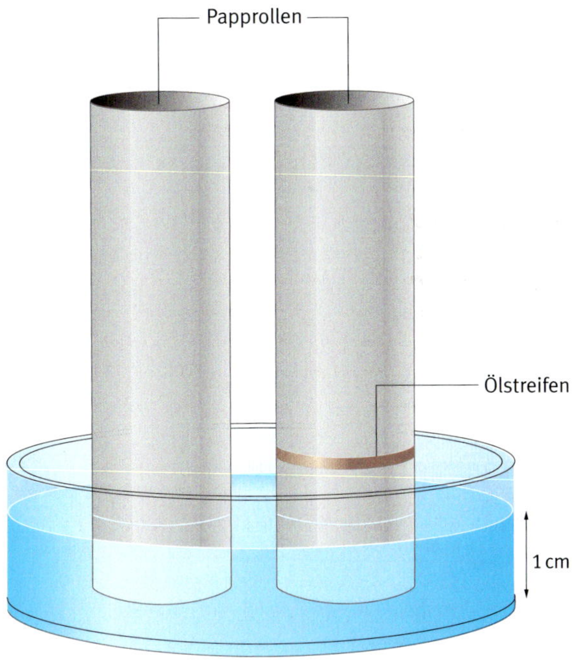

Wasser- und Mineralsalzhaushalt

1 Gespaltene Blattstiele des Rhabarbers werden a) unbehandelt gelassen, b) in Wasser oder c) in eine gesättigte Saccharose-Lösung getaucht. Die Ergebnisse dieser drei Versuche zeigt die folgende Abbildung.

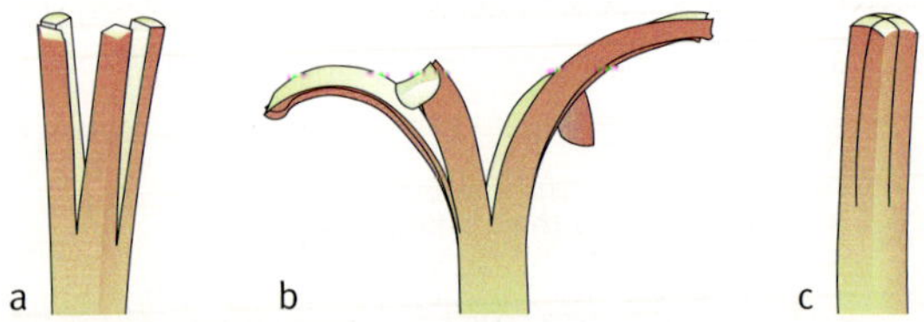

Taucht man sowohl das unbehandelte Stück als auch das in Wasser eingetauchte Stück in die Saccharose-Lösung, so lässt sich die Krümmung rückgängig machen. Erklären Sie die Ergebnisse der Versuche in der Grafik. Berücksichtigen Sie dabei das osmotische Potential, den Turgor sowie den Zellwanddruck.

2 **Sachinformation:** Cellulase ist ein Cellulose spaltendes Enzym. Abbauprodukt der Cellulose ist die Glucose. Man findet die Cellulase unter anderem bei Bakterien, Pflanzen und Pilzen.

Die folgende Abbildung zeigt Veränderungen von verschiedenen Zellen in Lösungen unterschiedlicher Ionen-Konzentrationen.

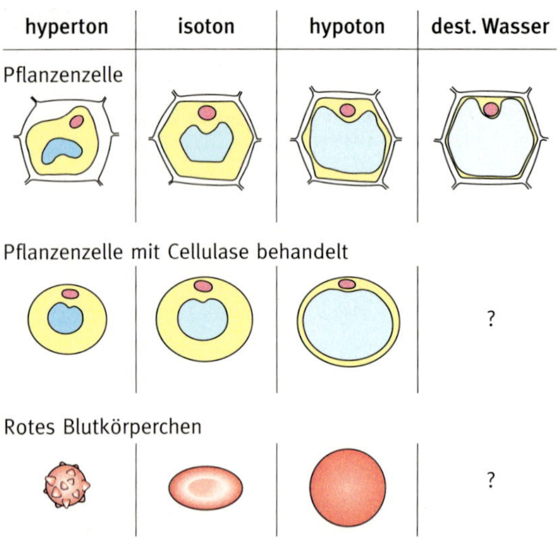

a) Beschreiben und erklären Sie die dargestellten Vorgänge.

b) Begründen Sie, welches Ergebnis bei den mit einem Fragezeichen versehenen Versuchen zu erwarten ist.

3 Die Regulation von Spaltöffnungen ist von verschiedenen Faktoren abhängig.

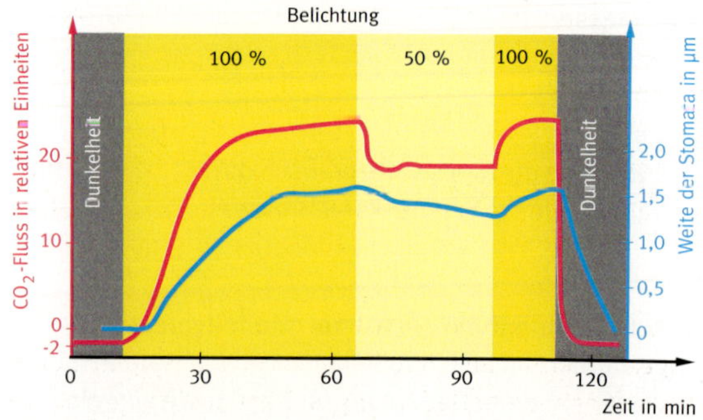

a) Beschreiben Sie den Verlauf der beiden Kurven in der Grafik und ziehen Sie Schlüsse auf die Regulation der Öffnung von Spaltöffnungen.

b) Erklären Sie, warum sich in einem Versuch die Spaltöffnungen bei Dunkelheit öffnen, wenn die Interzellularen des Blattes mit Luft gefüllt werden, die frei von Kohlenstoffdioxid ist.

4 Die Abbildung zeigt eine so genannte PFEFFERsche Zelle, die man auch als ein Osmometer bezeichnen kann.

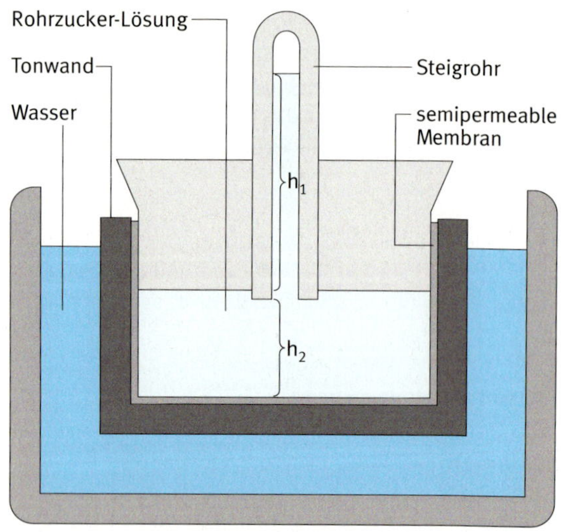

a) Erklären Sie die Vorgänge, die sich nach Befüllen einer PFEFFERschen Zelle beobachten lassen.

b) Ziehen Sie einen Vergleich zwischen der PFEFFERschen Zelle und einer Pflanzenzelle. Fertigen Sie hierzu eine Tabelle an.

5 Beim Umpflanzen von Stauden, Sträuchern und Gehölzen muss ein ausreichend großer Wurzelballen erhalten werden. Zudem ist ein Verpflanzen während der Hauptvegetationszeit im Sommer nicht sinnvoll, es sei denn, die Pflanze wird stark beschnitten.
Erläutern Sie den biologischen Hintergrund dieser Aussagen.

6 Erläutern Sie, inwiefern ein Kalium-Mangel zur Beeinträchtigung der Regulation des Wasserhaushaltes führt.

7 Auf überfluteten Reisfeldern findet man ein einzigartiges Spektrum an mikrobiellen Stoffwechselaktivitäten. Von besonderer Bedeutung ist hierbei die gemeinsame Kultur von Reis mit Wasserfarnen aus der Gattung *Azolla*. *Azolla* kann in Gewebeausbuchtungen eine große Zahl an Cyanobakterien der Gattung *Anabaena* ansiedeln. *Anabaena* ist in der Lage, Stickstoff zu fixieren. Pro Tag und Hektar können bis zu drei Kilogramm Stickstoff gebunden werden. In Vietnam und China wird *Azolla* schon seit Jahrhunderten als Gründünger für Reispflanzen eingesetzt.

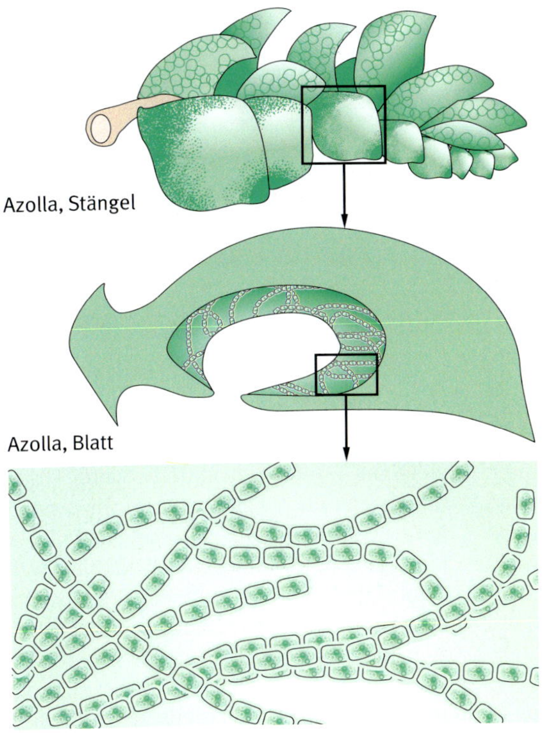

a) Erklären Sie, warum die Fruchtbarkeit eines Reisfeldes durch diese Anbautechnik erhöht wird.
b) Klassifizieren Sie die Art des Zusammenlebens zwischen Reis, *Azolla* und *Anabaena*.

8 Meerwasser weist einen durchschnittlichen Salzgehalt von 3,5 % auf. Durch Verdunstung kann sich die Salz-Konzentration in den Küstenbereichen auf Werte von über 10 % erhöhen. Die in diesen Küsten- und Wüstengebieten vorkommenden Pflanzen nennt man Salzpflanzen oder Halophyten (gr. *hals*, Salz und *phyton*, Pflanze). Als Anpassung an ihren Lebensraum verfügt beispielsweise die Melde (A) über Blasenhaare, der Strandflieder (B) über Salzdrüsen.

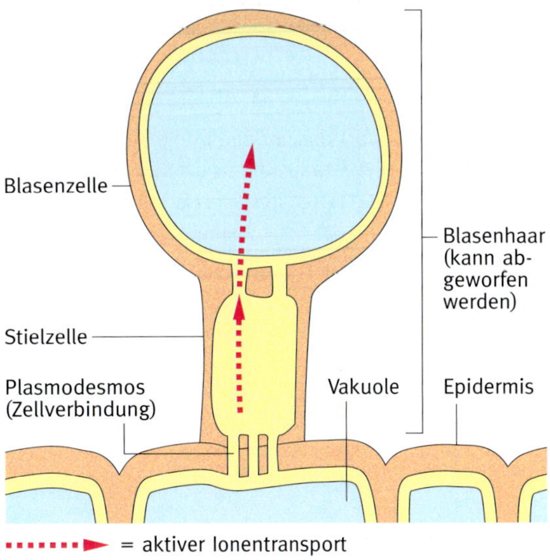

A

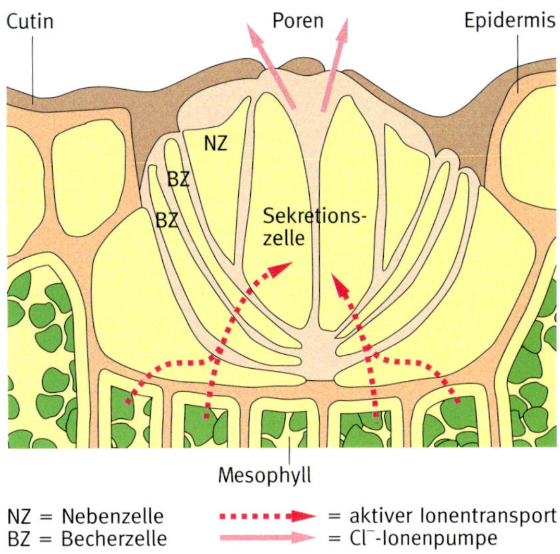

B

a) Erläutern Sie die physiologischen Probleme, mit denen Salzpflanzen zurechtkommen müssen.
b) Stellen Sie vergleichend dar, durch welche Strategien Melde und Strandflieder mit ihrer „Salzlast" fertig werden.

Fotosynthese und Chemosynthese

1 Fotosynthese – Grundlage unseres Lebens

60.1 Fotosynthese hat viele Aspekte

Ein einziger großer Laubbaum kann unter günstigen Bedingungen innerhalb eines Sonnentages zwölf Kilogramm Kohlenhydrate und 9000 Liter Sauerstoff durch Fotosynthese erzeugen. Dabei nimmt er 9000 Liter Kohlenstoffdioxid aus der Luft auf. Jährlich nehmen Pflanzen weltweit etwa 150 Milliarden Tonnen Kohlenstoff auf und bauen daraus mithilfe von Licht organische Verbindungen auf. Umgerechnet würde diese Menge Kohlenstoff einen Güterzug füllen, der etwa zweitausendmal um die Erde reicht.

Bei der **Fotosynthese** wird die Energie des Sonnenlichts in chemische Energie umgewandelt. Diese wird in Glucose gebunden, wobei Sauerstoff freigesetzt wird:

$$\text{Kohlenstoffdioxid} + \text{Wasser} \xrightarrow{\text{Licht}} \text{Glucose} + \text{Sauerstoff}$$

$$6\,CO_2 + 12\,H_2O \xrightarrow{\text{Licht}} C_6H_{12}O_6 + 6\,O_2 + 6\,H_2O$$

Organismen, die Fotosynthese betreiben, sind Pflanzen, marine Algen und Cyanobakterien, auch Blaualgen genannt. Da sie anorganische, energiearme Stoffe aufnehmen und sie mit der Energie des Sonnenlichts in organische, energiereiche Stoffe umwandeln, werden sie als **fotoautotroph** bezeichnet. Hingegen nehmen **heterotrophe** Organismen wie Tiere und auch Menschen energiereiche Verbindungen mit der Nahrung auf, die von anderen Organismen gebildet wurden. Durch Abbau dieser Nahrung steht ihnen die nötige Energie für ihre Stoffwechselvorgänge zur Verfügung. Letztendlich wurde und wird durch die Fotosynthese praktisch die gesamte Biomasse auf der Erde, einschließlich der Lager fossiler Brennstoffe wie Kohle, Erdöl und Erdgas, gebildet. Schätzungsweise wurden im Laufe von etwa drei Milliarden Jahren auf diese Weise 10^{16} Tonnen Kohlenstoff gebunden.

Fotosynthese – auch eine Naturkatastrophe

Als sich vor circa 3,8 Milliarden Jahren erstes Leben auf der Erde entwickelte, waren die Atmosphäre und die Ozeane unserer Erde praktisch sauerstofffrei. Es herrschten optimale Zustände für anaerobe Einzeller, die als Endprodukt ihres Stoffwechsels zum Beispiel Methan abgaben. Für sie war Sauerstoff ein giftiges Gas, das mit seiner oxidierenden Wirkung viele wichtige chemische Verbindungen zerstörte. Wahrscheinlich konnte sich Leben auf der Erde nur in einer sauerstofffreien Atmosphäre entwickeln. Das Vorhandensein von flüssigem Wasser spricht aber dafür, dass die frühe Erde nicht nur lebensfeindlich war. Die Intensität der Sonnenstrahlung war zu dieser Zeit noch nicht so hoch wie heute. Wahrscheinlich sorgte das Treibhausgas Methan für Temperaturen, die für Lebewesen vorteilhaft waren.

Da sich Einzeller sehr schnell vermehren, ist leicht vorstellbar, dass auf der Erde bald nach der Entstehung der ersten Lebensformen Nahrungsmangel für sie auftrat. Wahrscheinlich hatten aufgrund dessen bereits vor circa 3,5 Milliarden Jahren von den sich entwickelnden Organismen diejenigen bessere Überlebenschancen, die die Energie der Sonne nutzen konnten und somit von energiereicher Nahrung unabhängig wurden. Die zunächst noch relativ primitive Form der Fotosynthese veränderte durch ihre Abbauprodukte die Umgebung kaum.

Erst im Verlaufe weiterer Jahrmillionen entwickelten sich immer effektivere Fotosynthesetypen. Der letzte Schritt auf dem Weg zu der heutigen Fotosynthese bestand darin, dass bei der Fotosynthese die Wasserspaltung erfolgte. Dadurch wurde vermehrt Sauerstoff freigesetzt. Dieser Schritt führte zu einer starken Vermehrung der Cyanobakterien und lieferte Sauerstoff in Mengen, die zur Bedrohung für alle bis dahin entstandenen Lebensformen wurde.

Wahrscheinlich kam es vor etwa 2,2 Milliarden Jahren zu einem Massensterben vieler anaerober Einzeller, die keinen Sauerstoff vertrugen. Dafür entwickelten sich im Laufe der Zeit viele Bakterien und heterotrophe Organismen, die sich die oxidierende Kraft des Sauerstoffs bei der Verarbeitung ihrer Nahrung zu Nutze machten und sich gleichzeitig durch komplizierte chemische und physikalische Vorkehrungen gegen den Sauerstoff schützten. Es traten Enzyme wie Katalase, Peroxidase und Peroxid-Dismutase auf, durch deren Aktivität die Lebewesen vor der giftigen Wirkung des Sauerstoffs geschützt waren.

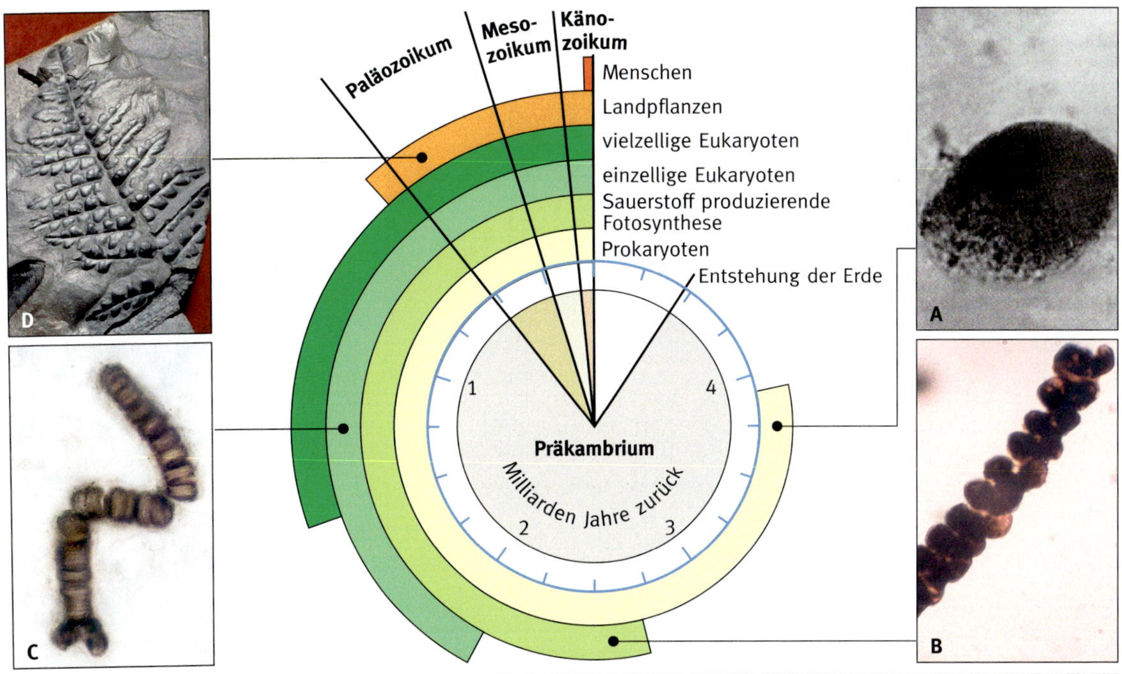

61.1 Von der Entstehung der Erde bis zur Gegenwart. **A** anerobe fotoautotrophe Bakterien (fossil); **B** Cyanobakterien (fotoautotrophe Bakterien); **C** frühe Eukaryoten (aerob); **D** Farnabdruck (Karbon)

1.1 Kohlenstoffdioxid und Fotosynthese

Nur die fotoautotrophen Organismen sind in der Lage, mithilfe von Lichtenergie und unter Kohlenstoffdioxidverbrauch energiereiche organische Verbindungen aufzubauen, wobei Sauerstoff als Nebenprodukt frei wird. Das Kohlenstoffdioxid stammt dabei aus der unmittelbaren Umgebung des fotoautotrophen Organismus: entweder aus dem Wasser, wie bei den aquatischen Bakterien, Algen und Wasserpflanzen, oder aus der Atmosphäre, wie bei den terrestrischen Pflanzen. Mehr als die Hälfte der gesamten Fotosyntheseleistung wird vom Phytoplankton in den Weltmeeren geleistet. Von den terrestrischen Pflanzen tragen Wälder etwa zu 60 Prozent der Fotosynthese auf dem Festland bei. Die heterotrophen Organismen sind auf die durch Fotosyntheseleistung aufgebauten organischen Verbindungen angewiesen. Sie ernähren sich entweder direkt als Pflanzenfresser oder indirekt als Fleischfresser von ihnen. Mithilfe von Sauerstoff bauen sie die aufgenommenen energiereichen Verbindungen ab, wobei Kohlenstoffdioxid durch die Atmung wieder in die Atmosphäre abgegeben wird. Totes organisches Material wird schließlich durch Bakterien und einige heterotrophe Organismen wie auch Pilze weiter abgebaut. Durch diesen Abbau der so genannten Destruenten wird der Atmosphäre ebenfalls Kohlenstoffdioxid zugeführt.

Dieser **Kohlenstoffkreislauf** wird als Kurzzeit-Kreislauf bezeichnet und läuft in einem Zeitraum von bis zu etwa 1000 Jahren ab.
Bei globaler Betrachtung halten sich die Kohlenstoffdioxidabgabe der heterotrophen und der fotoautotrophen Organismen durch Atmung und die Kohlenstoffdioxidaufnahme der fotoautotrophen Organismen bei der Fotosynthese etwa die Waage. Durch die Verbrennung von Holz und fossilen Energieträgern wie Erdöl wird heute jedoch mehr Kohlenstoffdioxid freigesetzt als gebunden. Dies hat eine Verringerung der fossilen Energieträger und eine Erhöhung der Kohlenstoffdioxid-Konzentration in der Atmosphäre zur Folge.
Im Vergleich zu den in Gesteinen und Ozeanen festgelegten Kohlenstoffmengen liegt verhältnismäßig wenig Kohlenstoff als Kohlenstoffdioxid in der Atmosphäre vor, deshalb wirken sich kleine Veränderungen in den festgelegten Kohlenstoffvorräten der Ozeane und Gesteine relativ stark auf die Atmosphäre aus.

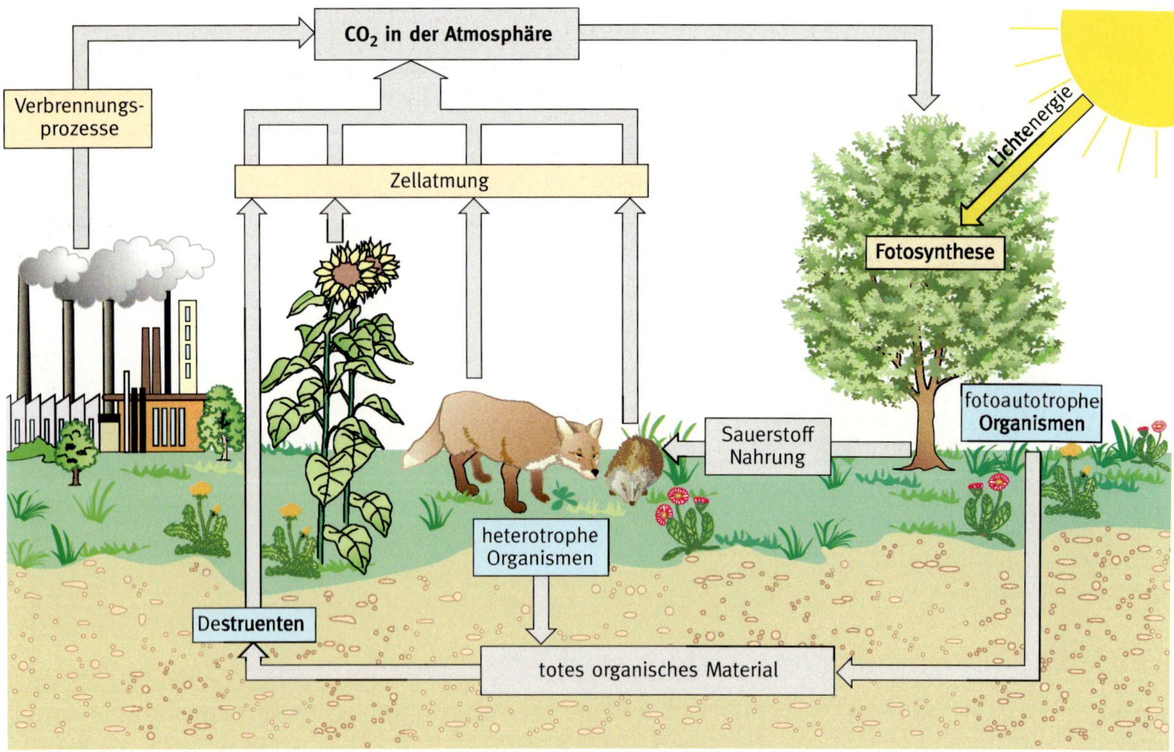

62.1 Kohlenstoffkreislauf aus Fotosynthese und Atmung (Kurzzeit-Kreislauf)

In der Vergangenheit konnte man bei einer erhöhten Kohlenstoffdioxid-Konzentration in der Atmosphäre stets eine Erhöhung der Temperatur auf der Erde feststellen. Kohlenstoffdioxid gehört wie auch Wasserdampf und Methan zu den Treibhausgasen. Sie lassen zwar sichtbare Sonnenstrahlung passieren, absorbieren aber die von der Erde ausgehende Wärmestrahlung und wirken somit ähnlich wie Glasscheiben in einem Gewächshaus. Ohne diesen Treibhauseffekt würden auf der Erde im Durchschnitt Temperaturen von –18 °C anstelle von +15 °C herrschen.

Extreme Klimaschwankungen wurden bislang durch den globalen **Carbonat-Silikat-Kreislauf** verhindert. Er ist ein Teil des Langzeit-Kohlenstoffkreislaufs, der Jahrtausende bis Jahrmillionen andauert: In einem warmen Klima steigt die Luftfeuchtigkeit aufgrund einer höheren Verdunstungsrate. Folglich löst sich mehr Kohlenstoffdioxid aus der Atmosphäre in Regenwasser, wobei sich Kohlensäure bildet. Trifft diese auf Gestein, das Calciumcarbonat ($CaCO_3$) oder Calciumsilikat ($CaSiO_3$) enthält, so löst die Säure Calcium aus dem Gestein. Es entstehen Calcium- und Carbonat-Ionen, die über die Flüsse in die Ozeane gelangen. Dort dienen sie Meeresorganismen wie Kieselalgen für den Aufbau ihrer Kalkschalen. Nach ihrem Tod lagern sich die Kalkschalen auf dem Meeresboden ab. Durch Verschiebung der Erdplatten (Subduktion) gelangen die Carbonatablagerungen in den Erdmantel, wo sich aufgrund hoher Temperatur und hohem Druck wieder Silikat- beziehungsweise Carbonatgestein bildet. Das dabei wieder frei werdende Kohlenstoffdioxid gelangt zum Beispiel über vulkanische Aktivitäten erneut in die Atmosphäre. Aufgrund dieser Prozesse sinkt bei steigenden Temperaturen der Kohlenstoffdioxid-Gehalt in der Atmosphäre wodurch der Temperaturzunahme entgegengewirkt wird.

Zurzeit beträgt der Kohlenstoffdioxid-Anteil in der Atmosphäre 0,037 Prozent. In welchem Maße sich die von Menschen verursachte Kohlenstoffdioxiderhöhung auf das Klima auswirkt, wird widersprüchlich diskutiert. Die zu beobachtende globale Erwärmung ist auf eine komplexe Mischung vieler Faktoren, sowohl natürlicher als auch anthropogener, zurückzuführen. Durch den Kohlenstoffdioxidanstieg in der Atmosphäre sollte sich die Fotosyntheserate zunächst erhöhen, wovon der Ackerbau profitieren würde. Würden jedoch die Klimazonen der Erde beeinflusst, könnten zum Beispiel Niederschläge ausfallen, Wüsten sich ausbreiten, Gletscher schmelzen und der Meeresspiegel steigen.

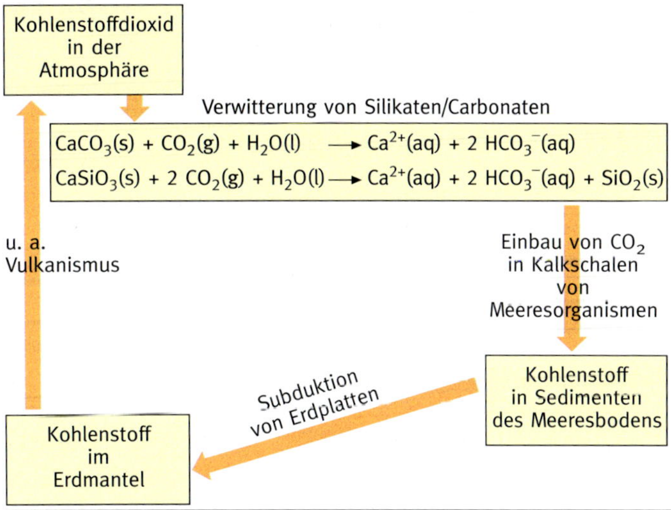

63.1 Carbonat-Silikat-Kreislauf (Teil des Langzeit-Kohlenstoffkreislaufs)

Kohlenstoffspeicher
Atmosphäre **750 gt**
Ozeane **35000 gt**
Landlebewesen **700 gt**
Meereslebewesen **3 gt**
tote Biomasse **1500 gt**
Carbonat-Gestein **› 600000000 gt**
Sediment **› 15000000 gt**
fossile Brennstoffe **4100 gt**

63.2 Menge an gespeichertem Kohlenstoff

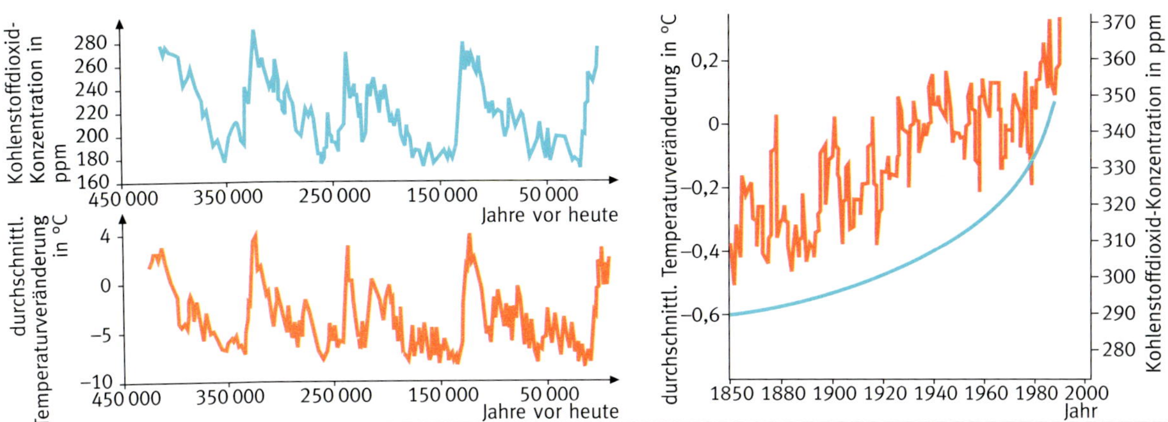

63.3 Temperatur und Kohlenstoffdioxid-Konzentrationen in der Atmosphäre der letzten 450 000 Jahren

2 Chloroplasten – Orte der Fotosynthese

2.1 Aufbau der Chloroplasten

Die Fotosynthese findet bei Landpflanzen ausschließlich in den **Chloroplasten** statt. Chloroplasten sind in allen grünen Teilen der Pflanzen enthalten, besonders im Blatt, aber auch in grünen Stängeln oder Früchten. Im Blatt befinden sich unter einem Quadratmillimeter Blattoberfläche circa eine halbe Million Chloroplasten.

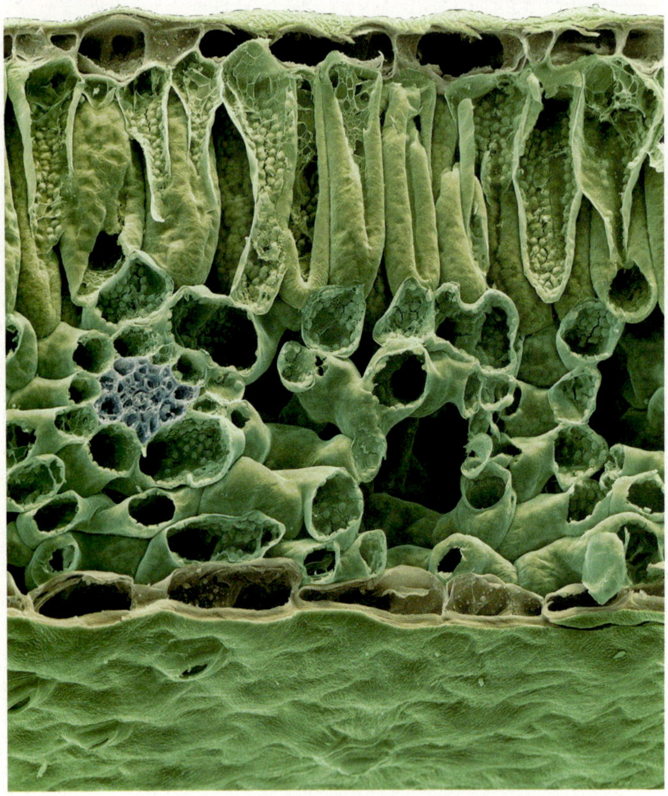

64.1 Querschnitt eines Laubblattes

Mikroskopische Untersuchungen eines Laubblattes zeigen die Chloroplasten als linsenförmige, grüne Zellorganellen. Bei sehr starker Vergrößerung zeigt sich, dass in der hellgrün erscheinenden Grundsubstanz der Chloroplasten, dem **Stroma** (gr. *stroma*, Lager), zahlreiche dunkelgrüne Strukturen von 0,3 bis 0,5 Mikrometer Größe eingelagert sind. Diese werden als **Grana** (Sg.: das Granum; lat., Korn) bezeichnet.

Die Chloroplasten sind durch zwei Membranen vom umgebenden Cytoplasma abgegrenzt. Im elektronenmikroskopischen Bild erkennt man im Inneren der Chloroplasten zahlreiche parallele dunkle Linien, bei denen es sich um im Stroma verlaufende Membranen handelt. Die Membranen schließen einen flachen, leer erscheinenden Raum zwischen sich ein. Diese Membransäckchen werden als **Thylakoide** bezeichnet. Im Bereich der Grana liegen die Thylakoide dicht gestapelt aufeinander und werden als **Granathylakoide** bezeichnet. Hingegen werden die Thylakoide im Bereich des Stromas als **Stromathylakoide** bezeichnet. Grana- und Stromathylakoide bilden ein zusammenhängendes Membransystem. In den Thylakoidmembranen liegen die so genannten **Fotosysteme,** die aus Blattfarbstoffen sowie Protein-Molekülen bestehen. Im Stroma der Chloroplasten sind Ribosomen und zirkuläre DNA zu finden.

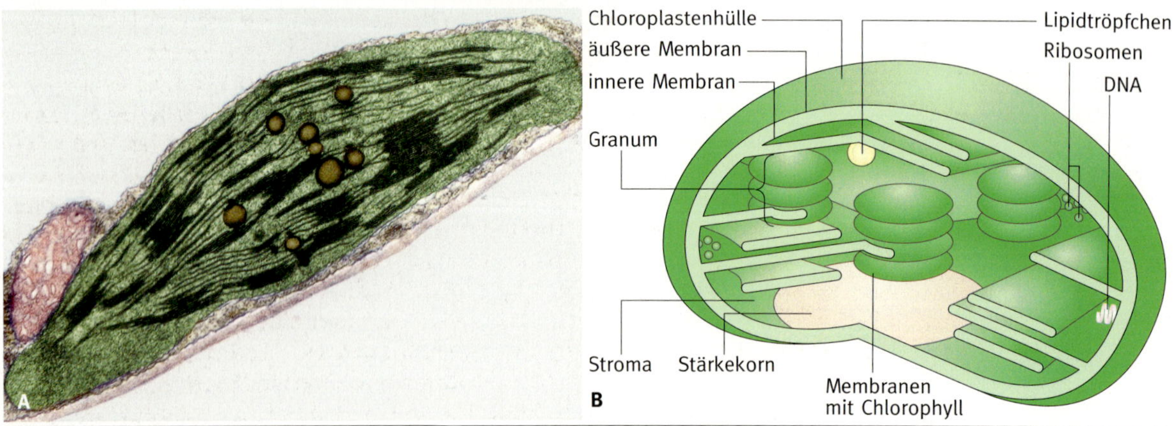

64.2 Chloroplast. **A** EM-Aufnahme; **B** Schema

2.2 Licht und Blattfarbstoffe

Die Eigenschaften und Wirkungen von Licht lassen sich mit zwei unterschiedlichen Modellvorstellungen beschreiben. Das Licht kann sowohl als elektromagnetische Welle als auch als Strahl von Teilchen, den **Photonen** oder Lichtquanten, betrachtet werden. Die Energie eines Photons ist der entsprechenden Wellenlänge umgekehrt proportional. Licht mit einer kurzen Wellenlänge (zum Beispiel blaues Licht) enthält also energiereichere Photonen als Licht einer längerwelligen Strahlung (zum Beispiel rotes Licht). Weißes Licht enthält alle Wellenlängen des sichtbaren Spektrums. Trifft Licht auf Stoffe, so kann es reflektiert, absorbiert oder durchgelassen werden. Wird ein Teil des Lichts absorbiert, wird das Restlicht reflektiert oder durchgelassen. Das reflektierte Licht entspricht der Farbe, die wir sehen. Zum Beispiel sehen wir das Chlorophyll grün, demnach absorbiert es Wellenlängen der anderen Lichtfarben. Bei der Fotosynthese wird ein Teil der Energie des Sonnenlichts durch verschiedene Blattfarbstoffe eingefangen und in organischen Molekülen fixiert. Das für die Fotosynthese benötigte Licht wird im Wesentlichen durch die **Chlorophylle** in den Chloroplasten absorbiert.

Weitere Blattfarbstoffe, die Licht absorbieren, sind β-Carotin, Lutein, Violaxanthin und Neoxanthin. Einige von ihnen, wie zum Beispiel die Carotinoide, tragen zur Fotosynthese bei, indem sie die Lichtenergie zu den Chlorophyllen weiterleiten.

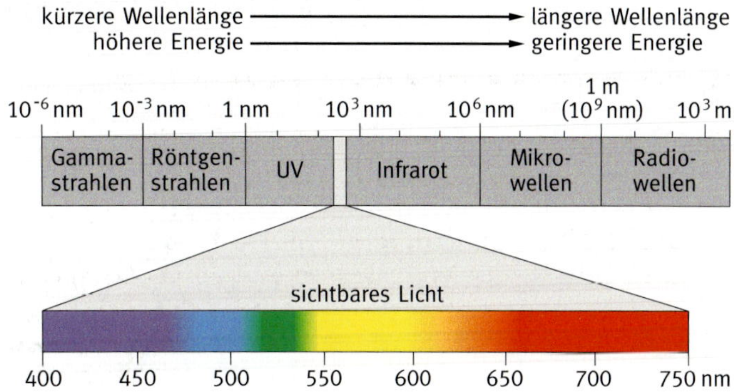

65.1 Spektrum elektromagnetischer Wellen

Endosymbiontentheorie

Chloroplasten und Mitochondrien nehmen eine Sonderstellung unter den Zellorganellen ein, da sie spezifische Eigenschaften von Prokaryoten aufweisen. So besitzen sie eine eigene DNA und Ribosomen, die denen von Prokaryoten ähneln. Auch sind Chloroplasten und Mitochondrien von einer doppelten Membran umgeben. Diese Befunde lassen sich mit der Endosymbiontentheorie interpretieren. Sie wurde bereits 1883 von Alexander SCHIMPER aufgestellt. Danach waren die Vorfahren der Chloroplasten ursprüngliche Prokaryoten, die Fotosynthese betrieben, und die Vorfahren der Mitochondrien Prokaryoten, die Nährstoffe vollständig zu Wasser und Kohlenstoffdioxid abbauen konnten. Sie wurden vermutlich durch Phagocytose in eine Urkaryotenzelle aufgenommen, aber nicht verdaut. Der ursprüngliche Prokaryot lebte in der Ureukaryotenzelle weiter.

Das Zusammenleben wurde für beide Seiten nützlich und sie lebten anfangs in Form einer Symbiose miteinander. In der Ureukaryotenzelle waren die Prokaryoten zum Beispiel geschützt. Sie konnten mithilfe von Licht Energie gewinnen und gaben dabei Sauerstoff ab, mit dem die Ureukaryotenzelle ihre Nahrung vollständig oxidieren konnte. Mit der Zeit entwickelte sich Schritt für Schritt aus der Symbiose ein Organismus, dessen Komponenten untrennbar miteinander verbunden waren.

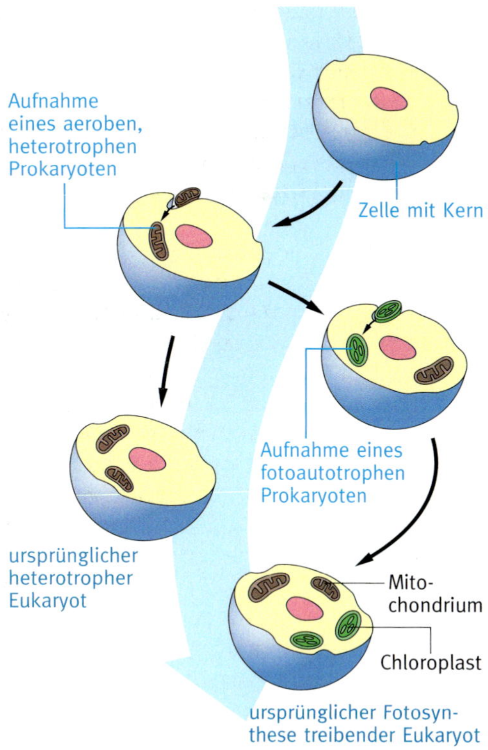

EVOLUTION

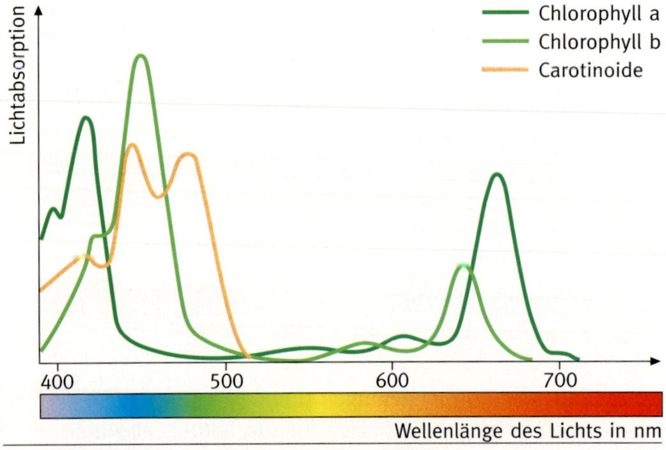

66.1 Absorptionsspektrum von Blattfarbstoffen

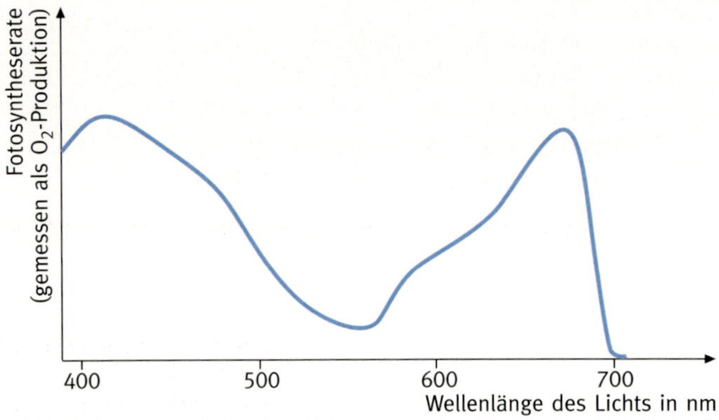

66.2 Wirkungsspektrum grüner Pflanzen

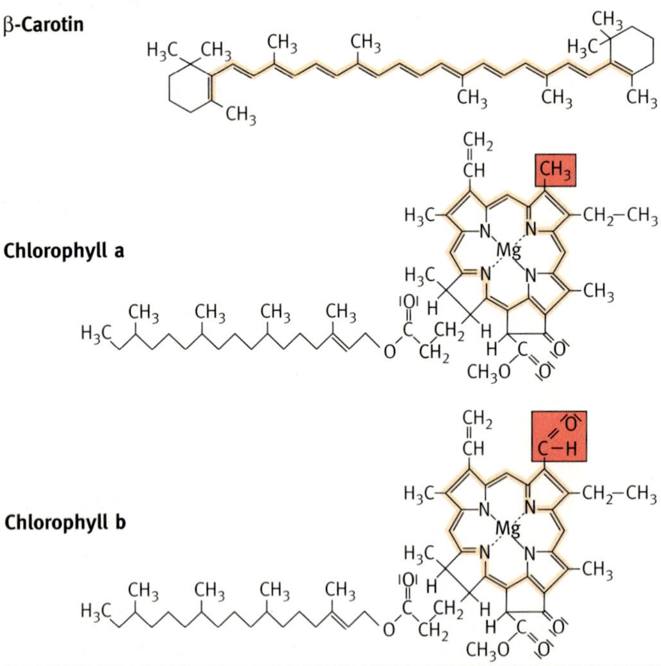

66.3 Strukturformel von β-Carotin sowie Chlorophyll a und b

Das Absorptionsspektrum erklärt, warum ein Blatt grün erscheint: Chlorophylle absorbieren rotes und blaues Licht, wohingegen sie grünes Licht reflektieren beziehungsweise durchlassen. Chlorophyll a und b unterscheiden sich leicht in ihrem Absorptionsspektrum. Somit können sie sich bei der Lichtabsorption im sichtbaren Bereich ergänzen. Die meisten höheren Pflanzen enthalten etwa doppelt so viel Chlorophyll a wie Chlorophyll b.

Das Wirkungsspektrum zeigt, bei welchen Wellenlängen die Fotosynthese am wirkungsvollsten abläuft, gemessen an der Sauerstoffproduktion. Die Fotosyntheserate ist in den Wellenlängenbereichen um 450 und 680 Nanometer maximal. In diesen Wellenlängenbereichen zeigen auch die beiden Chlorophylle a und b ihre Absorptionsmaxima. Daraus erkennt man, dass sie die Hauptfotosynthesepigmente sind.
Nicht nur Chlorophylle, sondern auch so genannte Antennenpigmente, wie zum Beispiel Carotinoide, absorbieren einen Teil des Sonnenlichts. Sie absorbieren Licht auch bei Wellenlängen, bei denen Chlorophyll nicht oder kaum absorbiert.

In den Antennenpigmenten wird die absorbierte Lichtenergie von Außenelektronen aufgenommen, die zu so genannten konjugierten Doppelbindungen gehören. Doppelbindungen werden als konjugiert bezeichnet, wenn sich mindestens zwei Doppelbindungen mit Einfachbindungen in einer Sequenz abwechseln. Solche konjugierten Doppelbindungen befinden sich in den Chlorophyll-Molekülen zwischen den Kohlenstoff-Atomen im ringförmigen Molekülbestandteil. Im Molekül des β-Carotins befinden sich die konjugierten Doppelbindungen in der Kohlenstoffkette.

Bei der Lichtabsorption durch ein Pigment-Molekül wird ein Elektron entgegen den Anziehungskräften des Atomkerns von seinem Grundzustand auf ein energiereicheres Niveau angehoben. Die Energie der Photonen des roten Lichts reicht aus, um ein Elektron in den so genannten ersten angeregten Zustand zu versetzen. Dieser energiereichere Zustand ist jedoch relativ instabil und mit einer Dauer von 10^{-9} Sekunden sehr kurzlebig.
Wird das Elektron in dieser Zeit nicht an ein anderes Molekül weitergegeben, fällt es rasch wieder in den Grundzustand zurück. Dabei

Bunter Herbstwald

Die herbstliche Laubfärbung kommt dadurch zustande, dass winterkahle Gehölze vor dem Laubfall eine Art Materialrecycling einleiten, indem sie einen großen Teil der Stickstoff- und Phosphor-Verbindungen aus den Blattzellen in den Stamm transportieren. Da so auch die Chlorophylle innerhalb weniger Tage abgebaut werden, verbleiben nur noch die Carotinoide im Blatt. Carotinoide absorbieren im blau-grünen Wellenlängenbereich, sodass gelb-oranges Licht reflektiert wird und ein farbenprächtiger Herbstwald entsteht. Eine tiefrote Blattfärbung entsteht, wenn Pigmente wie die Anthocyane mit den Carotinoiden im Blatt kombiniert vorkommen. Die Anthocyane werden erst im Herbst gebildet, außer bei den Pflanzenarten, die immer rote Laubblätter haben, wie die Blutbuche oder die Bluthasel.

kann die Energie als Wärme oder Fluoreszenzlicht abgegeben werden. So geht sie der Pflanze verloren.
Die Energie kann aber auch genutzt werden, um im benachbarten Chlorophyll-Molekül ein Elektron in den ersten angeregten Zustand zu versetzen. Auf diese Weise kann die absorbierte Energie von Molekül zu Molekül übertragen werden und so von der Pflanze für die Fotosynthese genutzt werden.
Absorbiert ein Chlorophyll-Molekül blaues Licht, so kann ein Elektron auf ein noch höheres Energieniveau versetzt werden. Fällt das Elektron von diesem so genannten zweiten angeregten Zustand auf den ersten angeregten Zustand zurück, dann wird die Energie in Form von Wärme frei und ist für die Pflanze nicht nutzbar.

Damit ein Energietransfer von Molekül zu Molekül möglichst verlustfrei erfolgen kann, muss zum einen der Abstand zwischen den jeweiligen Molekülen sehr gering sein. Dadurch kann ein Energietransfer stattfinden, bevor die Energie in Fluoreszenzlicht oder Wärme umgewandelt würde. Zum anderen muss die von einem Chlorophyll-Molekül abgegebene Energie groß genug sein, um ein Elektron in einem benachbarten Molekül anzuregen.

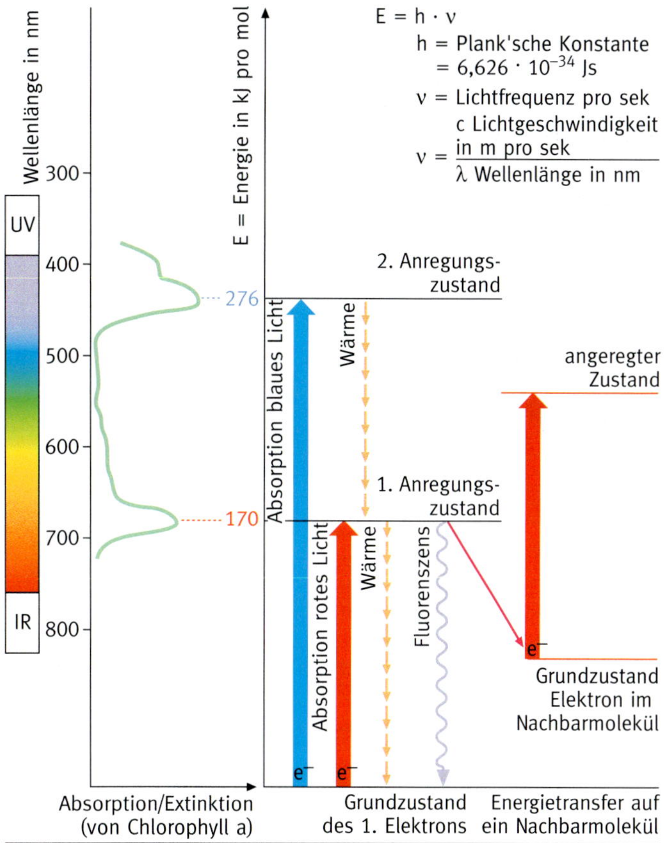

67.1 Lichtabsorption und Elektronenanregung

2.3 Funktion der Pigmente in der Thylakoidmembran

Pigmente wie Chlorophylle und Carotinoide sind in der Thylakoidmembran eingelagert. Dort sind sie in funktionellen Einheiten, den so genannten **Fotosystemen I** und **II,** zusammen gelagert. Jedes Fotosystem besteht aus einem Antennenkomplex und einem Reaktionszentrum.

Der **Antennenkomplex** wird auch als Lichtsammelfalle bezeichnet, da hier die Lichtabsorption der Fotosynthese stattfindet. Der Antennenkomplex besteht aus mehreren hundert Molekülen Chlorophyll a, Chlorophyll b und verschiedenen Carotinoiden. Die verschiedenen Pigmente haben unterschiedliche Absorptionsmaxima. So kann ein Antennenkomplex Licht verschiedener Wellenlängenbereiche absorbieren. Absorbiert eines der Pigmente Licht, wird dessen Energie über benachbarte Pigmente bis zum zentral gelegenen Chlorophyll-a-Paar im **Reaktionszentrum** des Fotosystems weitergeleitet. Im Reaktionszentrum befindet sich auch der primäre Elektronen-Akzeptor. An ihn gibt das Chlorophyll-a-Paar ein Elektron ab. Damit findet im Reaktionszentrum die Reaktion der Fotosynthese statt, bei der die absorbierte Lichtenergie in chemische Energie umgewandelt wird.

In den Thylakoidmembranen findet man zwei verschiedene Fotosysteme, die in der Reihenfolge ihrer Entdeckung als Fotosystem I und II bezeichnet werden. Beide Fotosysteme wirken während der Fotosynthese zusammen.

In den Stromathylakoiden sowie im Außenbereich der Granathylakoide kommen vor allem das **Fotosystem I** und die ATP-Synthase vor. Das Chlorophyll-a-Paar im Reaktionszentrum des Fotosystems I hat ein Absorptionsmaximum bei einer Wellenlänge von 700 Nanometer. Es wird daher als $\mathbf{P_{700}}$ bezeichnet. In den inneren Granathylakoiden findet man hingegen ausschließlich das **Fotosystem II.** Sein Chlorophyll-a-Paar im Reaktionszentrum hat sein Absorptionsmaximum bei einer Wellenlänge von 680 Nanometer und wird daher als $\mathbf{P_{680}}$ bezeichnet. Das vom Chlorophyll-a-Paar im Fotosystem II abgegebene Elektron wird über eine Elektronentransportkette zum **Cytochrom-b/f-Komplex** und anschließend zum Fotosystem I weitergeleitet. Der **Cytochrom-b/f-Komplex** kommt sowohl in den Grana- als auch in den Stromathylakoiden vor. Der Elektronentransport ist trotz der relativ großen räumlichen Entfernung zwischen den beiden Fotosystemen möglich, da einige Bestandteile der Elektronentransportkette in der Membran frei beweglich sind. Zu den mobilen Bestandteilen der Elektronentransportkette gehören die Redoxsysteme **Plastochinon** und **Plastocyanin.** Die Elektronentransportkette verbindet somit die beiden Fotosysteme miteinander.

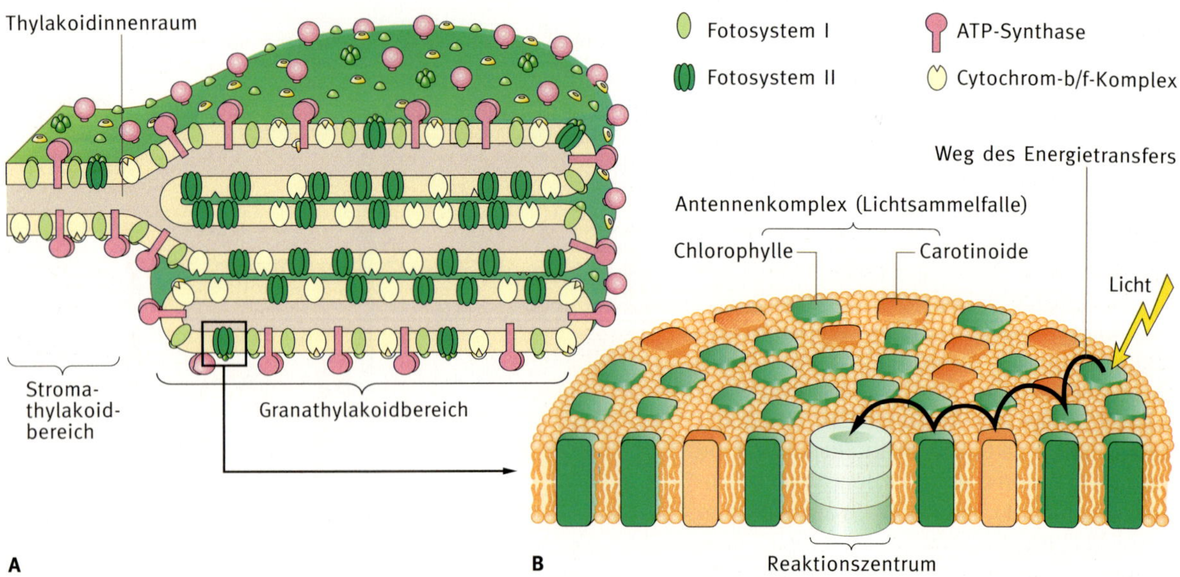

68.1 A Modell der Thylakoidmembran; B Modell eines Fotosystems II aus einem Reaktionszentrum und einem Antennenkomplex

3 Ablauf der Fotosynthese

3.1 Lichtabhängige Reaktionen der Fotosynthese

Die Fotosynthese kann in zwei Abschnitte unterteilt werden, die jeweils wiederum mehrere Reaktionsschritte beinhalten. Der erste Vorgang umfasst die **lichtabhängigen Reaktionen,** also den „Foto-Teil" der Fotosynthese. Der zweite Abschnitt umfasst die lichtunabhängigen Reaktionen, den so genannten **CALVIN-Zyklus**, der als „Synthese-Teil" der Fotosynthese bezeichnet wird.

Zu den lichtabhängigen Reaktionen gehören alle Schritte der Fotosynthese, die an der Umwandlung von Lichtenergie in chemische Energie beteiligt sind. Dazu zählen die so genannte Fotolyse des Wassers, die lichtinduzierte Wasserspaltung, bei der Sauerstoff als ein Nebenprodukt frei wird, und die Fotophosphorylierung, bei der die Lichtenergie letztlich genutzt wird, um eine Phosphatgruppe an ADP zu binden und somit ATP aufzubauen.

In den lichtabhängigen Reaktionen der Fotosynthese werden Elektronen über eine Elektronentransportkette vom Fotosystem II zum Fotosystem I weitergeleitet. Eine Elektronentransportkette besteht aus verschiedenen Molekülen, die durch abwechselnde Aufnahme und Abgabe von Elektronen zwischen einem reduzierten und oxidierten Zustand hin und her wechseln. Solche Moleküle werden als **Redoxsysteme** bezeichnet. Jedem dieser Moleküle kann ein Redoxpotential zugeordnet werden. Das Redoxpotential (E_0) ist ein Maß für die Reduktions- beziehungsweise Oxidationskraft eines Stoffes oder eines Systems. Es wird in Volt, der Einheit des elektrischen Potentials, angegeben. Eine Substanz, die leicht Elektronen abgibt, wirkt als starkes Reduktionsmittel und hat ein negativeres Redoxpotential als ihr Reaktionspartner, der die Elektronen aufnimmt. Ein negativeres Redoxpotential bedeutet, dass die Elektronen energiereicher sind. Eine Substanz, die leicht Elektronen aufnimmt, wirkt hingegen als starkes Oxidationsmittel und hat im Vergleich zu ihrem Reaktionspartner, der die Elektronen abgibt, ein positiveres Redoxpotential. Ein spontaner, freiwilliger Elektronenfluss verläuft nur von einem Redoxsystem zu dem nächsten, wenn dieses ein positiveres Redoxpotential besitzt. Dabei wird Energie frei. Der Elektronenfluss erfolgt energetisch gesehen gleichsam „bergab". Der Elektronentransport in der Fotosynthese erfolgt aber zunächst entgegen dem Energiegefälle „bergauf". Dazu wird die absorbierte Lichtenergie benötigt. Der Elektronen-Donator am Anfang der lichtabhängigen Reaktionen der Fotosynthese, das Redoxsystem H_2O/O_2, besitzt ein Redoxpotential von + 0,81 mV. Der Endakzeptor ist das Redoxpaar $NADP^+$/ $NADPH + H^+$ mit einem Redoxpotential von – 0,32 mV. Im Verlauf der lichtabhängigen Reaktionen der Fotosynthese wird also mithilfe der Lichtenergie eine Potentialdifferenz von 1,13 mV überwunden.

Die in den Elektronentransportweg eingebauten Fotosysteme I und II heben die Elektronen jeweils mithilfe der Lichtenergie auf ein höheres Energieniveau und erzeugen somit ein Redoxsystem mit negativerem Redoxpotential. So werden Elektronen im Fotosystem II mithilfe der absorbierten Lichtenergie von + 0,81 mV auf ein Redoxpotential von – 0,8 mV gebracht. Auf dem Weg zum Fotosystem I erreichen die Elektronen ein Redoxsystem mit einem Redoxpotential von + 0,4 mV. Die dabei abgegebene Energie wird zur Bildung von ATP genutzt. Die Lichtabsorption in Fotosystem I bringt die Elektronen auf ein Redoxpotential von – 1,2 mV. Diese energiereichen Elektronen werden über Redoxsysteme weitergeleitet und zur Reduktion von $NADP^+$ zu $NADPH + H^+$ verwendet.

69.1 Z-Schema der Elektronentransportkette

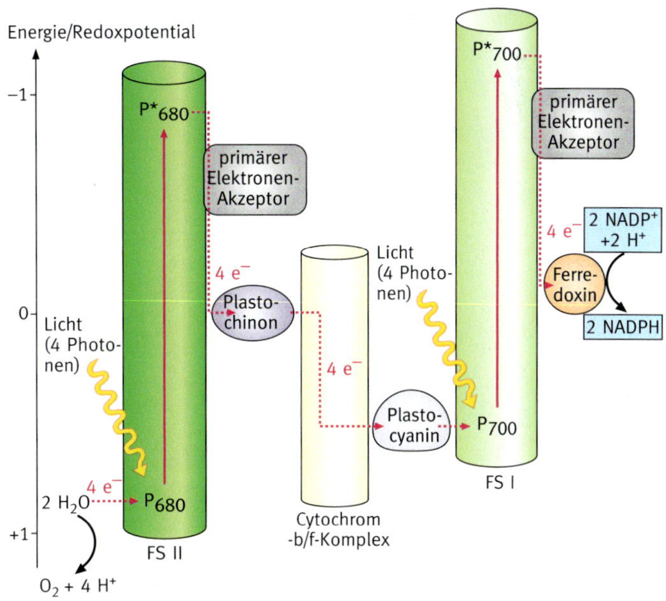

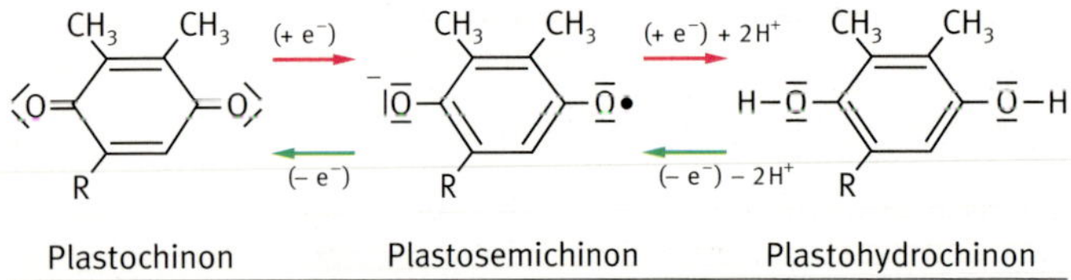

70.1 Redoxsystem Plastochinon

Ein Beispiel für ein Redoxsystem innerhalb der Elektronentransportkette der Fotosynthese ist **Plastochinon.** Plastochinon, ein Stoff aus der Gruppe der Chinone, entzieht einem anderen Redoxsystem aufgrund seines positiveren Redoxpotentials ein Elektron. Dadurch wird es selbst reduziert und das andere Redoxsystem oxidiert. Durch die Reduktion wird Plastochinon zunächst zu einem so genannten Semichinon, einem Radikal. Ein Radikal besitzt ein ungepaartes Elektron. Durch eine Elektronenaufnahme und Übertragung von zwei Protonen wird es zu Plastohydrochinon reduziert. Dem Plastohydrochinon werden die beiden Elektronen vom **Cytochrom-b/f-Komplex** entzogen, da dieser ein positiveres Redoxpotential hat. Der Cytochrom-b/f-Komplex wird dadurch reduziert und das Plastohydrochinon oxidiert.

Für den Elektronentransport vom Fotosystem II über das Fotosystem I zum $NADP^+$ existieren zwei Wege: ein zyklischer und ein nicht-zyklischer.

Der **nicht-zyklische Elektronentransport** ist der bevorzugte Weg der Fotosynthese. Durch die von den Antennenpigmenten absorbierte Lichtenergie im Fotosystem II werden die Elektronen des Chlorophyll-Paares P_{680} im Reaktionszentrum angeregt. Dieses gibt Elektronen an einen primären Akzeptor der Elektronentransportkette ab. Die Elektronen werden dann zum Fotosystem I transportiert.

Die Verbindung zwischen den Fotosystemen II und I erfolgt über die Redoxsysteme, die die Elektronentransportkette bilden. Die vom Fotosystem II abgegebenen Elektronen werden zunächst von dem Redoxsystem Plastochinon aufgenommen. Dieses reduziert dann den Cytochrom-b/f-Komplex. Der Cytochrom-b/f-Komplex gibt ein Elektron an das Redoxsystem **Plastocyanin** ab. Die beim Elektronentransport zwischen Plastochinon und dem Cytochrom-b/f-Komplex frei werdende Energie wird genutzt, um Protonen gegen das Konzentrationsgefälle in den Thylakoidinnenraum zu pumpen.

Plastocyanin überträgt das Elektron auf das P_{700} im Fotosystem I, das etwa gleichzeitig ein Elektron durch Lichtabsorption abgegeben hat. Dadurch schließt sich die Elektronenlücke am P_{700}. Die Elektronenlücke im Fotosystem I wird also von einem Elektron geschlossen, das letztendlich aus dem Fotosystem II stammt. Nach Anregung des Chlorophyll-Moleküls P_{700} im Fotosystem I wird ein Elektron auf ein eisenhaltiges Redoxsystem, das **Ferredoxin,** übertragen. Dieses liegt an der Außenseite der Thylakoidmembran. Dort wird es unter Mitwirkung des Enzyms Ferredoxin-$NADP^+$-Oxidoreduktase zusammen mit Protonen zur Reduktion von $NADP^+$ zu $NADPH + H^+$ verwendet.

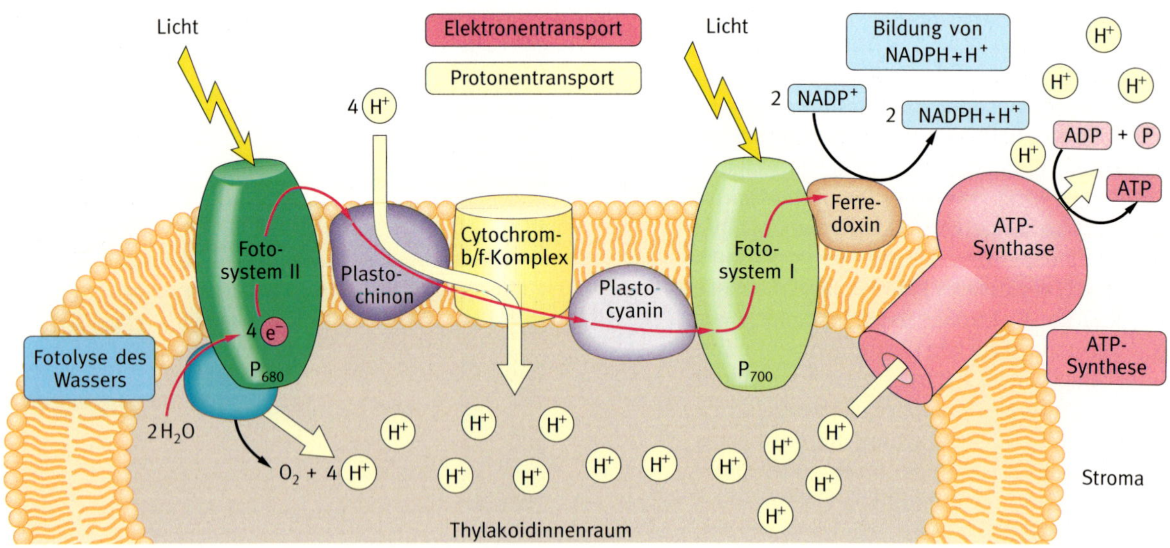

70.2 Lichtabhängige Reaktionen in der Thylakoidmembran

Durch die Abgabe des Elektrons am Fotosystem II entsteht dort eine Elektronenlücke. Erst wenn diese gefüllt ist, kann das Chlorophyll-Paar P_{680} wieder ein Elektron abgeben. Die Elektronenlücke wird durch Elektronen gefüllt, die letztendlich aus Wasser-Molekülen stammen. Das Fotosystem II ist mit einem Enzymkomplex gekoppelt, der zwei Wasser-Moleküle in vier Elektronen, vier Protonen und ein Molekül Sauerstoff spaltet. Die Elektronen werden auf das Fotosystem II übertragen, wodurch die Elektronenlücke des Chlorophylls P_{680} wieder gefüllt wird. Wasser wird somit letztlich aufgrund von Lichtenergie oxidiert und dabei gleichzeitig gespalten. Dieser Vorgang wird als **Fotolyse des Wassers** bezeichnet. Der bei der Fotosynthese frei werdende Sauerstoff stammt aus dieser Fotolyse des Wassers.

Durch die Fotolyse des Wassers und den Protonentransport über den Cytochrom-b/f-Komplex wird die Konzentration von Protonen im Thylakoidinnenraum erhöht. Es entsteht ein **Protonengradient**, da auf der Thylakoidinnenseite die Protonenkonzentration höher ist als auf der Außenseite. Dieser Protonengradient wird zur **ATP-Synthese** genutzt. Aufgrund des Protonengradienten fließen Protonen durch den Kanal des Enzyms ATP-Synthase vom Thylakoidinnenraum nach außen. Dieser Protonenfluss liefert die Energie für die Synthese von ATP aus ADP und Phosphat Ⓟ mithilfe der ATP-Synthase. Da auch bei diesem Vorgang eigentlich die Energie des Sonnenlichts die treibende Kraft der ATP-Bildung ist, heißt dieser Vorgang **Fotophosphorylierung.** Hierbei handelt es sich um eine ATP-Bildung, die durch einen nicht-zyklischen Elektronentransport erfolgt; man spricht in diesem Fall auch von der **nicht-zyklischen Fotophosphorylierung**.

Insgesamt betrachtet erfordert die Anregung eines Elektrons in einem der beiden Fotosysteme eine Lichtenergie von circa 200 Kilojoule. Es sind insgesamt acht Lichtanregungen notwendig, um vier Elektronen nacheinander die Elektronentransportkette der lichtabhängigen Reaktionen durchlaufen zu lassen. Dazu werden 1600 Kilojoule benötigt. Mit dieser Energie werden zwei Moleküle Wasser gespalten, zwei Moleküle $NADP^+$ reduziert und vermutlich durchschnittlich drei Moleküle ATP gewonnen.

Damit ergibt sich folgendes Reaktionsschema:

$$2\,H_2O + 2\,NADP^+ + 3\,ADP + 3\,Ⓟ \rightarrow O_2 + 2\,(NADPH + H^+) + 3\,ATP$$

Das exakte Verhältnis zwischen der Menge an gebildetem ATP und $NADPH + H^+$ ist noch nicht endgültig geklärt.

Bei einer genügend hohen Konzentration von $NADPH + H^+$ in der pflanzlichen Zelle werden keine Elektronen mehr vom Wasser zum $NADP^+$ transportiert. Es kann dann jedoch noch durch den **zyklischen Elektronentransport** weiter ATP gebildet werden. An diesem Vorgang ist nur das Fotosystem I beteiligt. Die vom P_{700} auf das **Ferredoxin** übergegangenen Elektronen gelangen über eine Elektronentransportkette zum Cytochrom-b/f-Komplex und fließen über das Plastocyanin zum P_{700} zurück. Auch bei diesem Elektronentransport werden am Cytochrom-b/f- Komplex Protonen von außen in den Thylakoidinnenraum gepumpt, sodass ATP gebildet werden kann. Diese Form der ATP-Synthese, bei der Elektronen in einem Kreislauf vom P_{700} über Redoxsysteme zu P_{700} zurückgeführt werden, nennt man **zyklische Fotophosphorylierung.**

1 Beschreiben Sie anhand der Abbildung 70.2 die lichtabhängigen Reaktionen der Fotosynthese.

2 Berechnen Sie mihilfe der Formeln in Abbildung 67.2, wie viel Energie ein Photon mit einer Wellenlänge von 500 Nanometer besitzt.

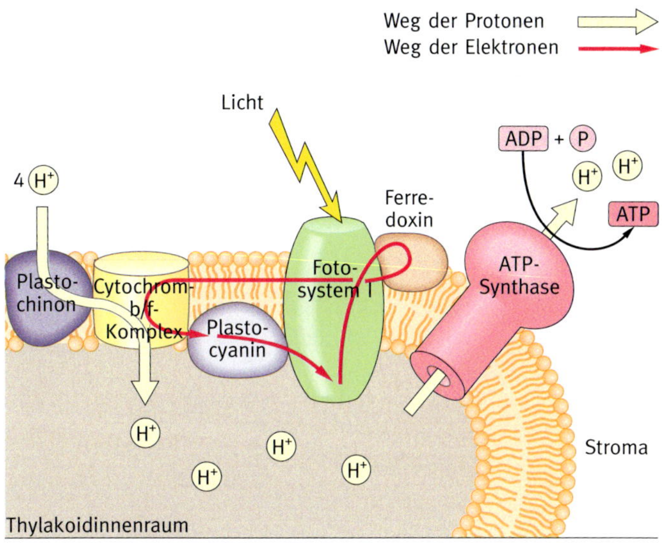

71.1 Zyklische Fotophosphorylierung

3.2 Lichtunabhängige Reaktionen der Fotosynthese: CALVIN-Zyklus

Das in den lichtabhängigen Reaktionen der Fotosynthese gebildete ATP und NADPH + H^+ wird in den lichtunabhängigen Reaktionen benötigt, um im **CALVIN-Zyklus** aus dem aufgenommenen Kohlenstoffdioxid Glucose aufzubauen. Der komplexe chemische Ablauf des CALVIN-Zyklus kann in drei Phasen gegliedert werden: die Fixierung von Kohlenstoffdioxid, die Reduktion der Kohlenstoffe und die Regeneration des Akzeptor-Moleküls.

72.1 CALVIN-Zyklus.
A Übersicht;
B im Detail

A

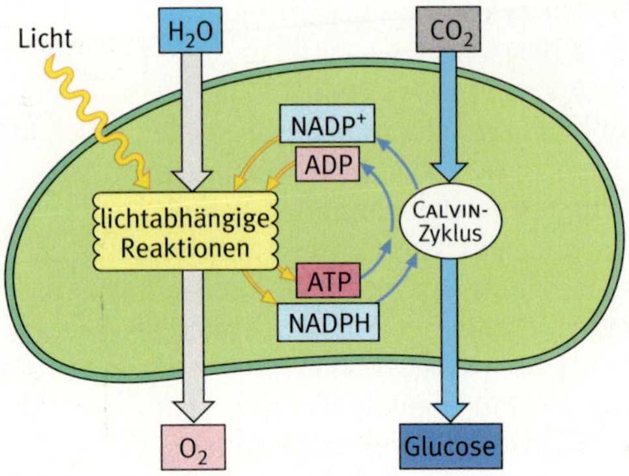

B

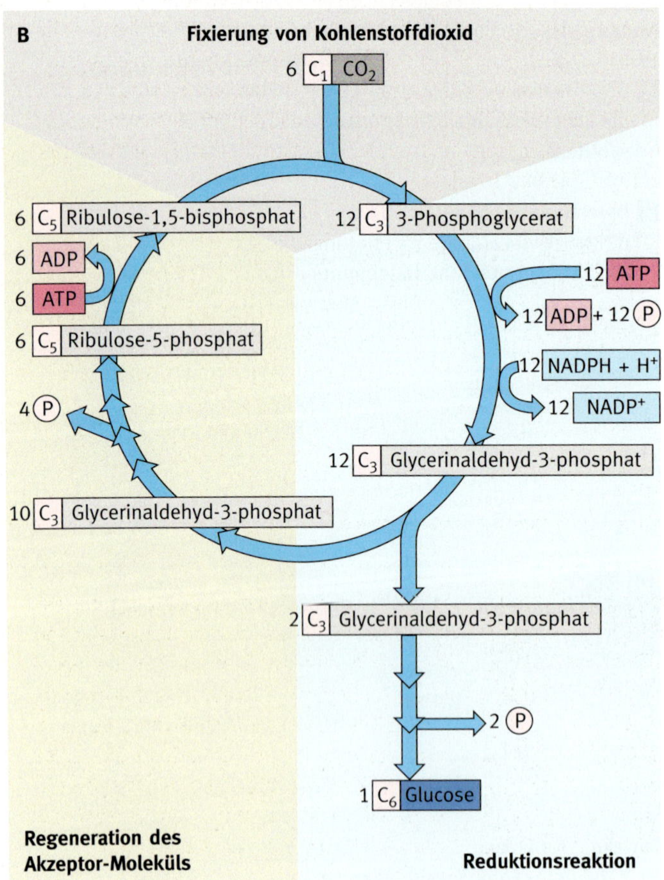

Bei der **Fixierung von Kohlenstoffdioxid** wird das durch die Spaltöffnungen aus der Luft aufgenommene Kohlenstoffdioxid im Stroma der Chloroplasten zuerst an Ribulose-1,5-bisphosphat, einem Zucker-Molekül mit fünf Kohlenstoff-Atomen, gebunden. Als Produkt entsteht ein instabiles Molekül, das sofort in zwei Moleküle 3-Phosphoglycerat zerfällt. Diese Reaktionsschritte werden von dem Enzym Ribulose-1,5-bisphosphat-Carboxylase katalysiert, das in hohen Konzentrationen im Stroma der Chloroplasten vorliegt.

In der zweiten Phase des CALVIN-Zyklus wird 3-Phosphoglycerat zu Glycerinaldehyd-3-phosphat reduziert. Für diese **Reduktion** werden die Produkte der lichtabhängigen Reaktionen benötigt: NADPH + H^+ liefert die dazu notwendigen energiereichen Elektronen und ATP zusätzlich Energie. Glycerinaldehyd-3-phosphat, ein Zucker-Molekül mit drei Kohlenstoff-Atomen, eine so genannte Triose, ist das erste stabile Zwischenprodukt der Fotosynthese. Aus zwei Molekülen Glycerinaldehyd-3-phosphat wird Glucose, ein Zucker mit sechs Kohlenstoff-Atomen, aufgebaut. Aus Glucose kann wiederum die nicht wasserlösliche Stärke als Reservekohlenhydrat hergestellt werden. Für den Transport in der Pflanze wird oft auch Saccharose gebildet.

Neben dem Aufbau von Glucose dienen Glycerinaldehyd-3-phosphat-Moleküle auch zur **Regeneration des Akzeptor-Moleküls** des CALVIN-Zyklus. Um einen kontinuierlichen Ablauf des CALVIN-Zyklus zu gewährleisten, ist es nötig, dass stets genügend Ribulose-1,5-bisphosphat zur Fixierung von Kohlenstoffdioxid zur Verfügung steht. Für die Regeneration von sechs Akzeptor-Molekülen Ribulose-1,5-bisphosphat sind zehn Moleküle Glycerinaldehyd-3-phosphat notwendig. Durch mehrere Reaktionsschritte wird Ribulose-1,5-bisphosphat wieder aufgebaut. Auch bei diesen Reaktionen wird ATP verbraucht.

1 Beschreiben Sie die einzelnen Phasen des CALVIN-Zyklus. Geben Sie dabei die Anzahl der Kohlenstoff-Atome pro gebildetem Molekül an.

2 Entwickeln Sie Hypothesen, was passiert, wenn dem CALVIN-Zyklus kein $NADPH^+ + H^+$ oder kein ATP zur Verfügung steht.

TECHNOLOGIE

Algen als Quelle für Autokraftstoff?

Insbesondere Autohersteller versprechen sich viel vom Wasserstoff als alternativem Energieträger der Zukunft. Sie investieren hohe Summen in die Entwicklung von Brennstoffzellen, die aus flüssigem Wasserstoff umweltfreundlich Strom produzieren. Aus dem Auspuff käme bei der Verbrennung von Wasserstoff in den Brennstoffzellen nur reines Wasser:

$H_2(g) + {}^1/_2 O_2(g) \rightarrow H_2O(l); \Delta G \approx -237$ kJ/mol.

Als schwierig erweist sich zurzeit noch die preiswerte Herstellung von großen Mengen Wasserstoff.

In den Dreißigerjahren entdeckte der deutsche Biochemiker und Pflanzenphysiologe GAFFRON, dass Grünalgen in der Lage sind, durch eine besondere Art der Fotosynthese Wasserstoff zu bilden. Unter normalen Bedingungen betreiben die Algen Fotosynthese und produzieren dabei Sauerstoff und Glucose. Steht den Algen jedoch nur Schwachlicht zur Verfügung, lassen bestimmte Enzyme, die Hydrogenasen, die bei der lichtinduzierten Wasserspaltung frei werdenden Protonen zu Wasserstoff reagieren. Diese Enzyme sind allerdings extrem sauerstoffempfindlich und daher nur bei Schwachlicht, wenn wenig Sauerstoff gebildet wird, aktiv. Der Aufbau von Glucose ist in diesem Fall gestört.
Die Ergebnisse von GAFFRON werden heute verwendet, um experimentell Wasserstoff zu erzeugen. Dazu stellen Wissenschaftler sauerstofffreie Bedingungen in einem Bioreaktor mit Grünalgen her. In diesem System können die Algen bis zu zwei Wochen lang Wasserstoff produzieren, ohne dass die Algen geschädigt werden. Der Wasserstoff wird in eine Brennstoffzelle geleitet und dort mit Sauerstoff zu Wasser oxidiert. Die dabei frei werdende Energie kann einen Elektromotor antreiben. Es besteht begründete Hoffnung, dass in Zukunft mithilfe von Algen und Sonnenlicht großtechnisch Wasserstoff produziert werden kann.

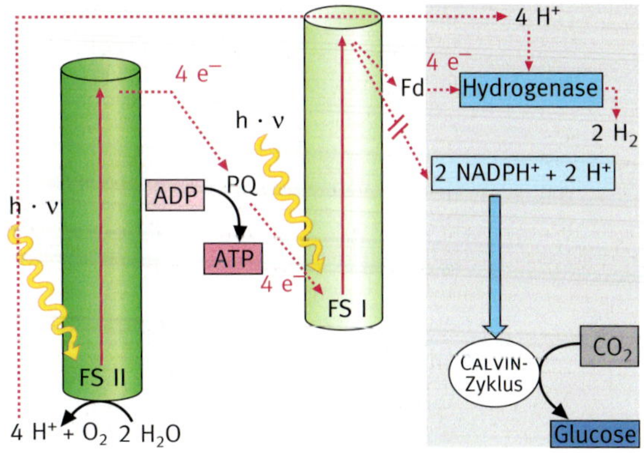

Grünalgen produzieren in einem 200-Liter-Reaktor unter Atmosphärendruck pro Tag circa 50 Liter Wasserstoff. Damit kann ein Wasserstoffauto circa 450 Meter weit fahren. Durch Selektion und genetische Manipulation hat man bereits Grünalgen gewonnen, die fünfmal mehr Wasserstoff produzieren. Inzwischen ist es Wissenschaftlern auch gelungen, Hydrogenasen aus Algen zu gewinnen. Pro Tag werden aber nur wenige Mikrogramm Hydrogenase gewonnen. Aber bereits 40 Gramm des Enzyms können innerhalb von zwei Stunden genug Wasserstoff für die Versorgung einer ganzen Kleinstadt produzieren. Bis zur großtechnischen Anwendung muss allerdings noch viel Forschungs- und Entwicklungsarbeit geleistet werden.

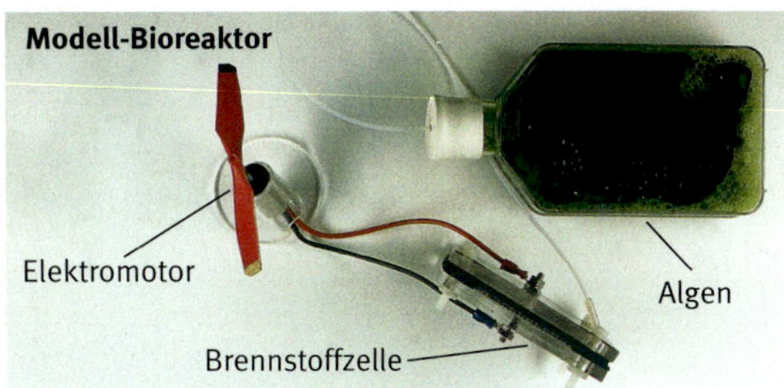

PORTRÄT

Melvin **CALVIN** wurde 1911 im Bundesstaat Minnesota als Sohn russischer Einwanderer geboren. Er studierte Chemie in Michigan und erhielt 1935 den Doktortitel von der Universität Minnesota im Fach Chemie. Anschließend arbeitete er in England und Kalifornien. Mit dem erst 1940 entdeckten radioaktiven Kohlenstoffisotop ^{14}C markierte er Kohlenstoffdioxid, das die

Pflanzen bei der Fotosynthese aufnehmen. Auf diese Weise konnte er den gesamten Weg des Kohlenstoffs während der Fotosynthese, beginnend mit der Aufnahme als Kohlenstoffdioxid bis zum Aufbau der Glucose, verfolgen. 1961 erhielt er für diese herausragende Leistung den Nobelpreis in Chemie. Ihm zu Ehren wurden diese Reaktionen als CALVIN-Zyklus benannt.

3.3 Abhängigkeit der Fotosynthese von äußeren Faktoren

Die Fotosynthese der Pflanzen wird von verschiedenen biotischen und abiotischen Faktoren beeinflusst. Zu den **biotischen Faktoren** gehören zum Beispiel die Konkurrenz mit anderen Pflanzen, Parasiten, Symbionten und Pflanzenfressern. Zu den **abiotischen Faktoren** gehören unter anderem die Versorgung mit Wasser, Mineralsalzen und Kohlenstoffdioxid sowie die Einwirkung von Licht und Temperatur. Sämtliche Faktoren wirken zusammen, wobei der am weitesten vom Optimum entfernte Faktor die Fotosyntheserate am meisten begrenzt. So kann trotz optimaler Licht-, Wasser- und Temperaturverhältnisse die Fotosyntheserate einer Pflanze gering sein, wenn zu wenig Kohlenstoffdioxid zur Verfügung steht.

Ein Maß für die **Fotosyntheserate** ist die produzierte Sauerstoffmenge oder die verbrauchte Kohlenstoffdioxidmenge. Dabei ist zu berücksichtigen, dass die Pflanzen einen Teil des durch Fotosynthese produzierten Sauerstoffs wieder für die eigene Zellatmung verbrauchen und ebenso, dass sie das bei der Zellatmung frei werdende Kohlenstoffdioxid abgeben. Der Gaswechsel der Zellatmung verläuft also umgekehrt wie der Gaswechsel der Fotosynthese. Bei einer sehr niedrigen Fotosyntheserate ist die Kohlenstoffdioxid-Aufnahme für die Fotosynthese kleiner als die Kohlenstoffdioxid-Abgabe durch die Zellatmung. Es findet somit zwar Fotosynthese, aber noch keine Nettokohlenstoffdioxid-Aufnahme der Pflanze statt. Wird die Fotosyntheserate gesteigert, erreicht man schließlich einen Punkt, an dem genauso viel Kohlenstoffdioxid über die Atmung abgegeben wie bei der Fotosynthese aufgenommen und fixiert wird. Diesen Punkt bezeichnet man als **Kompensationspunkt.** An diesem Punkt wird immer noch keine Nettokohlenstoffdioxid-Aufnahme der Pflanze erzielt. Die Nettofotosyntheserate ist am Kompensationspunkt gleich null. Erst bei einer Fotosyntheserate, die über dem Kompensationspunkt liegt, erzielt die Pflanze eine Nettofotosynthese und kann damit auf Dauer überleben.

Die Fotosynthese ist primär von der **Lichtenergie** abhängig. Die Fotosyntheserate steigt bei sehr geringen Lichtintensitäten proportional zur Lichtintensität an. Die Lichtintensität hängt von der Anzahl der Lichtquanten ab, die pro Zeiteinheit auf eine bestimmte Fläche treffen.

Bei den Pflanzen lässt sich die Fotosyntheserate durch eine Erhöhung der Lichtintensität nicht unbegrenzt steigern. Ab einer bestimmten Lichtintensität wird ein Maximum der Fotosyntheserate erreicht, die so genannte **Lichtsättigung.** Bei Steigerungen der Lichtintensität über die Lichtsättigung hinaus kann die Fotosyntheserate durch strahlungsbedingte Schädigung des Pflanzengewebes sogar wieder sinken. Blätter einer Pflanze sind an die jeweiligen Lichtverhältnisse angepasst. So besitzen Schattenblätter eine große Blattspreite, sodass viel Licht auftreffen kann. Da tiefere Zellschichten von der schwachen Beleuchtung nicht mehr erreicht werden und keine positive Stoffbilanz erzielen könnten, besitzen Schattenblätter nur ein einzellschichtiges Palisadenparenchym. Hingegen weisen Sonnenblätter ein mehrzelliges Palisadenparenchym

74.1 **Land-Reitgras unter unterschiedlichen Wachstumsbedingungen**

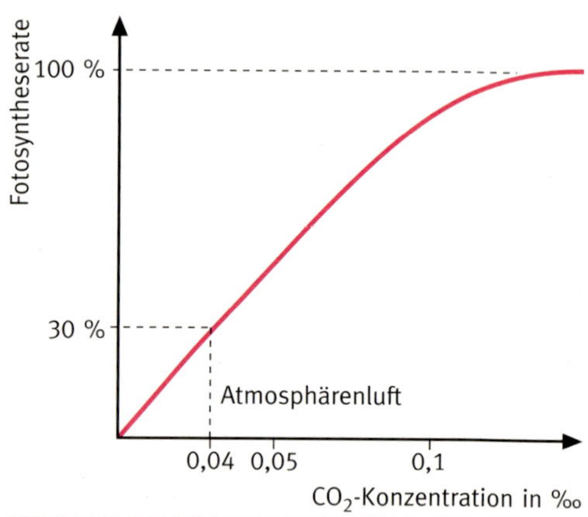

74.2 **Abhängigkeit der Fotosyntheserate vom Kohlenstoffdioxid-Anteil am Gesamtvolumen der Luft**

und eine kleine Blattspreite auf. Das Licht kann tiefer dringen, sodass auch in tieferen Schichten noch eine positive Stoffbilanz erfolgt.
Ebenso sind Lichtpflanzen an Standorte mit einer hohen Lichtintensität angepasst, Schattenpflanzen dagegen an Standorte mit geringer Lichtintensität. Sonnenpflanzen besitzen Schutzeinrichtungen wie Haare und Wachsüberzüge. In den Chloroplasten fangen Carotinoide zu starkes Licht ab und wandeln es in Wärme um. Schattenpflanzen besitzen hingegen eine vergleichsweise hohe Zahl an Spaltöffnungen. Der Kompensationspunkt der Schattenpflanzen liegt niedriger als der von Sonnenpflanzen. Schattenpflanzen sind bei Schwachlicht den Sonnenpflanzen überlegen, da sie bereits bei geringer Lichtintensität einen Nettogewinn an Kohlenstoff durch Fotosynthese erreichen. Ihre maximale Fotosyntheserate bleibt aber im Vergleich zu den Sonnenpflanzen gering. Werden Schattenpflanzen einer zu hohen Lichtintensität ausgesetzt, ist ihr Fotosyntheseapparat sozusagen ausgelastet und kann keine weiteren Lichtquanten mehr absorbieren.

Der **Kohlenstoffdioxid-Anteil** am Gesamtvolumen der Luft liegt mit 0,04 Prozent für die Pflanzen meist deutlich unter ihrem Optimum. Im Freiland ist dicht über dem Boden der Kohlenstoffdioxid-Gehalt infolge der Atmung der Bodenorganismen wesentlich erhöht. Deshalb haben niederwüchsige Pflanzen, wie in der Krautschicht eines Laubwaldes, eine relativ hohe Fotosyntheserate. Erhöht man im Gewächshaus durch Begasung den Kohlenstoffdioxid-Gehalt auf 0,1 Prozent, so lässt sich zum Beispiel bei Gurken die Fotosyntheserate nahezu verdreifachen.
Mit steigender **Temperatur** nimmt die Fotosyntheserate einer Pflanze in der Regel zu, bis bei einer bestimmten Temperatur, dem Temperaturoptimum, ein Maximum der Fotosyntheserate erreicht wird. Steigt die Temperatur weiter an, so nimmt die Fotosyntheserate wieder ab und erreicht schließlich den Nullwert. Das Temperaturoptimum liegt für die meisten einheimischen, sommergrünen Pflanzen zwischen 20 Grad Celsius und 30 Grad Celsius, das Temperaturminimum um 0 Grad Celsius. Lediglich wintergrüne Pflanzen wie Nadelhölzer, Wintergetreide oder Feldsalat sind auch noch unterhalb des Gefrierpunkts fotosynthetisch aktiv. Bei tropischen Pflanzen liegt das Temperaturoptimum bei 30 Grad Celsius bis 40 Grad Celsius. Daraus wird deutlich, dass die Pflanzen der verschiedenen Klimazonen durch die Lage ihrer Temperaturoptima an die herrschenden Temperaturverhältnisse angepasst sind. Die Temperaturabhängigkeit der Fotosynthese wird bei den meisten Pflanzen bei hoher Lichtintensität besonders deutlich. Bei hoher Lichtintensität steigt die Fotosyntheserate mit zunehmender Temperatur stark an; sie erreicht ein Maximum und fällt dann wieder ab. Bei geringer Lichtintensität hat eine Erhöhung der Temperatur praktisch keinen Einfluss auf die Fotosynthese. Die Fotosynthese ist dann abhängig von der Lichtreaktion, die temperaturunabhängig ist.
Bei Lichtsättigung zeigt sich eine Temperaturabhängigkeit, die für enzymatische Reaktionen typisch ist. Die Geschwindigkeit des CALVIN-Zyklus bestimmt dann die Geschwindigkeit der gesamten Fotosynthese.

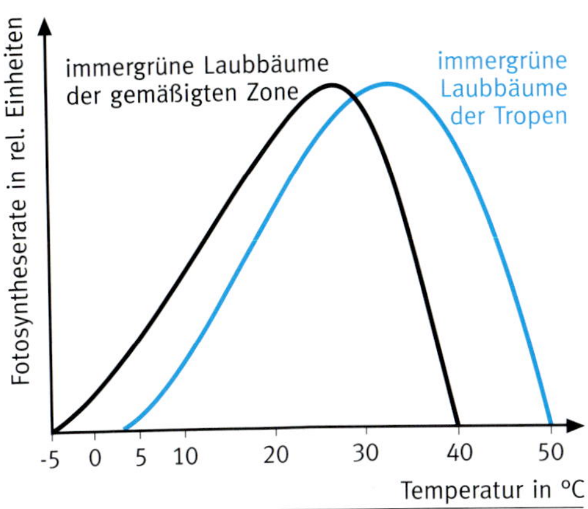

75.1 Abhängigkeit der Fotosyntheserate von der Temperatur

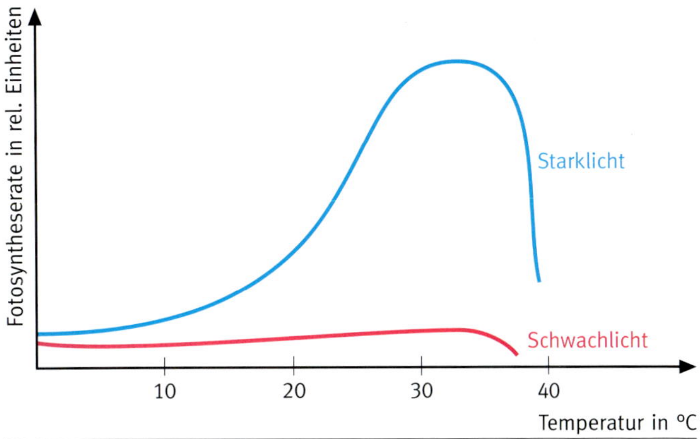

75.2 Abhängigkeit der Fotosyntheserate von der Temperatur bei verschiedenen Lichtintensitäten

4 Spezialisten der Fotosynthese: C_4- und CAM-Pflanzen

76.1
C_4-Pflanzen
(Mais, Zuckerrohr, Fuchsschwanz)

In den meisten Pflanzen verläuft die Kohlenstoffdioxid-Fixierung über Ribulose-1,5-bisphosphat als dem primären Kohlenstoffdioxid-Akzeptor und mithilfe des Enzymkomplexes Rubisco, der **Ribulose-bisphosphat-carboxylase-Oxygenase.** Das erste stabile Produkt der Kohlenstoffdioxid-Fixierung ist 3-Phosphoglycerat. Da es drei Kohlenstoffatome enthält, werden Pflanzen, die diesen Weg der Kohlenstoffdioxid-Fixierung betreiben, auch **C_3-Pflanzen** genannt. Wenn bei hohen Lufttemperaturen die Stomata geschlossen werden, um den Wasserverlust durch Transpiration zu minimieren, kann die Pflanze kein Kohlenstoffdioxid mehr aufnehmen, sodass trotz oft optimaler Lichtverhältnisse keine Nettofotosynthese mehr stattfinden kann.

Die so genannten **C_4-Pflanzen,** wie zum Beispiel Mais, besitzen die Fähigkeit, Kohlenstoffdioxid der Atmosphäre effektiver zu binden als die C_3-Pflanzen. Bei ihnen dient **Phosphoenolpyruvat,** kurz PEP genannt, als Kohlenstoffdioxid-Akzeptor. Die Bindung des Kohlenstoffdioxids an diesen Akzeptor wird durch PEP-Carboxylase katalysiert. Dieses Enzym ist aufgrund seiner großen Affinität zu Kohlenstoffdioxid auch bei niedrigen Kohlenstoffdioxid-Konzentrationen hochaktiv. Die Carboxylierung von PEP führt zur Bildung von Oxalacetat, dem Anion der Oxalessigsäure, das dann zu Malat, dem Anion der Äpfelsäure, reduziert wird. Da diese beiden Verbindungen Dicarbonsäuren mit vier Kohlenstoff-Atomen sind, nennt man die zu dieser Leistung fähigen Pflanzen C_4-Pflanzen. Die Blätter der C_4-Pflanzen enthalten zwei Arten fotosynthetisch aktiver Zellen: die **Bündelscheidenzellen,** die die Leitbündel umgeben, und die sich nach außen anschließenden **Mesophyllzellen.** In den Mesophyllzellen wird Kohlenstoffdioxid durch PEP fixiert. Das dabei gebildete Malat wird dann in die Bündelscheidenzellen transportiert, in deren Chloroplasten sich die Enzyme des CALVIN-Zyklus befinden. Dort wird Kohlenstoffdioxid wieder aus Malat freigesetzt und durch den Enzymkomplex Rubisco an Ribulose-1,5-bisphosphat angelagert. Das PEP muss pro fixiertem Kohlenstoffdioxid-Molekül unter Aufwand von zwei ATP-Molekülen regeneriert werden. Dieser höhere ATP-Bedarf ist jedoch durch die hohe Lichtintensität am Standort für C_4-Pflanzen kein Problem.
Zu den C_4-Pflanzen gehören Kulturpflanzen tropischer Herkunft wie Mais, Zuckerrohr und Hirse, aber auch einheimische Fuchsschwanzarten und Gänsefußgewächse. Sie können noch bei einem Kohlenstoffdioxid-Gehalt der Luft von 0,0001 Prozent gedeihen, während das Minimum für C_3-Pflanzen im Mittel bei

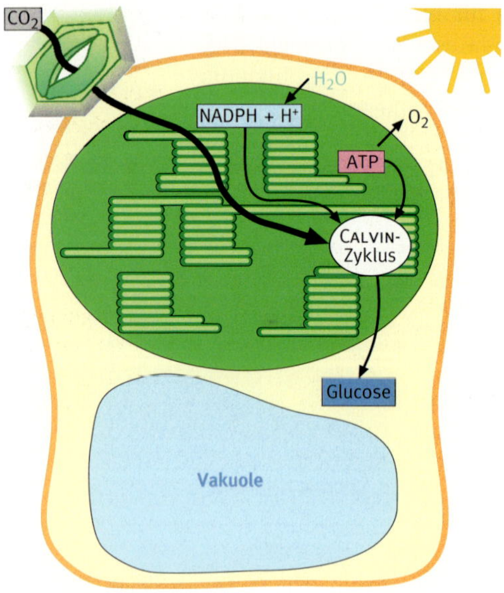

76.2 Schema der Fotosynthese bei C_3-Pflanzen

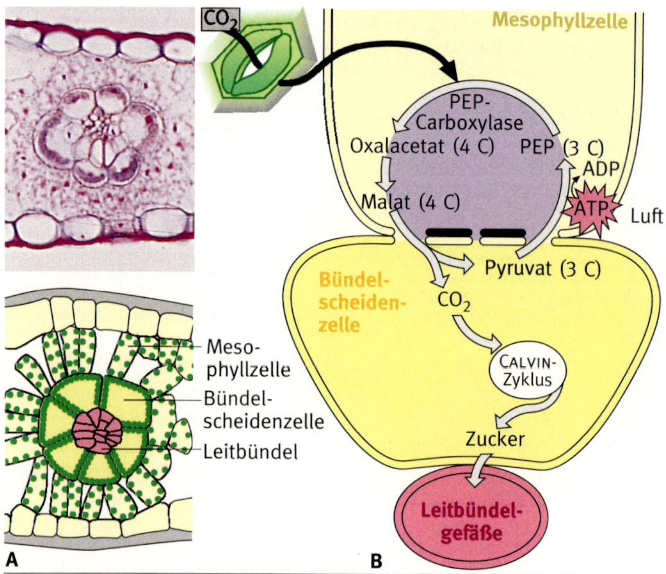

76.3 C_4-Pflanzen. A Blattquerschnitt (UV-Bild und Schema)
B Schema der Fotosynthese bei C_4-Pflanzen

0,005 Prozent liegt. Der C_4-Stoffwechselweg ist insbesondere in heißen Gebieten mit starker Sonneneinstrahlung vorteilhaft. Unter solchen Bedingungen kann die Biomasseproduktion der C_4-Pflanzen bis zu zehnfach höher liegen als bei C_3-Pflanzen.

Eine weitere Möglichkeit der Kohlenstoffdioxid-Fixierung nutzen die so genannten **CAM-Pflanzen,** zu denen zum Beispiel Kakteen und Dickblattgewächse gehören.
Wegen der Gefahr des Wasserverlustes durch Transpiration halten diese Pflanzen ihre Spaltöffnungen tagsüber geschlossen. In der Nacht dagegen sind die Spaltöffnungen offen, sodass dann Kohlenstoffdioxid aufgenommen werden kann. CAM-Pflanzen binden wie C_4-Pflanzen Kohlenstoffdioxid mittels PEP-Carboxylase an Phosphoenolpyruvat. Dabei entsteht Malat, das in der Vakuolenflüssigkeit der auffallend großen Vakuole der chloroplastenhaltigen Zellen gespeichert wird. Dadurch steigt der Säuregehalt der Vakuolenflüssigkeit im Laufe der Nacht, sodass der pH-Wert frühmorgens am niedrigsten ist. Am Tage wird das Malat in den Chloroplasten derselben Zellen decarboxyliert und das frei werdende Kohlenstoffdioxid an Ribulose-1,5-bisphosphat gebunden. Der Säuregehalt des Zellsaftes nimmt tagsüber daher wieder ab, sodass der pH-Wert abends am höchsten ist. Diese im Tag-Nacht-Wechsel erfolgende An- und Absäuerung des Vakuoleninhaltes heißt **diurnaler Säurerhythmus** (lat. *diurnus,* täglich). Daher stammt auch der Name CAM-Pflanze, abgeleitet von Crassulacean Acid Metabolism (Crassulaceen-Säurestoffwechsel). CAM-Pflanzen können aufgrund ihres Stoffwechselweges Lebensräume besiedeln, für die Wassermangel, starke Sonneneinstrahlung und hohe Tagestemperaturen charakteristisch sind.

Im Laufe der Evolution haben sich in Anpassung an extrem trockene Standorte diese beiden biochemischen Wege der fotosynthetischen Kohlenstoffdioxid-Fixierung entwickelt. Die Fotosynthese der C_4-Pflanzen und der CAM-Pflanzen haben gemeinsam, dass dem CALVIN-Zyklus eine spezielle Form der Kohlenstoffdioxid-Fixierung vorgeschaltet ist: mittels der PEP-Carboxylase wird Kohlenstoffdioxid an PEP gebunden. Das Produkt dieser Reaktion ist Malat. Dieses wird nachfolgend wieder decarboxyliert. Das dadurch freigesetzte Kohlenstoffdioxid wird mittels der Rubisco des CALVIN-Zyklus endgültig fixiert. Der entscheidende Unterschied zwischen diesen beiden Stoffwechselwegen ist, dass bei C_4-Pflanzen die Kohlenstoffdioxid-Fixierung durch die PEP-Carboxylase und die sich anschließende Kohlenstoffdioxid-Fixierung im CALVIN-Zyklus gleichzeitig im Licht, aber räumlich voneinander getrennt ablaufen. Bei der Fotosynthese der CAM-Pflanzen laufen beide Prozesse zwar in den gleichen Zellen ab, jedoch zeitlich getrennt, auf Tag und Nacht verteilt.

77.1 CAM-Pflanzen (Ananas, Kaktus, Dickblattgewächs)

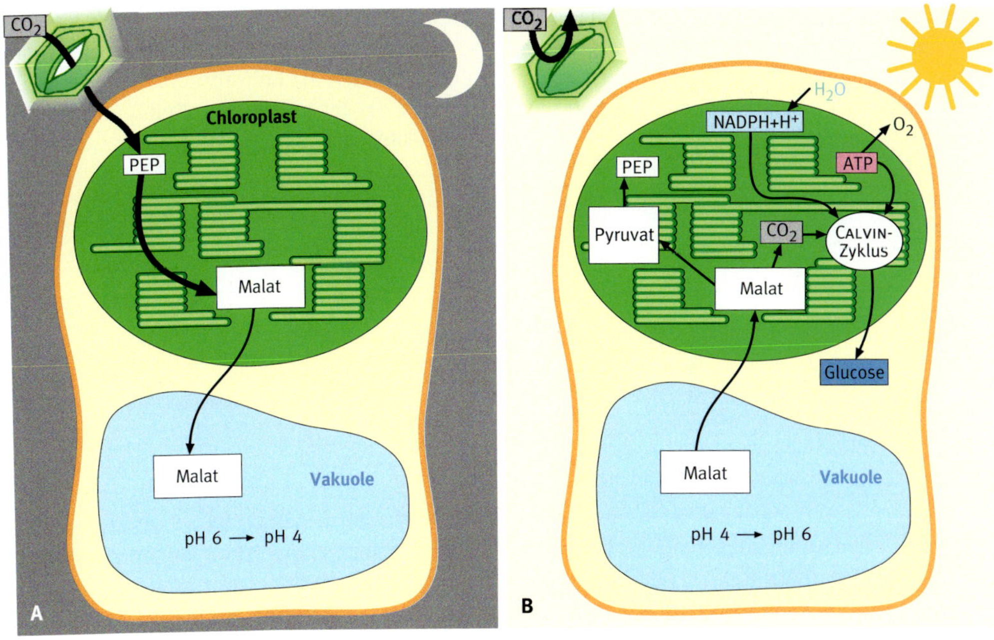

77.2 Schema der Fotosynthese bei CAM-Pflanzen. **A** Aufnahme von Kohlenstoffdioxid und Ansäuerung bei Nacht; **B** Verarbeitung des Kohlenstoffdioxids und Absäuerung am Tag

5 Chemosynthese

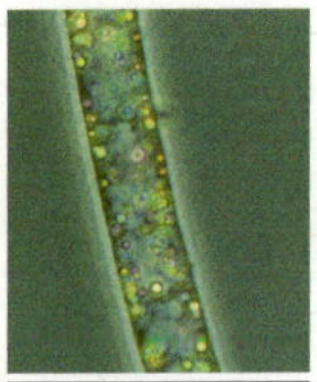

78.1 Riesenbakterium *Thioplaca*

Verschiedene Bakterien leben auch im Dunkeln völlig autotroph, das heißt, sie benötigen weder organische Verbindungen als Nahrung noch Lichtenergie für die Fotosynthese. Die zum Aufbau organischer Substanzen benötigte Energie erhalten diese Bakterien statt aus dem Licht aus energiereichen anorganischen Substanzen; man bezeichnet sie daher als chemoautotroph. Bei der so genannten **Chemosynthese** wird die bei der Oxidation anorganischer Verbindungen frei werdende Energie genutzt, um ATP oder $NADPH + H^+$ aufzubauen. ATP und $NADPH + H^+$ dienen dann der Fixierung von Kohlenstoffdioxid. Unter den chemoautotrophen Bakterien gibt es sowohl anaerob als auch aerob lebende Arten.

Bei den **Schwefelbakterien** decken insbesondere zwei Gruppen ihren Energiebedarf aus anorganischen Schwefelverbindungen: die farblosen fädigen Schwefelbakterien, die mehrzellig sind, und die farblosen einzelligen Schwefelbakterien. Beide Gruppen leben an schwefelwasserstoffreichen Orten, beispielsweise im Wasser und Schlamm nährstoffreicher Teiche, in Schwefelquellen und in kommunalen Abwässern. Sie leben vorwiegend dort, wo durch Fäulnis von Proteinen reichlich Schwefelwasserstoff oder Sulfide gebildet werden. An vielen Feuerlöschteichen ist der charakteristische Geruch des Schwefelwasserstoffs nach faulen Eiern ein sicheres Zeichen für das Vorhandensein von Schwefelbakterien. Die Gruppe der farblosen fädigen Schwefelbakterien ist aerob und oxidiert Schwefelwasserstoff (H_2S) zur Energiegewinnung:

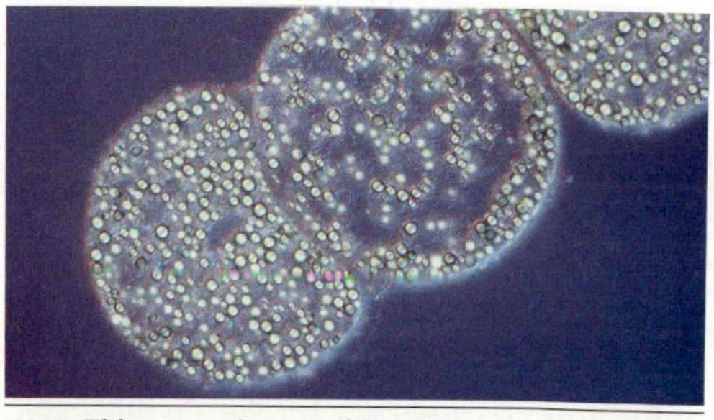

78.2 *Thiomargarita namibiensis*

$$2\,H_2S + O_2 \rightarrow 2\,H_2O + 2\,S;\ \Delta G = -407\ kJ/mol.$$

Der elementare Schwefel (S) wird dann in den Zellen der Zellfäden als Schwefelkügelchen gespeichert. Tritt ein Mangel an Schwefelwasserstoff ein, wird der intrazellulär gespeicherte Schwefel weiter zu Sulfat (SO_4^{2-}) oxidiert:

$$2\,S + 2\,H_2O + 3\,O_2 \rightarrow 2\,SO_4^{2-} + 4\,H^+;\quad \Delta G = -1015\ kJ/mol.$$

Die bekanntesten Vertreter der farblosen fädigen Schwefelbakterien sind die Gattungen *Beggiatoa* und *Thiothrix*. Zu ihnen gehört auch das erst 1999 entdeckte Riesenbakterium *Thiomargarita*. Mit einem Durchmesser von bis zu 0,75 Millimeter ist es mit bloßem Auge erkennbar und der bisher größte bekannte Prokaryot.

Die für den Menschen wichtigste Gattung der farblosen, einzelligen Schwefelbakterien ist *Thiobacillus*. Die meisten Thiobacilli können verschiedene Schwefelverbindungen oxidieren und bilden als Endprodukt Sulfat. Thiobacillus ist an der natürlichen Reinigung von Industrieabwässern beteiligt.

Bakterium	**Lebensraum**	**Chemosynthese**	**aerob/anaerob**
Schwefelbakterien (*Beggiatoa*)	Oberfläche sulfidreicher Sedimente	$2\,H_2S + O_2 \rightarrow 2\,H_2O + 2\,S;\ \Delta G = -407\ kJ/mol$	aerob
Eisenbakterium (*Thiobacillus thiooxidans*)	saure Gewässer von Erzbergwerken, die Eisenpyrit (FeS_2) enthalten	$4\,Fe^{2+} + 4\,H^+ + O_2 \rightarrow 4\,Fe^{3+} + 2\,H_2O;\ \Delta G = -178\ kJ/mol$	aerob
Knallgasbakterien (*Alcaligenes eutrophus*)	Boden	$2\,H_2 + O_2 \rightarrow 2\,H_2O;\ \Delta G = -472\ kJ/mol$	aerob
Methanbildner (*Archaea*)	Süßwasser-Sedimente, Verdauungstrakt von Wiederkäuern	$CO_2 + 4\,H_2 \rightarrow CH_4 + 2\,H_2O;\ \Delta G = -138\ kJ/mol$	anaerob

78.3 Chemosynthese betreibende Bakterien und Archaeen

Schwarze Raucher

Leben an Schwarzen Rauchern in der Tiefsee

Einen bis 1979 unbekannten und einzigartigen Lebensraum mit extremen Lebensbedingungen stellen die so genannten „Schwarzen Raucher“, auch „Black Smoker“ genannt, dar. Schwarze Raucher sind hydrothermale Quellen in der Tiefsee. An den Schwarzen Rauchern herrschen absolute Dunkelheit, sehr hohe Temperaturen und gewaltige Drücke, die bei einer Wassertiefe von 800 Metern circa 80 bar betragen. Auch die Konzentration an bestimmten chemischen Verbindungen kann extrem hoch sein. Schwarze Raucher bilden sich an Stellen des mittelozeanischen Rückens, wo sich die Platten der Erdkruste auseinanderbewegen. An diesen Zonen tritt zum einen heißes Material aus dem Erdinnern an die Oberfläche, zum anderen dringt kaltes Wasser mehrere Kilometer tief ins Erdinnere. Dabei erwärmt es sich stark und reagiert mit dem umliegenden Gestein, wobei sich Mineralien und Wasserstoff im Wasser lösen. Unter gewaltigem Druck tritt es durch Röhren im Gestein wieder an die Oberfläche. Die hydrothermalen Quellen sind säulenförmige Kamine, die bis zu 20 Meter hoch werden können. Die austretenden, mit Mineralien und Gasen gesättigten Lösungen vermischen sich mit dem kalten Meerwasser. Dabei fallen die gelösten Mineralien meist als Metallsulfide aus. An den Schwarzen Rauchern werden überwiegend eisenhaltige Mineralien ausgefällt, wodurch bis zu 100 Meter hohe schwarze Wolken entstehen. Die austretenden Lösungen haben Temperaturen um 350 Grad Celsius und einen pH-Wert von 4,3 bis 8,5. Trotz dieser extremen Bedingungen wurden bis jetzt etwa 350 Arten von Lebewesen entdeckt, die an den Schwarzen Rauchern leben. Chemosynthese betreibende Bakterien oxidieren die Metallsulfide und nutzen die dabei frei werdende Energie, um mit Kohlenstoffdioxid Biomasse aufzubauen. Sie stellen die Primärproduzenten dieses Ökosystems dar. Von diesen Bakterien ernähren sich zum Beispiel blinde Schlotgarnelen. Andere wirbellose Tiere wie die großen Venusmuscheln, die weißen Röhrenwürmer, blinde Krabben und Seesterne können mit den Bakterien in einer Symbiose leben. So befinden sich chemosynthetisch aktive Bakterien in den Kiemen der Venusmuschel, wo sie mit sulfidhaltigem Wasser versorgt werden und Nährstoffe an die Muschel abgeben. Die bis zu zwei Meter lang werdenden Röhrenwürmer besitzen weder Mund noch Darm, aber ein außergewöhnliches Organ am Kopf, das Trophosom, in dem chemosynthetisch aktive Bakterien leben und Nährstoffe an den Wurm abgeben. Die Entdeckung der Ökosysteme an Schwarzen Rauchern war eine Sensation. Sind sie doch die bisher einzig bekannten produktiven Ökosysteme, die ohne Sonnenlicht existieren.

Fotosynthese und Chemosynthese

1 Herstellung eines Rohchlorophyllextrakts

Material: grüne Blätter (z. B. Spinat, Salat) und rote Blätter (z. B. Blutbuche, Bluthasel), Brennspiritus, Mörser, Pistill, Becherglas (100 ml), Spatel, Alufolie, Abzug, Waage, Seesand, Calciumcarbonat ($CaCO_3$), Trichter, Filtrierpapier

Durchführung: Stellen Sie je einen Rohchlorophyllextrakt aus grünen und roten Blättern her. Geben Sie dafür etwa 5 g zerkleinertes Blattmaterial mit etwas Seesand und einer Spatelspitze $CaCO_3$ in einen Mörser, versetzen Sie dieses mit einer kleinen Menge Brennspiritus, zerreiben es kräftig und filtrieren den entstandenen Extrakt in ein Becherglas, das mit Alufolie umwickelt ist. Wiederholen Sie diesen Vorgang mehrmals.

2 Dünnschichtchromatografische Trennung von Chloroplastenpigmenten

Sachinformation: Die aus Blättern isolierten Blattfarbstoffe lassen sich mittels Dünnschichtchromatografie (DC) auftrennen. Der Rf-Wert ist eine für jede Verbindung charakteristische Größe. Der Rf-Wert errechnet sich aus der Laufstrecke der jeweiligen Substanz ausgehend vom Start geteilt durch die Laufstrecke des Laufmittels ausgehend vom Start. Da der Rf-Wert stark vom Laufmittel und der Temperatur beeinflusst wird, ist er allerdings schwer reproduzierbar.

Material: Rohchlorophyll-Lösungen aus Versuch 1, 2 DC-Fertigplatten (circa 5 cm x 8 cm), Petroleumbenzin als DC-Laufmittel, 2 Bechergläser (200 ml), 2 Uhrgläser, Glaskapillaren, Pipetten (10 ml)

Durchführung: Tragen Sie in einer Höhe von 1,5 cm über dem DC-Fertigplattenrand und jeweils 1,5 cm vom Seitenrand entfernt mit einer Glaskapillare Tropfen des Rohchlorophyllextraktes der grünen Blätter nebeneinander auf.
Lassen Sie die Tropfen trocknen und wiederholen Sie diesen Vorgang, bis ein kräftiger grüner Strich entstanden ist.
In das Becherglas füllen Sie circa 10 ml Laufmittel ein, sodass das Laufmittel etwa 0,5 cm hoch im Becherglas steht, stellen die DC-Fertigplatte anschließend in das Becherglas und decken es mit dem Uhrglas ab. Lassen Sie das Becherglas nun 30 min ungestört stehen.
Verfahren Sie ebenso mit dem Rohchlorophyllextrakt aus den roten Blättern.

Aufgaben:
- **a)** Beschreiben Sie die Chromatogramme.
- **b)** Ermitteln Sie die Rf-Werte und erläutern Sie Ihre Ergebnisse.

3 Fluoreszenz von Chlorophyll in Lösung („in vitro“)

Material: Rohchlorophyllextrakt aus grünen Blättern, 3 Reagenzgläser, Reagenzglasständer, Tropfpipette, UV-Lampe ($\lambda \approx 350$ nm), Pipetten (10 ml), verdunkelbarer Raum, Brennspiritus, destilliertes Wasser

Durchführung: Die 3 Reagenzgläser werden entsprechend der Tabelle befüllt und behandelt:

Reagenzglas	1 (Kontrolle)	2	3
	10 ml Brennspiritus	10 ml Rohchlorophyllextrakt	3 ml Rohchlorophyllextrakt + 7 ml Brennspiritus

Vergleichen Sie alle drei Ansätze in einem abgedunkelten Raum unter der UV-Lampe. Schauen Sie dabei nicht direkt in das UV-Licht.

Aufgabe:
Beschreiben und erklären Sie Ihre Beobachtungen.

4 Abhängigkeit der Fotosynthese von abiotischen Faktoren

Sachinformation: Die Fotosynthese-Effektivität einer Pflanze hängt unter anderem von der zur Verfügung stehenden Kohlenstoffdioxidmenge und der am Standort herrschenden Lichtintensität ab und kann anhand der produzierten Sauerstoffmenge gemessen werden.

Material: Becherglas (500 ml), Glastrichter, Wasserpest, mehrere Reagenzgläser, wasserfester Stift, Leitungswasser, Strohhalm, Schere, Lampe (mindestens 100 W), Stativ

Aufgaben:
- **a)** Entwickeln Sie mit den zur Verfügung stehenden Materialien eine Versuchsapparatur, mit der Sie die Fotosynthese-Effektivität der Wasserpest bestimmen können.
- **b)** Entwickeln Sie einen Versuch, der die Abhängigkeit der Fotosynthese-Effektivität von der Lichtintensität zeigt.
- **c)** Entwickeln Sie einen Versuch, der die Abhängigkeit der Fotosynthese-Effektivität von der zur Verfügung stehenden Kohlenstoffdioxidmenge demonstriert.

5 Versuch zur Hill-Reaktion mit DCPIP

Einführung: Als HILL-Reaktion bezeichnet man die Sauerstoffentwicklung bei isolierten Chloroplasten in Anwesenheit eines künstlichen Elektronen-Akzeptors (HILL-Reagenz).

Material: frische Blätter der Erbse oder Lupine, Mörser, Pistill, engmaschige Gaze (z. B. Nylon, Kunstseide), Gummi, Messzylinder (100 ml), 2 Bechergläser (100 ml), 2 Bechergläser (50 ml), Messkolben (500 ml), Spatel, Waage, Trichter, Faltenfilter, Kühlschrank, vier Reagenzgläser, Reagenzglasständer, Pipette (10 ml), 3 Pipetten (1 ml), Alufolie, Lichtquelle (z. B. 200 W-Glühbirne), Eisbad, Dinatriumhydrogenphosphat ($Na_2HPO_4 \cdot 2\,H_2O$), Kaliumdihydrogenphosphat (KH_2PO_4), Natriumchlorid (NaCl), Magnesiumchlorid ($MgCl_2 \cdot 6\,H_2O$), Saccharose, 2,6-Dichlorphenolindophenol (DCPIP, Xi), 3-(3,4-Dichlorphenyl)-1,1-Dimethylharnstoff (DCMU, Xn, N), Methanol, destilliertes Wasser

Durchführung: Herstellung des Phosphatpuffers (pH 7): Lösen Sie 3,18 g $Na_2HPO_4 \cdot 2\,H_2O$, 0,56 g KH_2PO_4, 1,46 g NaCl und 0,51 g $MgCl_2$ in 500 ml destilliertem Wasser und geben Sie die Lösung in einen Messkolben. Lösen Sie 25 mg DCPIP in 50 ml destilliertem Wasser und filtrieren Sie anschließend. Lösen Sie 5,8 g DCMU in 25 ml Methanol und verdünnen Sie es dann 1:10 mit destilliertem Wasser.
Stellen Sie den Mörser für etwa 1 Stunde in den Kühlschrank. Lösen Sie 1,2 g Saccharose in 50 ml Pufferlösung und stellen Sie sie in das Eisbad. Schlagen Sie etwa 2 g grob zerkleinerte Blattspreiten in Gaze ein und verschließen Sie sie oben mit einem Gummi. Geben Sie das Säckchen in einen vorgekühlten Mörser und zerreiben es unter Zusatz von 20 ml gekühlter saccharosehaltiger Pufferlösung circa 1 min. Das entstehende grüne Isolat decken Sie mit Alufolie ab und lagern es auf Eis. Vermischen Sie 3 ml des grünen Isolats mit 30 ml saccharosehaltigen Puffers. Die vier Reagenzgläser werden entsprechend der Tabelle befüllt und behandelt:

Reagenzglas	Chloroplasten-Isolat	DCPIP	DCMU	Licht
1	7 ml	0,2 ml	–	abdunkeln mit Alufolie
2	7 ml	0,2 ml	0,2 ml	belichten
3	7 ml	0,2 ml	–	belichten
4	7 ml	–	–	belichten

Durchmischen Sie alle Ansätze gründlich, stellen Sie sie etwa 30 cm vor der Lichtquelle auf und beobachten Sie.

Aufgaben:

a) Beschreiben und erklären Sie Ihre Beobachtungen.

b) Stellen Sie begründete Vermutungen an, was DCPIP und DCMU im Versuch bewirken.

6 Unterschiedliche Fotosynthese-Effektivität von C_3-, C_4- und CAM-Pflanzen

Material: frische Blätter einer C_3-Pflanze und einer C_4-Pflanze, Becherglas (100 ml), 4 Schnappdeckelgläser (10 ml), Messzylinder (50 ml), 3 Weithalserlenmeyerkolben (200 ml) mit passenden Gummistopfen, Pipette (2 ml), Pipette (10 ml), Spatel, Strohhalm, lange Pinzette, Rasierklinge, Lichtquelle (z. B. 200-W-Glühbirne), Analysenwaage, weißer Karton, Natriumhydrogencarbonat ($NaHCO_3$), Bromthymolblau, destilliertes Wasser

Durchführung: Herstellung der Indikatorlösung: Lösen Sie 8,4 mg $NaHCO_3$ in 1 l destilliertem Wasser. Lösen Sie 0,1 g Bromthymolblau in 20 ml destilliertem Wasser. Anschließend versetzen Sie 50 ml der $NaHCO_3$-Lösung mit 0,5 ml der Bromthymolblau-Lösung und blasen so lange mithilfe eines Strohhalmes CO_2-reiche Atemluft in den Ansatz, bis die Lösung deutlich gelb ist.
Versuchsansätze: Pipettieren Sie in die drei Schnappdeckelgläser je 10 ml destilliertes Wasser. In Glas 1 schneiden Sie dann ein frisch abgeschnittenes Blatt einer C_4-Pflanze und in Glas 2 ein Blatt einer C_3-Pflanze. Die abgeschnittenen Blätter sollten ungefähr ein ähnliches Gewicht haben. Glas 3 dient der Kontrolle. Danach pipettieren Sie jeweils 10 ml der hergestellten Indikatorlösung in die drei Weithalserlenmeyerkolben und stellen mithilfe der Pinzette je eines der drei Schnappdeckelgläser in einen Kolben. Verschließen Sie die Kolben mit einem Gummistopfen luftdicht. Die drei Kolben stellen Sie in circa 20 cm Entfernung zu der Lichtquelle vor einen hellen Hintergrund.

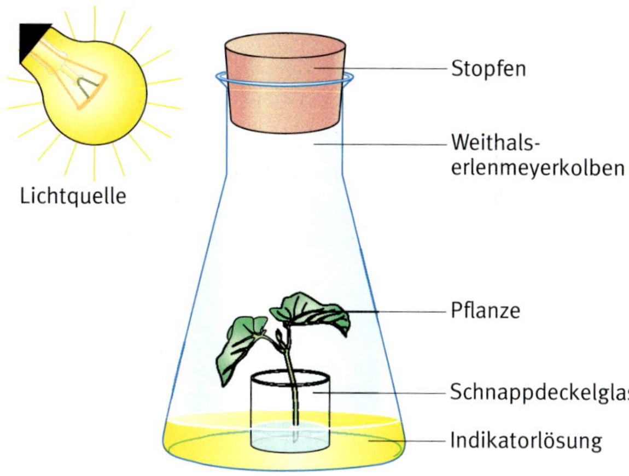

Aufgaben:

a) Beobachten und protokollieren Sie die Färbung der Indikatorlösung alle 15 Minuten insgesamt 45 Minuten lang.

b) Erklären Sie Ihre Beobachtungen.

c) Entwickeln Sie einen Versuch analog zu Versuch 6, der die Kohlenstoffdioxidfixierung der CAM-Pflanzen bei Nacht im Vergleich zu den C_3-Pflanzen demonstriert.

Fotosynthese und Chemosynthese

1 In dem unten abgebildeten Schema sind die Vorgänge der Fotosynthese vereinfacht dargestellt. Benennen Sie die Zahlen mit den Begriffen der entsprechenden Stoffe beziehungsweise Vorgänge.

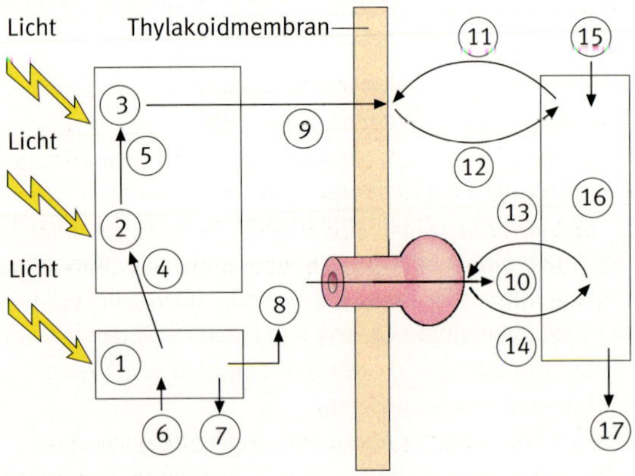

2 Der Biochemiker Robert EMERSON hat die Effektivität der Fotosynthese untersucht. Er führte Einzelbelichtung bei den Wellenlängen 680 nm beziehungsweise 700 nm an grünen Pflanzen durch und maß dabei die Fotosyntheserate. Er stellte fest, dass die Fotosyntheserate bei Pflanzenbelichtungen steigt, wenn bei der Wellenlänge 700 nm zusätzlich auch mit Licht der kürzeren Wellenlänge belichtet wird.
Welche Schlussfolgerungen kann man aus diesen Versuchsergebnissen ziehen? Stellen Sie begründete Vermutungen an.

3 Der Biologe ENGELMANN zerlegte Licht mit einem Prisma in sein Spektrum. Mit diesem Spektrum belichtete er eine grüne Fadenalge. Er erhielt das in der folgenden Abbildung dargestellte Ergebnis.

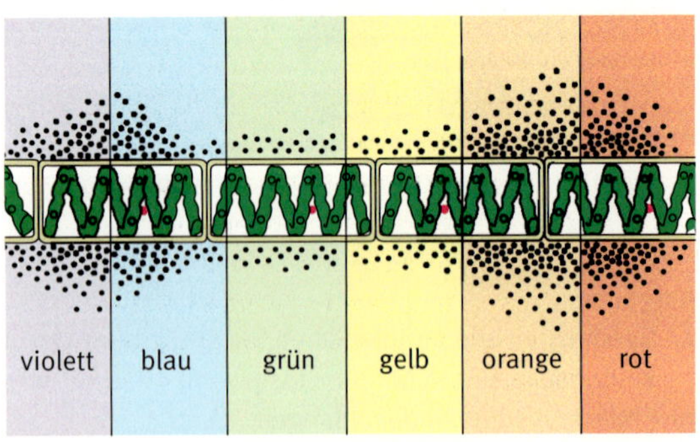

Ziehen Sie Schlüsse bezüglich der Fotosynthese aus seinem Versuch und begründen Sie.

4 Robert HILL führte 1937 folgende Versuche durch:
I) Aus Pflanzenzellen isolierte HILL vorsichtig Chloroplasten und zerlegte diese in Membranbruchstücke. Er gab Eisen(III)-Salze zu den Membranbruchstücken und belichtete die Suspension. Eisen(III)-Salze fungieren hier als künstlicher Elektronen-Akzeptor.
II) Er isolierte aus intakten Chloroplasten das Chlorophyll, setzte der Farblösung ebenfalls Eisen(III)-Salze zu und belichtete analog zu Versuch I.
Die Versuchsergebnisse waren folgende:
Im Versuch I, bei der Belichtung der isolierten Chloroplastenbruchstücke, waren erhebliche Mengen Sauerstoff entstanden.
Hingegen entstand bei der Belichtung der Chlorophyll-Lösung in Versuch II kein Sauerstoff.

a) Erklären Sie die Sauerstoffentwicklung in Versuch I und erläutern Sie die Rolle der Eisen(III)-Salze im Versuchsansatz.

b) Welche Aussagen konnte Robert HILL aus diesen beiden Versuchen ableiten?

5 Im Experiment ist es möglich, den Elektronentransport von FS II über FS I bis zu Ferredoxin in einer Chloroplastensuspension zu verfolgen. Als künstlicher Elektronen-Endakzeptor kann z.B. Methylviologen (MV) die Elektronen von Ferredoxin übernehmen. Das damit reduzierte MV wird durch Sauerstoff sofort wieder oxidiert, sodass die Sauerstoffabnahme ein Indikator dafür ist, dass ein Elektronentransport von FS II über FS I bis hin zum Ferredoxin stattgefunden hat. DCMU ist ein Herbizid, das den Elektronentransport zum Plastochinon hemmt. Folgende Versuche wurden durchgeführt und die Sauerstoffabnahme im System gemessen:

Versuch	Zugabe von DCMU	Zugabe von MV	Licht	Ergebnis
1	+	+	+	
2	–	+	+	
3	–	–	+	
4	–	+	–	

Stellen Sie Hypothesen auf, bei welchem Ansatz beziehungsweise bei welchen Ansätzen eine Sauerstoffabnahme zu beobachten war.

6 Einem Gärtner stehen zum Aufbringen auf seine Blumenbeete zwei Sorten Kompost zur Verfügung: vollständig abgebauter und halb zersetzter Kompost. Welcher Kompost ist besser geeignet, um die Fotosyntheseleistung der darauf wachsenden Pflanzen zu erhöhen? Begründen Sie Ihre Antwort.

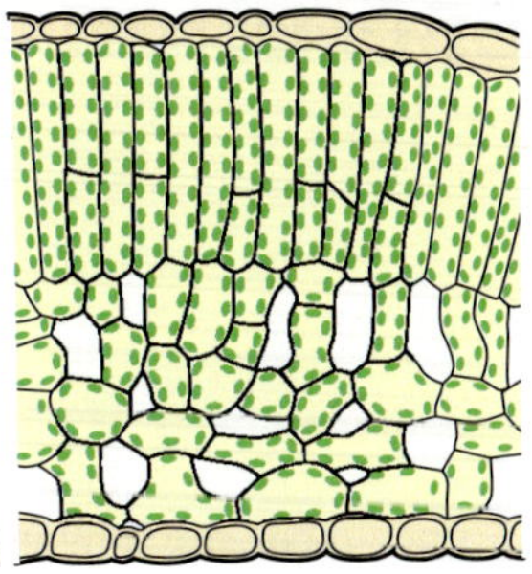
A

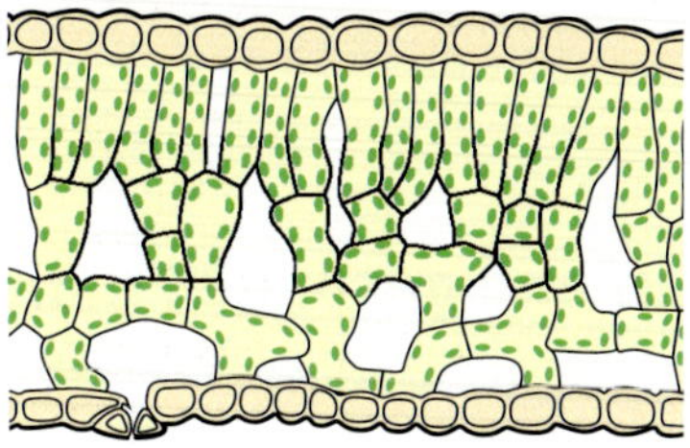
B

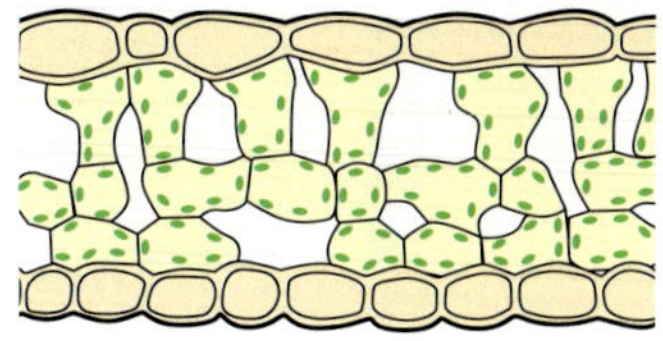
C

7 Die abgebildeten Blattquerschnitte entstammen demselben Buchenbaum.

a) Beschriften Sie die Blattquerschnitte.

b) Beschreiben Sie die morphologischen Unterschiede der Blätter.

c) Entwickeln Sie Hypothesen, an welchen Stellen einer Buche Sie die Blätter voraussichtlich finden werden.

8 In der folgenden Tabelle finden Sie Durchschnittswerte zum Stoffwechsel der C_3-, C_4- und CAM-Pflanzen.

Merkmal	1	2	3
Transpirationsquotient (g H_2O/g Kohlenstoff)	18–100 (nachts) 150–600 (tags)	450–950	250–350
maximale Netto-Fotosyntheserate (mg CO_2/(m^2 Blattfläche · s))	0,027–0,036	0,41–1,10	1,1–2,2
maximale Zuwachsrate (g Trockenmasse/(m^2 Blattfläche · Tag)	1,5–1,8	50 – 200	400–500

a) Leiten Sie aus den Daten begründet ab, bei welchen der drei Pflanzen 1 bis 3 es sich um eine C_3-, eine C_4- oder um eine CAM-Pflanze handelt.

b) Nennen Sie je drei Beispiele für C_3-, C_4- und CAM-Pflanzen.

9 Ein Maß für die Fotosyntheserate ist die von der Pflanze abgegebene Sauerstoffmenge. Sauerstoff kann in Form einer Farbreaktion nachgewiesen werden. Der Farbstoff Indigocarmin ist im reduzierten Zustand gelb und im oxidierten blau. Mithilfe dieses Farbstoffes kann die Fotosyntheserate der Wasserpest (*Elodea*) experimentell unter verschiedenen Bedingungen bestimmt werden. Folgende Versuche werden durchgeführt:

Reagenzglas	*Elodea*	Licht	CO_2	Temperatur
1	–	+	+	25 °C
2	+	–	+	25 °C
3	+	+	–	25 °C
4	+	+	+	25 °C
5	+	+	+	35 °C
6	+	+	+	8 °C
7	+	+	+	60 °C

a) In welchen Ansätzen erwarten Sie eine Blaufärbung? Begründen Sie Ihre Vermutung.

b) In welchen dieser Ansätze werden Sie vermutlich zuerst eine Blaufärbung beobachten? Begründen Sie.

c) Erklären Sie, warum Ansatz 1 in die Versuchsreihe aufgenommen wird?

10 In der unteren Abbildung ist die Konzentration des Malat-Ions in zwei verschiedenen Pflanzen dargestellt.

a) Beschreiben Sie die Abbildung.

b) Welche Stoffwechselwege haben diese Pflanzen? Begründen Sie Ihre Antwort.

c) Vergleichen Sie die beiden Stoffwechselwege.

d) Stellen Sie Hypothesen auf, an welchen Standorten man diese Pflanzen häufiger antreffen wird.

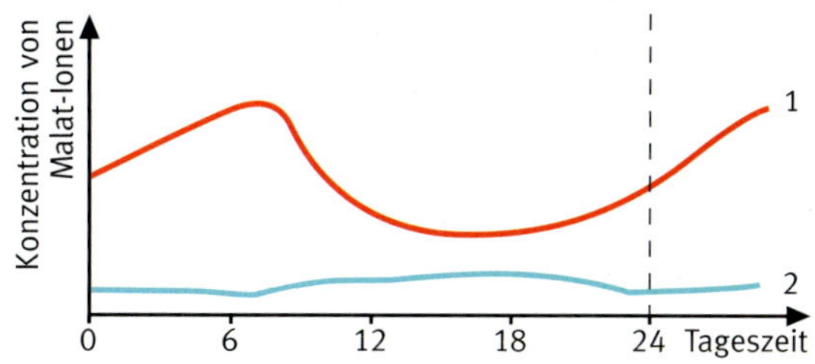

11 Um die Fotosyntheseprozesse zu erforschen, wurden Experiment durchgeführt, in denen unterschiedliche Atome von Wasser- beziehungsweise Kohlenstoffdioxid-Molekülen radioaktiv markiert wurden.
Markiert wurden jeweils:

I) das Kohlenstoff-Atom im Kohlenstoffdioxid-Molekül;
II) das Sauerstoff-Atom im Kohlenstoffdioxid-Molekül;
III) das Wasserstoff-Atom im Wasser-Molekül;
IV) das Sauerstoff-Atom im Wasser-Molekül.

Stellen Sie Hypothesen auf, in welchen Fotosyntheseprodukten oder Zwischenprodukten Sie das jeweils markierte Atom nach einer Belichtungsdauer von circa drei Stunden finden.

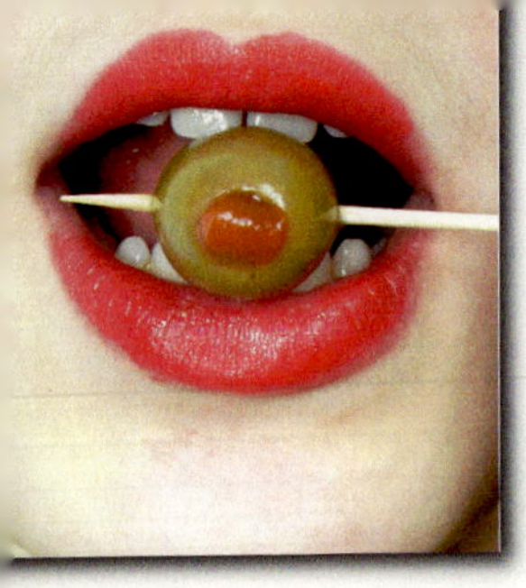

Ernährung, Verdauung und Resorption

1 Nährstoffbedarf und gesunde Ernährung

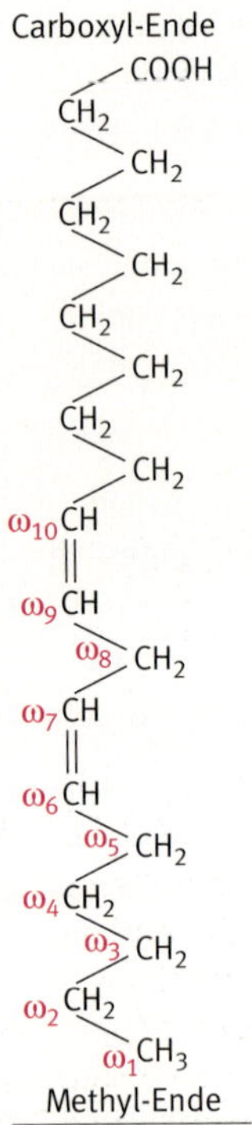

84.1 Omega-6-Fettsäure

Eine **gesunde Ernährung** ist Voraussetzung für die körperliche und geistige Gesundheit sowie für die Leistungsfähigkeit und das Wohlbefinden eines Menschen. Um alle Körperfunktionen aufrechtzuerhalten und Arbeit verrichten zu können, benötigt der Körper kontinuierlich Energie. Außerdem stellt die Nahrung dem Körper Baustoffe zum Beispiel für das Wachstum von Knochen, Haaren, Fingernägeln sowie zur Erneuerung von Körpersubstanzen zur Verfügung. Weiter enthält die Nahrung so genannte Reglerstoffe, die für die Regulation von Stoffwechselprozessen benötigt werden.

Zu den **Energielieferanten** zählen insbesondere Fette und Kohlenhydrate. Aber auch Proteine können zum Energieumsatz genutzt werden. Fette enthalten pro Gramm mehr als doppelt so viel Energie wie Kohlenhydrate und Proteine. Da Fette von vielen Geschmacksstoffen begleitet werden und in einigen Nahrungsmitteln verhältnismäßig viel nicht sichtbares Fett vorkommt, nehmen viele Menschen bei uns übermäßig viel Fett auf. Wenn der damit verbundenen hohen Energieaufnahme kein entsprechender Energieumsatz zum Beispiel durch Bewegung gegenübersteht, entwickelt sich als Folge Übergewicht.

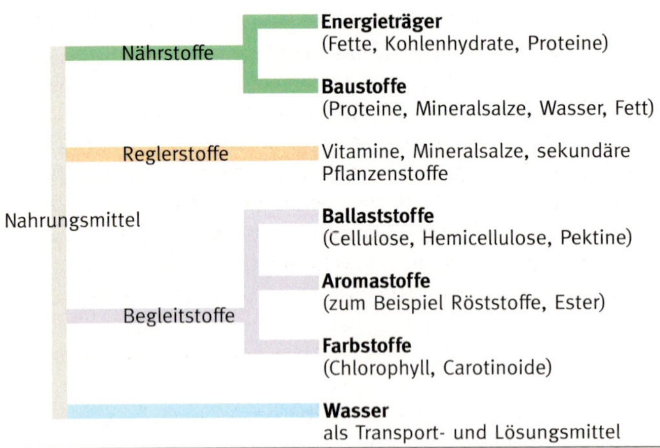

84.2 Zusammensetzung und Funktion der Nahrungsbestandteile (Übersicht)

Fette liefern dem Körper nicht nur Energie, sondern auch einfach und mehrfach ungesättigte Fettsäuren als Baustoffe. Sie werden zum Beispiel für den Aufbau von Zellmembranen und Hormonen benötigt. Einige der mehrfach ungesättigten Fettsäuren werden auch als essenziell bezeichnet, da der Körper auf ihre Zufuhr mit der Nahrung angewiesen ist. Mehrfach ungesättigte Fettsäuren unterscheidet man hinsichtlich der Position der ersten Doppelbindung. Liegt sie, vom Methyl-Ende der Fettsäure her gesehen, am sechsten Kohlenstoff-Atom, spricht man von einer Omega-6-Fettsäure. Bei den Omega-3-Fettsäuren liegt die erste Doppelbindung am dritten Kohlenstoff-Atom. Die für den Menschen wichtigsten essenziellen Fettsäuren sind die zweifach ungesättigte Linolsäure aus der Gruppe der Omega-6-Fettsäuren und die dreifach ungesättigte Linolensäure aus der Gruppe der Omega-3-Fettsäuren. Aus ihnen kann unser Körper alle anderen mehrfach ungesättigten Fettsäuren bilden. Linolsäure und Linolensäure finden sich in verschiedenen pflanzlichen Ölen. Ein für die menschliche Ernährung günstiges Verhältnis der beiden Fettsäuren haben Distel- und Leinöl.
Sehr langkettige Omega-3-Fettsäuren, wie sie in Meeresfischen vorkommen, haben in unserer Zeit besondere Bedeutung gewonnen, da sie vor Arteriosklerose, Herzinfarkt und Thrombosen schützen.

Kohlenhydrate liefern dem Körper in erster Linie Energie. Gehirnzellen, Erythrocyten und die Zellen des Nierenmarks können, anders als alle anderen Zellen, keine Fettsäuren als Energiequelle nutzen, sondern sind auf Glucose angewiesen. Die Aufnahme von Kohlenhydraten sollte überwiegend in Form von komplexen Kohlenhydraten erfolgen. Dazu zählen stärkehaltige pflanzliche Nahrungsmittel wie Kartoffeln und Getreideprodukte. Da Stärke erst bei der Verdauung zu Glucose abgebaut wird, erhöht sich die Blutglucose-Konzentration nur langsam. Im Gegensatz dazu steigt sie schnell und hoch an, wenn man Monosaccharide oder schnell abbaubare Disaccharide zu sich nimmt. Dann wird das Hormon Insulin aus der Bauchspeicheldrüse freigesetzt. Es bewirkt, dass die Blutglucose-Konzentration rasch wieder gesenkt wird. Infolgedessen können Heißhunger und Leistungstiefs entstehen.

Die aufgenommenen **Proteine** stellen dem Körper Aminosäuren zur Verfügung, aus denen er körpereigene Proteine aufbauen kann. Einige Aminosäuren können vom Körper selbst synthetisiert werden, wenn ausreichend Stickstoffverbindungen zur Verfügung stehen. Im Gegensatz dazu müssen essenzielle Aminosäuren regelmäßig mit der Nahrung zugeführt werden. Der Gehalt an essenziellen Aminosäuren bestimmt die so genannte **biologische Wertigkeit** eines Nahrungsproteins. Sie gibt an, wie viel Gramm körpereigenes Protein aus 100 Gramm eines bestimmten Nahrungsproteins aufgebaut werden kann. Die biologische Wertigkeit eines Nahrungsproteins ist hoch, wenn es die essenziellen Aminosäuren in einem ähnlichen Verhältnis enthält, wie sie in den menschlichen Proteinen vorkommen. Tierisches Protein hat in der Regel eine höhere biologische Wertigkeit als pflanzliches Protein. Von einem hohen Verzehr tierischer Lebensmittel wird allerdings abgeraten, da diese oft gleichzeitig viel Fett enthalten. Hochwertiges pflanzliches Protein liefern zum Beispiel Hülsenfrüchte wie Sojabohnen, Erbsen und Linsen sowie Getreide und Kartoffeln.

Neben den Aminosäuren und Fettsäuren dienen auch **Mineralsalze** und **Wasser** dem Körper als Baustoffe. Mineralsalze werden zum Aufbau von Knochen und Zähnen benötigt. Wasser ist Bestandteil aller Zell- und Körperflüssigkeiten wie Blut, Lymphe und Verdauungssäfte.

Zu den **Reglerstoffen,** die mit der Nahrung aufgenommen werden, zählen Vitamine, Mineralsalze und sekundäre Pflanzenstoffe. Vitamine dienen in erster Linie als Coenzyme. Mineralsalze spielen eine große Rolle bei der Regulierung des Wasserhaushaltes und werden außerdem für den Aufbau von Hormonen und Enzymen benötigt. Sekundäre Pflanzenstoffe gelten als wichtige Schutzfaktoren zum Beispiel vor Krebserkrankungen, freien Radikalen oder einem Pilz-, Bakterien- oder Virenbefall des Körpers.

Einige Stoffe in der Nahrung sind zwar nicht lebensnotwendig, haben aber dennoch vorteilhafte Wirkungen im Körper. Dazu gehören Farb- und Aromastoffe. Sie machen unsere Nahrung schmackhafter und bekömmlicher, regen den Appetit an und fördern die Bildung von Verdauungssäften. Ebenso gehören Ballaststoffe dazu, unverdauliche Nahrungsbestandteile wie zum Beispiel Cellulose. Sie erhöhen das Sättigungsgefühl und fördern die Verdauung. Ballaststoffe kommen ausschließlich in pflanzlichen Lebensmitteln vor, insbesondere in Vollkornprodukten, Kartoffeln, Obst und Gemüse.

- **Isoleucin**
- **Leucin**
- **Lysin**
- **Methionin**
- **Phenylalanin**
- **Threonin**
- **Thryptophan**
- **Valin**

85.1 Essenzielle Aminosäuren

Functional Food

Functional Food oder funktionelle Lebensmittel sollen über den Nährwert hinaus einen positiven Einfluss auf Gesundheit und Wohlbefinden ausüben oder Krankheitsrisiken reduzieren – so verspricht es jedenfalls die Werbung. Es handelt sich dabei um klassische Lebensmittel, die mit verschiedenen Stoffen angereichert werden.
Die bekannteste Gruppe funktioneller Lebensmittel sind pro- und präbiotische Milchprodukte. **Probiotika** enthalten bestimmte lebende Mikroorganismen, die für eine gesunde Darmflora sorgen sollen. Den **Präbiotika** sind spezielle Ballaststoffe zugesetzt, die selektiv von einigen Bakterienarten der Darmflora verwertet werden und deren Wachstum fördern.
Getränken werden insbesondere Vitamine und Mineralsalze zugefügt. Wurstwaren und Brot werden durch Zusatz von Ballaststoffen, Vitaminen, Mineralsalzen und Fischöl verändert. Selbst bestimmte Süßigkeiten reichert man mit Vitaminen und Mineralsalzen an. So lässt sich mit einer halben Packung Fruchtgummis bereits der Tagesbedarf mancher Vitamine decken.
Beim Verzehr eines natürlichen Nahrungsmittels werden Nähr- und Reglerstoffe zusammen aufgenommen und wirken auf vielfältige Weise aufeinander ein. Funktionellen Lebensmitteln sind oft nur bestimmte Vitamine, Mineralsalze oder sekundäre Pflanzenstoffe zugesetzt, und zwar oft in Kombinationen und so hohen Konzentrationen, wie sie in natürlichen Lebensmitteln gar nicht vorkommen. Es ist umstritten, ob die Reglerstoffe dann im Körper die gleiche Wirkung entfalten wie die aus natürlichen Lebensmitteln und ob sie nicht sogar den Vitamin- und Mineralsalzhaushalt des Körpers aus dem Gleichgewicht bringen.
Eine ausgewogene Ernährung mit viel Gemüse und Obst ist funktionellen Lebensmitteln in jedem Fall vorzuziehen.

2 Verdauung

2.1 Verdauungstrakt

Zum Verdauungstrakt gehören Mund, Rachen, Speiseröhre, Magen, Dünn- und Dickdarm sowie die Mundspeicheldrüsen, die Bauchspeicheldrüse und die Leber. Seine Hauptaufgabe besteht darin, die aufgenommenen Nährstoffe in kleinere, meist wasserlösliche Moleküle abzubauen, sodass sie über die Dünndarmwandzellen ins Blut oder in die Lymphe aufgenommen, resorbiert, werden können. Diesen Nährstoffabbau bezeichnet man als **Verdauung.**

Im **Mund** wird die Nahrung zunächst durch Kauen zerkleinert und mit dem Speichel zu einem gleitfähigen Brei vermischt. Der Nahrungsbrei gelangt durch die Speiseröhre in den **Magen.** Die **Magenschleimhaut** bildet täglich zwei bis drei Liter Magensaft, dessen wesentliche Bestandteile Salzsäure, das Protein spaltende Enzym Pepsin und Hydrogencarbonate sind. Außerdem wird ein zäher Schleim produziert, der die Magenwände mit einer etwa 0,5 Millimeter dicken Schicht überzieht. Während die Schleim- und Hydrogencarbonatsekretion kontinuierlich erfolgt, werden Salz-

Abschnitt	Einstrom pro Tag	Ausstrom pro Tag	Verweildauer	pH-Werte
Mund, Rachen	Nahrung Trinken 1,5 l Speichel 1 l			pH 5,5–7,7
Magen Volumen 0,5 – 2,5 l	Magensaft 2 l		1–5 h	pH 0,8–1,5
Zwölffingerdarm Länge 0,2 – 0,3 m	Gallensaft 0,4 l Bauchspeichel 1,5 l	5 l	2–4 h	pH 8–9
Dünndarm Länge 3,5 m	Dünndarmsaft 2,6 l	3 l		
Dickdarm Länge 1,5 – 2 m		1 l	5–70 h	
Gesamtvolumen 9 l/24 h		Gesamtvolumen 9 l/24 h		

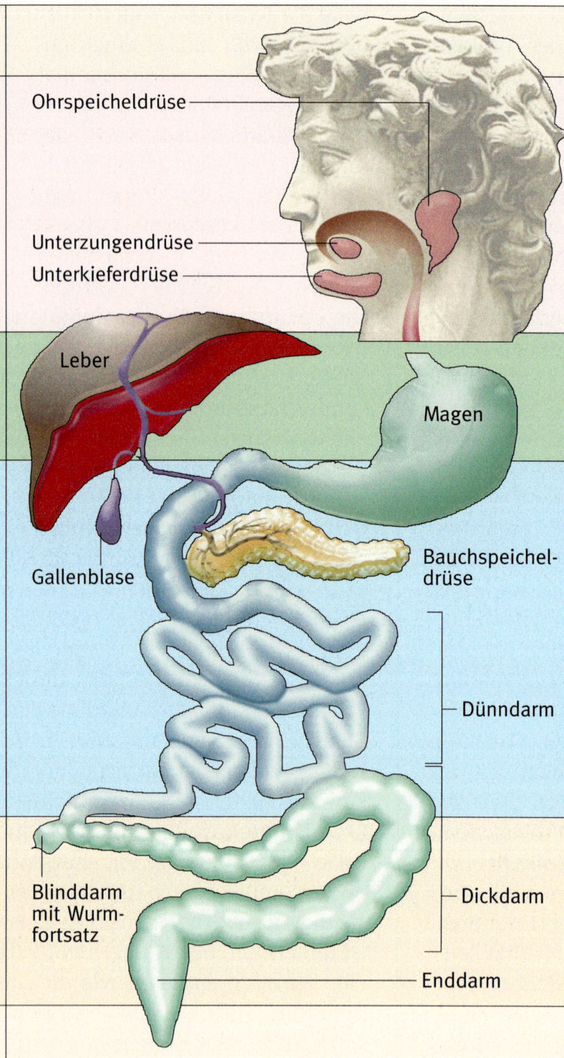

86.1 Übersicht über die an der Verdauung und Resorption beteiligten Organe, Flüssigkeitsbilanz, pH-Wert und Verweildauer in den einzelnen Abschnitten

säure und Pepsin nur abgegeben, wenn Nahrungsbrei in den Magen gelangt.
In der Magenschleimhaut liegen zahlreiche kleine Vertiefungen, die **Magengrübchen.** Von ihnen gehen schlauchförmige Drüsen in die Tiefe der Magenschleimhaut. Sie enthalten **Haupt-, Beleg- und Nebenzellen.** Die Hauptzellen bilden Pepsinogen, eine inaktive Vorstufe des Protein spaltenden Enzyms Pepsin. Von den Belegzellen wird Salzsäure abgegeben. Diese aktiviert Pepsinogen zum wirksamen Pepsin, tötet Mikroorganismen ab und denaturiert die Nahrungsproteine, sodass sie vom Pepsin leichter gespalten werden können. Die Nebenzellen bilden Schleim und scheiden Hydrogencarbonat-Ionen ab. Diese haben zusammen mit dem Schleim eine Schutzfunktion. Sie werden in der Schleimschicht festgehalten und neutralisieren dort die Magensäure. Daher ist der pH-Wert direkt an der Magenwand neutral, während er im Mageninneren stark sauer ist.
Nach einer Verweildauer von ein bis fünf Stunden wird der Mageninhalt durch den **Pförtner,** einen Ringmuskel am Magenausgang, portionsweise in den Zwölffingerdarm, den ersten Abschnitt des Dünndarms, entleert.
Der **Dünndarm** ist drei bis vier Meter lang. Die Oberfläche der inneren Dünndarmwand ist durch zahlreiche Falten und Ausstülpungen stark vergrößert. Die Dünndarmschleimhaut produziert täglich etwa zwei bis drei Liter Darmsaft. Er besteht hauptsächlich aus Schleimstoffen, welche die Darmwände schützend überziehen.
Die Ausführgänge der Bauchspeicheldrüse und der Gallenblase münden, oft in einem gemeinsamen Endstück, in den **Zwölffingerdarm.** Gallensaft wird von der Leber gebildet und in der Gallenblase gespeichert. Die in ihm enthaltenen Gallensäuren emulgieren Fette. Die Bauchspeicheldrüse liefert täglich etwa 1,5 Liter Bauchspeichel. Er enthält Hydrogencarbonat-Ionen und die Vorstufen von verschiedenen Enzymen, die im Dünndarm aktiviert werden. Hydrogencarbonat-Ionen neutralisieren den sauren Nahrungsbrei, der aus dem Magen in den Zwölffingerdarm übertritt, und stellen einen für die Enzyme des Dünndarms optimalen pH-Wert von 8–9 ein.
Die auf dem Weg durch den Verdauungstrakt freigesetzten Abbauprodukte der Nährstoffe werden von den Schleimhautzellen der Dünndarmwand resorbiert. Nur sehr wenige Stoffe werden passiv durch Diffusion aufgenommen. Die Resorption der meisten Stoffe erfolgt gegen ein Konzentrationsgefälle und ist nur mithilfe von Energie möglich. Diese wird von den Darmwandzellen zur Verfügung gestellt. Der Dünndarm gehört zu den stoffwechselaktivsten Geweben des Organismus.
Den letzten Abschnitt des Verdauungstrakts bildet der **Dickdarm.** In den einzelnen Abschnitten des Dickdarms werden den unverdaulichen Nahrungsresten Wasser und Salze durch Resorption entzogen. Außerdem wird ihnen Schleim beigemengt. Im Dickdarm können über 400 verschiedene Bakterienarten als so genannte Darmflora tätig sein. Sie bauen Ballaststoffe teilweise ab. Außerdem synthetisieren sie Vitamin K und andere Vitamine, welche jedoch nur in geringem Maße von den Zellen der Dickdarmwand aufgenommen werden können.

1 Beschreiben Sie, wie Magen und Dünndarm vor einer Selbstverdauung geschützt sind.

2 Erklären Sie anhand der Abbildung 87.1 die Oberflächenvergrößerung der inneren Dünndarmwand.

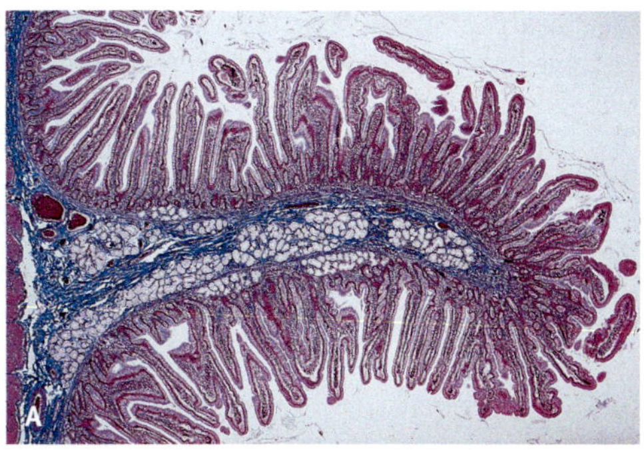

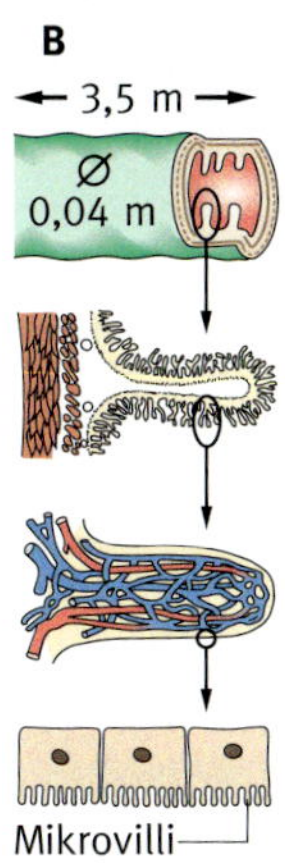

	Oberflächenzunahme	Oberfläche in m^2
Dünndarm		0,44
Darmfalte	x 3	1,32
Darmzotte	x 30	13,2
Darmepithelzellen	x 600	264

87.1 Dünndarmwand. A Darmfalte mit Darmzotten (LM-Aufnahme); **B** Oberflächenvergrößerung

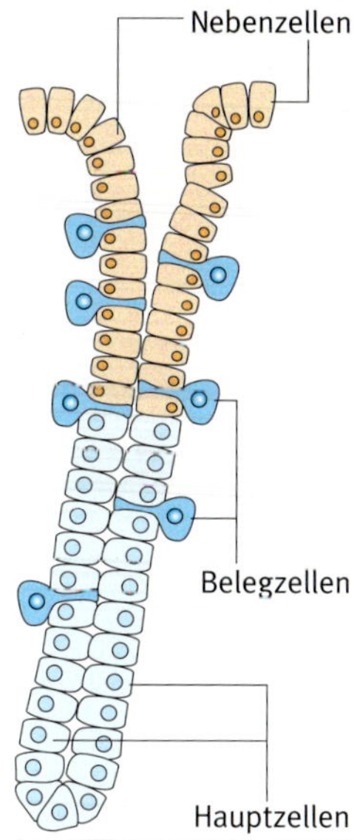

87.2 Magenschleimhautdrüse

2.2 Abbau und Resorption der Kohlenhydrate

Während die in der Nahrung enthaltenen Monosaccharide wie Glucose und Fructose direkt resorbiert werden können, müssen Di- und Polysaccharide zunächst in Monosaccharide zerlegt werden.
Die Verdauung der **Polysaccharide,** die überwiegend in Form von Stärke und Glykogen aufgenommen werden, beginnt im Mund. Die im Speichel enthaltene α-Amylase spaltet α-1,4-glykosidische Bindungen der Amylose, des Amylopektins und Glykogens. Dadurch entstehen kurzkettige Polysaccharide, Oligosaccharide genannt. Wenn der Nahrungsbrei den Magen erreicht, ist die Länge der Polysaccharid-Moleküle bereits auf etwa acht Glucose-Einheiten reduziert worden.

Im Zwölffingerdarm wird die Kohlenhydratverdauung fortgesetzt. Mit dem Bauchspeichel gelangt weitere α-Amylase zum Speisebrei. Außerdem enthält Bauchspeichel α-1,6-Glukosidasen, welche die 1,6-Bindungen an den Verzweigungsstellen des Amylopektins und Glykogens spalten. Als Endprodukt der Polysaccharidverdauung entsteht hauptsächlich Maltose. Maltose und die anderen mit der Nahrung aufgenommenen Disaccharide werden durch Disaccharidasen gespalten. Diese sind an die Membranen der Dünndarmwandzellen gebunden. Die bei der Spaltung entstehenden Monosaccharide werden direkt in die Darmwandzellen abgegeben.

Die **Resorption** von Monosacchariden, insbesondere von Glucose und Fructose, erfolgt relativ schnell und ist bereits im oberen Dünndarm weitgehend abgeschlossen. Da Monosaccharide anders als Stärke osmotisch sehr wirksam sind, wird durch die schnelle Resorption verhindert, dass ein hypertonischer Darminhalt entsteht. Die Resorption von Monosacchariden erfolgt mithilfe von spezifischen Carriern, die sich in den Membranen der Darmwandzellen befinden. Glucose wird zusammen mit Natrium-Ionen in die Zellen hineintransportiert. Gleichzeitig transportieren Natrium-Kalium-Pumpen Natrium-Ionen aus der Zelle hinaus und Kalium-Ionen in die Zelle hinein. Dadurch wird ein Natrium-Ionen-Gradient erzeugt, der die Triebkraft für die Glucoseaufnahme in die Darmwandzellen ist. Natrium-Kalium-Pumpen sind aktive Carrier, die Energie in Form von ATP benötigen. Da die Glucoseaufnahme in die Darmwandzellen indirekt von diesem aktiven Transport abhängt, spricht man von einem **sekundär aktiven Glucosetransport.**

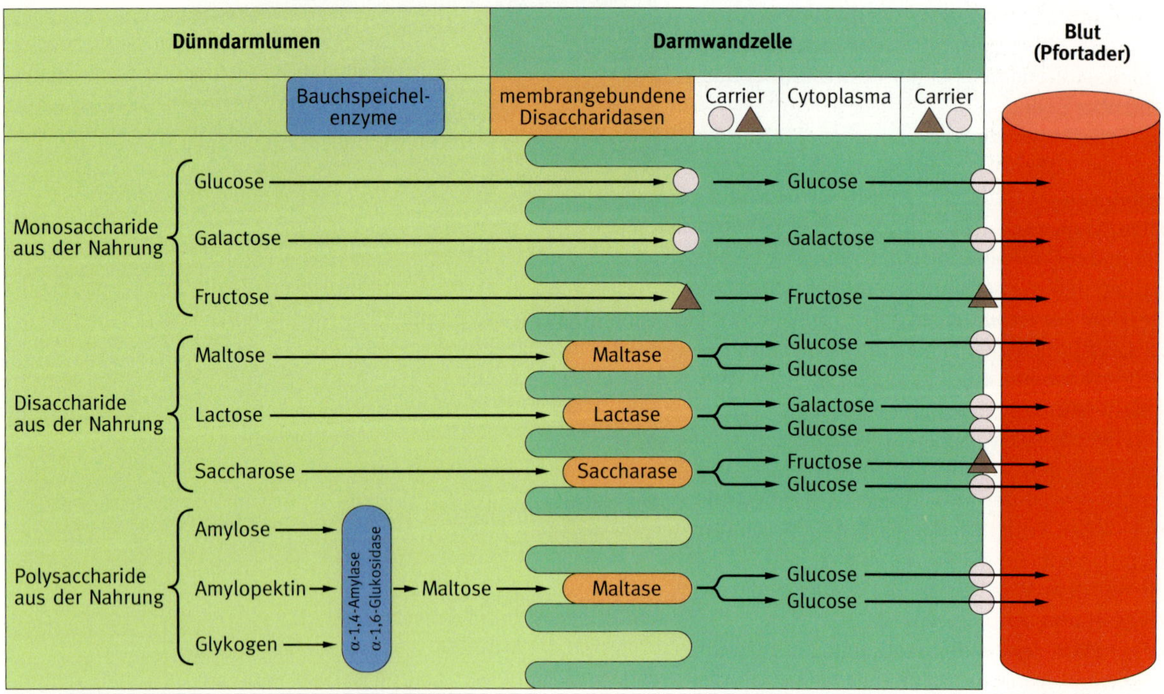

88.1 Abbau und Resorption von Kohlenhydraten

Galactose und Glucose werden von den gleichen Carriern durch die Membran geschleust, Fructose dagegen wird von einem anderen Carrier transportiert.
Von den Darmwandzellen aus gelangen die Monosaccharide dem Konzentrationsgradienten folgend mithilfe von Carriern ohne ATP-Verbrauch ins Blut. Sie werden im Blut gelöst und zu den verschiedenen Organen des Körpers transportiert.

1 Erklären Sie anhand der Abbildung 89.1 den sekundär aktiven Transport von Glucose durch Membranen.

2 Die maximale Resorptionsgeschwindigkeit für Glucose liegt bei 120 g/h. Erklären Sie, warum die Resorptionsgeschwindigkeit für Glucose einen Maximalwert erreicht. Warum sinkt bei Anwesenheit von Galactose im Darm die maximale Aufnahmegeschwindigkeit für Glucose, in Anwesenheit von Fructose dagegen nicht?

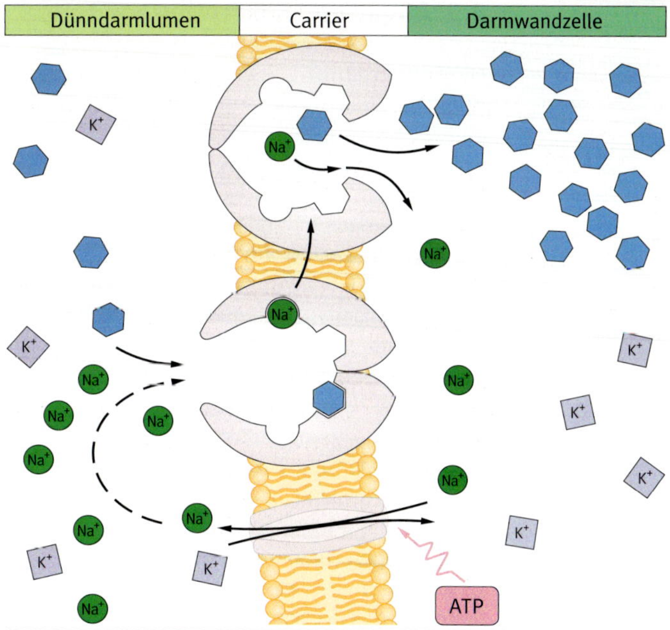

89.1 Sekundär aktiver Transport von Glucose

Stofftransport durch Membranen

STECKBRIEF

Nur Wasser, lipophile oder sehr kleine unpolare Moleküle wie Sauerstoff und Kohlenstoffdioxid können durch die Lipiddoppelschicht von Membranen diffundieren. Größere polare Moleküle und Ionen werden mithilfe von Transportproteinen durch Membranen geschleust. Man spricht von **erleichterter Diffusion.** Einige Transportproteine bilden Kanäle in der Membran aus, durch die gelöste Substanzen die Lipiddoppelschicht überwinden können. Auch der Wassertransport wird durch Kanäle, so genannte **Aquaporine,** erleichtert. Andere Transport-Moleküle, **Carrier** genannt, haben große Ähnlichkeit mit Enzymen. Sie besitzen Bindungsstellen, an die nur spezifische Moleküle oder Molekülgruppen, ihre Substrate, anbinden können. Durch die Besetzung der Bindungsstelle verändert sich die räumliche Struktur eines Carrier-Moleküls so, dass dabei das angebundene Substrat durch die Membran geschleust wird. Da der Transport mit dem Konzentrationsgefälle verläuft, ist dafür keine Energie notwendig. Manche Carrier besitzen Bindungsstellen für mehrere Substrate. Die für Glucose spezifischen Carrier binden gleichzeitig Natrium-Ionen. Nur wenn beide Bindungsstellen besetzt werden, erfolgt der Transport. Dieser so genannte Cotransport verläuft beim **Symport** in gleicher Richtung, beim **Antiport** in entgegengesetzter Richtung.
Viele Stoffe, zum Beispiel Glucose und Galactose, werden in Zellen aufgenommen, obwohl ihre Konzentration dort bereits hoch ist. Für Transportprozesse gegen ein Konzentrationsgefälle müssen die Zellen Energie in Form von ATP bereitstellen. Die Energie wird benötigt, um das Substrat an den Carrier zu binden, die räumliche Struktur des Carriers zu verändern oder um das Substrat wieder vom Carrier abzulösen.

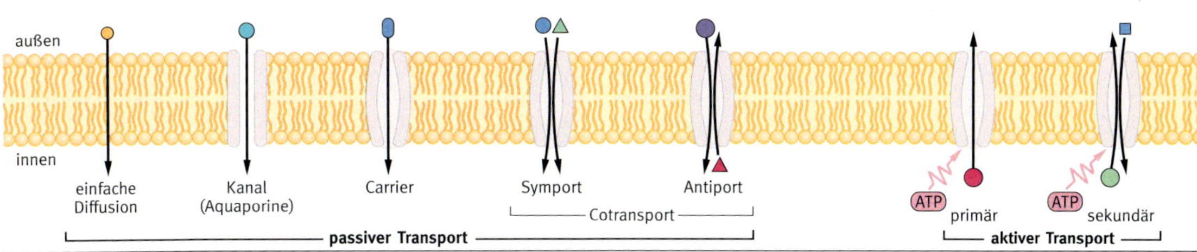

Schematische Darstellung der aktiven und passiven Transportmechanismen

90.1 Feinabbau einer Micelle

2.3 Abbau und Resorption von Fetten

Die **Fettverdauung** beginnt bereits im Magen, wo eine Lipase aus dem Mundspeichel und eine weitere aus dem Magensaft 10 bis 30 Prozent der Nahrungsfette in kleinere Bestandteile aufspalten. Hauptsächlich findet der Abbau der Nahrungsfette jedoch im oberen Dünndarmabschnitt statt. Im Zwölffingerdarm wird der fetthaltige Nahrungsbrei mithilfe der Galle emulgiert. Dabei entstehen Fetttröpfchen mit einer Größe von 0,5–1,5 Mikrometer, die den fettspaltenden Enzymen wegen der im Vergleich zum Volumen größeren Oberfläche eine bessere Angriffsmöglichkeit bieten. Die enzymatische Spaltung wird durch Bauchspeichellipasen fortgesetzt. Bei der Fettspaltung werden von den Triglycerinen zunächst die beiden endständigen Fettsäure-Moleküle abgespalten. Es entstehen überwiegend Monoglycerine, bei denen das Glycerin-Molekül nur noch mit einer Fettsäure verestert ist, sowie freie Fettsäuren. Weitere Bestandteile der Nahrungsfette, wie Cholesterinester und Phospholipide, werden durch Cholesterinesterase und Phospholipase des Bauchspeichels gespalten.

Die Produkte der Fettspaltung sind überwiegend wasserunlöslich und werden daher zum weiteren Transport und zur Resorption in Micellen eingebaut. **Micellen** sind etwa 300-mal kleiner als die Emulsionströpfchen. Wesentlicher Bestandteil der Micellen sind Gallensalze. Hydrophile Molekülbereiche der Gallensalze sowie der Produkte der Fettspaltung sind in den Micellen nach außen gerichtet, während hydrophobe Molekülbereiche nach innen weisen. So besitzen Micellen eine hydrophile Oberfläche und ein hydrophobes Inneres. Darin eingelagert sind unpolare Moleküle wie langkettige Fettsäuren, Cholesterin und fettlösliche Vitamine.

Wenn Micellen mit den Darmwandzellen in Kontakt treten, werden sie aufgelöst. Dabei werden die Gallensalze ins Darmlumen freigesetzt und stehen für eine erneute Micellenbildung zur Verfügung. Die übrigen Bestandteile der Micellen gelangen ins Innere der Schleimhautzellen. Die Resorption von wasserlöslichen, kurz- und mittelkettigen Fettsäuren sowie des Glycerins aus dem Darmlumen in die Darmwandzellen erfolgt ohne Micellenbildung durch einfache Diffusion.

Im Cytoplasma der Darmwandzellen werden die langkettigen Fettsäuren und auch Monoglycerine zusammen mit 3-Phosphoglycerat aus der Glykolyse zu neuen Triglycerinen verestert. Diese werden wegen ihrer Wasserunlöslichkeit zusammen mit Phospholipiden, Cholesterin und Cholesterinestern an Transportproteine gebunden. Nur in Form solcher **Lipoproteine** können Lipide in den wässrigen Körperflüssigkeiten transportiert werden. Die bei der Fettverdauung entstehenden Lipoproteine nennt man Chylomikronen. Sie werden durch Exocytose von den Darmwandzellen in die Lymphe abgegeben und gelangen von dort ins Blut.

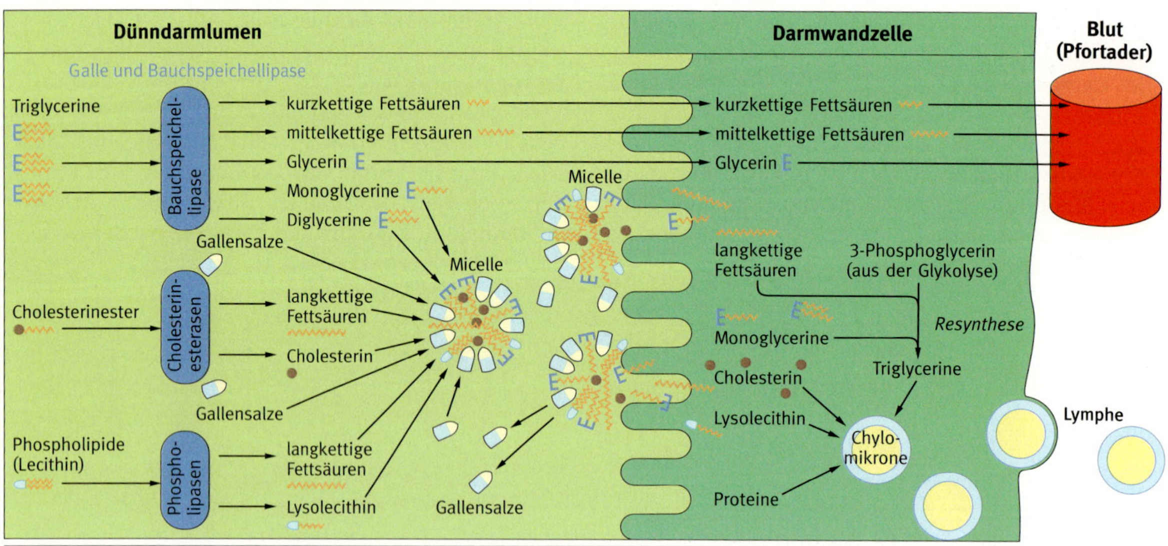

90.2 Resorption der Produkte der Fettverdauung

Damit Fett nicht fett macht

In Deutschland nimmt jeder Erwachsene durchschnittlich über 40 Prozent mehr Fett zu sich, als empfohlen wird. Ein zu hoher Fettkonsum ist Ursache für Übergewicht und trägt nach gegenwärtigen medizinischen Erkenntnissen zur Zunahme an Herz-Kreislauf-Erkrankungen und Diabetes in der Bevölkerung bei. Die Nahrungsmittelindustrie hat in dem Problem der hohen Fettaufnahme eine Marktlücke entdeckt und bietet Nahrungsmittel mit Fettaustauschstoffen oder Fettersatzstoffen an.

Fettersatzstoffe sind synthetisch hergestellte Verbindungen aus Fettsäuren, die nicht an ein Glycerin-Molekül gebunden sind, sondern an ein achtarmiges Zucker-Molekül. Sie erzeugen im Mund das Gefühl und den Geschmack von Fett, können jedoch nicht von Lipasen des Verdauungstrakts gespalten werden und verlassen den Darm unverdaut. Der bekannteste Fettersatzstoff, *Olestra*, ist in den USA in bestimmten Nahrungsmitteln zugelassen, in den EU-Ländern jedoch nicht. Fettersatzstoffe eignen sich für die Zubereitung kalter Speisen ebenso wie zum Backen, Braten oder Frittieren. Der Verzehr größerer Mengen von *Olestra* führt zu Blähungen und Durchfall.

Fettaustauschstoffe sind im Gegensatz zu den Fettersatzstoffen Proteine oder Kohlenhydrate. Sie gelten deshalb als gesundheitlich unbedenklich und brauchen lebensmittelrechtlich keine besondere Zulassung. Sie sind bereits in einigen EU-Ländern auf dem Markt. Fettaustauschstoffe täuschen im Mund den Geschmack und das Gefühl von Fett vor und werden im menschlichen Darm vollständig verdaut und resorbiert. Fettaustauschstoffe sind im Vergleich zu den Fettersatzstoffen kalorienreduziert.

Der erste Fettaustauschstoff auf Proteinbasis war *Simplesse* aus Hühnereiweiß, Magermilch oder Molkeprotein. Fettaustauschstoffe auf Proteinbasis werden durch Hitze zerstört und können nicht zum Backen und Frittieren verwendet werden. Sie werden vor allem fettreduzierten Milchprodukten, Eiscremes, Mayonnaisen und Cremes zugesetzt.

Fettaustauschstoffe aus Kohlenhydraten sind etwas hitzestabiler und finden in Suppen und Soßen Verwendung. Zum Beispiel kann sich hinter dem Begriff *Stärke* auf den Etiketten von fettarmen Mayonnaisen der Fettersatzstoff *Maltrin* verstecken.

Gesundheitlich bedenklich ist sowohl bei Fettersatzstoffen als auch bei Fettaustauschstoffen, dass sie keine Träger von essenziellen Fettsäuren und fettlöslichen Vitaminen sind. Bisher durchgeführte Untersuchungen zur Gewichtsabnahme mit diesen Stoffen waren nicht überzeugend.

Die pharmazeutische Industrie bietet bereits seit 1998 die so genannte Fettpille *Xenical* an. Es handelt sich dabei um ein verschreibungspflichtiges Medikament zur Gewichtsabnahme bei hohem Übergewicht. Wird zu einer Mahlzeit eine Kapsel *Xenical* geschluckt, so inaktiviert der darin enthaltene Wirkstoff Orlistat einen Teil der Lipasen im Verdauungstrakt. Infolgedessen passieren circa 30 Prozent der aufgenommenen Fette unverdaut den Körper. Sie werden unter Blähungen und Durchfall ausgeschieden. Da diese Nebenwirkungen vom Fettgehalt der aufgenommenen Nahrung abhängig sind, ist die Einnahme von *Xenical* nur bei einer fettarmen Ernährungsweise erträglich.

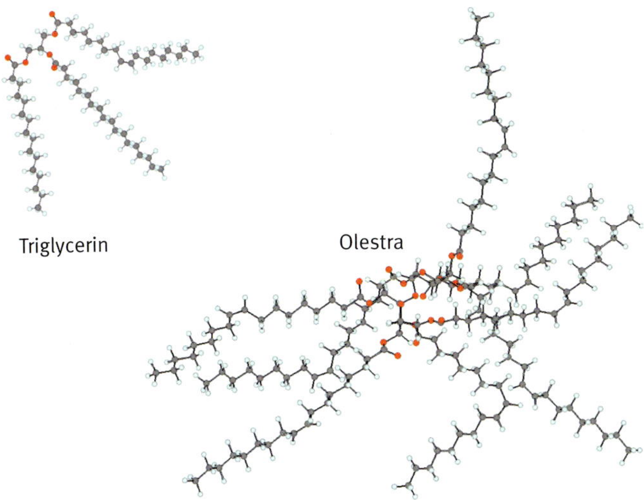

Molekülstruktur eines Triglycerins und des Fettersatzstoffes Olestra

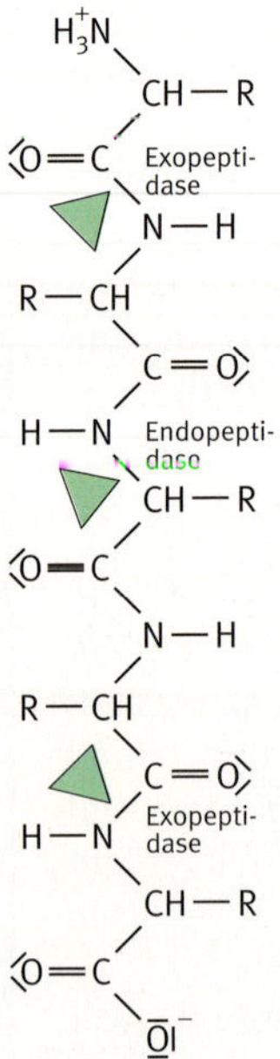

92.1 Wirkweise von Peptidasen

2.4 Abbau und Resorption von Proteinen

Im Magen werden die Nahrungsproteine zunächst durch die Salzsäure denaturiert. Sie verlieren ihre stabile Raumstruktur und können so besser von Enzymen angegriffen werden. Pepsin, das Protein spaltende Enzym des Magensafts, hat ein pH-Optimum von 1,8 bis 3,8. Es spaltet die Aminosäureketten von Proteinen vorwiegend an aromatischen Aminosäuren. So werden etwa 15 Prozent der Nahrungsproteine im Magen zu Oligopeptiden hydrolysiert.

Enzyme, die wie Pepsin Peptidbindungen innerhalb einer Aminosäurekette spalten, nennt man **Endopeptidasen.** Sie setzen in der Regel an spezifischen Aminosäuren innerhalb der Aminosäurekette an. Als Produkt der Spaltung erhält man Oligopeptide. Eine Untergruppe von Endopeptidasen, die **Oligopeptidasen,** sind auf kürzere Peptide als Substrat spezialisiert und spalten Oligopeptide weiter auf. Im Gegensatz zu Endopeptidasen lösen **Exopeptidasen** endständige Peptidbindungen. Dabei entstehen als Produkte freie Aminosäuren. Exopeptidasen, die am Aminoende von Aminosäureketten ansetzen, heißen **Aminopeptidasen. Carboxypeptidasen** spalten Aminosäuren vom Carboxyl-Ende der Kette ab.

Beim Eintritt in den Zwölffingerdarm wird Pepsin durch den dort herrschenden pH-Wert von 8 bis 9 inaktiviert. Dafür spalten die im Bauchspeichel enthaltenen Endopeptidasen Trypsin, Chymotrypsin und Elastase Nahrungsproteine in kurze Peptide. Bauchspeichel enthält zudem Amino- und Carboxpeptidasen, die von beiden Enden der Peptide Aminosäuren freisetzen. Durch diese Vorgänge entstehen neben freien Aminosäuren Oligopeptide mit maximal acht Aminosäuren. Ihre Verdauung wird durch Oligopeptidasen und Aminopeptidasen, die von den Darmwandzellen abgegeben werden, fortgesetzt. Die Oligopeptide werden zu etwa 35 Prozent in Aminosäuren und circa 65 Prozent in Di- und Tripeptide zerlegt.
Aminosäuren, Di- und Tripeptide werden über Carrier aus dem Darmlumen in die Darmwandzellen aufgenommen. Di- und Tripeptide werden dort durch cytoplasmatische Aminopeptidasen zu Aminosäuren hydrolysiert und anschließend über Carrier ins Blut transportiert.

Im Zwölffingerdarm werden bereits 50 bis 60 Prozent der Spaltprodukte der Nahrungsproteine resorbiert. Bis zum Ende des Dünndarms sind 90 Prozent des Proteins verdaut. Unverdautes Protein wird anschließend im Dickdarm durch Bakterien abgebaut.

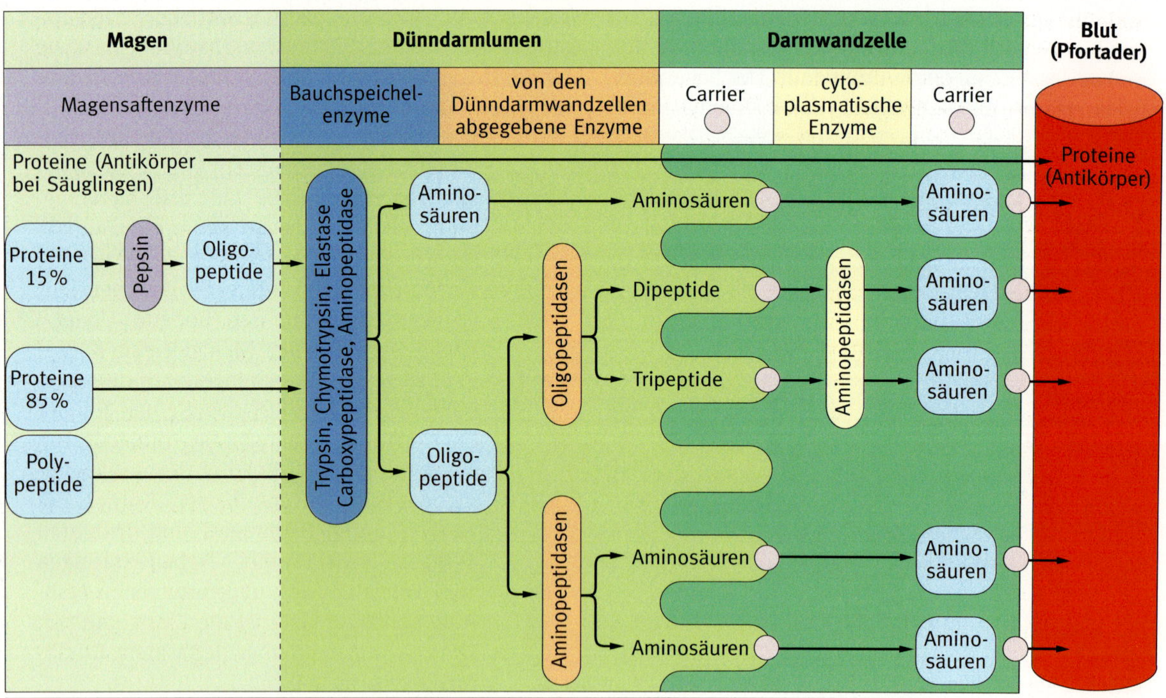

92.2 Resorption der Produkte der Proteinverdauung

2.5 Resorption von Wasser, Mineralsalzen und Vitaminen

Die mit der Nahrung aufgenommene Flüssigkeit sowie die Sekrete des Magens, der Leber und der Bauchspeicheldrüse werden im Dünndarm und Dickdarm resorbiert. Täglich passieren durchschnittlich etwa neun Liter Flüssigkeit den Dünndarm. 85 Prozent davon werden im Dünndarm, der Rest fast vollständig im Dickdarm resorbiert. Nur etwa ein Prozent werden mit dem Stuhl ausgeschieden. Die Resorption von Wasser aus dem Darm ist an die Aufnahme von Glucose, Aminosäuren, Di- und Tripeptiden sowie Mineralsalzen gekoppelt. Wasser folgt passiv dem Konzentrationsgradienten, der durch die Aufnahme dieser Stoffe in die Darmwandzellen dort aufgebaut wird.
Mineralsalze und wasserlösliche Vitamine werden zum größten Teil über Carrier in die Darmwandzellen und ins Blut aufgenommen.

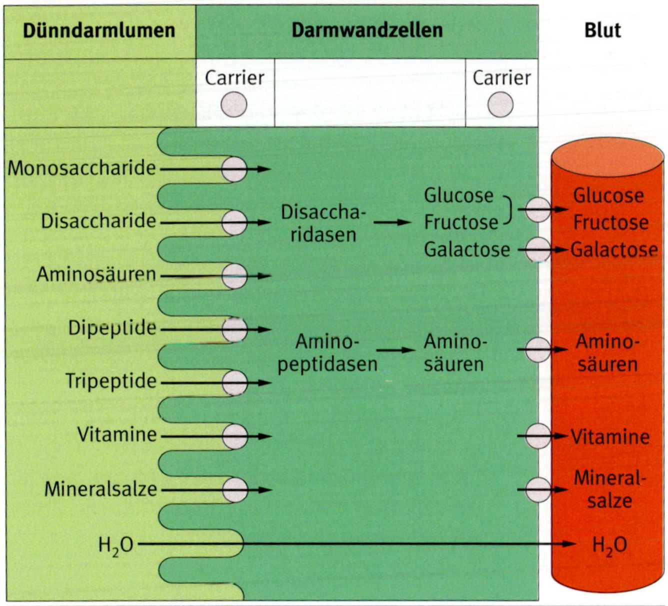

93.1 Dünndarmwand

Beflügelnde Energy-Drinks?

Energy-Drinks sind besonders bei Jugendlichen, Ravern und Sportlern beliebt. Sportler müssen ausreichend Flüssigkeit und Energie zu sich nehmen, um eine frühzeitige Erschöpfung zu vermeiden. Daher sind gerade für sie die Idee „Flüssigkeit und Energie aus einer Flasche“ und das Werbeversprechen „Steigerung der Leistungsfähigkeit“ verlockend.
Abgesehen von Wasser enthalten die meisten Energy-Drinks hauptsächlich Zucker und Koffein. Zucker dient als Energielieferant, während Koffein das zentrale Nervensystem anregt. Der Zuckergehalt von Energy-Drinks beträgt etwa elf Prozent, das entspricht etwa 468 Kilojoule pro 250-Milliliter-Dose. Bezüglich des Energiegehalts unterscheiden sich Energy-Drinks nicht von Limonaden oder Fruchtsäften. Aber sie enthalten in der Regel etwa doppelt so viel Koffein wie Cola-Getränke. Guarana, ein weiterer Bestandteil, liefert zusätzlich noch natürliches Koffein. In geringen Konzentrationen wirkt Koffein anregend auf die geistige Leistungsfähigkeit. In höheren Konzentrationen kann es aber zu unerwünschten Nebenwirkungen wie Kopfschmerzen, Herzrasen, Unruhe und Schlaflosigkeit führen. Sobald Energy-Drinks mehr Koffein enthalten als Cola-Getränke, muss deshalb auf den Dosen der Hinweis stehen: „Erhöhter Koffeingehalt“. Inwieweit Koffein die körperliche Leistungsfähigkeit steigert, ist umstritten. Da es die Durchblutung im Körper anregt, wird vermutet, dass Muskeln besser mit Sauerstoff und Nährstoffen versorgt werden. Koffein steigert gleichzeitig die Ausscheidung von Flüssigkeit, und das ist gerade für Sportler nicht unbedenklich.
Auch sind in Energy-Drinks oft Taurin, Inosit und Glucuronolacton enthalten. Die belebende Wirkung dieser Inhaltsstoffe ist wissenschaftlich nicht hinreichend belegt. Taurin kann die Aufnahme und Wirkung anderer Substanzen wie Koffein, Alkohol und Medikamente verstärken. Problematisch wird Taurin in höheren Konzentrationen, da es auch die Wasserausscheidung verstärkt.
Daneben enthalten viele Energy-Drinks verschiedene Vitamine und Mineralsalze. Für Menschen, die sich ausreichend und abwechslungsreich ernähren, besteht kein Risiko eines Vitamin- und Mineralsalzmangels. Ihre sportliche Leistung wird daher auch nicht durch solche Zusätze positiv beeinflusst. Ausreichendes Trinken ist für die Leistungsfähigkeit sehr wichtig. Getränke für Sportler müssen die durch das Schwitzen bedingten Wasserverluste schnell ausgleichen. Das heißt, die Flüssigkeit muss schnell aus dem Darm in den Blutkreislauf aufgenommen werden. Zuckerreiche Getränke, wie Energy-Drinks, eignen sich nicht zum schnellen Ausgleich von Flüssigkeitsverlusten. Sie werden erst in tieferen Darmabschnitten und damit verzögert aufgenommen.

ÖKOTROPHOLOGIE

2.6 Leber – das zentrale Stoffwechselorgan

Die **Leber** ist das zentrale Organ des Stoffwechsels. Die im Darm resorbierten Nahrungsbestandteile gelangen über die Pfortader zur Leber und werden dort um- oder abgebaut. Außerdem synthetisiert die Leber verschiedene Stoffe wie Lipoproteine und Hormone. Sie ist Speicherort für Stoffe wie Glykogen und Vitamine und dient der Entgiftung und Ausscheidung von körpereigenen und körperfremden Stoffen. Zudem ist sie die größte Verdauungsdrüse und synthetisiert die Gallenflüssigkeit.

Im Rahmen des **Proteinstoffwechsels** werden in der Leber Aminosäuren abgebaut, zu anderen Aminosäuren umgebaut und zur Proteinsynthese genutzt. So ist die Leber daran beteiligt, dass der Aminosäurespiegel im Blut relativ konstant bleibt. Sie synthetisiert außerdem eine Reihe wichtiger Proteine wie zum Beispiel die Blutplasmaproteine und Blutgerinnungsfaktoren. Beim Protein- und Aminosäureabbau entsteht Ammoniak. Dieses Zellgift wird in der Leber in den weniger giftigen Harnstoff umgebaut und gelangt mit dem Blut zu den Nieren.

Glucose wird in der Leber zu Glucose-6-phosphat phosphoryliert. Dieses Molekül spielt im **Kohlenhydratstoffwechsel** eine zentrale Rolle. Aus Glucose-6-phosphat kann Glykogen aufgebaut und in der Leber gespeichert werden. Sinkt der Blutzuckerspiegel, wird Glykogen in Glucose umgewandelt und den Körperzellen über das Blut zur Verfügung gestellt. In Hungerphasen bauen Leberzellen Stoffe wie Glycerin und Aminosäuren zu Glucose um und geben sie ins Blut ab, sodass der Blutzuckerspiegel nicht lebensbedrohend abfällt. Hat der Körper im Gegensatz dazu Glucose in großen Mengen aufgenommen, bauen Leberzellen Glucose-6-phosphat zu Glycerin und Fettsäuren um und synthetisieren daraus Fette.

Auch im **Lipidstoffwechsel** spielt die Leber eine zentrale Rolle. Fettsäuren aus der Nahrung werden in der Leber verlängert oder verkürzt und zur Synthese von Phospholipiden, Cholesterin, Gallensäuren und Fetten genutzt. In der Leber aufgebaute Lipide können dort gespeichert werden oder als Lipoproteine mit dem Blut zum Fettgewebe transportiert werden. Im Hungerzustand bauen Leberzellen in erhöhtem Maße Fettsäuren ab. Dabei entsteht in großen Mengen Acetyl-CoA, das nicht so schnell im Citratzyclus abgebaut werden kann. So bilden die Leberzellen daraus Ketone und geben diese ins Blut ab. Zellen des Herzmuskels, der Nieren und des Nervensystems können Ketone zwar abbauen und bei Glucosemangel ihren Energiebedarf damit decken, aber höhere Keton-Konzentrationen im Blut sind Zeichen einer schweren Stoffwechselentgleisung und führen zum Koma.

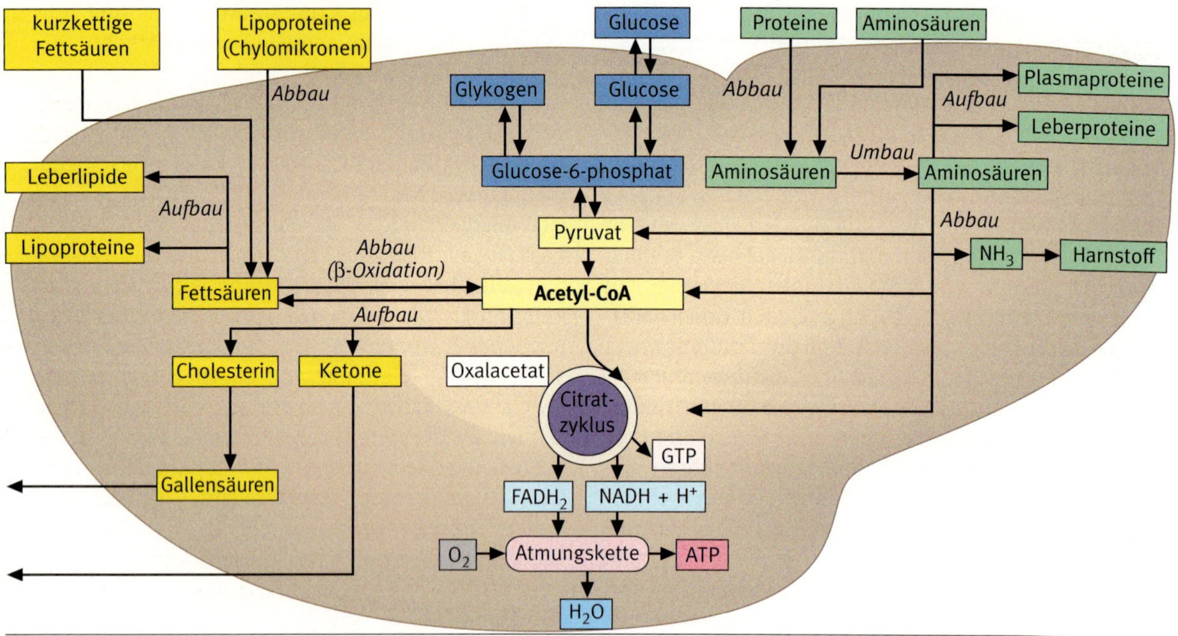

94.1 Wesentliche Stoffwechselwege in der Leber

2.7 Die Bauchspeicheldrüse

Die etwa 18 Zentimeter lange und drei Zentimeter dicke Bauchspeicheldrüse liegt in der hinteren Bauchhöhle unterhalb des Magens. Sie ist aus vielen Drüsenläppchen aufgebaut, die von verzweigten Gängen durchzogen sind. Diese enden in einem Ausführgang, der oft gemeinsam mit dem Gallengang in den Zwölffingerdarm mündet. Die Bauchspeicheldrüse bildet pro Tag etwa 1,5 Liter Bauchspeichel, der die Protein spaltenden Enzyme Trypsin, Chymotrypsin, Carboxypeptidasen und Aminopeptidasen enthält. Als fettspaltende Enzyme sind Lipasen, Phospholipasen und Esterasen im Bauchspeichel vorhanden. Außerdem kommen kohlenhydratspaltende Amylasen darin vor, sowie Ribonuclease und Desoxyribonuclease, Enzyme, die Nukleinsäuren abbauen. Neben den Enzymen produziert die Bauchspeicheldrüse Hormone. Die hormonproduzierenden Zellen liegen wie kleine Inseln mitten im übrigen Drüsengewebe. Deshalb werden sie nach ihrem Entdecker **LANGERHANS-Inseln** genannt. In ihnen findet man drei verschiedene Arten von Zellen: A-Zellen, die das Hormon Glucagon produzieren, B-Zellen, die das Hormon Insulin bilden, und D-Zellen. Diese produzieren das Hormon Somatostatin, welches hemmend auf die Sekretion von Magensaft und Bauchspeichel wirkt.

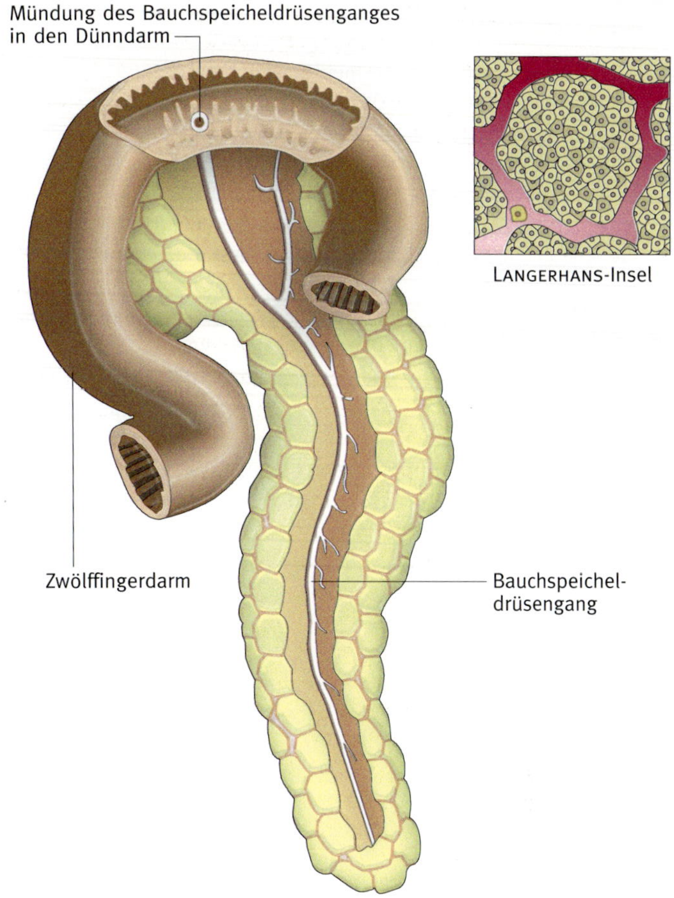

95.1 Bauchspeicheldrüse, angeschnitten

Hepatitis

Appetitlosigkeit, Übelkeit, Schmerzen im rechten Oberbauch, Dunkelfärbung des Urins, Hellfärbung des Stuhls und schließlich eine Gelbfärbung der Haut sind Symptome einer Leberentzündung, auch **Hepatitis** genannt. Sie wird am häufigsten durch Alkohol oder Viren verursacht. Durch den Abbau von Alkohol in den Leberzellen werden diese geschädigt. Beim Alkoholmissbrauch entwickelt sich zunächst eine Fettleber, bei der vermehrt Fette in Leberzellen eingelagert werden und sie in ihrer Funktion hemmen. Später kommt es dann immer wieder zu Leberentzündungen. Die dabei zu Grunde gehenden Leberzellen werden durch Bindegewebe ersetzt. So entwickelt sich die zum Tode führende **Leberzirrhose,** auch Leberschrumpfung genannt, bei der die Leber allmählich völlig versagt.

Hepatitis-Viren befallen Leberzellen, vermehren sich in ihnen und zerstören sie. Zurzeit sind mindestens sechs verschiedene Hepatitis-Viren bekannt, die mit Buchstaben bezeichnet werden. Hepatitis A und E treten nur akut auf und klingen nach einigen Wochen wieder ab. Bei Hepatitis B, C und D kann die Leberentzündung chronisch werden. Das Immunsystem des Infizierten ist dann nicht in der Lage, die eingedrungenen Viren zu vernichten. In manchen chronischen Fällen bleibt die Leber funktionsfähig. In anderen Fällen dagegen entwickelt sich allmählich eine Leberzirrhose. Durch Medikamente lässt sich die Vermehrung der Viren in der Leber hemmen, aber in nur wenigen Fällen endgültig vernichten.

Die Übertragung von Hepatitis-A- und -E-Viren kann sowohl durch den engen Kontakt mit infizierten Personen als auch durch verunreinigtes Trinkwasser oder Nahrungsmittel erfolgen. Hepatitis-B-, -C- und -D-Viren werden über Körperflüssigkeiten, wie Blut und Sperma, übertragen.

MEDIZIN

Ernährung und Verdauung

1 Eine wichtige Untersuchungsmethode zur Resorption von Nährstoffen durch die Darmwand ist die Verwendung isolierter Darmabschnitte von Tieren, zum Beispiel von Hamstern oder Ratten. Das Darmstück wird mit einer zu untersuchenden Lösung gefüllt und an beiden Enden abgebunden. Wenn es in eine Lösung gehängt und mit Sauerstoff umspült wird, arbeiten die Darmwandzellen eine Zeit lang genauso wie ein Darmstück im Organismus. Aus dem Darm und der umgebenden Lösung können Proben entnommen und analysiert werden.

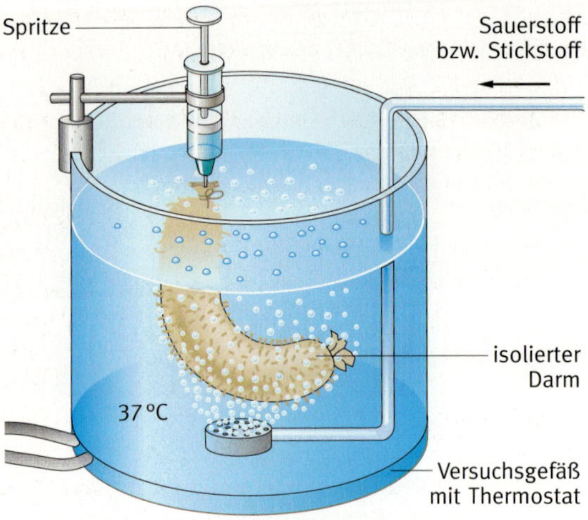

a) In einem Versuch wurden sowohl der Darm als auch das Versuchsgefäß mit Glucose-Lösungen der gleichen Konzentration gefüllt. Im ersten Versuchsteil wurde das Darmstück mit Sauerstoff, im zweiten Versuchsteil mit Stickstoff umspült, sodass aerobe oder anaerobe Bedingungen vorlagen. Nach einer Versuchsdauer von etwa 100 Minuten wurden im Darm und in der umgebenden Lösung die Glucose-Konzentrationen bestimmt. Beschreiben und erklären Sie die Versuchsergebnisse, die in der folgenden Grafik dargestellt sind.

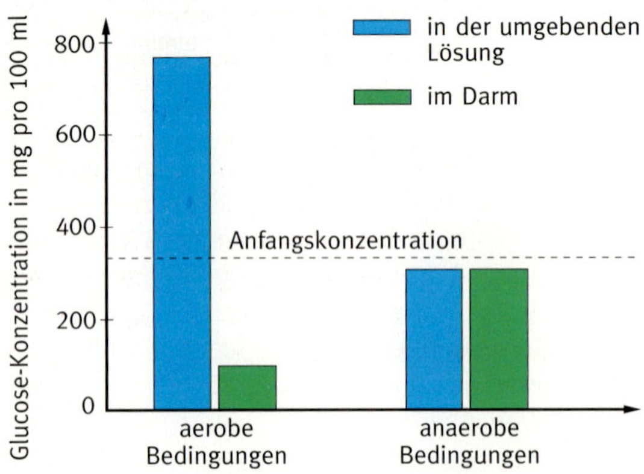

b) Welche Versuchsergebnisse erwarten Sie, wenn man die Temperatur im Untersuchungsbad um 10 °C senken beziehungsweise um 10° C erhöhen würde? Begründen Sie Ihre Erwartungen.

c) Planen Sie einen Versuch, um mit einem isolierten Darmstück zu untersuchen, ob Fructose und Galactose durch denselben Carrier wie Glucose transportiert werden und ob Fructose und Galactose durch aktiven oder passiven Transport resorbiert werden.

2 Die Lactose-Intoleranz ist auf einen Mangel oder das Fehlen von Lactase zurückzuführen. Infolge dieses Enzymmangels kann Lactose nur unvollständig beziehungsweise gar nicht gespalten werden und gelangt in tiefere Darmabschnitte, in denen sie dann durch Bakterien verstoffwechselt wird. Dies führt zu Darmkrämpfen, Blähungen und Durchfall. Um zu überprüfen, ob ein Mensch an einem Lactasemangel leidet, muss er 50 g Lactose zu sich nehmen; eine Menge, die in etwa einem Liter Milch enthalten ist. Die folgende Abbildung zeigt die Veränderungen der Blutglucose-Konzentration im Lactose-Test bei einer gesunden Versuchsperson und einem Patienten mit einem Lactasemangel.

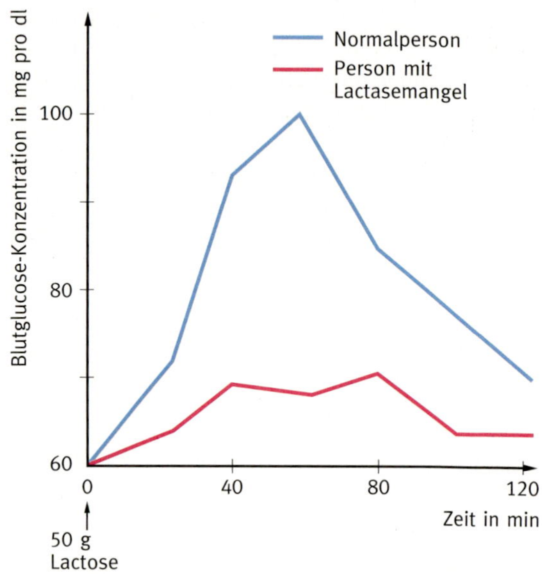

a) Erklären Sie die Blutglucose-Konzentrationen der Personen nach der Lactoseaufnahme.

b) Zur Kontrolle des Ergebnisses verabreicht man den Patienten einige Zeit später 25 g Glucose und 25 g Galactose. Geben Sie begründet an, welches Untersuchungsergebnis Sie bei einem Gesunden und bei einem Menschen mit einer Lactose-Intoleranz bei dieser Untersuchung erwarten.

3 Für die Berechnung der biologischen Wertigkeit (BW) eines Nahrungsproteins betrachtet man das durchschnittliche Vorkommen der essenziellen Aminosäuren in Körperproteinen jeweils als 100 %. Im Milchprotein ist Threonin im Verhältnis zum Threoningehalt in Körperproteinen nur zu 91 % vorhanden. Milchprotein kann daher nur zu 91 % zu Körperprotein umgebaut werden. Die restlichen Aminosäuren werden in der Leber zum Energiegewinn abgebaut. Threonin begrenzt die biologische Wertigkeit von Milchprotein. Man bezeichnet es deshalb als limitierende Aminosäure von Milchprotein.

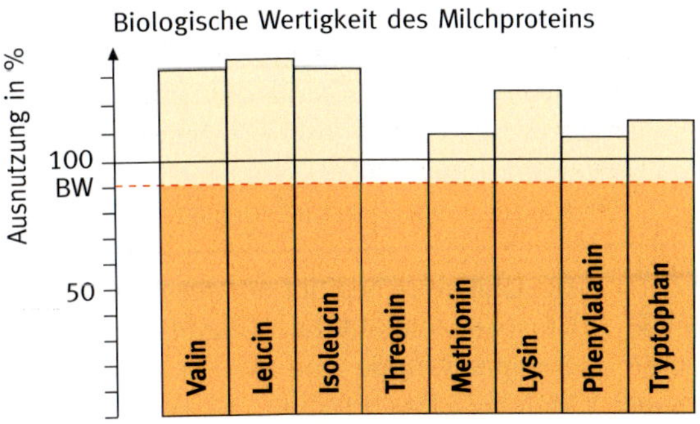

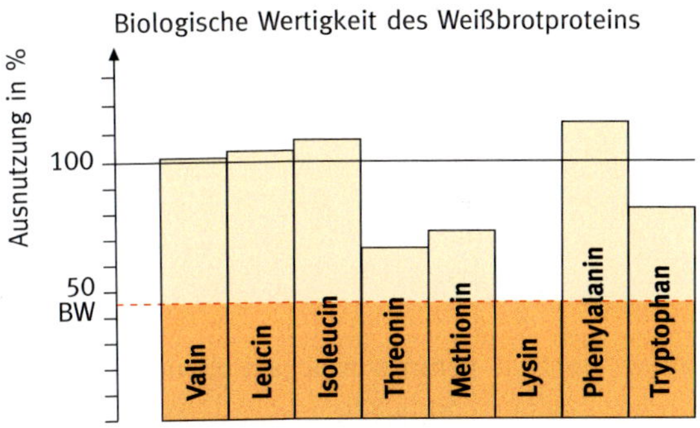

a) Erklären Sie anhand der obigen Abbildung die biologische Wertigkeit von Weißbrotprotein.

b) Proteine der Gelatine enthalten kein Threonin. Wie hoch ist die biologische Wertigkeit des Proteins?

c) Berechnen Sie für zwei Nahrungsmittelproteine aus der Tabelle unten jeweils die limitierende Aminosäure.

4 Bei einer gemischten Kost werden Aminosäuren gleichzeitig im Darm resorbiert und können gemeinsam zum Aufbau von Körperproteinen genutzt werden. Hierdurch ergänzen sich die Nahrungsproteine gegenseitig, wenn sie unterschiedliche limitierende Aminosäuren besitzen. Unter Berücksichtigung dieses Ergänzungswertes der Proteine kann zum Beispiel ein Veganer, der keine tierischen Nahrungsmittel zu sich nimmt, seinen Proteinbedarf decken. Erklären Sie die Ergänzungswirkung von Milch- und Weißbrotprotein anhand der Abbildung.

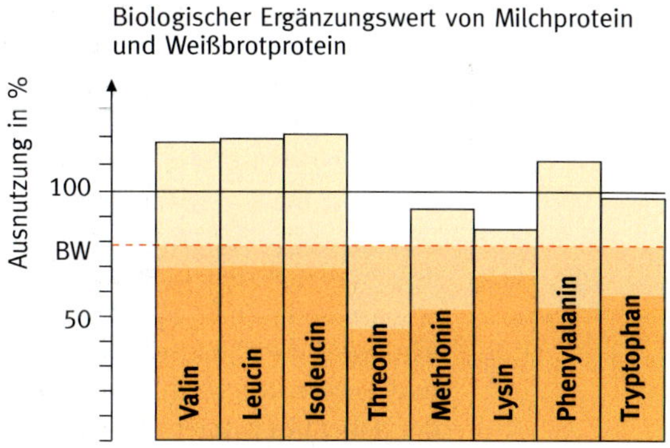

5 Kombiniert man verschiedene Nahrungsproteine in unterschiedlichen Verhältnissen miteinander, so braucht ein Mensch von diesen Proteinmischungen unterschiedliche Mengen, um seinen Proteinbedarf zu decken. Mischt man zum Beispiel Sojaprotein und Eiprotein im Verhältnis 60 zu 40, so braucht ein Mensch von diesem Gemisch nur 0,4 g pro Kilogramm Körpergewicht. Erklären Sie, warum die Proteine in einem bestimmten Verhältnis miteinander kombiniert werden müssen, um den Minimalbedarf zu erreichen.

Nahrungsprotein in %	Valin	Leucin	Isoleucin	Threonin	Methionin	Lysin	Phenylalanin	Tryptophan
Kartoffelprotein	5,37	5,85	4,20	3,85	1,51	5,85	4,39	1,51
Bohnenprotein	5,44	5,86	4,60	3,89	1,42	5,86	3,05	1,13
Weizenprotein	4,62	6,75	4,36	2,91	1,54	2,74	4,96	1,28
Weißbrotprotein	5,12	7,80	5,00	3,29	1,71	2,68	5,49	1,07
Rindfleischprotein	5,53	8,19	5,21	4,41	2,50	8,72	4,10	1,17
Schweinefleischprotein	5,18	7,38	5,11	4,61	2,48	8,23	3,97	1,28
Eiprotein	8,14	8,45	7,13	3,95	5,27	5,27	5,81	1,40
Milchprotein	6,87	10,45	6,27	4,48	2,51	7,76	5,07	1,49
Körperprotein in %	**5,06**	**7,46**	**4,59**	**4,91**	**2,27**	**6,08**	**4,71**	**1,29**

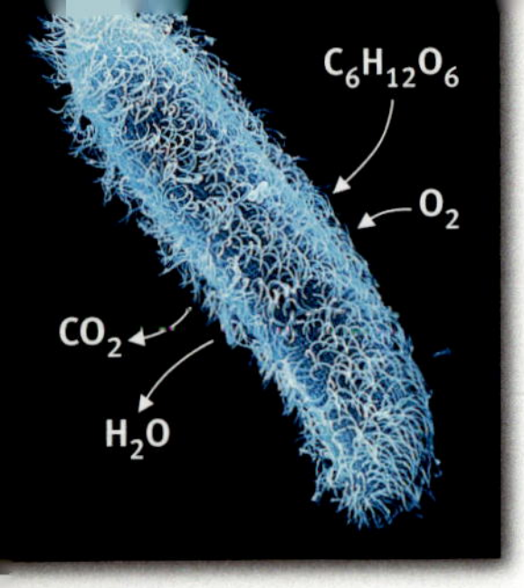

Intrazellulärer Abbau energiereicher Stoffe

1 Abbau von Glucose

Glucose ist der hauptsächliche Energielieferant der Zellen. Die Energie wird bei der Oxidation von Glucose mit Sauerstoff zu Kohlenstoffdioxid und Wasser freigesetzt. Der gesamte Vorgang wird als **Zellatmung** bezeichnet. Pro Glucose-Molekül gehen auch sechs Wasser-Moleküle in die Reaktion ein. Die Bilanzgleichung lautet:

$$C_6H_{12}O_6 + 6\,O_2 + 6\,H_2O \rightarrow 6\,CO_2 + 12\,H_2O; \quad \Delta G = -2870\ kJ/mol.$$

Die freigesetzte Energie von 2870 Kilojoule pro Mol Glucose dient zur Bildung von bis zu 36 Mol ATP; der Rest wird in Wärme umgewandelt. Man unterteilt die Zellatmung in drei Phasen: Im Verlaufe von **Glykolyse** und **Citratzyklus** wird die Glucose schrittweise zu Wasser und Kohlenstoffdioxid zerlegt. Ein großer Teil der dabei frei werdenden Energie wird zur Reduktion von NAD^+ und FAD zu $NADH + H^+$ und $FADH_2$ genutzt. Diese Moleküle dienen in der dritten Phase, der **Atmungskette,** zur Reduktion von Sauerstoff zu Wasser. Dabei wird Energie in Form von ATP gespeichert.

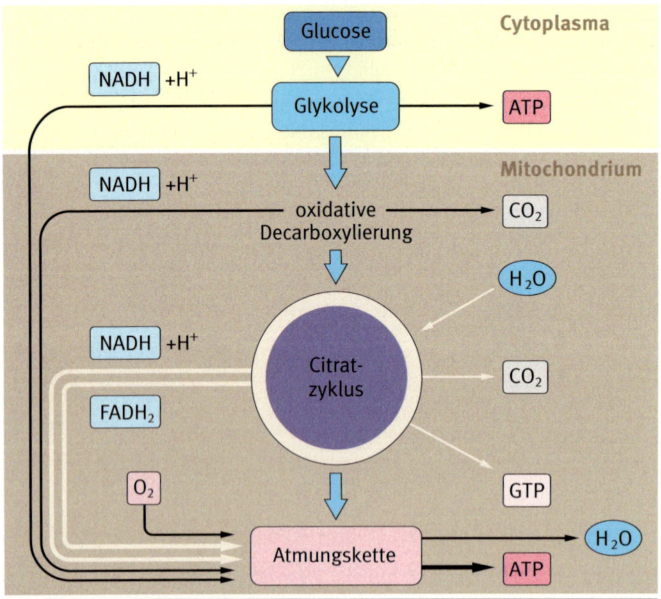

98.1 Abbau von Glucose (Übersicht)

1.1 Glykolyse

Der erste Abschnitt des Glucoseabbaus, die **Glykolyse,** findet im Cytoplasma außerhalb der Mitochondrien statt. Im Verlaufe der Glykolyse werden aus einem Molekül Glucose zwei Moleküle Brenztraubensäure gebildet, die in der Zelle in Form ihres Säurerest-Anions, dem Pyruvat, vorliegt.

Die Glykolyse beginnt mit der Aktivierung des Glucose-Moleküls durch die Übertragung einer Phosphatgruppe von ATP auf ein Glucose-Molekül. Das Produkt, Glucose-6-phosphat, wird anschließend in sein Isomer Fructose-6-phosphat umgelagert. Durch Übertragung einer zweiten Phosphatgruppe von ATP auf Fructose-6-phosphat entsteht Fructose-1,6-bisphosphat. Diese Hexose wird im folgenden Schritt in zwei Triosen gespalten: Glycerinaldehyd-3-phosphat und Dihydroxyacetonphosphat. Diese Verbindungen sind isomer und stehen miteinander im chemischen Gleichgewicht. Das für den folgenden Reaktionsschritt verantwortliche Enzym, die Glycerinaldehyd-3-phosphat-Dehydrogenase, kann jedoch nur Glycerinaldehyd-3-phosphat binden. Eine Isomerase katalysiert die Umwandlung von Dihydroxyacetonphosphat in Glycerinaldehyd-3-phosphat und macht damit auch Dihydroxyacetonphosphat für die weiteren Schritte der Glykolyse nutzbar.

Die Glycerinaldehyd-3-phosphat-Dehydrogenase bewirkt zwei Reaktionen: Durch die Übertragung von zwei Elektronen, denen zwei Protonen folgen, wird Glycerinaldehyd-3-phosphat oxidiert und NAD^+ zu $NADH + H^+$ reduziert. Dabei wird Energie frei. Diese wird genutzt, um eine in der Zellflüssigkeit gelöste anorganische Phosphatgruppe an das Substrat zu binden. Es entsteht 1,3-Bisphosphoglycerat. Die Phosphatgruppe wird nun unter Bildung von 3-Phosphoglycerat auf ADP übertragen. Da dieser Vorgang pro Glucose-Molekül zweimal stattfindet, werden hierdurch die zwei Moleküle ATP zurückgewonnen, die in den ersten Schritten der Glykolyse investiert wurden. 3-Phosphoglycerat reagiert nun über zwei Zwischenstufen weiter bis zum Pyruvat. Beim letzten Schritt wird wiederum ATP gebildet, indem die verbliebene Phosphatgruppe vom Substrat auf ADP übertragen wird. Da auch diese Reaktion pro Glucose-Molekül zweimal abläuft, werden in der Bilanz der Glykolyse insgesamt zwei ATP-Moleküle pro Glucose-Molekül gewonnen. Zusätzlich wird Energie in Form von zwei Molekülen NADH $+ H^+$ gespeichert.

Die Zelle kann auf Schwankungen im Energiebedarf durch Regulation des Glucoseabbaus reagieren. Dazu wird die Aktivität verschiedener Enzyme, die am Glucoseabbau beteiligt sind, je nach Bedarf erhöht oder verringert. Das wichtigste regulatorische Enzym der Glykolyse ist die Phosphofructokinase. Dieses Enzym wird durch eine hohe ATP-Konzentration gehemmt. ATP kann als negativer Effektor an das allosterische Zentrum des Enzyms binden und die Affinität des Enzyms zum Substrat senken (Allosterie vom K-Typ). ADP und AMP können als positive Effektoren an das allosterische Zentrum binden und die Affinität des Enzyms zum Substrat erhöhen.

1 Erläutern Sie anhand der Abbildung 99.1 die Wirkung von AMP, ADP und ATP auf die Phosphofructokinase. Erläutern Sie, wie sich die Zelle durch Regulation der Phosphofructokinase auf einen veränderten Energiebedarf einstellt.

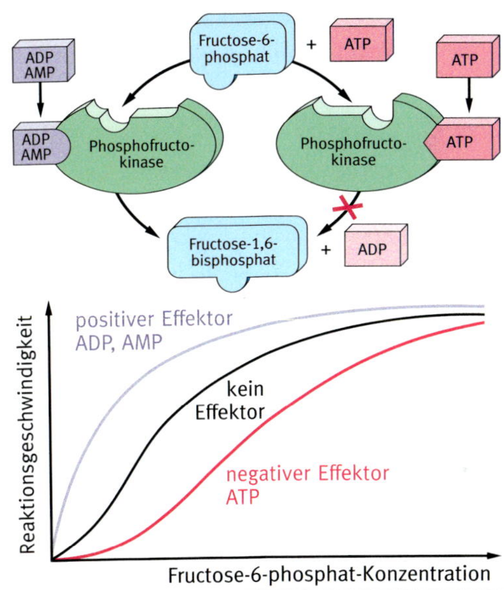

99.1 Regulation der Phosphofructokinase

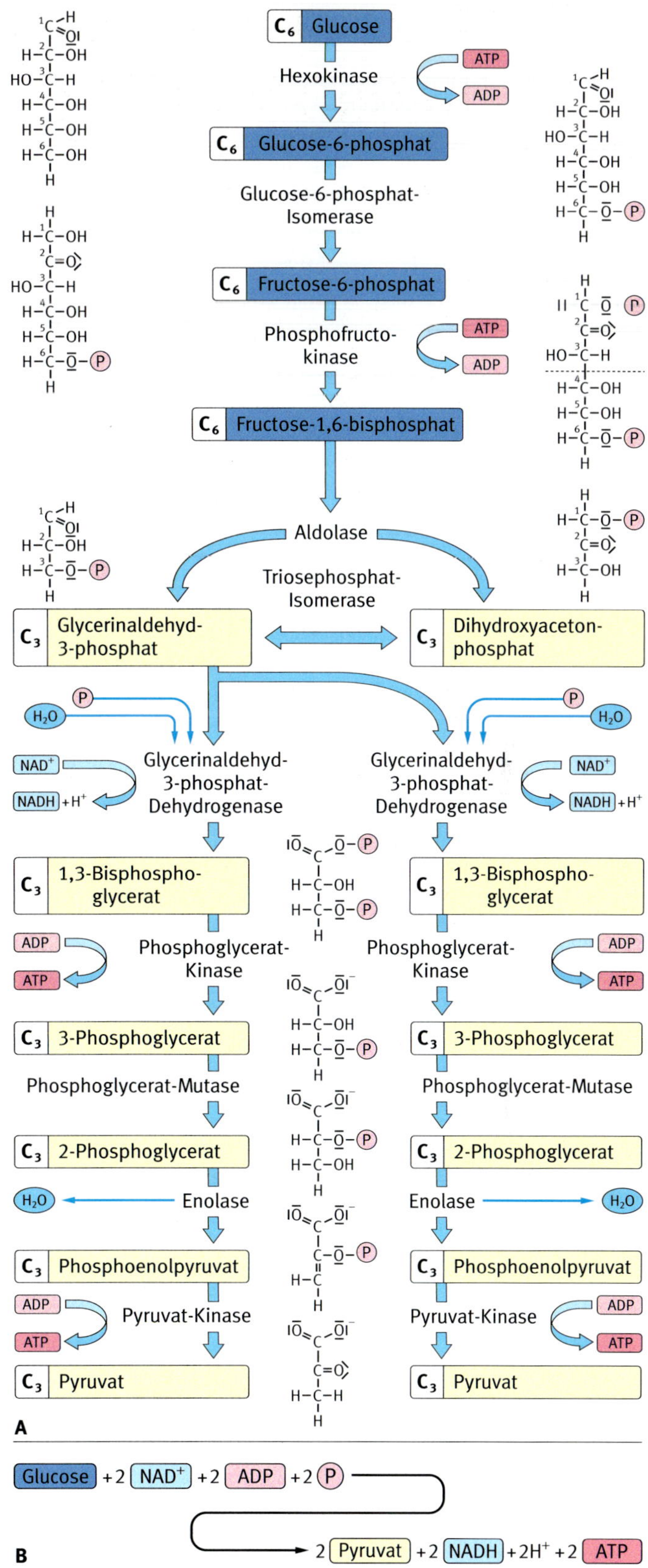

99.2 Glykolyse. A Schema; **B** Bilanzgleichung

1.2 Citratzyklus

In der Glykolyse wird ein Molekül Glucose zu zwei Molekülen Pyruvat abgebaut. Dieser Abbauprozess liefert nur sehr wenig Energie; über 95 Prozent des Energiegehaltes des Glucose-Moleküls sind im Pyruvat noch vorhanden. Der weitere Abbau des Pyruvats findet in den Mitochondrien, und zwar in der Mitochondrienmatrix, statt. Er läuft dort in einem Kreisprozess ab, der mit dem Citrat, dem Säurerest-Anion der Citronensäure, beginnt. Nach dieser Verbindung wird der Kreisprozess **Citratzyklus** oder **Citronensäurezyklus** genannt.

In den Mitochondrien wird Pyruvat letztendlich in drei Moleküle Kohlenstoffdioxid gespalten, die über die Atmung den Körper verlassen. Die erste Abspaltung von Kohlenstoffdioxid (Decarboxylierung) erfolgt noch vor dem Citratzyklus. Direkt nach dieser Reaktion wird das vom Pyruvat verbleibende Ion durch Entzug zweier Elektronen oxidiert. Der gesamte Reaktionsschritt ist somit eine **oxidative Decarboxylierung.** Die von zwei Protonen begleiteten Elektronen werden auf NAD^+ übertragen, das dadurch zu $NADH + H^+$ reduziert wird. Es entsteht Acetat, das Säurerest-Anion der Essigsäure. Dieses wird als Acetylgruppe auf ein Coenzym A (CoA) übertragen und in dieser aktivierten Form in den Citratzyklus eingeschleust.
Im Citratzyklus wird die Acetylgruppe zu zwei Molekülen Kohlenstoffdioxid oxidiert. Dazu wird sie zuerst unter Abspaltung von CoA an einen Akzeptor mit vier Kohlenstoff-Atomen, das Oxalacetat, gebunden. Reaktionsprodukt ist das Citrat. Eine isomere Verbindung des Citrats, das Isocitrat, wird dann oxidativ zu α-Ketoglutarat decarboxyliert. Dabei wird NAD^+ zu $NADH + H^+$ reduziert. Anschließend wird das zweite Kohlenstoffdioxid-Molekül abgespalten, wobei wiederum $NADH + H^+$ gebildet wird. Das Produkt dieser Reaktion wird an ein Coenzym A geknüpft. Es entsteht Succinyl-CoA. Das Coenzym A wird in einem weiteren Reaktionsschritt durch eine Phosphatgruppe ersetzt, die danach auf Guanosindiphosphat (GDP) übertragen wird. Es bilden sich Succinat, das Säurerest-Anion der Bernsteinsäure, und Guanosintriphosphat (GTP), eine dem ATP vergleichbare energiereiche Verbindung. Aus Succinat wird über Fumarat und Malat schließlich der Akzeptor des Citratzyklus, das Oxalacetat, regeneriert. Dabei wird ein Molekül FAD (Flavinadenindinucleotid) zu $FADH_2$ und noch einmal NAD^+ zu $NADH + H^+$ reduziert. Insgesamt werden beim Abbau eines Pyruvat-Ions ein Molekül GTP, ein Molekül $FADH_2$ und vier Moleküle $NADH + H^+$ gebildet.

Der Citratzyklus ist für den Stoffwechsel von zentraler Bedeutung. Er ist neben dem Glucoseabbau auch am oxidativen Abbau von Fettsäuren und Aminosäuren beteiligt. Außerdem dienen Zwischenprodukte des Citratzyklus als Vorstufen für viele Biosynthesewege. So können vor allem Oxalacetat und α-Ketoglutarat als Ausgangsstoffe zur Synthese von Aminosäuren genutzt werden.

1 Erläutern Sie, wie radioaktive Kohlenstoffisotope (^{14}C) zur Aufklärung von Stoffwechselwegen eingesetzt werden können.

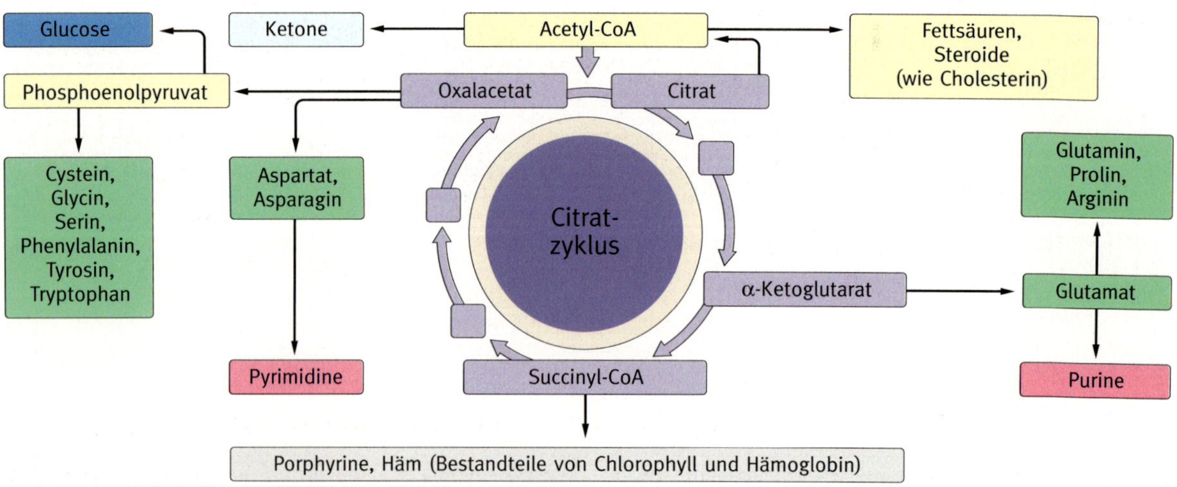

100.1 Der Citratzyklus als Ausgangspunkt für Biosynthesewege

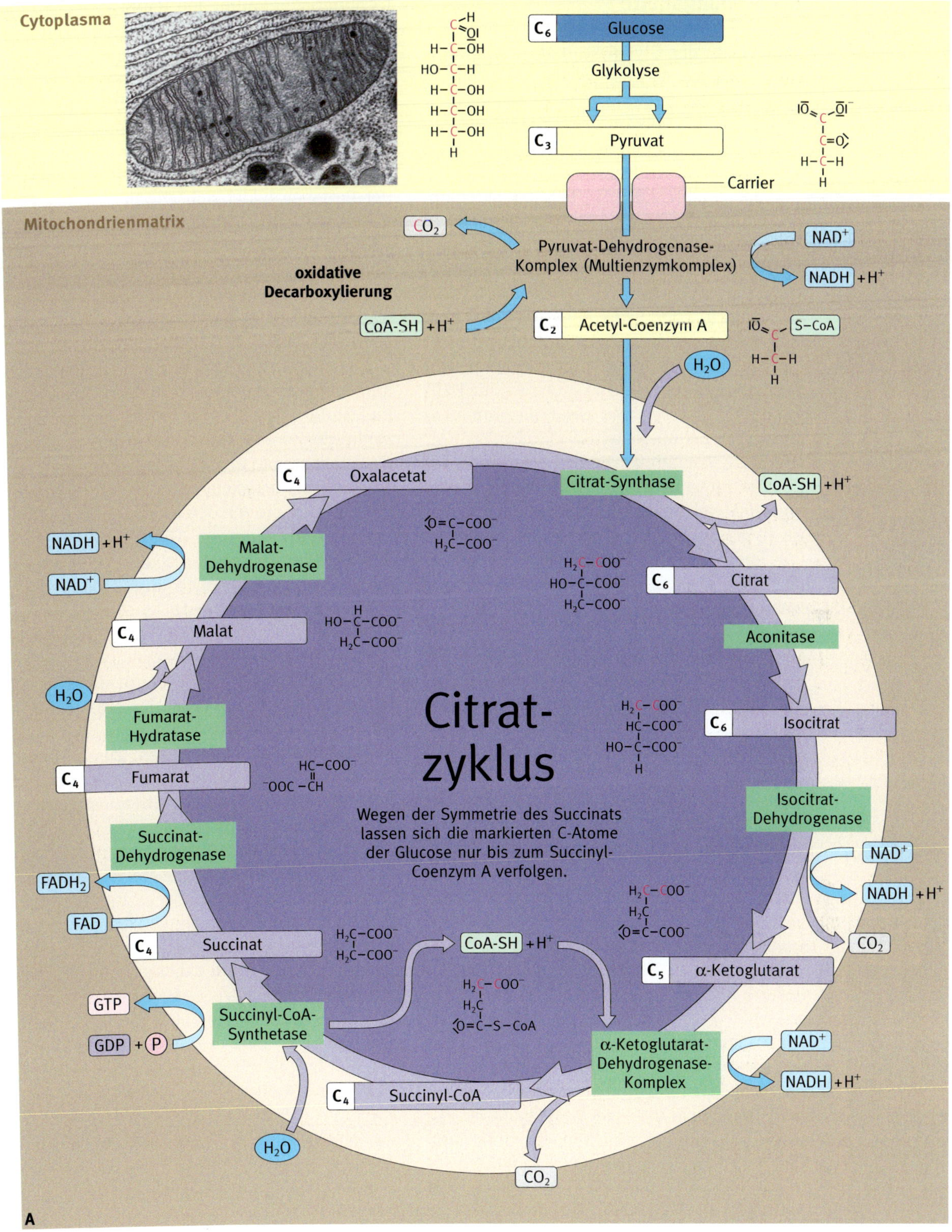

B

$$2\ \text{Pyruvat} + 8\ NAD^+ + 2\ FAD + 6\ H_2O + 2\ GDP + 2\ P \longrightarrow 6\ CO_2 + 8\ NADH + 8H^+ + 2\ FADH_2 + 2\ GTP$$

101.1 Der Citratzyklus (rot: Kohlenstoff-Atome aus dem ursprünglichen Glucose-Molekül). **A** Schema; **B** Bilanzgleichung für beide Pyruvat-Ionen aus dem Abbau eines Glucose-Moleküls (inklusive der oxidativen Decarboxylierung von Pyruvat)

1.3 Atmungskette

Im Verlaufe der Glykolyse und des Citratzyklus wird das Glucose-Molekül gemeinsam mit sechs Wasser-Molekülen in Kohlenstoffdioxid und Wasserstoff zerlegt. Der Wasserstoff wird zur Reduktion von insgesamt zwei Molekülen FAD und zehn Molekülen NAD^+ zu $FADH_2$ und $NADH + H^+$ benutzt. Diese tragen dann einen großen Teil der chemischen Energie aus der Glucose. Ein kleiner Teil der Energie des Glucose-Moleküls wird in je zwei Molekülen ATP und GTP gespeichert. GTP ist aus energetischer Sicht dem ATP gleichzusetzen. Sauerstoff aus der Atemluft wird nicht umgesetzt. Die Sauerstoff-Atome des produzierten Kohlenstoffdioxids stammen zur Hälfte aus der Glucose und zur Hälfte aus dem Wasser der Zellflüssigkeit.

Das letzte Stadium der Energiegewinnung aus Glucose erfolgt in der **Atmungskette,** die in der inneren Membran der Mitochondrien lokalisiert ist. $FADH_2$ und $NADH + H^+$ werden wieder zu FAD und NAD^+ oxidiert. Die bei dieser Oxidation abgegebenen energiereichen Elektronen werden getrennt von den Protonen auf den Atmungssauerstoff übertragen, sodass Wasser-Moleküle entstehen. Die Reaktion entspricht formal der Knallgasreaktion, bei der Wasserstoff und Sauerstoff explosionsartig zu Wasser reagieren. In der Atmungskette erfolgt die Energiefreisetzung in kleinen Schritten. Dabei wandern die Elektronen über eine Reihe von Elektronentransport-Molekülen. Dazu zählen einige Proteine wie die NADH-Dehydrogenase (FMN), verschiedene Cytochrome sowie das Ubichinon, eine lipidartige Verbindung. Die meisten dieser Verbindungen sind in vier Enzymkomplexen in die innere Mitochondrienmembran eingelagert. Ubichinon kann sich allerdings frei in der Membran bewegen, und Cytochrom c liegt der Membran frei beweglich auf.

Durch abwechselnde Aufnahme und Abgabe von Elektronen wechseln die Elektronentransport-Moleküle der Atmungskette zwischen einem oxidierten und einem reduzierten Zustand hin und her. Es handelt sich also um Redoxsysteme. Die Elektronen wandern auf ihrem Weg von $NADH + H^+$ und $FADH_2$ zum Sauerstoff nacheinander über Redoxsysteme mit immer positiveren Redoxpotentialen. Dabei geben sie portionsweise Energie ab. Mithilfe dieser Energie werden Protonen durch die innere Mitochondrienmembran in den perimitochondrialen Raum, den Raum zwischen der inneren und der äußeren Mitochondrienmembran, gepumpt. Als Protonenpumpen wirken die **Enzymkomplexe** I, III und IV der Atmungskette. Durch die Anhäufung von Protonen im perimitochondrialen Raum entsteht ein Protonengradient an der inneren Mitochondrienmembran. Wegen der positiven Ladung der Protonen bildet sich ein elektrischer Gradient. Man spricht daher von einem **elektrochemischen Gradienten,** der an der inneren Mitochondrienmembran vorliegt. Dadurch befinden sich die Protonen im perimitochondrialen Raum auf einem höheren Energieniveau als in der Matrix der Mitochondrien. Es wird also Energie frei, wenn Protonen aus dem perimitochondrialen Raum zurück in die Matrix fließen. Ein solcher Protonenfluss erfolgt durch zahlreiche Ionenkanäle in der inneren Mitochondrienmembran. Die Ionenkanäle gehören zu Enzymkomplexen, den **ATP-Synthasen.** Diese nutzen die von den Protonen freigesetzte Energie zur Bildung von ATP aus ADP und anorganischem Phosphat. Da diese Phosphorylierung von ADP letztlich durch Oxidationen von $FADH_2$ und $NADH + H^+$ angetrieben wird, nennt man den Vorgang **oxidative Phosphorylierung.** Die oxidative Phosphorylierung ist über den Protonengradienten an der inneren Mitochondrienmembran an die Atmungskette gekoppelt. Da bei diesem Prozess chemische Energie aus Redoxreaktionen zum Aufbau eines osmotischen Protonengradienten genutzt wird, spricht man von einer **Chemiosmose.**

Durch die oxidative Phosphorylierung werden pro Mol NADH maximal drei Mol ATP gebildet. Ein Mol $FADH_2$ liefert nur bis zu zwei Mol ATP, da es über den Enzymkomplex II später in die Atmungskette gelangt. Die Energiebilanz der Zellatmung ergibt sich daher pro Mol Glucose wie folgt: Bei der Glykolyse werden netto zwei Mol ATP gebildet. Im Citratzyklus kommen zwei Mol GTP hinzu. Atmungskette und oxidative Phosphorylierung ergeben aus 2 Mol $FADH_2$ und 10 Mol NADH bis zu 34 Mol ATP. Zwei Mol ATP müssen abgezogen werden, da das NADH aus der Glykolyse unter Energieaufwand in das Mitochondrium transportiert werden muss. Insgesamt werden somit pro Mol Glucose maximal 36 Mol ATP gebildet. Da bei der Phosphorylierung von ADP zu ATP rund 30,5 Kilojoule pro Mol gespeichert werden, bedeutet das eine Energieausbeute von 1098 Kilojoule. Diese Energie steht der Zelle nun in Form von ATP für weitere Stoffwechselprozesse zur Verfügung. Bei der Oxidation von Glucose zu Wasser und Kohlenstoffdioxid im Labor werden rund 2870 Kilojoule pro Mol frei. Der nutzbare Energieanteil der Zellatmung, ihr **Wirkungsgrad,** beträgt also maximal 38 Prozent. Mindestens 62 Prozent der Energie, die in der Glucose gespeichert ist, werden als Wärme abgeführt.

1 Informieren Sie sich über Wirkungsgrade bei technischen Prozessen (Betrieb eines Automotors), und vergleichen Sie diese mit dem Wirkungsgrad des Glucoseabbaus in der Zelle.

2 Bei der Oxidation von NADH und $FADH_2$ wird die maximal mögliche ATP-Ausbeute nicht erreicht. Realistischer ist die Annahme von 1,5 Mol ATP pro Mol $FADH_2$ und 2,5 Mol ATP pro Mol NADH. Berechnen Sie unter diesen Annahmen den Wirkungsgrad der Zellatmung.

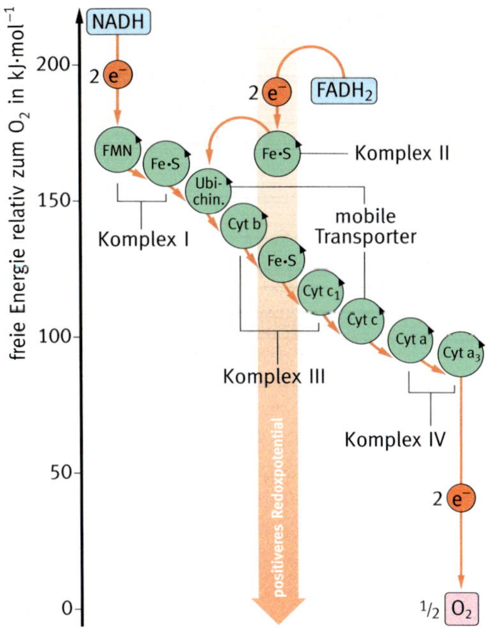

103.1 Elektronentransport entlang der Atmungskette

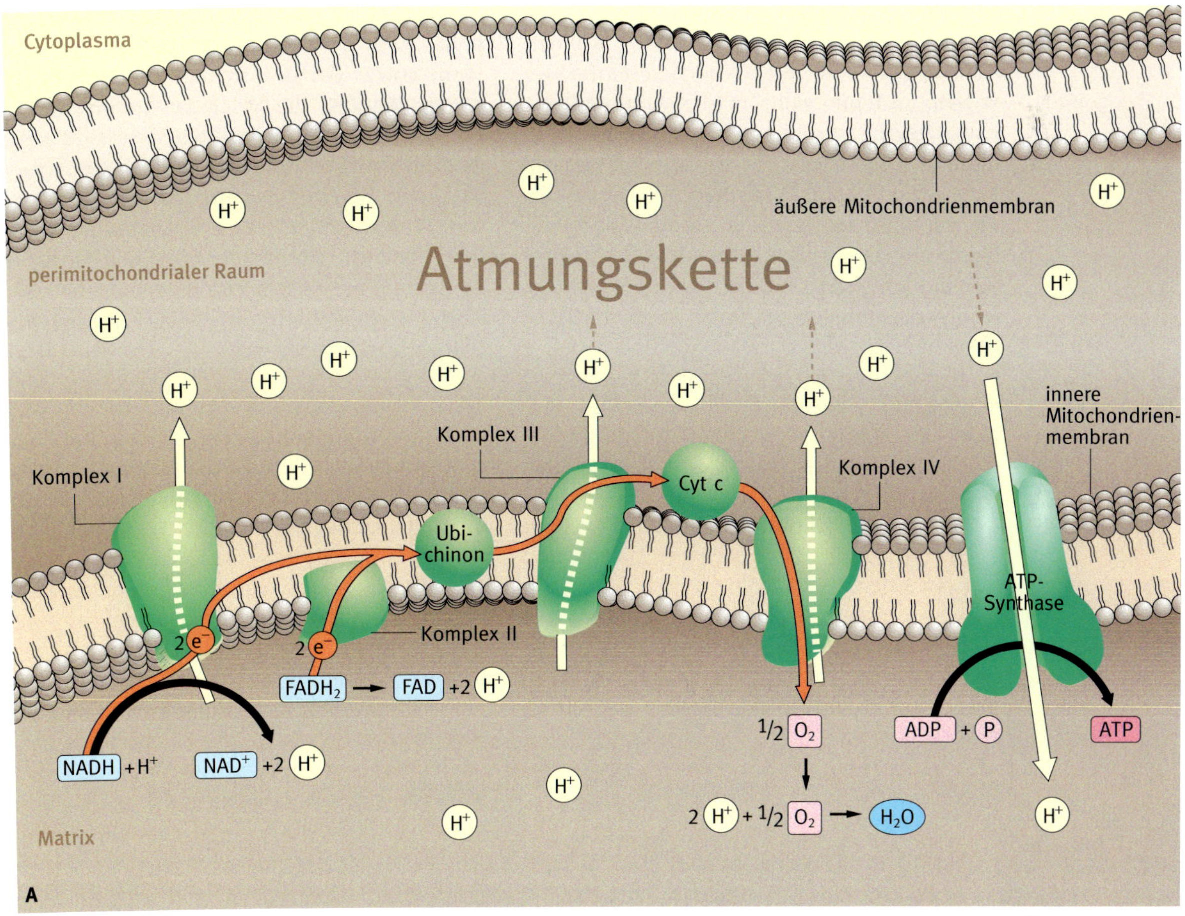

B $10\ NADH + 10H^+ + 2\ FADH_2 + 6\ O_2 + 34\ ADP + 34\ P \longrightarrow 10\ NAD^+ + 2\ FAD + 34\ ATP + 12\ H_2O$

103.2 Verknüpfung von Atmungskette und oxidativer Phosphorylierung. A Schema; **B** Bilanzgleichung

1.4 Gärungen

Zum vollständigen oxidativen Abbau von Nährstoffen benötigen Zellen Sauerstoff; man spricht dabei vom aeroben Abbau. Manche Lebewesen, vor allem Einzeller, müssen jedoch ständig oder zeitweilig ohne Sauerstoff auskommen. Solche anaeroben Bedingungen herrschen etwa im Faulschlamm von Gewässern, im Schlick der Gezeitenzonen und im Darm von Wirbeltieren. Auch in Muskelzellen kann nach intensiver Aktivität Sauerstoffmangel herrschen.

Unter anaeroben Bedingungen können Nährstoffe nicht vollständig oxidiert werden. Die unvollständige Oxidation eines Nährstoffes in Abwesenheit von Sauerstoff wird als **Gärung** bezeichnet. Wie bei der Zellatmung werden in der Regel auch bei Gärungen Nährstoffe oxidiert, indem Elektronen gemeinsam mit Protonen auf NAD^+ oder FAD übertragen werden, die somit zu $NADH + H^+$ beziehungsweise zu $FADH_2$ reduziert werden. Allerdings können die energiereichen Elektronen dieser Reduktionsäquivalente nicht in die Atmungskette eingeschleust werden, da Sauerstoff als Elektronen-Akzeptor fehlt. Stattdessen werden sie meistens auf Stoffe übertragen, die bei der unvollständigen Oxidation entstanden sind, wie beispielsweise Pyruvat. Der für die ATP-Produktion wichtigste Abschnitt der Zellatmung fehlt bei Gärungen also. Daher ist die Energieausbeute viel geringer.

Es gibt eine Vielzahl verschiedener Gärungsarten. Sie können sich in den Ausgangsstoffen, den Stoffwechselwegen und den Produkten unterscheiden. So kann Glucose beispielsweise durch die **alkoholische Gärung** und die **Milchsäuregärung** vergoren werden. Beide Gärungsarten beginnen mit der Glykolyse, also mit dem Abbau eines Glucose-Moleküls zu zwei Molekülen Pyruvat. Dabei werden zwei NAD^+-Moleküle zu $NADH + H^+$ reduziert und zwei Moleküle ATP gebildet. Diese zwei ATP-Moleküle pro Glucose-Molekül sind die gesamte Energieausbeute dieser Gärungen. Die Glykolyse käme zum Erliegen, wenn sämtliche NAD^+-Moleküle zu $NADH + H^+$ reduziert wären. Es muss daher ständig NAD^+ regeneriert werden. Dazu wird bei der alkoholischen Gärung Kohlenstoffdioxid vom Pyruvat abgespalten und das entstehende giftige Acetaldehyd unmittelbar mit $NADH + H^+$ zu Ethanol reduziert. Bei der Milchsäuregärung, die bei Sauerstoffmangel auch in der Muskulatur abläuft, wird Pyruvat durch $NADH + H^+$ direkt zu Milchsäure reduziert.
Die alkoholische Gärung wie auch die Milchsäuregärung spielen in der Nahrungsmittelindustrie eine große Rolle. Die alkoholische Gärung durch Hefepilze der Gattung *Saccharomyces* wird bei der Produktion von Bier und Wein sowie bei der Herstellung von Backwaren genutzt. Die Milchsäuregärung durch verschiedene Milchsäurebakterien wird zum Beispiel für die Produktion von Jogurt, Käse, Sauerteig, Rohwürsten und Sauerkraut eingesetzt. Die dabei entstehende Milchsäure senkt den pH-Wert. So können die Lebensmittel haltbarer oder durch das Gerinnen von Proteinen fester werden. Außerdem wird der Geschmack verändert.

Bei der Herstellung von Emmentaler Käse ist auch die **Propionsäuregärung** durch Propionsäurebakterien wichtig. Dabei tritt Milchsäure als Zwischenprodukt auf, das weiter zu Propionsäure und Kohlenstoffdioxid umgesetzt wird.

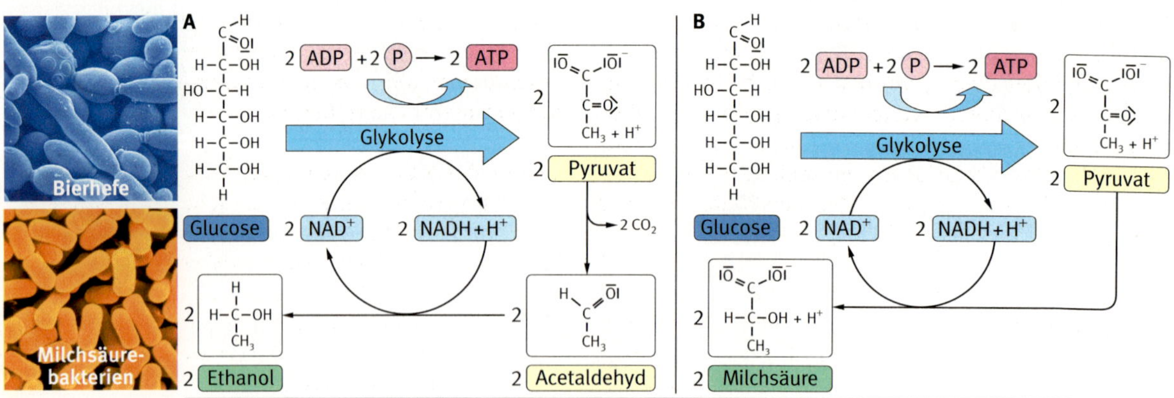

104.1 Gärungen. A alkoholische Gärung; **B** Milchsäuregärung

Die Milchsäuregärung führt beim Dicklegen der Milch zum Gerinnen der Proteine. Die Propionsäuregärung sorgt während der nachfolgenden Reifung für das Aroma sowie für die Entstehung der Löcher im Käse. Propionsäuregärung kommt außerdem bei Bakterien im Verdauungstrakt von Wiederkäuern vor.
Das Darmbakterium *Escherichia coli* vergärt Glucose zu verschiedenen organischen Säuren. Man spricht von einer **gemischten Säuregärung.** Einige Mikroorganismen vergären Kohlenhydrate zu organischen Verbindungen, die sich in der chemischen Industrie nutzen oder leicht weiterverarbeiten lassen. So kann man das Bakterium *Clostridium acetobutyricum* aus Stärke, Aceton und Butanol herstellen.

1 Nennen Sie Gemeinsamkeiten und Unterschiede verschiedener Gärungsarten.

2 Vergleichen Sie die Energieausbeuten beim aeroben und anaeroben Abbau von Glucose.

Gärungen in der „antiken" Biotechnologie

GESCHICHTE

Weinherstellung im alten Ägypten

Vermutlich haben bereits in vorgeschichtlicher Zeit viele Völker entdeckt, dass süße Früchte oder Säfte mit der Zeit ihren Geschmack verändern und berauschend wirken können. Später wurden Gärungsprozesse im Zusammenhang mit der Teigherstellung beim Brotbacken beobachtet. Ohne Beteiligung von Gärungsprozessen, die das Brot locker machen, wurden haltbare, aber harte Fladenbrote wohl schon vor über 8000 Jahren aus Mehl und Wasser hergestellt. Beim Backen wird Stärke teilweise zu Glucose gespalten. Wird Brot nass aufbewahrt, können zufällig in das Brot geratene Hefen die Glucose zu Alkohol vergären. So entstand vermutlich das erste Bier aus eingeweichtem Brot. In Mesopotamien, im vorderen Orient, wurden Gärungsprozesse um 4000 v. Chr. bereits systematisch genutzt, um Bier zu brauen. Die Sumerer stellten im vierten vorchristlichen Jahrtausend schon verschiedene Biersorten her. Auch in Ägypten zur Zeit der Pharaonen war Bier ein verbreitetes Nahrungsmittel.

Im alten Ägypten wurde auch Wein aus Weintrauben hergestellt, deren Saft in Amphoren vergoren wurde. Diese wurden mit Lehmstöpseln verschlossen. Kleine Löcher ermöglichten das Entweichen von Kohlenstoffdioxid. Besondere Wertschätzung hatte der Wein bei den Griechen und Römern.

Bei der Teigzubereitung mit Hefen findet nur alkoholische Gärung statt. Im Sauerteig erfolgen hingegen sowohl alkoholische Gärung durch Hefen als auch Milchsäuregärung durch Milchsäurebakterien. Mit Sauerteig gebackenes Brot ist länger haltbar und hat einen säuerlichen Geschmack. Mit Sauerteig lässt sich auch aus Roggenmehl, das kein stabiles Gerüst aus Klebereiweiß bildet, ein lockeres Brot machen.

Auch die Herstellung von Sauermilchkäse hat eine jahrtausendlange Tradition. Sauermilchkäse entsteht bei der Säuerung von Milch durch Milchsäuregärung und wird von Labkäse unterschieden, der mithilfe von Protein spaltenden Enzymen, wie sie in den Labmägen von Wiederkäuern vorkommen, produziert wird. Vermutlich begann die Käseherstellung schon um 10 000 v. Chr. mit der Domestizierung von Schafen und Ziegen. Milch, die sich etwa neben einem Lagerfeuer erwärmte, wurde schnell sauer. Das Eiweiß flockte aus und trennte sich als Quark von der Molke. Dieser Quark ließ sich leicht abtrennen und ergab geformt und getrocknet ein gehaltvolles Nahrungsmittel. 5000 Jahre alte Tontafeln der Sumerer sind die ersten sicheren Zeugnisse einer bereits fortgeschrittenen Milchverarbeitungskunst mit verschiedenen Sauermilchprodukten.

Während Gärungen schon in der Antike vielfach genutzt wurden, wurde die Ursache von Gärungsprozessen erst im 19. Jahrhundert aufgedeckt. Louis PASTEUR (1822–1895) fand 1857, dass Gärungen nur in Anwesenheit von bestimmten Bakterien oder Hefen unter anaeroben Bedingungen stattfinden. Er schloss daraus, dass diese für die Gärungsprozesse verantwortlich sein müssen.

2 Abbau von Aminosäuren

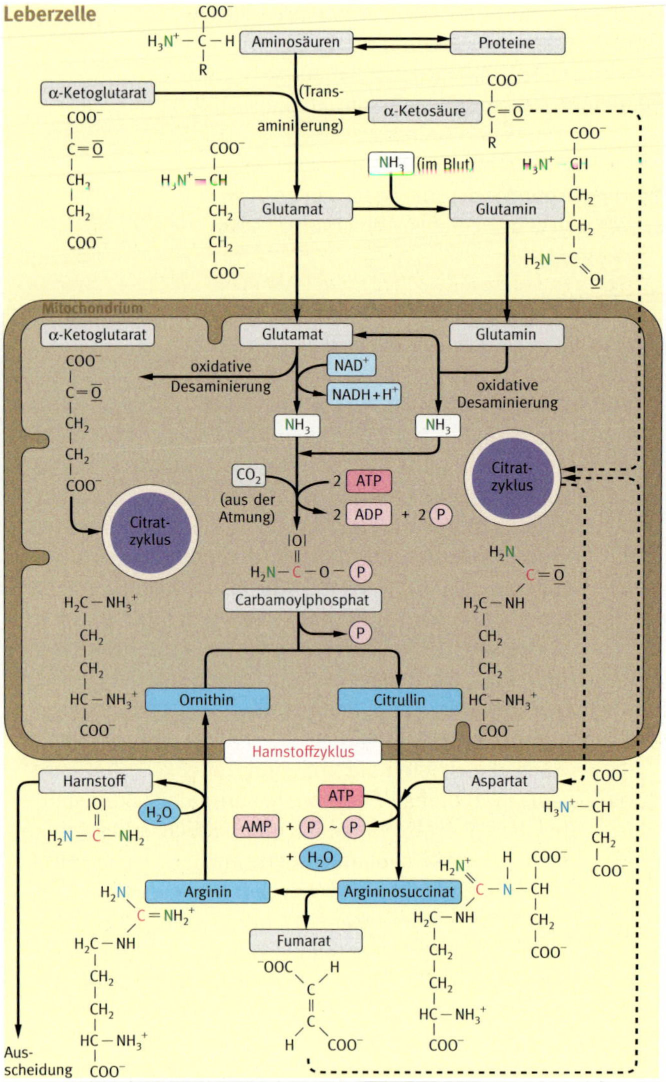

106.1 Aminosäureabbau und Harnstoffbildung

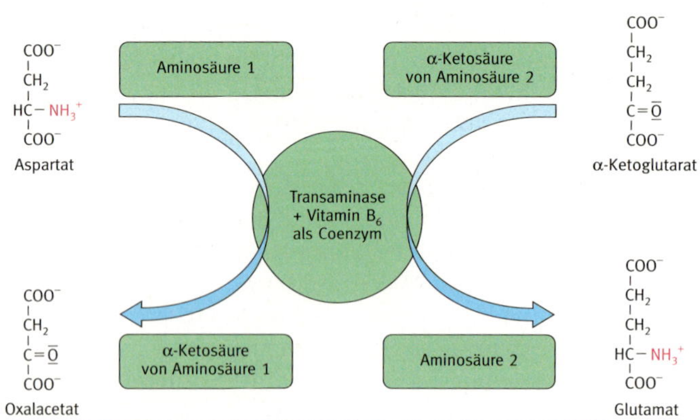

106.2 Transaminierung (Beispiel)

Aminosäuren aus der Spaltung von Proteinen können zum Aufbau neuer Proteine verwendet oder zur Energiegewinnung abgebaut werden. Aus dem Stickstoff der Aminogruppe entsteht Ammoniak (NH_3), ein starkes Zellgift, das der Körper schnell entsorgen muss. Säugetiere wie der Mensch bilden dazu Harnstoff. Bei Säugetieren findet der Abbau von Aminosäuren vor allem in Leberzellen statt. Die Kohlenstoffgerüste der Aminosäuren können in den Citratzyklus eingeschleust und dort vollständig oxidiert werden. Die Gerüste einiger, so genannter glucogener Aminosäuren können auch in Glucose umgewandelt werden.

Der Aminosäureabbau beginnt mit einer **Transaminierung,** der Übertragung der α-Aminogruppe auf eine α-Ketosäure. Dabei entsteht eine andere Aminosäure. Solche Transaminierungen sind die Basis für die Synthese nichtessenzieller Aminosäuren. Häufig übernimmt α-Ketoglutarat die Aminogruppe. Dabei entsteht Glutamat. Glutamat kann auch Ammoniak binden, das in Form von Ammonium-Ionen (NH_4^+) gelöst ist. Es entsteht Glutamin, eine Transportform für Ammoniak. Glutamat und Glutamin werden in die Mitochondrien von Leberzellen transportiert, wo Glutamin wieder in Ammonium und Glutamat gespalten wird. Da der Entzug der Aminogruppe mit der Oxidation des Moleküls einhergeht, spricht man von einer **oxidativen Desaminierung.** Durch eine weitere oxidative Desaminierung wird auch vom Glutamat die Aminogruppe abgespalten. Dabei wird NAD^+ zu NADH + H^+ reduziert. Es entsteht wieder α-Ketoglutarat.

In den Mitochondrien von Leberzellen reagieren Ammoniak und Kohlenstoffdioxid unter Verbrauch von zwei Molekülen ATP zu Carbamoylphosphat. In einem Kreisprozess, dem **Harnstoffzyklus,** wird dann formal aus Ammoniak und Kohlenstoffdioxid Harnstoff gebildet. Die Carbamoylgruppe ($H_2N{-}C{=}O$) wird dazu auf Ornithin übertragen. Es entsteht Citrullin, das unter weiterem ATP-Verbrauch mit Aspartat, das die zweite Aminogruppe des Harnstoffs liefert, zu Argininosuccinat umgesetzt wird. Hieraus wird nach Abspaltung von Fumarat Arginin, das anschließend in Harnstoff und Ornithin gespalten wird. Ornithin ist damit wieder regeneriert und kann neu in den Kreisprozess eintreten.

3 Abbau von Fetten

Fette sind bei Säugetieren als Triglyceride im Fettgewebe gespeichert. Zur Energiegewinnung muss ein Fett-Molekül im Fettgewebe durch Lipasen in drei Fettsäure-Moleküle und ein Glycerin-Molekül gespalten werden. Das freigesetzte Glycerin-Molekül wird zur Leber transportiert. Dort kann es über Glycerin-3-phosphat, Dihydroxyacetonphosphat und Glycerinaldehyd-3-phosphat in die Glykolyse und den Citratzyklus eingeschleust oder zum Aufbau von Glucose, also zur Gluconeogenese, genutzt werden.

Fettsäuren werden an Proteine gebunden zu Körperzellen transportiert. Sie können in fast allen Zellen, außer denen des zentralen Nervensystems, des Nierenmarks und den Erythrocyten, abgebaut werden. Der intrazelluläre Abbau eines Fettsäure-Moleküls startet mit seiner Aktivierung: Durch Anlagerung von Coenzym A unter Spaltung von ATP zu AMP entsteht eine Fettsäure-CoA-Verbindung, die so genannte aktivierte Fettsäure. Die aktivierte Fettsäure wird durch den Carrier Carnitin in ein Mitochondrium transportiert und dort dehydriert. Dabei werden zwei Wasserstoff-Atome auf FAD übertragen, das somit zu $FADH_2$ reduziert wird. Durch diese Dehydrierung kommt es zur Ausbildung einer Doppelbindung im Molekül zwischen dem α- und β-Kohlenstoff-Atom. Danach wird ein Wasser-Molekül an die Doppelbindung addiert, sodass die Hydroxylgruppe an das β-Kohlenstoff-Atom angelagert wird. Beim nächsten Abbauschritt erfolgt wieder eine Dehydrierung (Oxidation), wobei eine Ketogruppe am β-Kohlenstoff-Atom entsteht und NAD^+ zu $NADH + H^+$ reduziert wird. Die Oxidation der Fettsäure am β-Kohlenstoff-Atom hat dem gesamten Prozess den Namen **β-Oxidation** gegeben. Durch die Anlagerung eines weiteren Coenzyms A wird nun von der Fettsäure-CoA-Verbindung ein Molekül Acetyl-CoA abgespalten. Dadurch ist die Fettsäure-CoA-Verbindung um zwei Kohlenstoff-Atome kürzer geworden. Das verkürzte Molekül ist bereits durch Coenzym A aktiviert und kann erneut in den Abbauzyklus eintreten.

Fettsäuren mit einer geraden Anzahl von Kohlenstoff-Atomen können komplett zu Acetyl-CoA abgebaut werden. Bei einer ungeraden Zahl von Kohlenstoff-Atomen sowie bei ungesättigten Fettsäuren sind zusätzliche Stoffwechselschritte für einen vollständigen Abbau nötig. Acetyl-CoA ist das zentrale Molekül des Fettstoffwechsels, aber auch des Kohlenhydratabbaus. Über Acetyl-CoA werden Fette und Kohlenhydrate dem Citratzyklus zugeführt.

1 Berechnen Sie die ATP-Ausbeute beim Abbau eines Moleküls Palmitinsäure, einer ungesättigten Fettsäure mit 16 Kohlenstoff-Atomen. Berücksichtigen Sie die beim Abbau von Acetyl-CoA gebildeten ATP-Moleküle. (*Hinweis:* Der Abbau von ATP zu AMP entspricht einem zweifachen ATP-Verlust.)

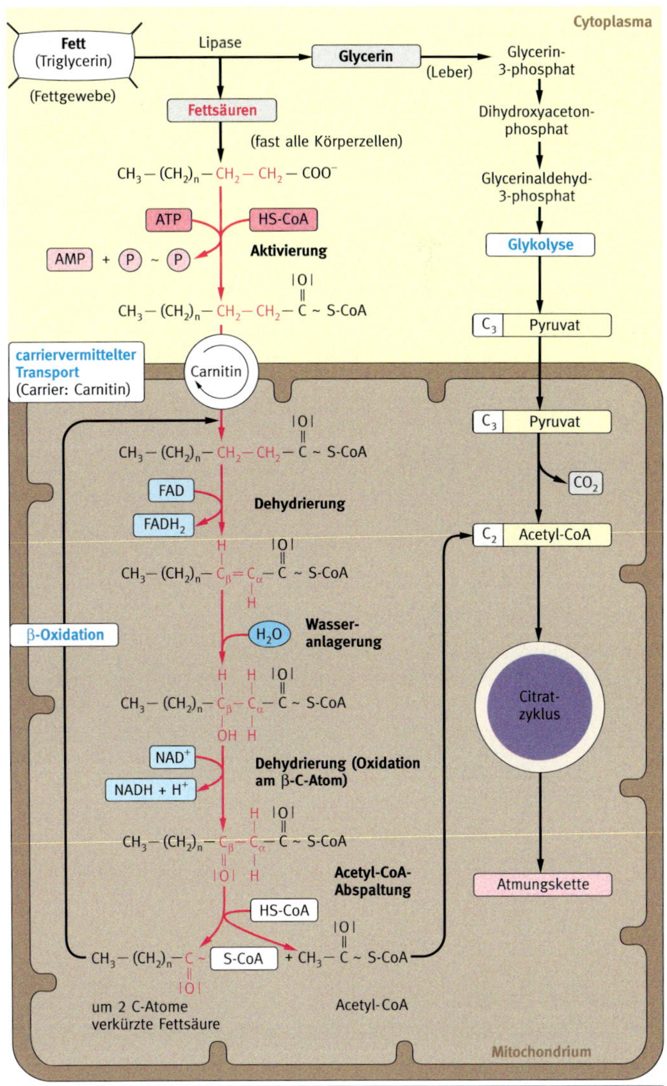

107.1 Abbau von Fetten

4 Vernetzung des Zellstoffwechsels

Katabole und anabole Stoffwechselwege sind auf vielfältige Weise miteinander verknüpft. Im Stoffabbau, dem **Katabolismus**, lassen sich drei Stufen unterscheiden. In der ersten Stufe werden Proteine, Polysaccharide und Lipide in ihre Grundbausteine wie Aminosäuren, Monosaccharide, Glycerin und Fettsäuren zerlegt. Hieraus entstehen in der zweiten Stufe kleinere Moleküle wie Pyruvat, Acetyl-CoA oder Moleküle, die Zwischenprodukte des Citratzyklus sind. Dabei wird bereits ein kleiner Teil der Energie der Nährstoffe in Form von ATP gespeichert. Die dritte Abbaustufe besteht aus dem Citratzyklus und der Atmungskette mit der oxidativen Phosphorylierung. Es erfolgt eine vollständige Oxidation der in der zweiten Stufe gebildeten Verbindungen zu Kohlenstoffdioxid und Wasser, wobei eine große Menge ATP gebildet wird.

Im **Anabolismus** werden die Abbauprozesse im Prinzip umgekehrt. Als Ausgangssubstrate für den Aufbau von Biomolekülen dienen Zwischenprodukte des Citratzyklus und der Glykolyse. Hieraus werden unter ATP-Verbrauch Monosaccharide, die Bestandteile von Lipiden und durch Transaminierungen auch einige Aminosäuren aufgebaut. Diese Verbindungen lassen sich dann wiederum zu Proteinen, Polysacchariden und Fetten verknüpfen.

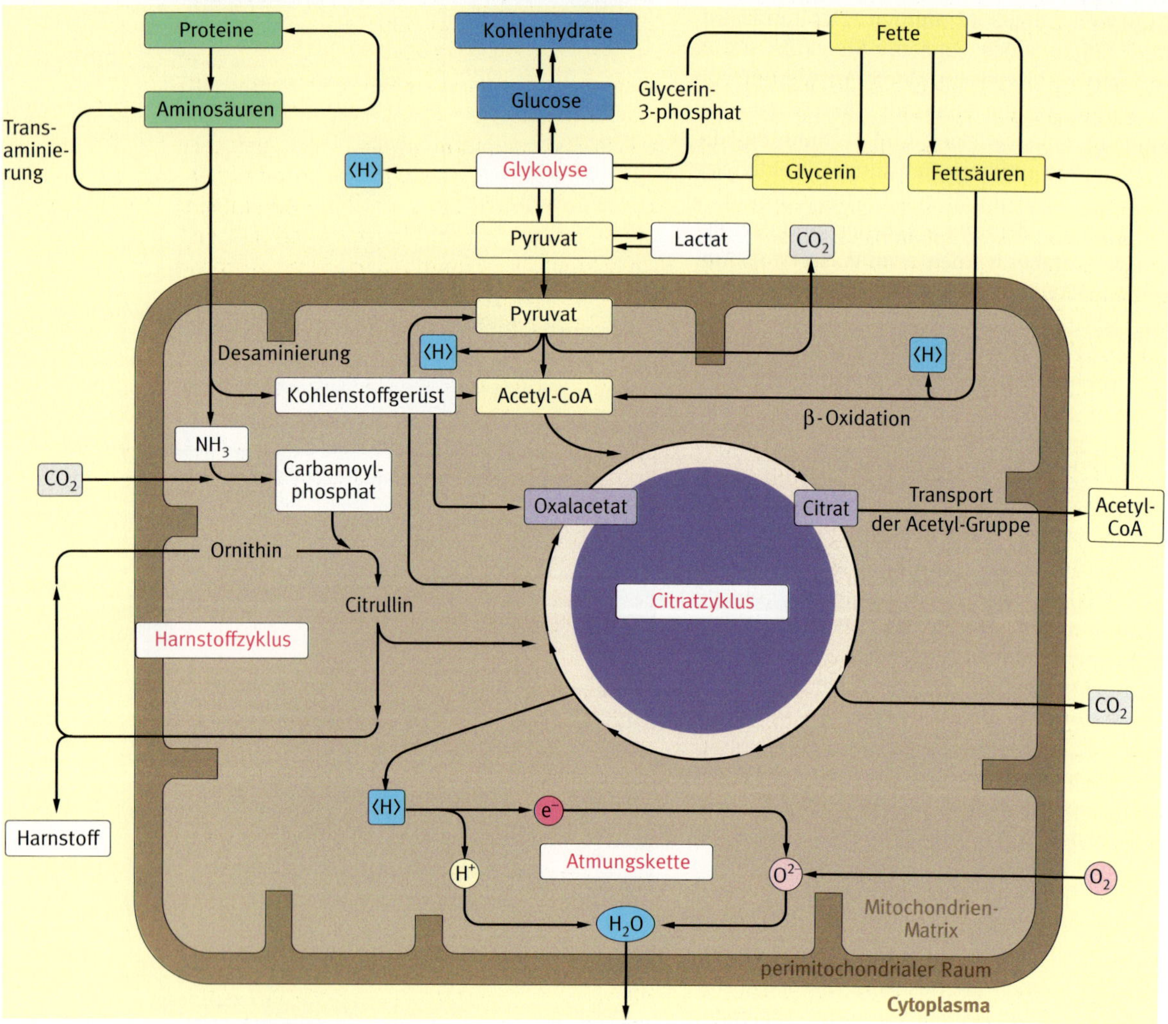

108.1 Verknüpfungen im Zellstoffwechsel (Schema mit wesentlichen Stoffwechselwegen)

5 Energiehaushalt der Tiere

5.1 Stoffwechselintensität und Energieumsatz

Sämtliche Lebensvorgänge sind mit Energieumwandlungsprozessen verbunden. Tiere benötigen Energie für Körperbewegungen, für den Transport von Stoffen im Körper, zum Aufbau neuer Körpersubstanzen, für elektrische Vorgänge in den Nervenzellen und, bei Vögeln und Säugetieren, zum Aufrechterhalten einer weitgehend konstanten Körpertemperatur. Die für die verschiedenen Lebensprozesse erforderliche Energie stammt hauptsächlich aus dem Abbau energiereicher Nährstoffe. Wärmeenergie kann auch aus der Umgebung aufgenommen werden. Die Gesamtheit der Energieumwandlungsprozesse in einem Lebewesen wird als **Energiehaushalt** bezeichnet.

Die Intensität des Stoffwechsels wird durch die **Stoffwechselrate,** den Energieumsatz pro Zeit, beschrieben. Schon bei völliger Ruhe setzt ein Tier Energie um. Die Stoffwechselrate bei minimaler Belastung des Organismus wird **Grundumsatz** oder Ruheumsatz genannt. Bei Männern beträgt der Grundumsatz rund 100 Kilojoule pro Kilogramm Körpermasse und Tag. Bei Frauen liegt er um etwa zehn Prozent niedriger. Bei Aktivität kann die Stoffwechselrate deutlich über dem Grundumsatz liegen. Man spricht dann vom **Arbeitsumsatz,** Tätigkeitsumsatz oder Leistungsumsatz. Mitunter wird auch nur die Differenz zwischen der Stoffwechselrate während der Aktivität und dem Grundumsatz als Arbeitsumsatz bezeichnet. Bei vielen Tieren kann der Arbeitsumsatz bis auf das Zehn- oder Fünfzehnfache, bei fliegenden Insekten sogar bis auf das Hundertfache des Grundumsatzes gesteigert werden.

Ein entscheidender Faktor für die Stoffwechselintensität ist die Körpertemperatur, da sich die Geschwindigkeit chemischer Reaktionen mit der Temperatur erhöht. Nach der Bildung ihrer Körperwärme unterteilt man Tiere in **endotherme** (gr. *endo-*, innen; gr. *-therme;* Wärme, Hitze) Tiere, die ihre Körperwärme hauptsächlich selbst erzeugen, und **ektotherme** (gr. *ekto-*, außen) Tiere mit geringer eigener Wärmeproduktion. Vögel und Säugetiere sind endotherme Tiere. Ihr Körper ist durch Haare, Federn oder Fettschichten wärmeisoliert. Dadurch kann die Körpertemperatur auch bei wechselnder Umgebungstemperatur in engen Grenzen gehalten werden.

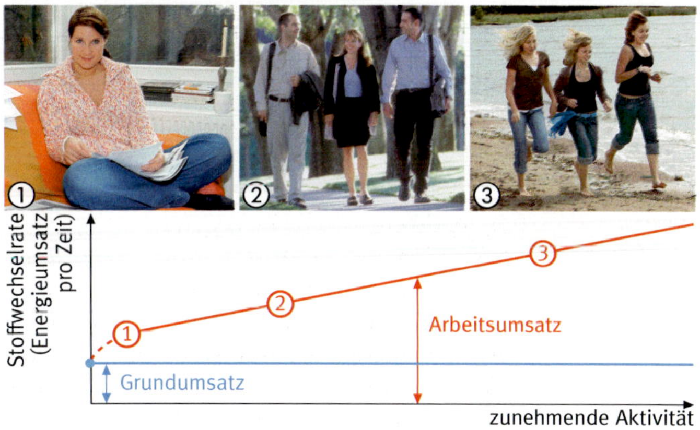

109.1 Energieumsatz in Abhängigkeit von der Aktivität

Tiere mit mehr oder weniger konstanter Körpertemperatur bezeichnet man als **homöotherm** (homoiotherm, gr. *homoios-*, gleichartig). Die Körpertemperatur von ektothermen Tieren, wie Wirbellosen, Fischen, Amphibien und Reptilien, variiert hingegen stark mit der Umgebungstemperatur. Tiere, deren Körpertemperatur sich weitgehend der Umgebungstemperatur anpasst, werden als **poikilotherm** (gr. *poikilos-*, verschiedenartig) bezeichnet.
Wärmeproduktion und Wärmeregulation der endothermen Tiere erfordern einen viel höheren Energieumsatz als bei ektothermen Tieren. Daher haben endotherme Tiere einen viel höheren Grundumsatz als ektotherme Tiere gleicher Masse. Da der Grundumsatz eines Tieres sehr von der Körpertemperatur abhängt, kann er bei poikilothermen Tieren erheblich variieren.

In Zeiten geringer Aktivität verfallen viele endotherme Tiere in Zustände mit verminderter Stoffwechselintensität, die mit einer Reduktion der Körpertemperatur einhergehen. Hierdurch kann der Energieumsatz gesenkt werden. Auch beim Menschen sinkt die Körpertemperatur während des Schlafes um 0,5 bis 1 Grad Celsius gegenüber dem Tagesmaximum. Viele kleine Säugetiere und Vögel lassen ihre Körpertemperatur nachts erheblich sinken. Sie verfallen dann in einen **Torpor** genannten Starrezustand mit deutlich verminderter Stoffwechselintensität. So beträgt

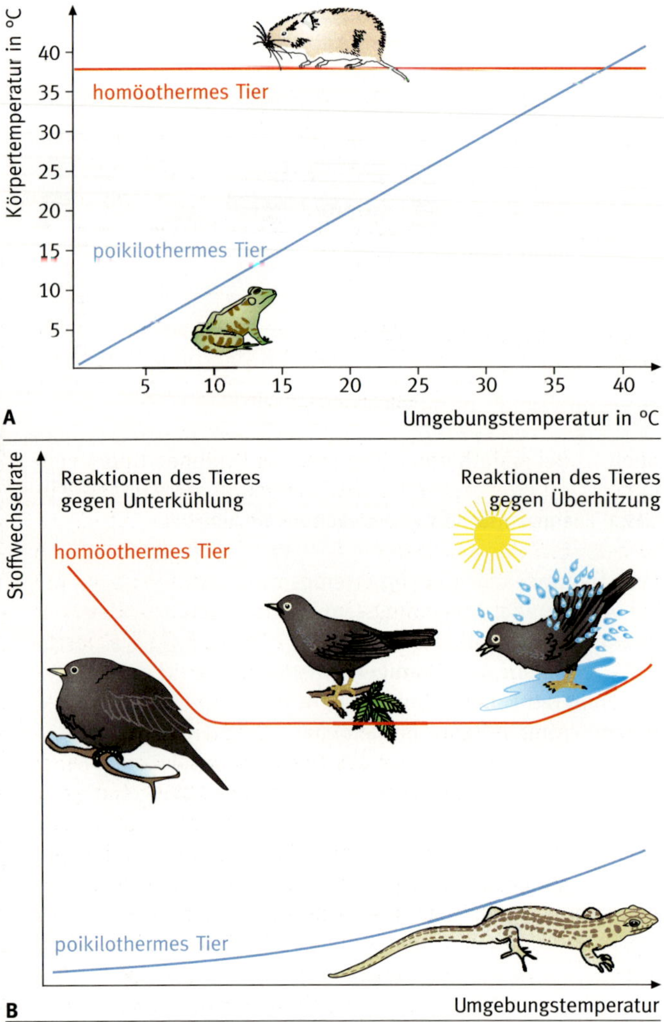

110.1 Körpertemperatur (A) und Stoffwechselrate (B) eines homöothermen und eines poikilothermen Tieres im Vergleich

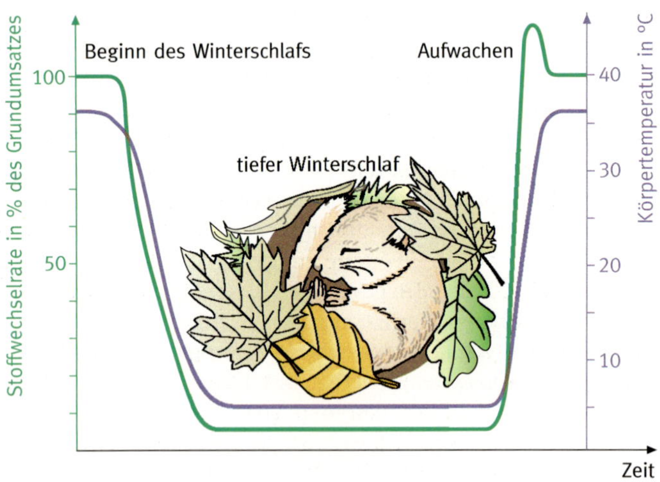

110.2 Verlauf von Körpertemperatur und Energieumsatz eines Winterschläfers (Erdhörnchen)

die Körpertemperatur des Rubinkehl-Kolibris nachts nur noch 13 Grad Celsius gegenüber 40 Grad Celsius am Tage.

Kleine Tiere kühlen wegen ihrer im Verhältnis zur Körpermasse großen Körperoberfläche schneller aus als große Tiere. Sie können daher in einer kalten Umgebung nur mit viel Energieaufwand eine hohe Körpertemperatur bewahren. Viele Tiere aus den Ordnungen der Nagetiere, Insektenfresser und Fledertiere überdauern den Winter in einem **Winterschlaf** mit sehr stark herabgesetzter Stoffwechselrate. Die Körpertemperatur kann dabei bis nahe an den Gefrierpunkt gesenkt werden, beim Europäischen Igel auf etwa fünf bis sechs Grad Celsius und beim Murmeltier auf ein Grad Celsius. Der Energieumsatz beträgt dann nur noch wenige Prozente des Grundumsatzes im Sommer. Auch während des Winterschlafes wird die Körpertemperatur geregelt. Sinkt sie zu tief, wird die Stoffwechselintensität erhöht. Manche Winterschläfer wachen dann kurzzeitig auf. Durch den verringerten Energieumsatz können Winterschläfer Zeiten mit tiefen Umgebungstemperaturen und Nahrungsmangel mithilfe ihrer Energiereserven überstehen. Das Aufwachen aus dem Winterschlaf beginnt mit einer enormen Steigerung der Wärmeproduktion des Körpers, sodass er schnell seine hohe Aktivitätstemperatur erreicht.

Einige Säugetiere, wie manche Bären und Eichhörnchen, verfallen in eine **Winterruhe.** Dabei wird die Körpertemperatur nur mäßig gesenkt. Wenn es notwendig wird, kann das Tier schnell aus der Winterruhe aufwachen und aktiv werden, etwa um auf Störungen zu reagieren oder Nahrung aufzunehmen.
Poikilotherme Tiere sind der Umgebungstemperatur völlig ausgeliefert. Sie fallen bei tiefen Temperaturen in eine **Kälte-** oder **Winterstarre.** Anders als beim Winterschlaf wird dabei die Körpertemperatur nicht vom Tier geregelt.

1 Der Grundumsatz des Menschen wird morgens nach zwölfstündigem Nahrungsentzug in physischer und psychischer Ruhe (liegend) bei einer Umgebungstemperatur von 22 bis 25 Grad Celsius mit leichter Bekleidung gemessen. Erklären Sie die Vorgaben.

2 Erklären Sie, weshalb der Torpor typisch für kleine Tiere ist und den Unterschied zur Kältestarre.

Anpassungen an extreme Temperaturen

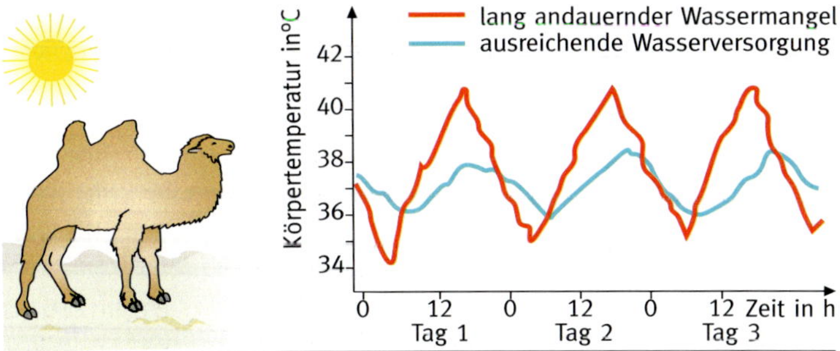

Schwankungen der Körpertemperatur beim Kamel

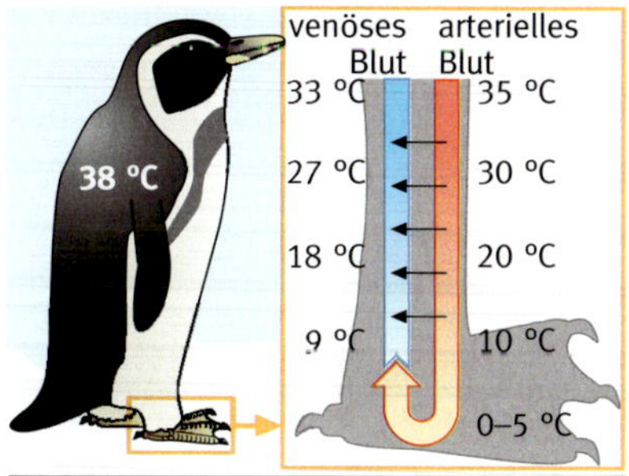

Gegenstromprinzip

Viele endotherme Tiere haben die Fähigkeit, auch unter extremen Klimabedingungen aktiv zu bleiben. Große Hitze oder Kälte erfordern jedoch spezielle Anpassungen in Verhalten, Körperbau und Stoffwechsel. Wenn möglich, reagieren Tiere auf extreme Temperaturen durch das Aufsuchen geschützter Orte. Kleine Säugetiere heißer Regionen suchen während der Mittagszeit oft unterirdische Baue auf, während große Tiere sich in den Schatten begeben. In der Antarktis müssen männliche Kaiserpinguine beim Ausbrüten und Schützen der Jungen fast zwei Monate lang bei −40 Grad Celsius und eisigen Winden ausharren. Dazu drängen sie sich eng aneinander, sodass sie sich gegenseitig wärmen und vor den kalten Stürmen schützen.

Große Säugetiere der Wüsten können oft keine geschützten Orte aufsuchen. Sie müssen ihren Körper aktiv kühlen. Die Kühlung erfolgt vor allem durch die Verdunstungskälte von Schweiß bei gleichzeitig starker Durchblutung der Haut. Beim Hecheln von Säugetieren und Vögeln wird Verdunstungskälte erzeugt, indem die Atemluft in hoher Frequenz an den feuchten und stark durchbluteten Mundschleimhäuten vorbeigeführt wird. Kühlung durch Verdunstung ist unter trocken-heißen Bedingungen wegen des damit verbundenen Wasserverlustes problematisch. Kamele können hohe Wasserverluste aushalten. Nach zwei Wochen ohne Wasseraufnahme kann ein Kamel 30 Prozent seiner Körpermasse in Form von Wasser verloren haben. Bei einem derart extremen Wasserentzug verringert das Kamel die Wärmeproduktion bei Nacht und die Transpiration (Schweißabgabe) am Tag, sodass die Körpertemperatur erheblichen Schwankungen unterliegt. Die niedrige Körpertemperatur am frühen Morgen erlaubt es dem Kamel, tagsüber Wärme aufzunehmen, ohne zu überhitzen. Die langen Beine des Kamels halten den Rumpf zudem hoch über dem heißen Wüstenboden, wodurch die Wärmeaufnahme reduziert wird.

Bei endothermen Tieren kalter Regionen findet man oft eine im Vergleich zu verwandten Arten der wärmeren Zonen gedrungenere Körperform mit kürzeren Körperanhängen (ALLENsche Regel). Dadurch ist die Wärmeabgabe reduziert. Dicke Felle, dichte Federkleider oder Fettschichten dienen zudem der Wärmeisolation. Außerdem wird bei Kälte die Durchblutung der Haut und damit ihre Wärmeabgabe verringert. Häufig wird nur die Kerntemperatur des Körpers konstant gehalten. Körperanhänge können hingegen erheblich abkühlen und geben dann wegen der geringen Temperaturdifferenz zur Umgebung nur noch wenig Wärme ab. Zusätzlich werden durch das Gegenstromprinzip die Wärmeverluste gering gehalten. Dazu liegen Arterien und Venen dicht beieinander, sodass Wärme aus dem arteriellen Blut hauptsächlich in die Venen überführt wird. Mit dem venösen Blut gelangt die Wärme dann zurück in den Rumpf, statt an die Umgebung verloren zu gehen.

Bei Kälte ist ein großer Körper vorteilhaft, denn damit kann man eine hohe Körpertemperatur leichter aufrechterhalten. Ein großer Körper reagiert auf Temperaturschwankungen in der Umgebung langsamer als ein kleiner Körper. Mit zunehmender Größe wächst die Körperoberfläche langsamer als das Volumen. Das kann man leicht an einem Würfel verdeutlichen: Bei Verdopplung der Kantenlänge verachtfacht sich das Volumen, während sich die Oberfläche nur vervierfacht. Mit steigender Körpergröße nimmt also das Verhältnis aus Oberfläche zu Volumen ab. Das bedeutet für größere Tiere, dass sich der von der Oberfläche abhängige Wärmeaustausch mit der Umgebung gegenüber der Wärmeproduktion und der im Körper gespeicherten Wärmemenge, die jeweils vom Körpervolumen abhängen, verringert. Große Körper bewahren Wärme somit besser als kleine Körper. Tiere kalter Zonen sind daher oft größer als verwandte Arten warmer Regionen (BERGMANNsche Regel).

5.2 Messung des Energieumsatzes

Zur Messung des Energieumsatzes eines Menschen oder eines Versuchstieres gibt es zwei verschiedene Verfahren. Man kann entweder direkt die Wärmeabgabe des Körpers messen oder den Energieumsatz über die verbrauchte Sauerstoffmenge indirekt bestimmen. Diese beiden Verfahren heißen deshalb direkte beziehungsweise indirekte Kalorimetrie.

Sofern keine Arbeit verrichtet und keine Körpersubstanz aufgebaut wird, wird die gesamte chemische Energie, die ein Tier im Verlauf des Stoffwechsels umsetzt, letztlich als Wärme abgegeben. Die Energieumsatzrate entspricht demzufolge der Wärmemenge, die pro Zeiteinheit vom Körper abgegeben wird. Diese wird bei der **direkten Kalorimetrie** gemessen. Dabei wird die Versuchsperson oder das Versuchstier in eine wärmeisolierte Kammer gebracht. Die vom Körper abgegebene Wärme wird von einer genau definierten Wasser- oder Eismenge aufgenommen, die die Kammer umgibt. Aus dem Temperaturanstieg des Wassers oder der Schmelzwärme des geschmolzenen Eises lässt sich die an das Wasser abgegebene Wärmemenge errechnen. Geräte zur direkten Kalorimetrie sind insbesondere für Menschen und große Tiere sehr aufwändig und kommen deshalb nur selten zum Einsatz.
Einfacher ist die Messung des Sauerstoffverbrauchs einer Versuchsperson oder eines Versuchstieres bei der **indirekten Kalorimetrie.** Aus der Menge des verbrauchten Sauerstoffs kann man auf die Menge der oxidierten Nährstoffe und daraus auf den Energieumsatz im Körper schließen. Dazu muss man allerdings wissen, welche Nährstoffe im Energiestoffwechsel tatsächlich gerade verwendet werden und wie viel Energie bei der Oxidation der verschiedenen Nährstoffe frei wird.

Die Energiemenge, die bei der vollständigen Oxidation eines Stoffes frei wird, bezeichnet man als **physikalischen Brennwert.** Man kann ihn für verschiedene Kohlenhydrate, Fette und Proteine in so genannten Bombenkalorimetern bestimmen. Dabei wird das zu prüfende Material getrocknet und in einer Verbrennungskammer mit reinem Sauerstoff vollständig oxidiert. Die hierbei freigesetzte Energie wird, wie bei der direkten Kalorimetrie an Lebewesen, aus der Erwärmung einer genau definierten Wassermenge berechnet, die die Brennkammer umgibt.
Die Energieausbeute bei der Oxidation eines Stoffes im Körper ergibt seinen **physiologischen Brennwert.** Bei Kohlenhydraten und Fetten stimmen physikalischer und physiologischer Brennwert überein, da beide Stoffgruppen im Körper vollständig zu Kohlenstoffdioxid und Wasser oxidiert werden. Die Brennwerte betragen etwas über 17 kJ/g für Kohlenhydrate und rund 39 kJ/g für Fette. Bei Proteinen liegt der physikalische Brennwert zwischen 23 kJ/g und 24 kJ/g und somit höher als der physiologische Brennwert von 17 bis 18 kJ/g, da Proteine nur bis zum Harnstoff abgebaut werden. Harnstoff ist nicht voll-

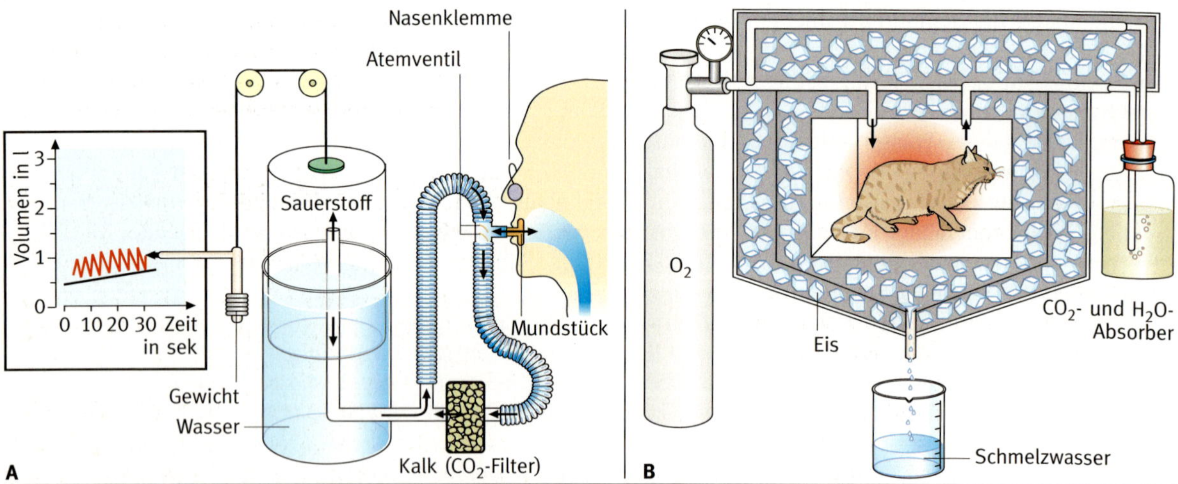

112.1 Messung des Energieumsatzes durch Kalorimetrie. A indirekte Kalorimetrie nach dem Prinzip von LAVOISIER mit Zusatzeinrichtung zur Bestimmung des Respiratorischen Quotienten; **B** direkte Kalorimetrie, hier ohne Bestimmung der O_2- und CO_2-Konzentrationen in der Atemluft

Nährstoffe	Physikalischer Brennwert	Physiologischer Brennwert	Physiologische Bilanzgleichung	Respiratorischer Quotient (RQ)
Kohlenhydrate	~ 17 kJ/g	~ 17 kJ/g	*Glucose:* $C_6H_{12}O_6 + \mathbf{6}\ O_2 \rightarrow \mathbf{6}\ CO_2 + 6\ H_2O$	**6 : 6 = 1,00**
Proteine	23–24 kJ/g	17–18 kJ/g	*Alanin:* $2\ CH_3CH(NH_2)COOH + \mathbf{6}\ O_2 \rightarrow (NH_2)_2CO + \mathbf{5}\ CO_2 + 5\ H_2O$	**5 : 6 = 0,83**
Fette	~ 39 kJ/g	~ 39 kJ/g	*Stearinsäureglycerinester:* $2\ C_{57}H_{110}O_6 + \mathbf{163}\ O_2 \rightarrow \mathbf{114}\ CO_2 + 110\ H_2O$	**114 : 163 = 0,70**

113.1 Brennwerte von verschiedenen Nährstoffen und Respiratorische Quotienten für ausgewählte Reinstoffe

ständig oxidiert, hat also noch einen restlichen Energieinhalt. Exakt lassen sich die Brennwerte für bestimmte Nährstoffgruppen nicht angeben, da verschiedene Fette, Proteine oder Kohlenhydrate sich im Brennwert unterscheiden.

Da bei der indirekten Kalorimetrie der Energieumsatz des Körpers aus dem Volumen des verbrauchten Sauerstoffs ermittelt wird, muss man genau wissen, wie viel Energie pro Liter verbrauchten Sauerstoffs umgesetzt wird. Diese Größe bezeichnet man als das **Energieäquivalent des Sauerstoffs.** Man erhält es, indem man den Energiebetrag bestimmt, der freigesetzt wird, wenn ein Nährstoff mit genau einem Liter Sauerstoff oxidiert wird. Mit dem Wert des Energieäquivalentes ist es dann möglich, vom Sauerstoffverbrauch auf den Energieumsatz im Körper zu schließen.

Das Energieäquivalent des Sauerstoffs ist für verschiedene Nährstoffe unterschiedlich groß. Es liegt für Kohlenhydrate bei knapp 21,2 kJ/l O_2, für Proteine bei 18,8 kJ/l O_2, und für Fette bei 19,65 kJ/l O_2. Um den Energieumsatz im Organismus aus dem Sauerstoffverbrauch berechnen zu können, muss man daher auch den Anteil der verschiedenen Nährstoffgruppen am gesamten Energieumsatz kennen. Dieser lässt sich ebenfalls aus Messungen der eingeatmeten und der ausgeatmeten Luft erschließen. Dazu wird neben dem Sauerstoffverbrauch auch die Produktion von Kohlenstoffdioxid gemessen. Das Verhältnis aus der Menge des verbrauchten Sauerstoffs und des erzeugten Kohlenstoffdioxids heißt **Respiratorischer Quotient (RQ).** Der RQ liegt für Kohlenhydrate bei 1,0, für Proteine bei 0,8 bis 0,85 und für Fette bei etwa 0,7. Folglich misst man stets RQ-Werte zwischen 0,7 und 1,0. Der Energieumsatz im Körper beruht vor allem auf

Respiratorischer Quotient	1,00	0,95	0,90	0,85	0,80	0,75	0,70
Energieäquivalent des Sauerstoffs in kJ/l O_2	21,16	20,91	20,66	20,41	20,15	19,90	19,65

113.2 Respiratorische Quotienten und dazugehörige Energieäquivalente des Sauerstoffs

dem Abbau von Kohlenhydraten und Fetten. Proteine dienen kaum zur Bereitstellung von Energie. Sie können bei der Berechnung des Energieumsatzes in der Regel vernachlässigt werden. Dann lässt sich aus dem RQ auf einfache Weise ermitteln, welchen Anteil Kohlenhydrate und Fette am Energieumsatz haben. Liegt der RQ nahe bei 1,0, so wird die Energie hauptsächlich durch Kohlenhydrate geliefert. Je näher der RQ bei 0,7 liegt, desto höher ist der Fettanteil am Energieumsatz.

Erfahrungsgemäß liegt der RQ bei ausreichend ernährten Menschen in Mitteleuropa zwischen 0,8 und 0,85. Geht man von einem konstanten Wert von 0,82 aus, so lässt sich der Energieumsatz eines Menschen unkompliziert aus dem Volumen des verbrauchten Sauerstoffs bestimmen. Der **Energieumsatz Q,** gemessen in Kilojoule pro Stunde (kJ/h), ergibt sich dann als Produkt des pro Stunde verbrauchten Sauerstoffvolumens V_{O_2} und dem Energieäquivalent des Sauerstoffs bei einem RQ von 0,82 (20,3 kJ/l O_2):

$$Q\ (kJ/h) = V_{O_2}\ (l\ O_2/h) \cdot 20{,}3\ kJ/l\ O_2.$$

1 Entwerfen Sie ein Verlaufsschema für die Abfolge der Schritte bei der indirekten Kalorimetrie bei unbekannter Ernährung.

2 Beschreiben und erklären Sie die Versuchsaufbauten in Abbildung 112.1 A und B.

STECKBRIEF

Reaktion auf Hunger und Sättigung

Der Hypothalamus, ein Teil des Zwischenhirns, ist die oberste Befehls- und Schaltzentrale für Hunger und Sättigung. Bei einem Energiemangel des Körpers regt er Hunger an und drosselt den Energieverbrauch durch Verlangsamung des Stoffwechsels. Bei einem Energieüberschuss werden dagegen Hungergefühle gebremst und der Energieverbrauch angekurbelt. So wird das Körpergewicht auf einen „Setpoint" eingestellt, der im Wesentlichen genetisch festgelegt ist.

An der Regulation der Nahrungsaufnahme und des Stoffwechsels sind zahlreiche Signalmoleküle, Hormone, Sinnes- und Nervenzellen beteiligt. Dabei unterscheidet man zwischen kurzfristigen Kontrollsignalen und Steuerungsbefehlen, die vor allem für die Sättigung und Beendigung einer Mahlzeit ausschlaggebend sind, und langfristigen Kontrollsignalen und Steuerungsbefehlen, die eher eine andauernde Sattheit betreffen und beeinflussen, wann die nächste Mahlzeit aufgenommen wird.

Im Hypothalamus werden Signale, die durch externe Reize wie zum Beispiel Sehen, Riechen und Schmecken der Speise ausgelöst werden, mit internen Signalen verarbeitet. So informiert etwa das Darmhormon **Cholezystokinin** den Hypothalamus, wenn genug Nahrung aufgenommen worden ist. Das Magenhormon **Ghelin** regt dagegen die Nahrungsaufnahme an. Zusätzlich senden Mechanorezeptoren, die etwa die Magenfüllung registrieren, und Chemorezeptoren, die die Anwesenheit verschiedener Nährstoffe im Verdauungstrakt messen, Signale zum Gehirn.

Auch die Nährstoff-Konzentrationen im Blut werden gemessen. Steigt etwa die Blutglucosespiegel an, so tritt Sättigung ein und die Nahrungsaufnahme wird gehemmt. Umgekehrt bewirkt ein abfallender Blutglucosespiegel das Entstehen eines Hungergefühls. Ein wichtiges Signal, das dem Hypothalamus Informationen über die langfristigen Energiereserven des Körpers gibt, ist das Hormon **Leptin.** Es wird im Fettgewebe synthetisiert. Je besser die Fettspeicher gefüllt sind, desto höher ist die Konzentration von Leptin im Blut.

Im Hypothalamus werden diese Signale mit anderen Signalen, die aus verschiedenen Hirnregionen kommen, verrechnet. So werden gespeicherte Informationen wie erlerntes Essverhalten, Gefühle, Wissen und Freude am Essen in die Verarbeitung integriert. Mithilfe von spezifischen Botenstoffen leitet der Hypothalamus Informationen und Befehle an andere Hirnregionen weiter. So kann er etwa über den Hirnstamm die Temperaturregulation und Verdauung und über die Hypophyse den Grundumsatz beeinflussen. Die Nahrungsaufnahme dient aber nicht nur der Versorgung des Körpers, sondern beeinflusst auch unsere Psyche. Essen kann Trost, Ablenkung oder Ersatz für Liebe und Geborgenheit sein. Auf die Spitze getrieben werden solche Zusammenhänge in den Essstörungen erkennbar. Die Wechselwirkungen zwischen Ernährung und Psyche sind jedoch noch längst nicht ausreichend erforscht.

Kurzfristige Änderungen des Essverhaltens haben nur wenig Einfluss auf das Gewicht. Mit einer reduzierten Nahrungsaufnahme sinken auch Energieverbrauch und Grundumsatz. Deshalb tritt nach Diäten der bekannte Jojo-Effekt auf. Für eine Gewichtsabnahme bleibt neben einer langfristigen Ernährungsumstellung nur die Steigerung des Energieverbrauchs durch regelmäßige Bewegung.

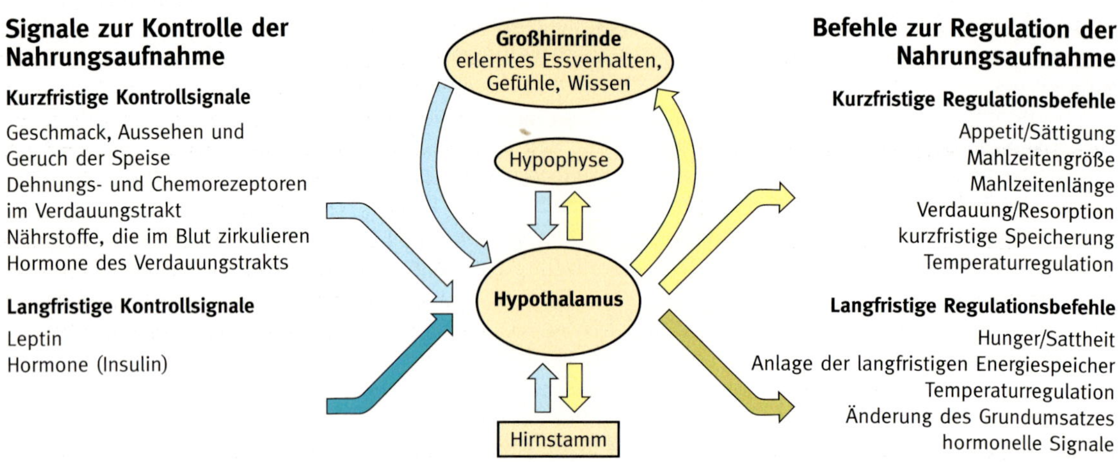

Intrazellulärer Abbau energiereicher Stoffe

1 Reduktionsäquivalente der Glykolyse und Gärung

Einführung: 2,6-Dichlorphenolindophenol (DCPIP oder TILLMANNS Reagenz) ist ein so genannter Redox-Indikator. Durch die Aufnahme von Wasserstoff wird das blauviolette DCPIP in seine Leuko-Form DCPIP · H_2 überführt.

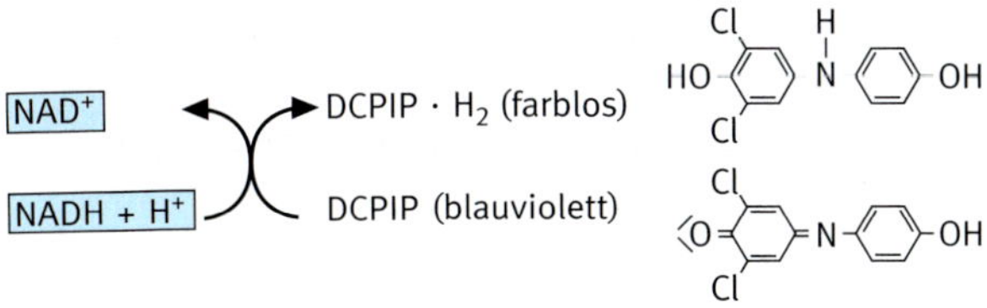

Material: Frischhefe oder Trockenhefe, 10%ige Glucose-Lösung, DCPIP (Xi), 2 Erlenmeyerkolben (250 ml), Wasserbad (38 °C), Spatel, Messzylinder

Durchführung: Füllen Sie in einen der Erlenmeyerkolben 100 ml Wasser, in den anderen 100 ml der Glucose-Lösung. Verrühren Sie in beiden Ansätzen 5 g Frischhefe (oder 1,4 g Trockenhefe) und stellen Sie beide Kolben 10 min ins Wasserbad bei 38 °C. Geben Sie dann jeweils eine Spatelspitze DCPIP dazu, sodass sich die Ansätze blauviolett färben. Messen Sie dann die Zeit bis zum Farbumschlag.

Aufgaben:

a) Erklären Sie die Versuchsergebnisse unter Berücksichtigung der Abbildung 104.1 und der Einführung.

b) Gibt man in den zweiten Erlenmeyerkolben gleichzeitig mit der Hefe DCPIP, so entsteht kein Alkohol als Endprodukt. Erklären Sie diese Beobachtung und geben Sie begründet an, welches Endprodukt Sie erwarten.

c) Könnte man in einem Versuch zum Abbau von Glucose zu Milchsäure (Milchsäuregärung) auch eine Reduktion von DCPIP erwarten? Begründen Sie Ihre Vermutung.

2 Vergärbarkeit verschiedener Zucker durch Hefe

Material: Frischhefe, 10%ige Lösungen von Glucose, Fructose, Saccharose, Lactose, Maltose, 1 Becherglas (150 ml), 5 Bechergläser (100 ml), 5 Gärröhrchen, 5 Petrischalen, Glaspipette (10 ml), Glasstab, Wärmeschrank

Durchführung: Verrühren Sie in einem Becherglas 25 ml Wasser (35 °C) und 15 g Frischhefe. Geben Sie in 5 Bechergläser je 25 ml der vorbereiteten Zucker-Lösungen und 5 ml der Hefesuspension. Füllen Sie dann die 5 Gärröhrchen mit diesen Zucker-Hefe-Aufschwemmungen. Der geschlossene Schenkel muss vollständig gefüllt und frei von Luftblasen sein. Setzen Sie die Gärröhrchen jeweils auf eine Petrischale und stellen Sie diese dann in den Wärmeschrank bei 35 °C. Messen sie die Gasentwicklung in Abständen von 5 Minuten.

Aufgabe:
Stellen Sie die Gasentwicklung in Abhängigkeit von der Zeit in den verschiedenen Zuckerlösungen grafisch dar. Erläutern Sie die Ergebnisse.

3 Nachweis von Acetaldehyd als Zwischenprodukt bei der alkoholischen Gärung

Material: 3 Erlenmeyerkolben mit passendem durchbohrten Stopfen, Frischhefe oder Trockenhefe, 10%ige Glucose-Lösung, Natriumsulfit (Xi), 1%ige Acetaldehyd-Lösung (Xn), 5%ige Piperidin-Lösung (T), 5%ige Natriumnitroprussiat-Lösung (T), Wasserbad oder Wärmeschrank (35 °C), 3 Reagenzgläser, 3 Pipetten (10 ml), Reagenzglasständer

Durchführung: Geben Sie jeweils in zwei Erlenmeyerkolben je 50 ml Glucose-Lösung und 5 g Frischhefe (oder 1,4 g Trockenhefe). Lösen Sie in einem der beiden Ansätze zusätzlich 0,1 g Natriumsulfit. Stellen Sie beide Ansätze 30 min ins Wasserbad oder in den Wärmeschrank bei 35 °C. Entnehmen Sie beiden Ansätzen 5 ml Flüssigkeit und geben Sie diese in je ein Reagenzglas. Füllen Sie in das dritte Reagenzglas 5 ml Acetaldehyd. Geben Sie dann in die drei Reagenzgläser jeweils 2 ml Piperidin-Lösung und 1 ml Natriumnitroprussiat-Lösung.
Hinweise zur Durchführung: Der bei der Gärung entstehende Acetaldehyd wird normalerweise sofort zu Ethanol reduziert. Um ihn nachzuweisen zu können, muss er in höherer Konzentration angereichert werden. Das kann man durch Zugabe von Sulfiten bewirken. In diesem Versuch wird der gebildete Acetaldehyd sofort durch Natriumsulfit gebunden und in die entsprechende Aldehyd-Sulfit-Verbindung überführt. Am Schluss des Versuches setzt man den Acetaldehyd aus der Aldehyd-Sulfit-Verbindung durch Piperidin wieder frei und weist ihn mithilfe des Reagens Natriumnitroprussiat als blauvioletten Farbkomplex nach.

Aufgabe:
Erklären Sie die Versuchsergebnisse unter Berücksichtigung der Abbildung 104.1.

Intrazellulärer Abbau energiereicher Stoffe

1

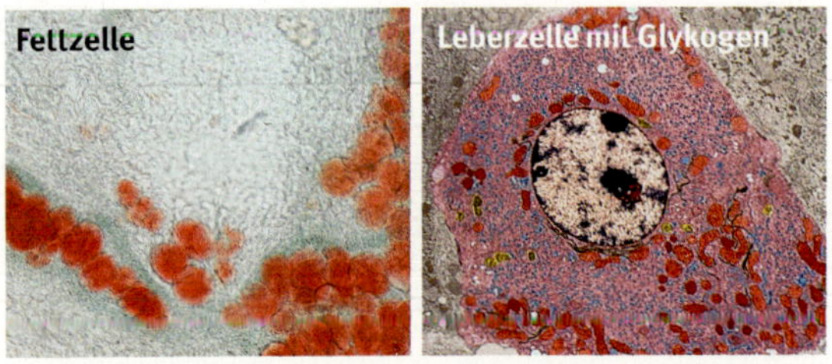

Tiere benutzen sowohl Fette als auch Kohlenhydrate als Energiespeicher. Fette können ohne zusätzliches Wasser in den Zellen des Fettgewebes gespeichert werden. Kohlenhydrate werden in Form von Glykogen vor allem in Muskel- und Leberzellen gespeichert. Dazu werden pro Gramm Glykogen zusätzlich mehrere Gramm Wasser gespeichert.

a) Erläutern Sie die Vor- und Nachteile von Fetten und Kohlenhydraten als Energiespeicher.

b) Begründen Sie, weshalb Kohlenhydrate als Einfachzucker nicht in großem Umfang gespeichert werden können.

c) Erklären Sie das unterschiedliche Vorkommen von Glykogen und Speicherfetten bei Wirbeltieren.

2 Die Abbildung stellt ein Fett-Molekül mit drei Stearinsäureresten dar (Stearinsäureglycerinester oder Tristearylglycerol):

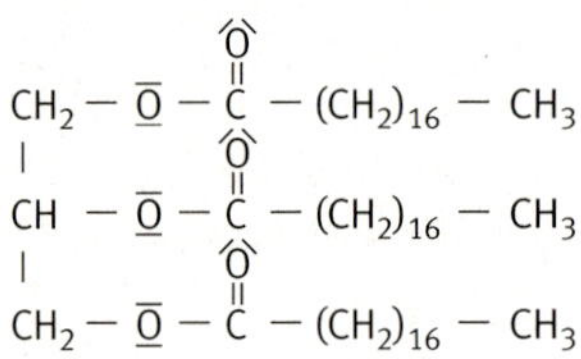

Der Brennwert von Tristearylglycerol beträgt 39,4 kJ/g und liegt damit nahe am Durchschnittswert für Fette. Beim Abbau in der Zelle wird Tristearylglycerol zunächst in ein Molekül Glycerin (Glycerol) und drei Moleküle Stearinsäure gespalten. Das Glycerin-Molekül kann unter Spaltung eines ATP-Moleküls und Bildung eines Moleküls NADH + H^+ in Dihydroxyacetonphosphat umgewandelt und über diese Verbindung in die Glykolyse eingeschleust werden.

a) Formulieren Sie die Reaktionsgleichung für die vollständige Oxidation eines Moleküls Tristearylglycerol.

b) Wie viel Energie wird bei der vollständigen Oxidation von einem Mol Tristearylglycerol frei? Nehmen Sie zur Berechnung der Molmasse gerundete relative Atommassen an: 1 für Wasserstoff, 12 für Kohlenstoff und 16 für Sauerstoff.

c) Schätzen Sie die Menge ATP, die beim oxidativen Abbau eines Mols Tristearylglycerol gebildet wird, und berechnen Sie den Wirkungsgrad des oxidativen Abbaus von Tristearylglycerol in der Zelle.

Hinweis: Rechnen Sie mit einer Bildung von 2,5 Mol ATP pro Mol NADH + H^+ und mit 1,5 Mol ATP pro Mol $FADH_2$ sowie mit einer gespeicherten Energie von 30,5 kJ pro Mol ATP.

d) Berechnen Sie den Respiratorischen Quotienten und das Energetische Äquivalent des Sauerstoffs für Tristearylglycerol. Wozu dienen diese Werte?

3 Nervenzellen und Rote Blutkörperchen können keine Fettsäuren verwerten. Sie sind auf Glucose als Nährstoff angewiesen. Die Glucosespeicher im Körper reichen kaum länger als einen Tag. Bei andauerndem Hunger wird Glucose aus anderen Verbindungen als Kohlenhydraten hergestellt. Man spricht von einer Gluconeogenese. So kann aus vielen, so genannten glucogenen Aminosäuren Pyruvat oder Oxalacetat gebildet werden, die als Ausgangsstoffe für die Synthese von Glucose dienen können. Auch Glycerin kann zur Gluconeogenese verwendet werden. Säugetiere können keine Fettsäuren zur Gluconeogenese nutzen. Stattdessen werden Fettsäuren sowie einige, ketogene, Aminosäuren in Hungerzeiten zu Ketonkörpern umgewandelt, die auch vom Gehirn verwertet werden können.

a) Beim Abbau von Fettsäuren und ketogenen Aminosäuren entsteht Acetyl-CoA, das in den Citratzyklus eingeschleust werden kann. Im weiteren Verlauf des Citratzyklus wird Oxalacetat gebildet, das zur Gluconeogenese verwendet werden kann. Weshalb können Fettsäuren und ketogene Aminosäuren nicht über Acetyl-CoA der Gluconeogenese dienen? Erklären Sie den scheinbaren Widerspruch, indem Sie den Weg der Kohlenstoff-Atome im Citratzyklus verfolgen.

b) Keimende Samen können Zucker aus Fettsäuren herstellen. Stellen Sie unter Betrachtung des Citratzyklus Vermutungen an, wie das möglich sein kann.

c) Erläutern Sie, weshalb die Gluconeogenese aus Fettsäuren für keimende Pflanzen wichtig ist.

4 Die Oxidationen der reduzierten Coenzyme NADH und $FADH_2$ während der Zellatmung sind stark exergonisch. Die freien Reaktionsenthalpien betragen unter Standardbedingungen etwa $\Delta G = -219$ kJ/mol für NADH und $\Delta G = -200$ kJ/mol für $FADH_2$.
Die vollständige Oxidation von Glucose zu Kohlenstoffdioxid und Wasser beträgt $\Delta G = -2872$ kJ/mol.

a) Berechnen Sie, wie viel Energie pro Mol abgebauter Glucose frei wird, wenn in der Atmungskette NADH + H^+ und $FADH_2$ oxidiert werden.

b) Wie viel Prozent der Energie der Glucose wird in den reduzierten Coenzymen gespeichert?

5 Der Abbau von Aminosäuren beginnt mit einer Transaminierungsreaktion, häufig mit α-Ketoglutarat, das dabei zu Glutamat wird.

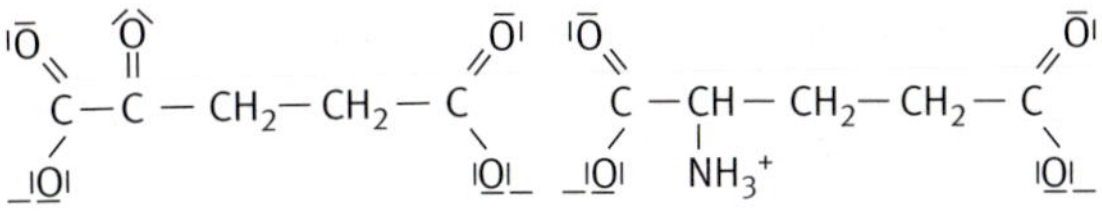

α-Ketoglutarat Glutamat

a) Formulieren Sie die Gleichung der Transaminierungsreaktion zwischen der Aminosäure Alanin und α-Ketoglutarat zu Glutamat und einem zweiten Produkt. Benennen Sie dieses zweite Produkt.

b) Bei welchen Stoffwechselprozessen sind Transaminierungen ebenfalls von Bedeutung?

6

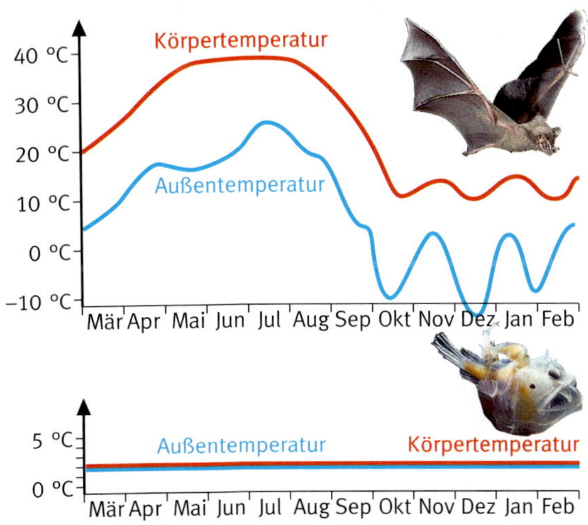

Die Körpertemperatur von Fledermäusen kann deutlich über der Außentemperatur liegen. Es treten jedoch erhebliche Schwankungen auf. Die Körpertemperatur der meisten Fische passt sich völlig der Umgebungstemperatur an. In der Tiefsee liegt die Wassertemperatur praktisch ohne Schwankungen wenig über 0 °C, sodass Tiefseefische eine sehr niedrige und nahezu konstante Körpertemperatur aufweisen.

a) Erläutern Sie die Begriffe endotherm, ektotherm, homöotherm und poikilotherm.

b) Ordnen Sie Fledermäusen und Tiefseefischen die passenden Begriffe (a) zu. Diskutieren Sie die Einordnung sowie die Verwendbarkeit der Begriffe „Warmblüter" und „Kaltblüter" kritisch.

c) Begründen Sie die Schwankungen der Körpertemperatur bei Fledermäusen unter Berücksichtigung ihrer Größe und Lebensweise.

7 Ein übergewichtiger Mann nimmt täglich mit der Nahrung etwa die Energiemenge auf, die er umsetzt. Nun möchte er gerne möglichst rasch 5 von seinen 90 kg Körpermasse abnehmen. Er weiß, dass er dazu seine Fettreserven um diese 5 kg reduzieren muss. Dazu kommen ihm zwei Möglichkeiten in den Sinn: Entweder sich eine Zeit lang bei strikter körperlicher Ruhe so sparsam zu ernähren, dass er nur die Hälfte seines Grundumsatzes zu sich nimmt, oder bei ansonsten unverändertem Lebenswandel jeden Tag eine Stunde lang zu joggen. Der tägliche Grundumsatz eines Mannes beträgt etwa 100 kJ pro kg Körpermasse. Ihm ist bekannt, dass er bei seinem üblichen Joggingtempo pro Minute rund 3 l Sauerstoff zusätzlich zum Grundumsatz verbraucht.

a) In welcher Zeit würden die beiden Strategien jeweils zum Ziel führen? Nehmen Sie an, dass die Nahrung eine typische europäische Mischkost darstellt.

b) Diskutieren Sie, welche gesundheitlichen Aspekte bei der Entscheidung zwischen den zwei Varianten zur Gewichtsreduktion noch berücksichtigt werden sollten.

8

Ein Grizzlybär hält etwa sieben Monate lang Winterruhe. Er nimmt während dieser Zeit keine Nahrung und keine Flüssigkeit auf und gibt auch weder Kot noch Urin ab. Kotausscheidungen würden hygienische Probleme bereiten. Urinabgaben würden große Wasserverluste bedeuten. Während der Winterruhe senkt der Grizzlybär seine Körpertemperatur nur wenig auf etwa 35 °C ab. Er speichert vor seiner Winterruhe eine große Menge Körperfett, das er während des Winters verwertet.

a) Beschreiben Sie ohne Verwendung von Formeln, wie der Bär aus Speicherfett Acetyl-CoA und damit Energie zur Aufrechterhaltung seiner Körpertemperatur gewinnt.

b) Erläutern Sie, wie der Bär das Wasser ersetzt, das er durch Atmung verliert.

c) Stellen Sie Hypothesen auf, wie der Bär das Abbauprodukt „Harnstoff" verwertet.

Atmung

1 Bau und Funktion der Lunge

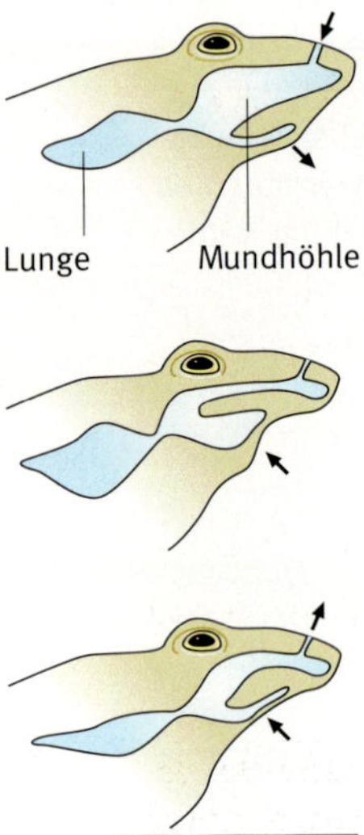

118.1 Atmung beim Frosch

Ein bedeutender Evolutionsschritt der Wirbeltiere als Anpassung an das Landleben war die Entwicklung einer Lunge. Sie ermöglicht einen effektiven Gasaustausch zwischen dem Blut und der Luft. Das Blut dient als schnelles Transportsystem für Atemgase zwischen der Lunge und allen anderen Körperzellen. Diese benötigen ständig Sauerstoff für die Oxidation der Nährstoffe bei der Zellatmung und geben dabei Kohlenstoffdioxid ab.

Das **Atemmedium** Luft enthält 21 Prozent Sauerstoff, das entspricht 0,3 Gramm pro Liter. An seiner Grenzfläche zur Atmosphäre enthält Wasser pro Liter maximal nur 0,015 Gramm Sauerstoff bei 0 Grad Celsius, und schon bei 20 Grad Celsius nur noch 0,009 Gramm. Landlebewesen steht daher weit mehr Sauerstoff zur Verfügung als Wasserbewohnern. Sie können ihn deshalb besser aufnehmen, aber dafür verlieren sie beim Ausatmen ständig Flüssigkeit. Diese geben sie in Form von Wasserdampf ab.

Die aktive Bewegung der Luft innerhalb der Lunge, die Atembewegung, wird als **Ventilation** bezeichnet. Bei Wirbeltieren kommen zwei physikalisch unterschiedliche Typen der Ventilation vor.

Bei den Amphibien, zum Beispiel beim Frosch, wird die Luft durch Heben des Mundhöhlenbodens bei geschlossenen Nasenlöchern in die Lungen gedrückt. Diese Form der Lungenventilation erfolgt also durch Überdruck. Man spricht auch von **Überdruckventilation.**

Säugetiere besitzen einen Brustkorb, der die Lungen umschließt. Sein Volumen kann durch Kontraktion der äußeren Zwischenrippenmuskeln, die zum Anheben der schräg gestellten Rippen führt, vergrößert werden. Diese Art der Atmung bezeichnet man als **Brustatmung.**

Der Vorgang der Einatmung wird auch als **Inspiration** bezeichnet. Dabei folgen die Lungenflügel passiv der Volumenvergrößerung des Brustkorbes. Dadurch vergrößert sich auch das Volumen der Lungenbläschen. In ihnen entsteht ein Unterdruck, durch den Luft eingesaugt wird. Eine solche Ventilation heißt **Unterdruckventilation.**

Durch das Erschlaffen der Brustmuskulatur und das Eigengewicht des Brustkorbes wird das Volumen des Lungenraumes und der Lungenbläschen wieder verkleinert und die Luft aus der Lunge herausgedrückt. Diese Ausatmung wird auch **Exspiration** genannt.

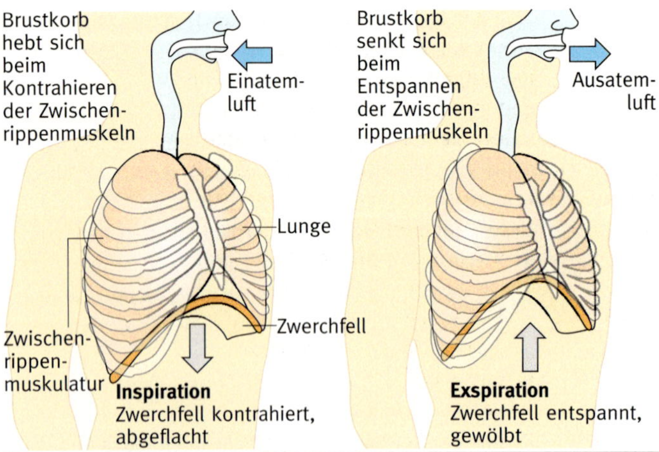

118.2 Unterdruckatmung beim Menschen

max. Luftvolumen (Mann):	4800 ml
max. Luftvolumen (Frau):	3400 ml
Atemzugvolumen (Ruhe):	500 ml
Atemfrequenz (Ruhe):	14/min
Atemzeitvolumen (Ruhe):	7000 ml/min
Atemzeitvolumen (Belastung):	15000 ml/min
Lungenepithel (Fläche):	140 m^2
Lungenepithel (Dicke):	1 µm
Ausatmung Lungenbläschen (Ø):	0,1–0,2 mm
Einatmung Lungenbläschen (Ø):	0,3–0,5 mm

118.3 Die Lunge in Zahlen

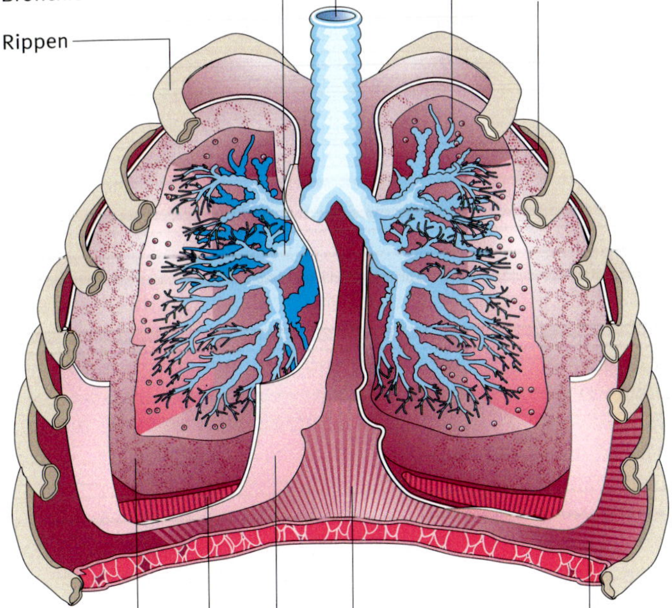

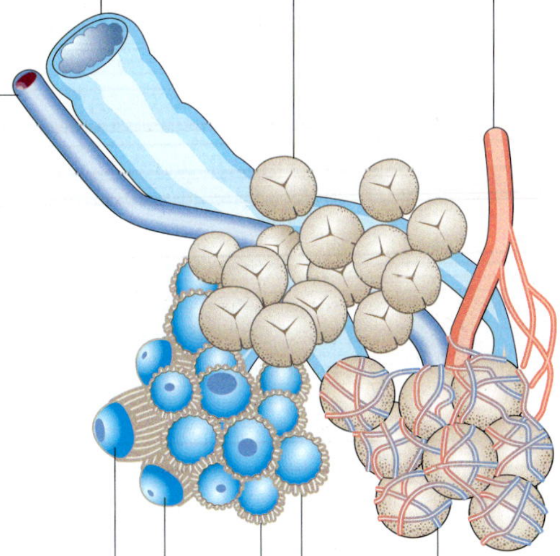

119.1 Bau der Lunge. A Übersicht (Schema); **B** Ausschnitt aus einer Endverzweigung einer Bronchiole (Schema)

Bei Säugern kommt zur Brustatmung die **Bauchatmung** mithilfe des Zwerchfells hinzu. Dieses ist eine Sehnendecke, von der nach allen Seiten Muskelfasern ausstrahlen. Im entspannten Zustand ist es nach oben gewölbt und trennt die Brust- und Bauchhöhle voneinander. Bei Kontraktion der Muskelfasern flacht es ab und vergrößert so den Brustraum.

Die Lunge der Säuger besteht aus zwei Lungenflügeln. Jeder Lungenflügel ist von einer Haut, dem Lungenfell, überzogen. Dieses grenzt an die Auskleidung des Brustraums, das Rippenfell. Zwischen beiden Häuten befindet sich ein enger, flüssigkeitsgefüllter Spalt, der **Interpleuralspalt.** Infolgedessen sind Lungenfell und Rippenfell gegeneinander verschiebbar, ohne sich voneinander zu lösen. Man kann dies mithilfe zweier aufeinanderliegender Glasplatten, zwischen denen sich ein Wasserfilm befindet, simulieren. Die Platten sind leicht gegeneinander verschiebbar, aber nur schwer voneinander zu trennen. Die Lungenflügel sind durch Einschnitte in die Lungenlappen gegliedert. Der rechte Lungenflügel ist in drei Lungenlappen, der linke in zwei Lungenlappen unterteilt.

Der **Atemtrakt** der Säuger beginnt im Nasen-Rachen-Raum. Er setzt sich mit dem Kehlkopf fort und geht in die Luftröhre über. In diese sind glatte Muskelfasern eingelagert. Sie wird von hufeisenförmigen, nach hinten offenen Knorpelspangen versteift. Die Luftröhre gabelt sich in die beiden Bronchien, die je in einen Lungenflügel führen. Auch die Wände der Bronchien sind von glatten Muskelfasern durchzogen, sodass sich ihre Weite verändern kann. Jeder Bronchus teilt sich im Lungenflügel bis zu zwanzigmal auf. Die kleinsten Verzweigungsenden heißen Bronchiolen. Alle diese Luftwege sind knorpelig versteift. Die Bronchien sind mit schleimbedeckten Flimmerhärchen ausgekleidet. Eingeatmeter Staub lagert sich auf der Schleimschicht ab. Durch die Bewegungen der Flimmerhärchen werden Schleim und Staub rachenwärts befördert. Die Bronchiolen enden mit ihren Ausläufern in einer Gruppe von kugeligen Lungenbläschen, den Alveolen. Sie sind von einem Netzwerk aus elastischen Fasern und einem Kapillarnetz umgeben, das dem Gasaustausch dient.

1 Erläutern Sie, wie der Bau der Lunge große Flüssigkeitsverluste beim Ausatmen verhindert.

2 Gasaustausch

Lebewesen nehmen den Sauerstoff, der für die Zellatmung benötigt wird, aus dem umgebenden Atemmedium, also der Luft oder dem Wasser, auf. Das bei der Zellatmung entstehende Kohlenstoffdioxid wird in das Atemmedium abgegeben. Dieser Gasaustausch zwischen Umgebung und Körperflüssigkeit geschieht allein durch die Bewegung der Gasmoleküle an der Grenze beider Medien, durch **Diffusion.**

Da Luft und Blut nicht in unmittelbarem Kontakt stehen können, befindet sich in den Atmungsorganen als Austauschfläche eine für Gase durchlässige Zellschicht zwischen beiden Medien, die **respiratorische Oberfläche.** Die Diffusionsrate verhält sich proportional zur Austauschfläche und umgekehrt proportional zum Quadrat der Diffusionsstrecke, die von den Gasmolekülen durchdrungen werden muss. Je dünner die respiratorische Oberfläche und je größer ihre Ausdehnung ist, desto effektiver ist der Gasaustausch. Beim Menschen ist diese Zellschicht in der Lunge 140 Quadratmeter groß und nur einen Mikrometer dünn; so wird eine sehr hohe Diffusionsrate erreicht.

120.1 Aufnahme und Abgabe von Atemgasen. Konzentrationsgradienten der Partialdrücke beim Gasaustausch an der respiratorischen Oberfläche (Angaben in kPa)

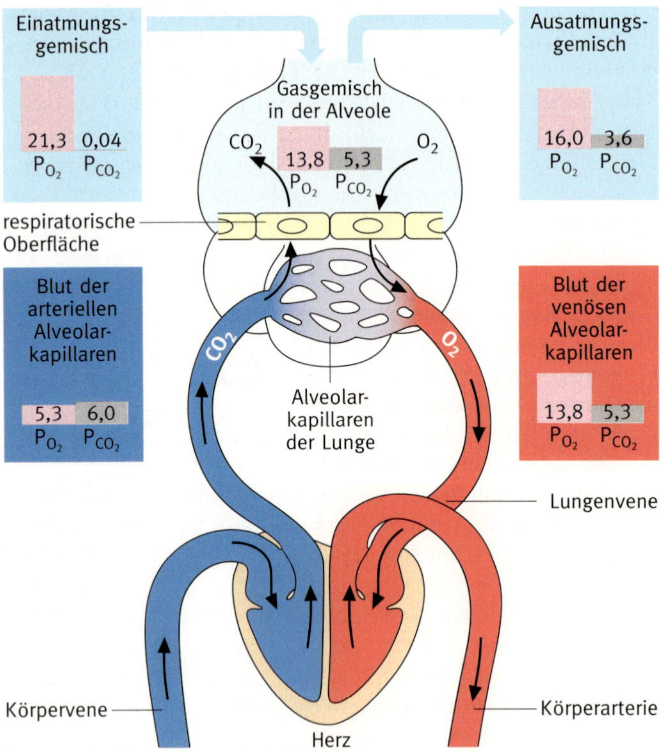

Die menschliche Hautoberfläche von nur zwei Quadratmetern spielt für den Gasaustausch des Menschen praktisch keine Rolle – entgegen der landläufigen Fehlvorstellung, wie sie auch in dem James-Bond-Film „Goldfinger" zum Ausdruck kommt: Ein Mensch stirbt in Wirklichkeit nicht den Erstickungstod, wenn seine Haut gänzlich mit Goldfarbe überzogen wird. Die obersten Hautschichten werden nur bis zu einer Tiefe von 0,4 Millimetern direkt mit Sauerstoff versorgt. Nur circa 0,4 Prozent des gesamten Sauerstoffbedarfs werden über die Haut gedeckt; eine Abdeckung der Haut mit Goldfarbe ist atemtechnisch kaum von Bedeutung.

Die pro Zeiteinheit diffundierende Menge eines Gases hängt neben der Fläche und der Dicke der respiratorischen Oberfläche auch von der Konzentrationsdifferenz beziehungsweise Druckdifferenz des Gases auf beiden Seiten ab.

Der Gesamtdruck eines Gasgemisches wie der Luft setzt sich aus der Summe eines jeden Teildruckes seiner Gaskomponenten zusammen. Dieser jeweilige Druckanteil heißt auch **Partialdruck.** Die Atmosphäre übt auf Meereshöhe einen Gesamtdruck von 101 Kilopascal (kPa) aus. Der Anteil des Sauerstoffs (21 Vol.-%) am Gesamtdruck der Luft bewirkt also einen Partialdruck von P_{O_2} = 21,3 kPa, der des Kohlenstoffdioxids (≈ 0,04 Vol.-%) einen Partialdruck von nur P_{CO_2} = 0,04 kPa. Wenn Wasser in Kontakt mit Luft steht, wird ein Gleichgewicht zwischen den Gasanteilen der Luft und den gelösten Gasanteilen im Wasser erreicht, sobald pro Zeiteinheit genauso viele Gas-Moleküle in das Wasser hinein diffundieren, wie wieder heraus. Dann hat das betreffende Gas im Wasser denselben Partialdruck wie in der Luft.

Damit Sauerstoff durch Diffusion ins Blut aufgenommen und Kohlenstoffdioxid aus dem Blut abgegeben werden kann, muss der Partialdruck des Sauerstoffs im Blut der Alveolenkapillare niedriger und der des Kohlenstoffdioxids höher sein als in der Luft. Tatsächlich hat der Sauerstoff hier einen Partialdruck von P_{O_2} = 5,3 kPa und das Kohlenstoffdioxid einen Partialdruck von P_{CO_2} = 6,0 kPa.

Bei den verschiedenen Atemorganen der Tiere ist die respiratorische Oberfläche auf unterschiedliche Weise vergrößert. So kann das Verhältnis der Körperoberfläche zum Körpervolumen eine Rolle spielen (Hautatmung), es können Verzweigungen (Tracheen) sowie Aus- oder Einstülpungen (Kiemen oder Lungen) vorkommen. Die ständige Aufrechterhaltung der Konzentrationsdifferenz der Atemgase auf beiden Seiten der respiratorischen Oberfläche wird dabei auf verschiedenen Wegen erreicht.

Das häufige Ein- und Ausatmen der Luft in der Lunge eines Landtieres dient hauptsächlich dem Zweck, eine hohe Differenz der Partialdrücke der Atemgase an der respiratorischen Oberfläche aufrechtzuerhalten. In Bezug auf den Sauerstoffgradienten hält die Ventilation also an der Außenseite der Austauschmembran den Sauerstoff-Partialdruck im Vergleich zur Innenseite möglichst hoch. Gleichzeitig wird dadurch der Kohlenstoffdioxid-Partialdruck an der Außenseite der Austauschmembran im Vergleich zur Innenseite möglichst niedrig gehalten.
Zum selben Zweck erzeugen im Wasser lebende Tiere einen Wasserstrom an ihren Kiemen durch Pumpen der Kiemendeckel oder Bewegung spezieller Anhängsel.

Bei den meisten Atemorganen ist neben der Ventilation auch der Blutkreislauf an der Aufrechterhaltung der Konzentrationsdifferenz beteiligt. An der Innenseite der Austauschmembranen, in den Kapillargefäßen, wird Sauerstoff schnell abtransportiert und kohlenstoffdioxidreiches Blut angeliefert. Tracheen bilden in dieser Hinsicht eine Ausnahme. Sie stellen ein Luftgefäßsystem dar, das sich bis in einzelne Zellen verzweigt.

1 Erläutern Sie, warum in den venösen Alveolarkapillaren der Partialdruck des Sauerstoffs höher ist als in den arteriellen Alveolarkapillaren, in denen er sogar niedriger ist als der Partialdruck des Kohlenstoffdioxids.

2 Erklären Sie, warum die Verwendung von Schnorchelrohren, die länger als 48 Zentimeter sind, nicht erlaubt werden darf.

3 Informieren Sie sich, wie ein Gelbrandkäfer unter Wasser atmet. Erklären Sie mithilfe der Partialdrücke der Atemgase, wozu er auftauchen muss.

STECKBRIEFE

Haut

Hautatmung: Regenwurm

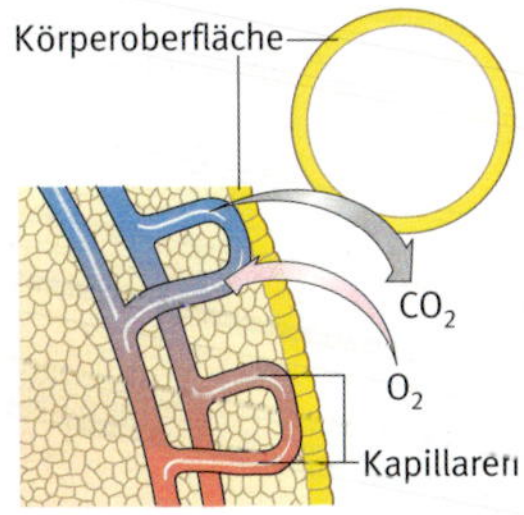

Bei vielen kleineren Tieren, deren Körperoberfläche im Verhältnis zum Volumen groß ist, wie beim Regenwurm, reicht die Körperoberfläche als Respirationsorgan aus. Die Haut spielt auch bei Amphibien als Atemorgan eine bedeutende Rolle.
So deckt ein Frosch seinen Sauerstoffbedarf im Sommer etwa zur Hälfte durch die feuchte Außenhaut sowie durch die Haut der Mundhöhle, während der Winterruhe sogar ausschließlich durch die Außenhaut. Organismen, bei denen die Haut als Respirationsorgan dient, sind an einen feuchten Lebensraum gebunden.

Tracheen

Tracheenatmung: Insekt

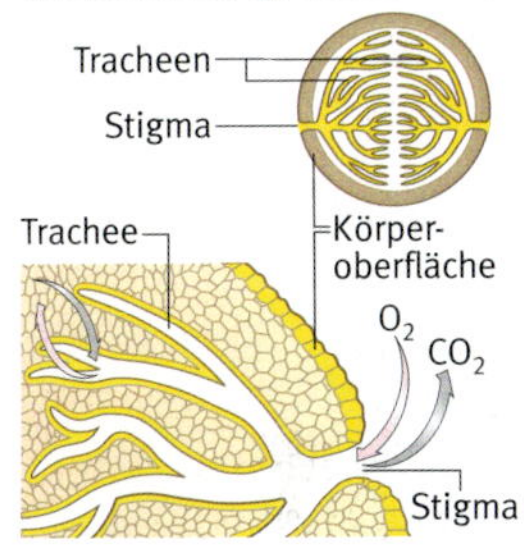

Viele Gliedertiere, wie unter anderem Insekten, atmen mit Tracheen. Dies sind verzweigte, mit einer Cuticula und Chitinspiralen versteifte Luftröhren. Sie beginnen seitlich am Körper mit Atemöffnungen, den Stigmen, und verästeln sich im Körper stark.
Die Tracheen führen mit ihren feinsten Endverzweigungen, den Tracheolen, unmittelbar in die einzelnen Zellen hinein. Die Enden der Tracheolen sind mit Gewebsflüssigkeit gefüllt. Die Wirksamkeit des Tracheensystems beruht darauf, dass in den luftgefüllten Röhrchen ein rascher Gasaustausch erfolgt. Trotzdem bleibt bei dieser Art der Sauerstoffversorgung die Körpergröße dieser Tiere auf den Zentimeterbereich beschränkt.

Kiemen

Kiemenatmung: Molch

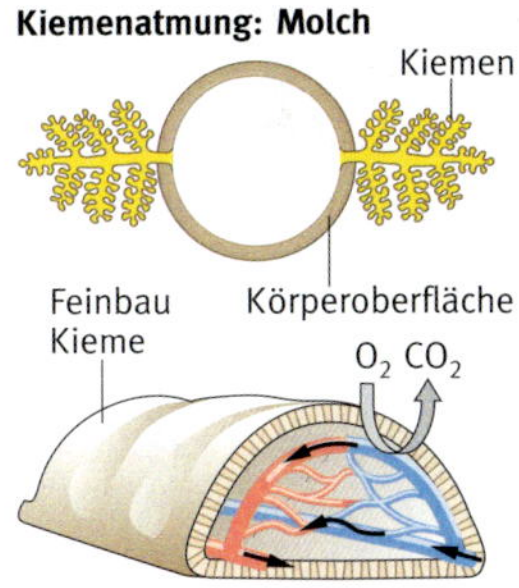

Kiemen, die Respirationsorgane der meisten Wassertiere, sind dünnhäutige, meist blattförmige Ausstülpungen der Körperoberfläche oder des Darmtrakts, die stark durchblutet sind. Sie liegen an verschiedenen Stellen des Körpers.
Bei Krebsen finden sich Kiemen an den Extremitäten, bei Insektenlarven am Hinterleib, bei Muscheln in der Mantelhöhle. Bei Knochenfischen stehen die Kiemenblättchen als Ausstülpungen des Vorderdarms seitlich am Kopf auf den Kiemenbögen. Sie werden zum Schutz von einem Kiemendeckel überdeckt, der durch ständige Bewegung für einen Wasserstrom an den Kiemen sorgt.

3 Regulation der Atmung

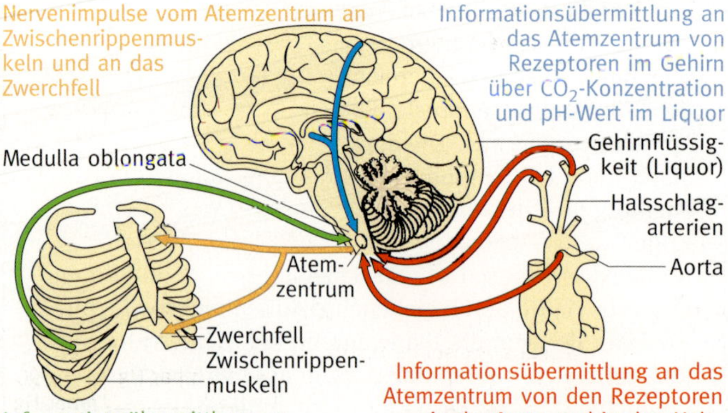

122.1 Die Regulation der Atmung

MEDIZIN

Surfactant – damit die Lunge sich entfaltet

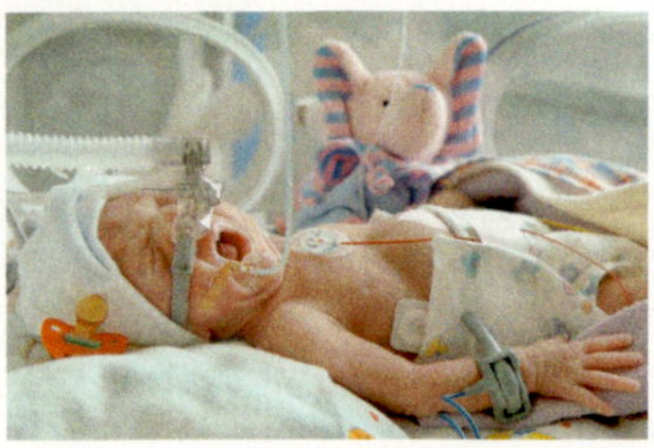

Die ersten Atemzüge eines Neugeborenen kosten viel Kraft, da die Alveolen mit Luft gefüllt werden. Beim Ausatmen würden die Alveolen wieder zusammenfallen, wenn nicht der Stoff **„Surfactant"** (Surface Active Agent = oberflächenaktive Substanz) dies verhindern würde. Surfactant wird von den Epithelzellen der Alveolen gebildet und in den wässrigen Flüssigkeitsfilm, der die Oberfläche der Alveolen überzieht, eingelagert. Zu 90 Prozent besteht es aus Phospholipiden, Molekülen mit einem hydrophilen Kopf und einem lipophilen Schwanz. An der Grenzfläche von Wasser und Luft tauchen die Köpfe der Phospholipide in das wässrige Milieu, während die lipophilen Schwänze in den Luftraum ragen. Dadurch wird die hohe Oberflächenspannung des wässrigen Flüssigkeitsfilms reduziert, sodass die Alveolen beim Ausatmen nicht zusammenfallen.
Surfactant ist 1959 bei der Untersuchung der Atemnot von Frühgeborenen entdeckt worden. Dieses so genannte **Atemnotsyndrom** ist auf einen Surfactantmangel zurückzuführen. Erst ab der 34. Schwangerschaftswoche wird Surfactant in ausreichender Menge vom Fetus produziert. Der heutzutage routinemäßige Einsatz von künstlichem Surfactant hat zu einer erheblichen Senkung der Sterblichkeitsrate bei Frühgeborenen geführt und war ein Meilenstein in der Medizin für Frühgeborene.

Die Atmung wird ständig an die Bedürfnisse des Körpers angepasst, sei es an einen höheren Sauerstoffbedarf bei Anstrengungen oder an einen veränderten Atemrhythmus beim Sprechen und Schlucken. Hauptsächlich wird die Atmung durch das **Atemzentrum** in der Medulla oblongata, einem Gehirnbereich, der zwischen Kleinhirn und Rückenmark liegt, gesteuert. Das Atemzentrum beeinflusst die Tätigkeit des Zwerchfells und der Zwischenrippenmuskeln und passt dadurch die Atembewegungen den Bedürfnissen des Körpers an. Die Anpassung erfolgt aufgrund von Informationen, die von Rezeptoren erfasst und dem Atemzentrum zugeleitet werden.

Das Atemzentrum sorgt für die ständige Aufrechterhaltung der Atmung. Zum Einatmen sendet es über Nervenbahnen Impulse aus, die das Zwerchfell und die Zwischenrippenmuskulatur zur Kontraktion anregen. Befindet sich der Körper in Ruhe, sendet es Impulse aus, die zu 10 bis 14 Atemzügen pro Minute führen. Nach jeder Einatmung erschlafft die Atemmuskulatur, sodass die Luft passiv aus der Lunge gedrückt wird.

Dehnungsrezeptoren im Lungengewebe messen beim tiefen Einatmen die Volumenzunahme der Lunge und übermitteln diese Information an das Atemzentrum, wodurch das Einatmen und damit eine Überdehnung der Lunge gehemmt werden.

Rezeptoren im Gehirn übermitteln dem Atemzentrum Informationen über den pH-Wert sowie über die CO_2- und O_2-Partialdrücke in der Hirnflüssigkeit, dem so genannten **Liquor.** Zudem erhält es von Rezeptoren in den beiden Halsschlagadern und in der Aorta Informationen über die entsprechenden Werte im Blut. Bei hohen CO_2-Partialdrücken und niedrigen pH-Werten aktiviert das Atemzentrum die Zwischenrippenmuskeln und das Zwerchfell, sodass Atemvolumen und Atemfrequenz erhöht werden. Der O_2-Partialdruck des Blutes hat wenig Einfluss auf das Atemzentrum. Sinkt er aber etwa beim Tauchen oder in großen Höhen deutlich ab, senden Sauerstoff-Rezeptoren Signale an das Atemzentrum, worauf dieses die Atmungsmuskulatur aktiviert.

Atmung

1 Bei der Atmung von Vögeln ändert sich das Volumen von Brustraum und Lunge fast gar nicht. Auch die am Brustbein ansetzenden großen Flugmuskeln sind nicht an der Ventilation beteiligt. Die Verlängerung der Luftröhre hat Abzweigungen zu einem System von kleineren und größeren Luftsäcken. Kopfwärts gelagert befinden sich drei mittelgroße, zum Schwanz hin zwei große Luftsäcke. Das Volumen dieser fünf Luftsäcke kann sich wie bei einem Blasebalg ändern. Weitere kleinere Luftsäcke ziehen bis in die Knochen und zwischen die Organe. Die Luftsäcke sind über parallel verlaufende Schläuche, die Parabronchien, verbunden, die von dem größeren bauchseitigen und rückseitigen Bronchus abzweigen. Die Einmündungen von bauch- und rückseitigem Bronchus in die Verlängerung der Luftröhre sind so gestaltet, dass eine aerodynamische Ventilwirkung erzeugt wird, die die Richtung des Luftstromes bei Inspiration und Exspiration bestimmt. Man kann daher ihre Wirkung mit der eines Dreiwegeventils vergleichen.
Erklären Sie anhand der Abbildung, auf welche Weise bei Vögeln die Atmung erfolgt.

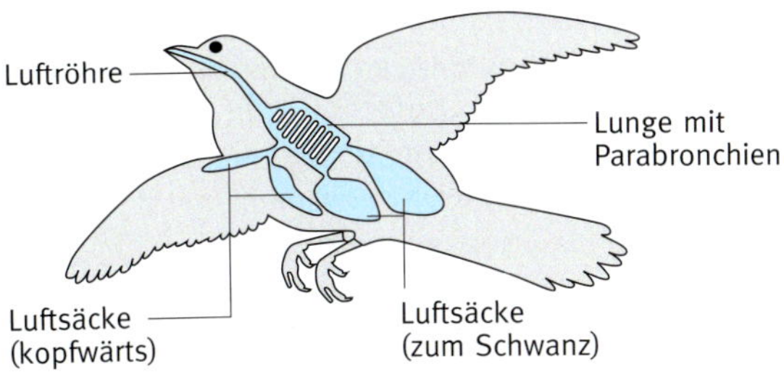

A

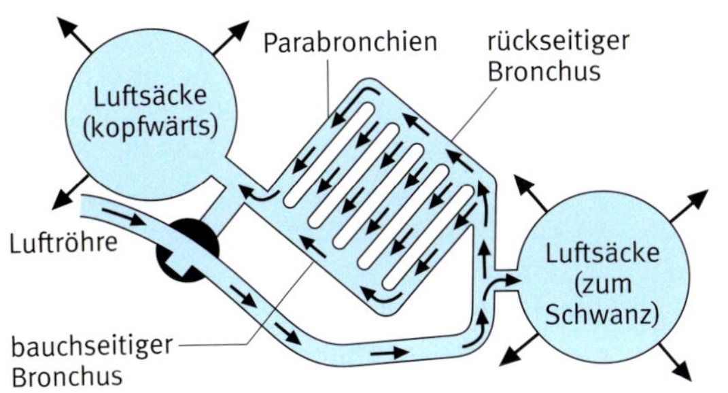

B

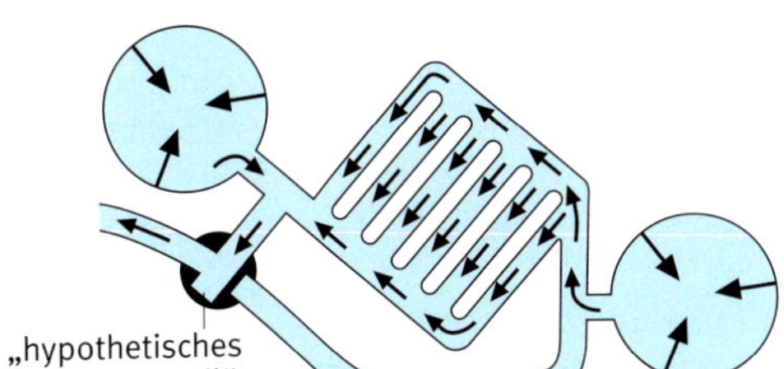

C

2 Die Wasserwanze *Aphelocheirus aestivalis* lebt am Grund von flachen Gewässern. Auf einem Quadratmillimeter ihrer Cuticula befinden sich bis zu einer Million kleiner, Wasser abweisender Haare. Die zwischen den Haaren eingeschlossene, nicht zusammendrückbare Luftblase wird als Plastron oder Gaskieme bezeichnet. Erklären Sie anhand der Abbildung, warum Wasserwanzen im Gegensatz zu vielen anderen Wasserinsekten zum Luftholen nicht an die Wasseroberfläche müssen.

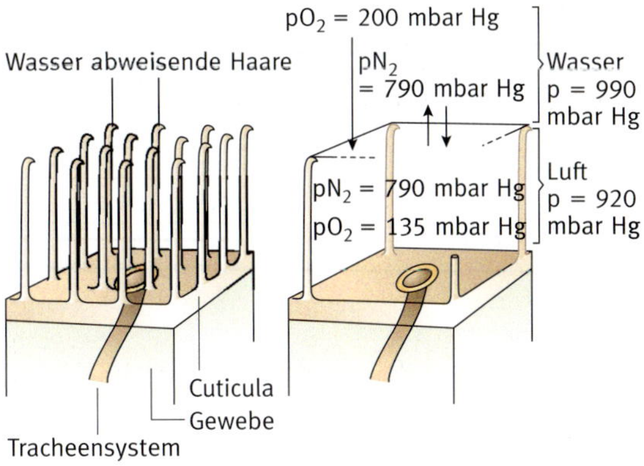

3 Ein Pneumothorax (gr. *pneuma,* Luft und *thorax,* Brustkorb) ist ein Krankheitsbild, das durch Einströmen von Luft in den Interpleuralspalt entsteht. Eine Ursache kann ein spontaner Riss des Lungengewebes sein; dieser spontane Pneumothorax kann auch bei jungen Personen bei heftigem Husten eintreten. Eine andere Ursache ist die Verletzung des Brustkorbes, das so genannte Thoraxtrauma (gr. *trauma,* Verletzung). Sogar extrem laute Bässe in der Diskothek können Auslöser sein.

a) Erklären Sie die Auswirkungen eines Pneumothorax auf die Atmung.

b) Erörtern Sie anhand der Abbildung, ob für den Verletzten ein Ventilpneumothorax oder ein offener Pneumothorax gefährlicher ist.

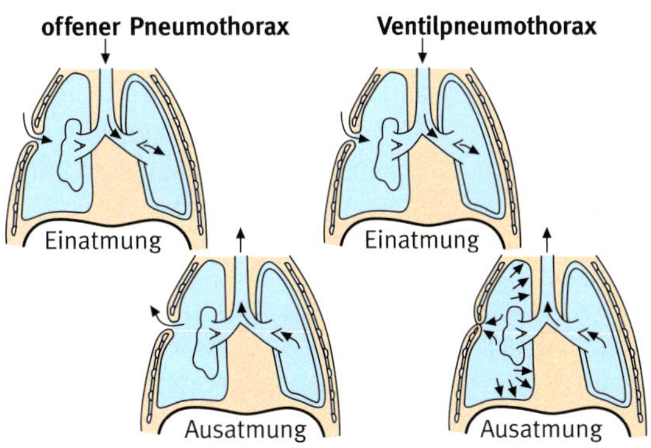

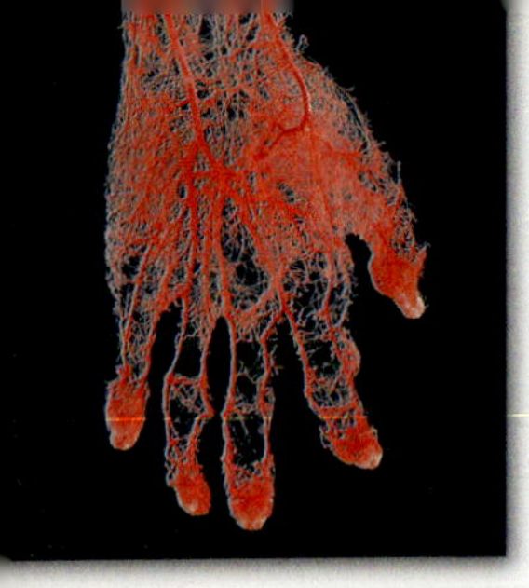

Herz, Kreislauf und Blut

1 Anatomie und Funktion des Herzens

124.1 Herz
A Ansicht;
B aufgeschnitten

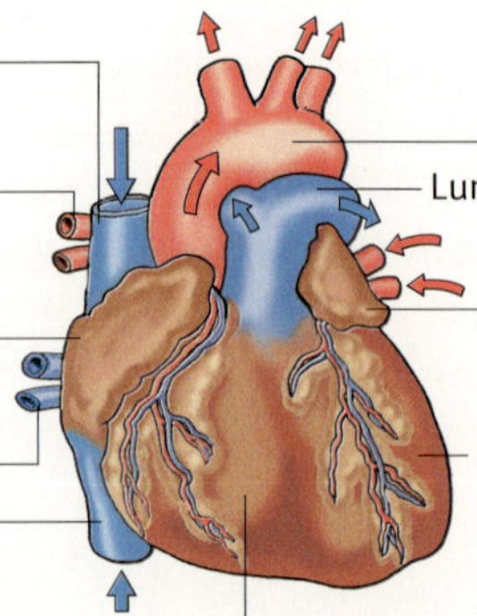

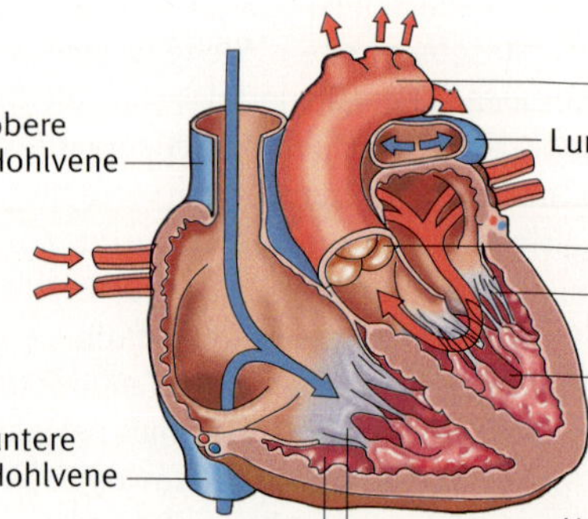

Das hinter dem Brustbein gelegene Herz hat etwa die 1,5-fache Faustgröße der jeweiligen Person und wiegt beim Erwachsenen ohne Blut 300 bis 500 Gramm. Pro Schlag pumpt das Herz 70 bis 80 Milliliter Blut durch den Körper. Das sind pro Minute etwa 4 bis 6 Liter. Man spricht dabei vom Herzminutenvolumen. Das Herz hat die Aufgabe, das sauerstoffarme Blut zur Lunge und das sauerstoffreiche Blut durch den Körper zu pumpen. Dementsprechend ist das Herz in zwei Hälften geteilt. Jede Herzhälfte besteht aus einem Vorhof und einer Herzkammer. An den Ausgängen der Vorhöfe befinden sich Segelklappen, an den Ausgängen der Kammern sitzen Taschenklappen. Die Klappen öffnen sich als Ventile nur in Fließrichtung des Blutes und nur dann, wenn der Bereich vor der Klappe einen höheren Druck aufweist als der Bereich dahinter. Andernfalls wird die Klappe durch den Druckunterschied zugedrückt.

Die Herzaktion besteht aus einer rhythmischen Kontraktion und Erschlaffung des Herzmuskels. Die Kontraktion der Kammern nennt man **Systole** (griech. *systolae*, Zusammenziehen), die Erschlaffung **Diastole** (griech. *diastolae*, Ausdehnung). Ein solcher **Herzzyklus** gliedert sich in vier Abschnitte. In der Füllungsphase werden zuerst Vorhöfe und Herzkammern mit Blut gefüllt, anschließend kontrahieren die Vorhöfe und entleeren ihr Blut in die Kammern. In der Anspannungsphase kontrahieren die Kammern. Der Druck des Blutes in den Kammern steigt. Sobald dort der Druck größer wird als der Druck in Körper- und Lungenarterien, öffnen sich die Taschenklappen. In dieser Austreibungsphase wird das Blut in die Arterien gepumpt. Gleichzeitig mit der Kontraktion der Herzkammern erweitern sich die Vorhöfe und saugen dabei Blut aus den Venen an. In der Entspannungsphase entspannt sich die Herzmuskulatur und der Druck in den Kammern sinkt.

Die Herzmuskelwände sind entsprechend den Drücken, die zur Blutbeförderung aufgebracht werden müssen, unterschiedlich dick. Die Herzkammern haben eine dickere Muskulatur als die Vorhöfe. Die linke Kammer ist dickwandiger als die rechte, da sie das mit Sauerstoff angereicherte Blut durch den Körperkreislauf pumpen muss. Dieser bietet dem Blutstrom einen großen Widerstand.

Aus den Kammern wird das Blut nur durch die Kontraktion der Herzwände herausgepumpt. An der Füllung der Vorhöfe sind drei Faktoren beteiligt: der venöse Blutdruck, der bei der Atmung entstehende Unterdruck im Brustkorb sowie die Verlagerung der Ebene der vier Klappen bei der Systole in Richtung Herzspitze. Durch die Vergrößerung des Vorhofvolumens kommt es zu einer Sogwirkung. Das Herz ar-

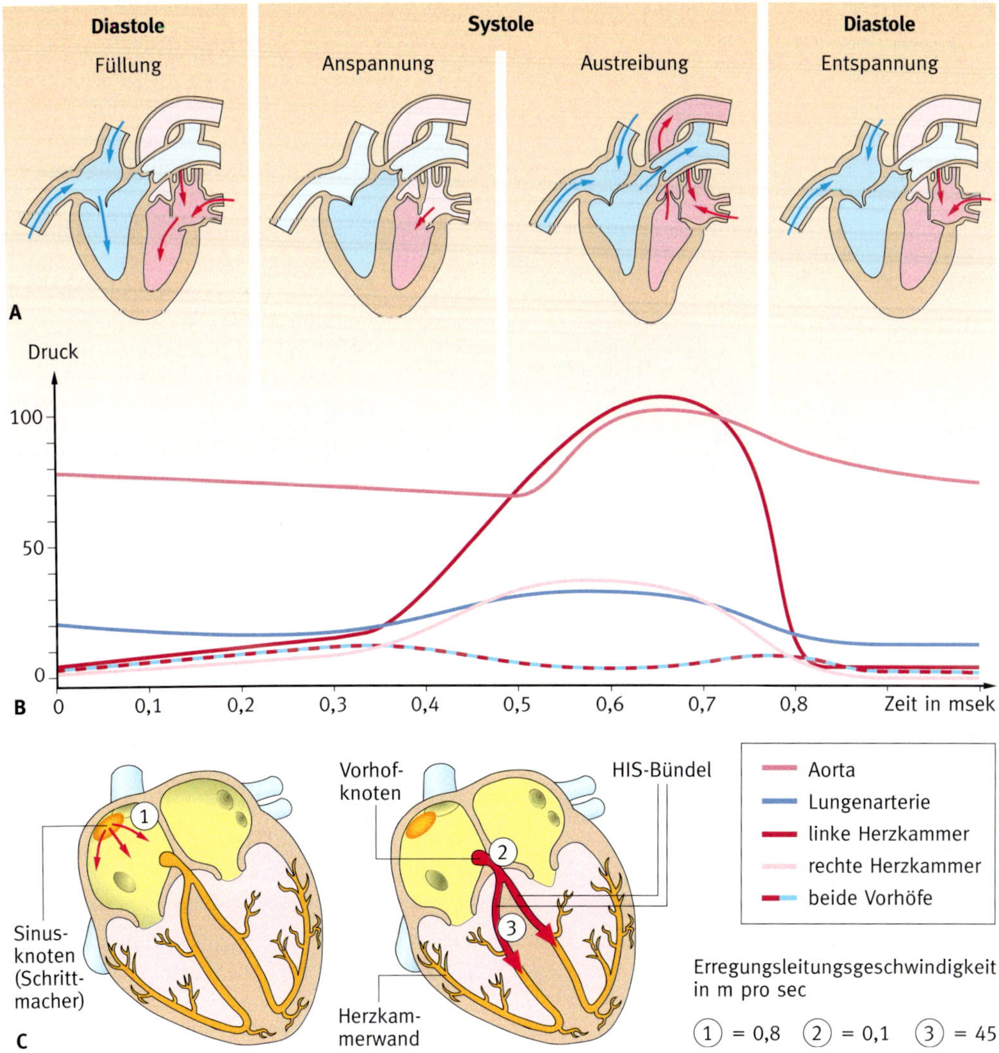

125.1 Herzzyklus (A) mit Druckänderungen (B) und Erregungsleitung (C)

beitet somit als **Druck- und Saugpumpe.** Jede durch die Systole entstehende Druckwelle kann man mit dem Finger am Handgelenk oder am Hals als Puls fühlen.

Die Impulse, die den Herzschlag steuern, kommen von spezialisierten Muskelzellen des Herzens, die selbstständig Erregungen bilden können. Schrittmacher für den Herzschlag ist der **Sinusknoten,** eine Ansammlung von Nervenzellen im rechten Vorhof. Er weist die schnellste Impulsbildung auf und gibt die Frequenz für die Kontraktion des Herzmuskels vor. Die Erregung breitet sich über die beiden Vorhöfe aus, die daraufhin kontrahieren. Vom Vorhofknoten aus wird die Erregung weitergeleitet über die Herzmuskelfasern des so genannten **HIS-Bündels,** die das unerregbare Bindegewebe zwischen Vorhöfen und Kammern durchbrechen. Das HIS-Bündel teilt sich an der Kammerscheidewand in zwei Schenkel. Die Erregungsübertragung in diesem Bereich des Herzens führt zur Kontraktion der Herzkammern. Dabei werden alle Herzmuskelfasern gleichzeitig kontrahiert. Dies wird dadurch erreicht, dass lang anhaltende Aktionspotentiale ausgebildet werden.

In der Erholungsphase, **Refraktärphase** genannt, erschlaffen die Muskelfaserzellen und damit der Herzmuskel, sodass die Kammern mit Blut gefüllt werden können. Der Sinusknoten steht in Verbindung mit dem vegetativen Nervensystem, sodass die Herztätigkeit dadurch beeinflusst werden kann.

1 Ermitteln Sie in Abbildung 125.1 den Öffnungszustand der Klappen beim Herzzyklus.

MEDIZIN

Herzerkrankungen

Arterielle Durchblutungsstörungen sind die häufigste Todesursache in den Industriestaaten. Sie werden vor allem durch Arteriosklerose bedingt. Als Folge einer Verletzung werden an der inneren Arterienwand Lipide angelagert. Durch Einbindung von Mineralsalzen (Verkalkung) verhärten diese Stellen. Sie behindern dann den Blutfluss und die Gefäße sind nicht ausreichend elastisch. Diese Verkalkung nennt man **Arteriosklerose.** Tritt sie bei Herzkranzgefäßen auf, werden die Herzmuskelzellen nicht ausreichend mit Sauerstoff und Nährstoffen versorgt. Vor allem bei körperlichen Anstrengungen, aber auch bei seelischen Belastungen ist die Leistungsfähigkeit des Herzens dadurch eingeschränkt und es treten Symptome in Form schmerzhafter Anfälle von Herz- und Atembeklemmungen auf. Man spricht dann von einer **Angina pectoris.** Ist die Verengung zu stark oder geht in eine Gefäßverstopfung über, tritt ein **Herzinfarkt** ein. Das von der Blutversorgung abgeschnittene Herzgewebe stirbt ab. Die abgestorbenen Muskelfaserzellen können nur durch Bindegewebszellen ersetzt werden. Je nach Größe des ausgefallenen Bereiches variiert die Funktionseinschränkung des Herzens. Ein akuter Herzinfarkt äußert sich bei Männern und Frauen durch unterschiedliche Symptome. Während Männer meist an starker Atembeklemmung, Schmerzen hinter dem Brustbein bis hin zur Ausstrahlung in den linken Arm leiden, treten bei Frauen eher grippeähnliche Symptome auf. Weit über eine halbe Million Menschen erleidet in Deutschland jährlich einen Herzinfarkt. Ein Fünftel davon überlebt ihn nicht. Männer sind statistisch etwas häufiger betroffen als Frauen. Wird die Verengung der Herzarterie rechtzeitig erkannt, kann durch eine Operation ein Blutgefäß aus dem Unterschenkel entnommen und als **Bypass** (engl. Umgehung) zwischen Aorta und Herzkranzarterie eingepflanzt werden. Dadurch wird die Blutversorgung der Herzmuskelzellen in dem betroffenen Bereich wieder ermöglicht. Als sinnvolle Vorbeugung vor Herzinfarkt gelten Sport, ein normales Gewicht, Vermeidung von Bluthochdruck und Dauerstress sowie von Nikotin und Alkohol.

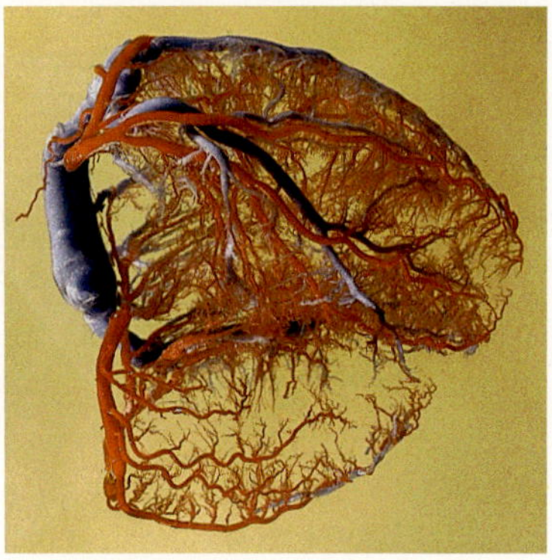

STECKBRIEF

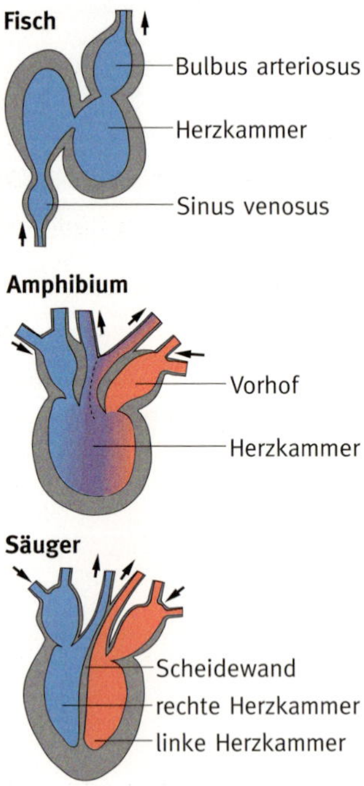

Herztypen

Im Herz der Fische befindet sich sauerstoffarmes Blut, das zu den Kiemen gepumpt wird.
Im ungeteilten Amphibienherzen vermischen sich sauerstoffarmes und -reiches Blut teilweise.
Bei Säugern führt die Teilung der Herzkammer durch eine Scheidewand zu einer völligen Trennung von sauerstoffreichem und –armem Blut.

Kreislaufsysteme

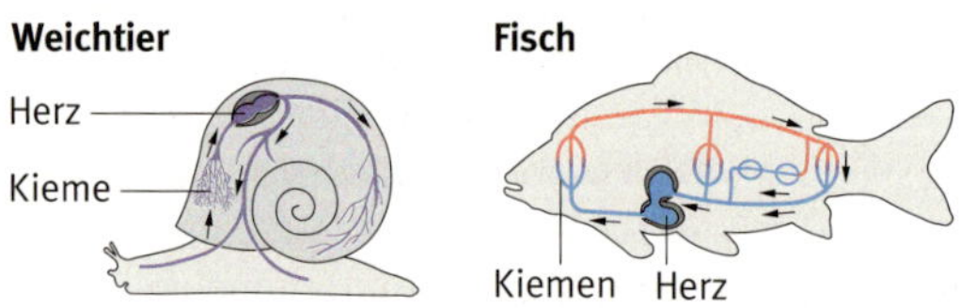

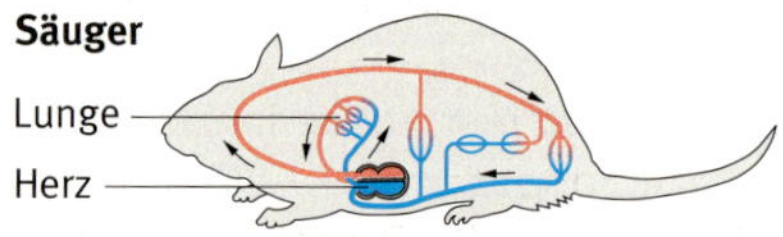

Bei Weichtieren und Insekten umströmt das Blut die inneren Organe direkt, wobei Blut und Gewebeflüssigkeit vermischt sind. Diese Hämolymphe wird von einem Netzwerk aus Röhren über Poren aufgenommen. Man spricht von einem **offenen Gefäßsystem.** Bei Wirbeltieren liegt ein **geschlossener Blutkreislauf** vor. Während bei Fischen das Blut vom Herzen aus nur in die Kiemen gedrückt wird, liegen bei Säugern getrennte Kreisläufe für die Lunge und den restlichen Körper vor.

STECKBRIEF

2 Transportsysteme für Blut und Lymphe

Atemgase, Nährstoffe und deren Abbauprodukte werden über das **Blutgefäßsystem** zu den Zellen des Körpers transportiert.
Bei Säugetieren fließt das Blut an keiner Stelle frei im Körper, sondern wird über feinste Blutgefäße, **Kapillaren** genannt, an den Zellen vorbeigeleitet. Man spricht von einem geschlossenen Blutgefäßsystem. Die Gesamtlänge aller Blutgefäße eines Menschen schätzt man auf 40 000 Kilometer.

Aus den Kapillaren werden pro Tag rund 20 Liter Flüssigkeit in die Zwischenzellräume abfiltriert. Nach Rückresorption von 18 Litern in die Kapillaren werden die restlichen zwei Liter als Lymphe in einem zweiten Gefäßsystem gesammelt. Es beginnt mit feinen Lymphkapillaren, die sich zu größeren Gefäßen vereinigen und über den Milchbrustgang in die obere Hohlvene des Blutkreislaufes einmünden. Die Lymphe transportiert größere Proteine, die nicht die Wände der Blutkapillaren passieren können, sowie langkettige Fettsäuren, die durch die Darmwand resorbiert werden. Sie fließt sehr langsam in speziellen, mit Klappen besetzten **Lymphgefäßen.** Diese können mithilfe der umgebenden Muskulatur rhythmisch zusammengedrückt werden und die Lymphe bewegen. Im Verlauf der Lymphgefäße findet man verdickte Bereiche, die Lymphknoten. Sie enthalten große Mengen an Immunzellen und filtrieren die Lymphflüssigkeit. In den Lymphknoten sammeln sich die Lymphozyten, die an der Immunantwort beteiligt sind.

Das Blutgefäßsystem lässt sich in zwei Bereiche gliedern. Im **Körperkreislauf** gelangt Blut, das mit Sauerstoff angereichet ist, aus der linken Herzkammer zuerst in die Hauptschlagader, die Aorta. Von ihr zweigen zahlreiche Arterien ab, die alle Organe und das gesamte Körpergewebe mit sauerstoffreichem Blut versorgen. Die Sauerstoffabgabe und die Kohlenstoffdioxidaufnahme erfolgen in einem fein verzweigten Netz dünnwandiger Kapillaren an den Körperzellen. Die Kapillaren gehen in Venen über, die zum rechten Vorhof zurückführen. Die rechte Herzkammer pumpt das Blut in den **Lungenkreislauf.** In der Lunge gibt es Kohlenstoffdioxid ab, wird mit Sauerstoff beladen und fließt über den linken Vorhof zurück in die linke Herzkammer.

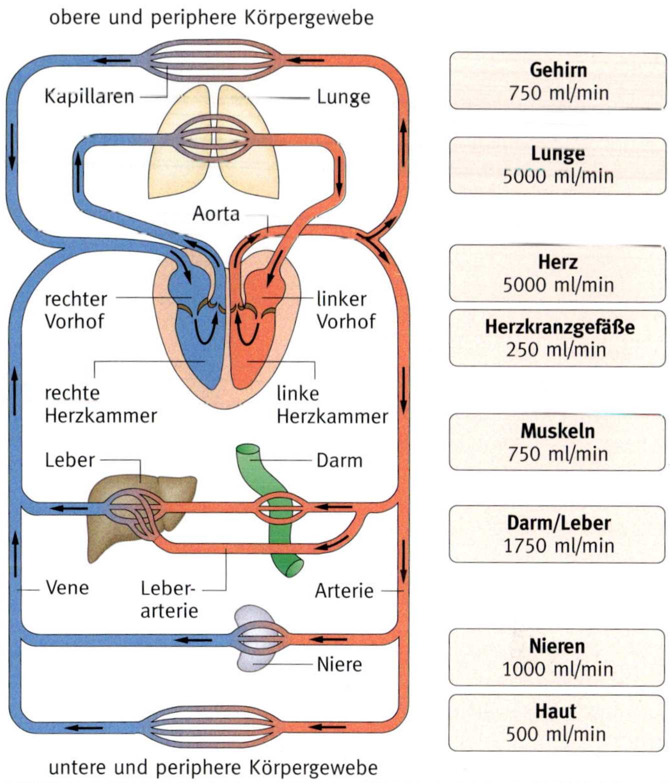

127.1 Blutkreislauf des Menschen mit Angabe der Blutversorgung der Organe

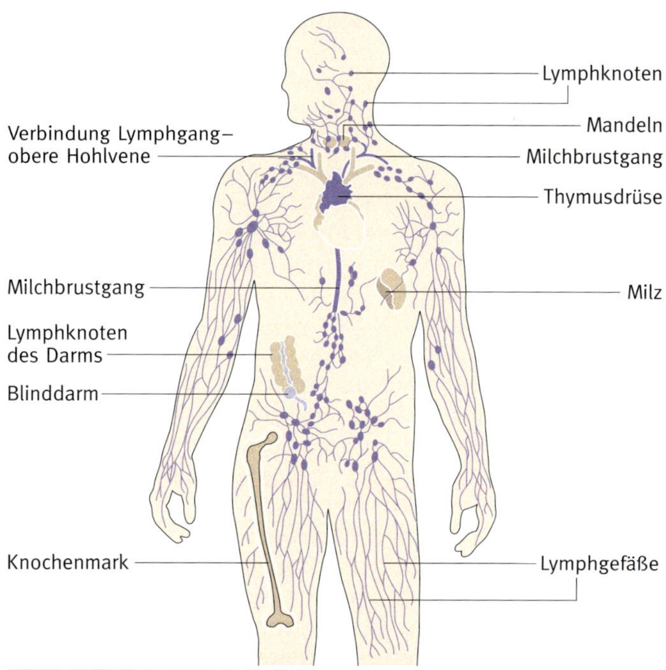

127.2 Lymphsystem und lymphatische Organe

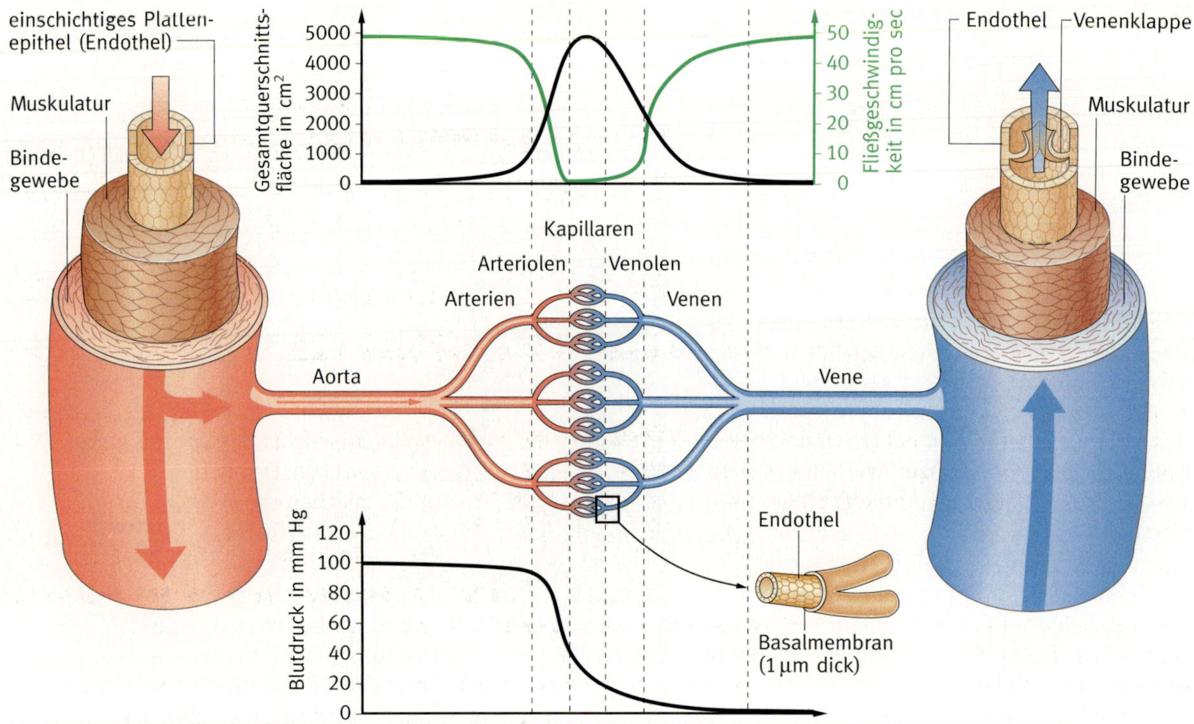

128.1 Fließgeschwindigkeit und Druck des Blutes sowie Fläche der Blutgefäße

Die Wände der **Arterien**, die Blut vom Herzen wegführen, und der **Venen**, die Blut zum Herzen hintransportieren, sind aus drei Schichten aufgebaut. Das einschichtige Plattenepithel bildet als Endothel die innere Grenzschicht. Die aus glatten Muskelzellen aufgebaute mittlere Schicht kann durch Kontraktion das Blutgefäß verengen. Die äußere Bindegewebsschicht gewährleistet eine hohe Elastizität der Wände.

Arterien besitzen eine dickere Muskelschicht als die Venen. Dies ist sinnvoll, da das Blut während der Systole unter hohem Druck in die herznahen Arterien einströmt. Diesen Druckstoß fängt die Aorta durch ihre große Dehnbarkeit auf. Erst wenn die Herzkammern sich schon in der Diastole befinden, verengt die Aorta sich und drückt das Blut in den nächsten Gefäßabschnitt. Dadurch kommt es zu einem relativ gleichmäßigen Blutfluss in den Gefäßen, der als Pulswelle fühlbar ist. Da der Strömungswiderstand bei Verringerung des Blutgefäßdurchmessers ansteigt, nimmt der Blutdruck im Verlauf der Arterien und vor allem der Kapillaren ab, sodass in den **Venen** ein sehr geringer Blutdruck herrscht. Ein Zurückfließen des Blutes wird in den kleinen und mittleren Venen durch **Venenklappen** verhindert. Auch die Kontraktion umgebender Skelettmuskeln unterstützt den Weitertransport des venösen Blutes. Bei Menschen, die lange stehen müssen oder bettlägerig sind, treten gehäuft Störungen im venösen Rückfluss auf, die verbunden sind mit einem Wasseraustritt aus den Gefäßen. In den herznahen Venen wird das Blut bereits durch die Saugwirkung des Herzens bewegt. Dort fehlen Taschenklappen.

Um die Gewebe ausreichend und schnell mit Sauerstoff und Nährstoffen zu versorgen, muss eine möglichst große Austauschfläche vorhanden sein. Durch die Aufspaltung der Arterien in immer neue Verzweigungen wird die Zahl an **Kapillaren** und damit die Größe der Austauschfläche erhöht. Zudem fehlt den Kapillarwänden die Muskel- und Bindegewebsschicht, sodass die Diffusionsstrecke verkürzt wird.

1 Vergleichen Sie den Strömungswiderstand (R) in einer Arterie (∅ 26 mm) und in einer Kapillare (∅ 0,01 mm) nach der vereinfachten Beziehung $R \sim \frac{1}{r^4}$.

2 Erörtern Sie den Zusammenhang zwischen Fließgeschwindigkeit, Blutdruck und Gesamtquerschnittsfläche in Abbildung 128.1.

3 Blut

3.1 Blutzusammensetzung

Das **Blut** hat mehrere für den Organismus wichtige Aufgaben. Es transportiert die Atemgase Sauerstoff und Kohlenstoffdioxid, Nährstoffe, Mineralsalze, Hormone sowie Endprodukte des Stoffwechsels.
Das Blut sorgt auch für den intakten Wasserhaushalt von Zellplasma und Zwischenzellflüssigkeit. Es gleicht Wärmeunterschiede im Körper aus und dient so der Regulation der Körpertemperatur. Viren, Bakterien und andere körperfremde Substanzen werden von Weißen Blutkörperchen und Antikörpern erkannt und beseitigt.

Das **Blutplasma** ist der flüssige Bestandteil des Blutes. Es enthält in Wasser gelöste Elektrolyte, zu transportierende Stoffe und Plasmaproteine. Deren Hauptanteil bildet mit 60 Prozent das Transportprotein Albumin, das wasserunlösliche Substanzen wie Fettsäuren oder Fe^{3+}-Ionen bindet und so deren Transport im Blut ermöglicht. Den zweitgrößten Teil der Plasmaproteine bilden die **Globuline.** Sie dienen als schnell verfügbare Eiweißreserve und Bausubstanz, sind an der Regulation des osmotischen Druckes beteiligt, der für die Wasserverteilung zwischen Kapillarblut und umgebendem Gewebe wichtig ist, und halten den pH-Wert des Blutes bei etwa 7,4 konstant.

Das **Fibrinogen,** ein β-Globulin, ist die Vorstufe eines Gerinnungsfaktors. Blutplasma ohne Fibrinogen wird als **Serum** bezeichnet. Die γ-Globuline dienen als Antikörper der Abwehr von Infektionen.

Der **zelluläre Anteil** des Blutes besteht zu über 99 Prozent aus Roten Blutkörperchen. Den Rest von weniger als ein Prozent machen die Weißen Blutkörperchen und die Blutplättchen aus. Die Bildung der Blutzellen erfolgt aus Stammzellen des roten Knochenmarks, vor allem des Schädels und des Rumpfes.
Rote, kernlose Blutkörperchen, auch **Erythrocyten** genannt (griech. *erythros*, rot und *kytos*, hohler Raum), transportieren mithilfe des Hämoglobins die Atemgase. Ihr Abbau erfolgt in Milz und Leber.
Weiße Blutkörperchen, auch **Leukocyten** genannt (griech. *leukos*, bleich), sind kernhaltige Zellen, die amöboid beweglich sind. Sie finden sich meist an den Gefäßwänden und

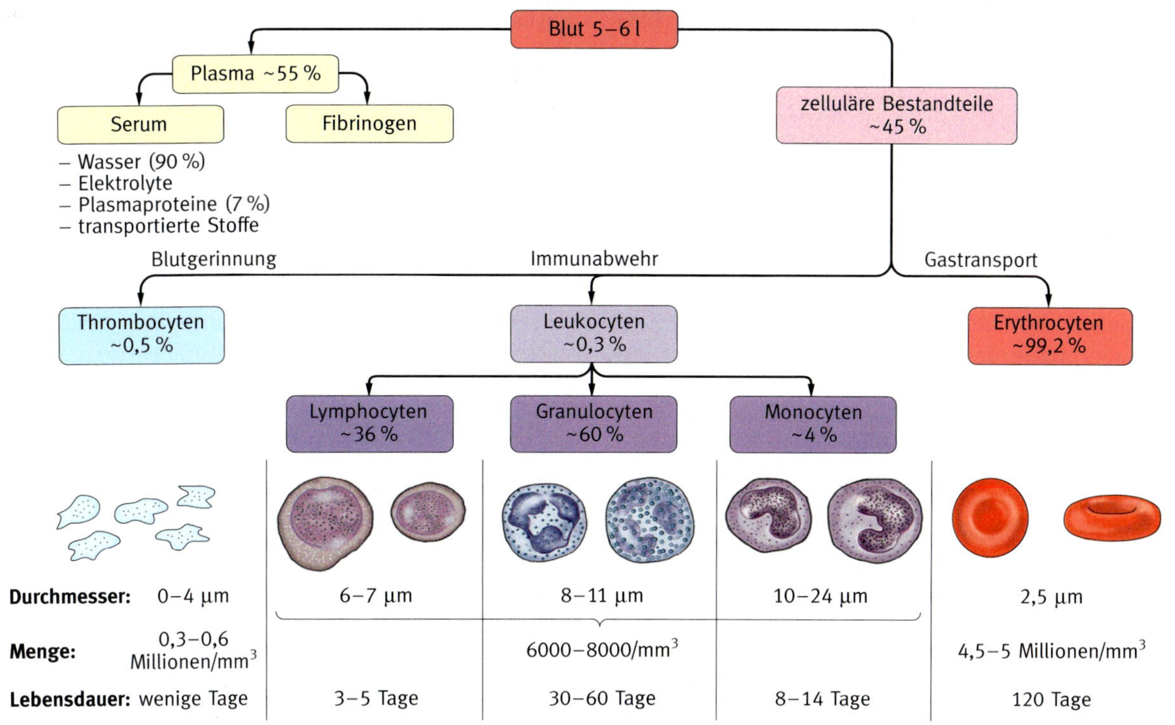

129.1 Zusammensetzung des Blutes

STECKBRIEF

Blutgruppen

Erythrocyten besitzen an der Membranaußenseite Kohlenhydratketten, die man als **Antigene** bezeichnet. Anhand dieser Antigene unterscheidet man verschiedene Blutgruppensysteme. Das bekannteste ist das **AB0-System.** Bei ihm treten die Antigene A und B auf. Die Allele der beiden Antigene sind kodominant. Beim Fehlen des Antigens spricht man vom i-Allel, das rezessiv zu den beiden anderen ist. Es treten daher bei diesen multiplen Allelen sechs Genotypen und im Phänotyp vier Blutgruppen auf. Der Körper bildet gegen diese Antigene die **Antikörper** Anti-A und Anti-B. Bei Blutserumübertragungen muss dies berücksichtigt werden, da es sonst zu Verklumpungen kommt.

Blutgruppe	Erythrocyten mit Antigenen	Antikörper im Serum
A		Anti-B
B		Anti-A
AB		keine
0		Anti-A Anti-B

können durch die dünnen Kapillarwände sowie durch Poren zwischen den Zellen in das Körpergewebe einwandern. Leukocyten sind an der Immunabwehr beteiligt. Wichtige Aufgaben haben vor allem die B-Lymphocyten, die bei der humoralen Abwehr Antikörper bilden, und die T-Lymphocyten, die an der zellulären Immunabwehr teilnehmen. Bei Infektionen kommen sie deshalb vermehrt im Blut vor. Kernlose Blutplättchen, die man **Thrombocyten** nennt (griech. *thrombos*, Klumpen), sind Abschnürungen oder Bruchstücke von Knochenmarksriesenzellen. Durch Kontakt mit verletzten Gefäßen werden Thromobocyten aktiviert und setzen einen Gerinnungsfaktor frei, der an der Umwandlung von Fibrinogen zu Fibrin und somit an der Blutgerinnung beteiligt ist.

1 Erläutern Sie, warum der Zeitraum zwischen zwei Blutspenden acht Wochen betragen muss, der zwischen zwei reinen Plasmaspenden aber nur drei Tage.

MEDIZIN

Blutdoping

Die Leistungsfähigkeit im Sport ist eng mit einer guten Sauerstoffversorgung der Muskelzellen durch die Erythrozyten verbunden. Pro Sekunde werden etwa 2,4 Millionen Erythrocyten gebildet. Diese Bildung wird vom Hormon **Erythropoietin (EPO**; griech. *poiesis*, Bildung) gesteuert. 90 Prozent des EPOs werden in der Niere und zehn Prozent in der Leber gebildet. Es wirkt als Blutzellen-Wachstumshormon im Knochenmark, indem es dort die Bildung der Erythrocyten und somit die Hämoglobinsynthese fördert. Durch ein Ansteigen des Anteils an zellulären Blutbestandteilen, des Hämatokrit-Wertes, über den Grenzwert von 50 Prozent erhöht sich aber die Gefahr von Thrombosen, Embolien sowie Herz- und Hirninfarkten. Die EPO-Konzentration im Serum ist vom Sauerstoffbedarf der Körpergewebe abhängig; Sauerstoffmangel in Geweben führt zu einem Anstieg von EPO im Serum.

Nach Aufklärung des chemischen Aufbaus von EPO, einem Polypeptid aus 165 Aminosäuren und zusätzlich vier Kohlenhydratketten, und Isolierung des Gens für EPO konnte es in therapeutisch verwertbaren Mengen gewonnen werden. Das gentechnisch hergestellte, so genannte rekombinante rEPO unterscheidet sich vom körpereigenen hEPO durch geringe Unterschiede in den Kohlenhydratketten. Dialyse- und Tumorpatienten, die unter Blutarmut leiden, sind die pharmazeutische Zielgruppe. Im Sport wird EPO als Dopingmittel (engl. *to dope*, übers Ohr hauen; betäuben) auch wegen der kurzen Halbwertszeit von 8,5 Stunden immer häufiger missbraucht. Direkte Nachweisverfahren für EPO sind zurzeit noch schwierig und teuer. Im Einsatz ist ein kombinierter Blut-Urin-Test. Schwankungen und Überschreitungen des Hämatokrit-Grenzwertes führen aus gesundheitlichen Gründen zu einer Sperre, gelten aber nicht als Dopingverstoß. Wissenschaftlern ist es mittlerweile gelungen, das EPO-Gen in menschliche Hautzellen zu injizieren und diese dann auf Mäuse zu transplantieren. Angekoppelt wurde ein Regulator-Gen, das sich mit einer Hautcreme aktivieren lässt. Ziel ist es, die Zahl an beliebigen, EPO produzierenden Zellen zu erhöhen. Gelänge dies beim Menschen, stünde der erste Fall von Doping durch künstliche Genveränderung bevor.

3.2 Gastransport

In einem Liter Blut lösen sich physikalisch nur etwa drei bis vier Milliliter Sauerstoff. Die Transportleistung des Blutes für Sauerstoff wird jedoch um das Siebzigfache erhöht, indem die Sauerstoff-Moleküle an ein Transportmolekül, das **Hämoglobin,** angelagert werden. Das Hämoglobin, der rote Blutfarbstoff der Erythrocyten, besteht aus vier Polypeptidketten. Sie bilden den Eiweißanteil, das Globin. An jede Kette ist der Farbstoffanteil Häm gebunden. Dessen Porphyrinring trägt ein zentrales, zweiwertiges Eisen-Ion. An jedes der insgesamt vier Eisen-Ionen kann ein Sauerstoff-Molekül locker und reversibel angelagert werden. Das Hämoglobin wird mit dem angelagerten Sauerstoff als Oxyhämoglobin, ohne Sauerstoff als Desoxyhämoglobin bezeichnet.

Durch die Anlagerung eines ersten Sauerstoff-Moleküls an eine der vier Hämgruppen verändert sich die Raumstruktur des gesamten Hämoglobin-Moleküls, sodass die Affinität der anderen Hämgruppen für Sauerstoff stark ansteigt. Durch diesen kooperativen Effekt wird die Affinität des Hämoglobins für die nächsten Sauerstoff-Moleküle um den Faktor 500 erhöht. Die Sauerstoffbindungskurve des Hämoglobins zeigt daher einen s-förmigen, sigmoiden Verlauf. Wenn alle vier Anlagerungsstellen des Hämoglobins besetzt sind, hat ein Gramm Hämoglobin 1,39 Milliliter Sauerstoff angelagert. Das in einem Liter Blut maximal angelagerte Volumen an Sauerstoff ist von der Konzentration des Hämoglobins im Blut abhängig und wird als **Sauerstoffkapazität** bezeichnet. Bei einer Hämoglobinmenge von 150 Gramm in einem Liter Blut beträgt die maximale Sauerstoffkapazität 208,5 Milliliter Sauerstoff pro Liter Blut. Da das maximal aufnehmbare Sauerstoffvolumen vom Hämoglobingehalt des Blutes abhängt, wird der Sauerstoffgehalt des Blutes in Prozent der Sauerstoffkapazität angegeben. Dieser Wert wird als **prozentuale Sättigung** bezeichnet.
In den Lungenalveolen herrscht ein hoher Sauerstoff-Partialdruck von etwa 12,5 Kilopascal, sodass die Bildung des Oxyhämoglobins begünstigt ist. Die prozentuale Sättigung beträgt dann 100 Prozent. Sinkt im Gewebe der Sauerstoff-Partialdruck auf fünf bis drei Kilopascal ab, geht die Sauerstoffsättigung auf 40 Prozent zurück. Dies bedeutet, dass Sauerstoff leicht abgegeben werden kann.

In den Muskelzellen wird Sauerstoff durch das **Myoglobin** gebunden. Es ähnelt in seinem Aufbau dem Hämoglobin, ist aber ein monomeres Molekül. Seine Bindungskurve ist da-

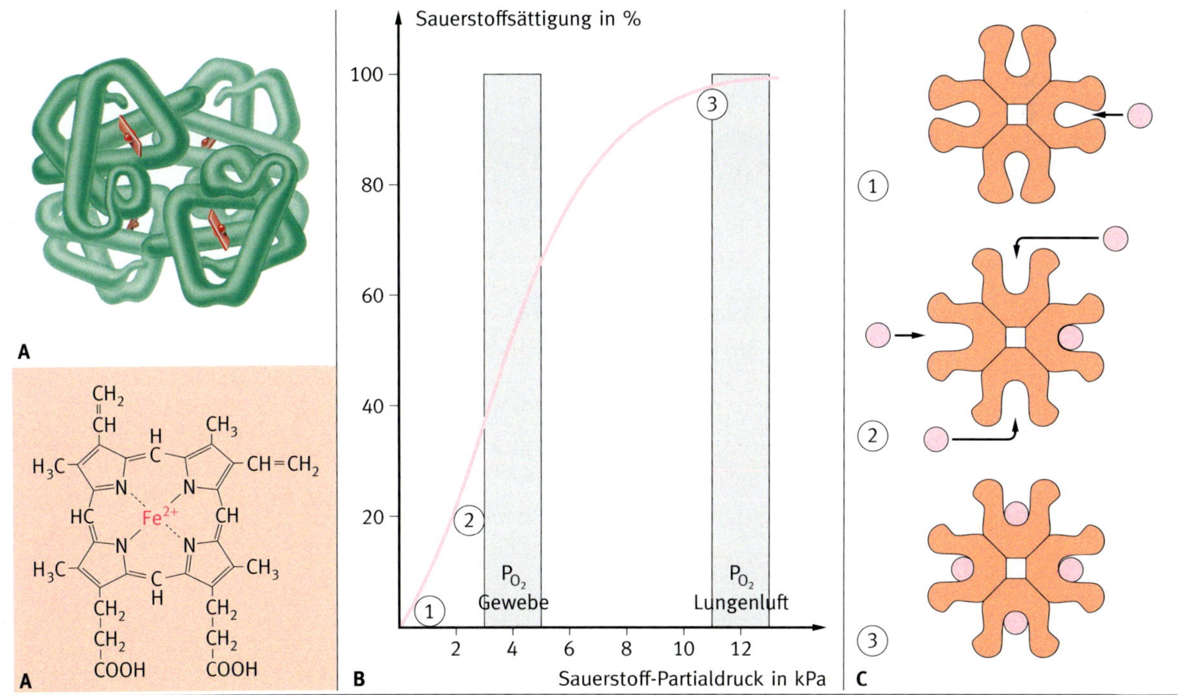

131.1 Aufbau (A), Sauerstoffbindungskurve (B) und Kooperativität (C) beim Hämoglobin

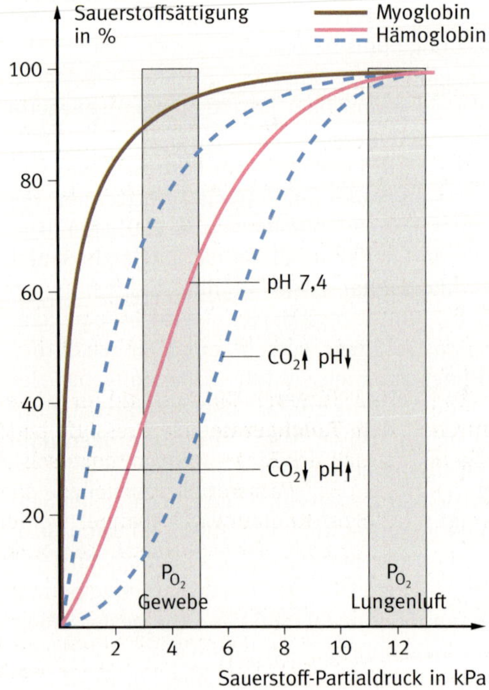

132.1 Sauerstoffsättigungskurven von Myoglobin und Hämoglobin

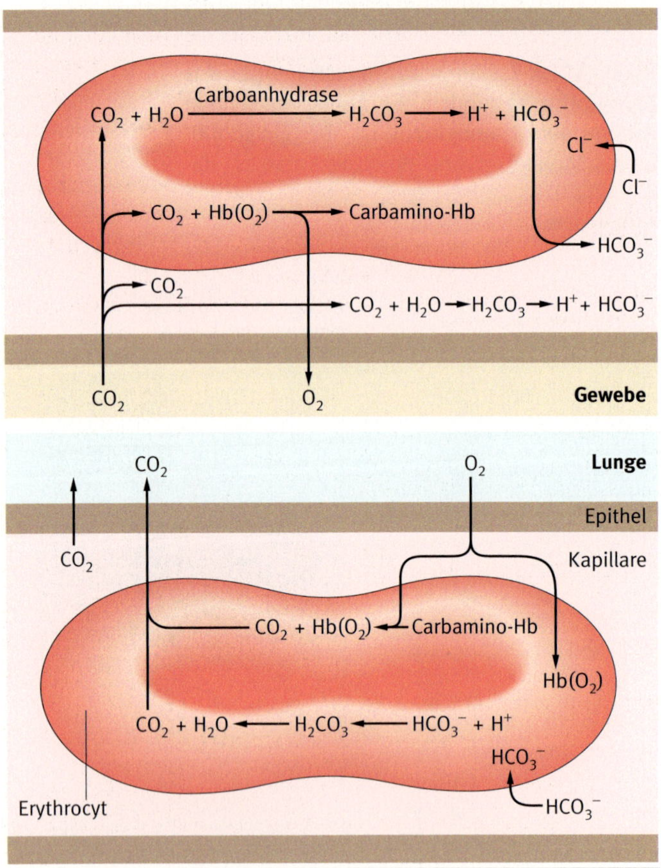

132.2 Transport von Sauerstoff von der Lunge ins Gewebe und von Kohlenstoffdioxid im Blut

her nicht sigmoid. Sie zeigt insbesondere bei niedrigen Sauerstoff-Partialdrücken, wie sie im Muskelgewebe herrschen, höhere Sättigungswerte als die des Hämoglobins. Das heißt, Sauerstoff wird bei geringen Sauerstoff-Partialdrücken vom Myoglobin viel besser gebunden als vom Hämoglobin und wechselt daher aus dem Blut in das Muskelgewebe.
Die Sauerstoffbindung an das Hämoglobin wird vom pH-Wert des Blutes beeinflusst. Diffundiert Kohlenstoffdioxid aus dem Gewebe ins Kapillarblut, sinkt der pH-Wert infolge der Bildung von Kohlensäure. Diese dissoziiert sofort in Hydrogencarbonat-Ionen und Protonen. Mit abnehmendem pH-Wert nimmt in den Kapillaren die Affinität von Hämoglobin zum Sauerstoff ab, sodass Sauerstoff leichter an die Gewebezellen abgegeben wird. Den Einfluss des pH-Wertes auf die Sauerstoffbindung des Hämoglobins nennt man **BOHR-Effekt.**

Neben Sauerstoff wird auch Kohlenstoffdioxid im Blut transportiert. Da der Kohlenstoffdioxid-Partialdruck in den Geweben höher ist als im Blut, diffundiert es vom Gewebe ins Blut. Etwa zehn Prozent des Kohlenstoffdioxids werden in gelöster Form im Blutplasma transportiert. Die maximal gelöste Menge an Kohlenstoffdioxid beträgt ungefähr 25 Milliliter pro Liter. Etwa zehn Prozent des Kohlenstoffdioxids lagern sich an Aminogruppen der Eiweißkomponenten des Hämoglobins an. Dabei entsteht Carbamino-Hämoglobin. Oxyhämoglobin gibt hierbei Sauerstoff im Tausch gegen Kohlenstoffdioxid ab. Der überwiegende Anteil des Kohlenstoffdioxids, etwa 80 Prozent, wird zu Kohlensäure (H_2CO_3) umgewandelt. In geringem Umfang geschieht diese Reaktion schon im Blutplasma. Der größte Teil des Kohlenstoffdioxids diffundiert in die Erythrocyten und wird dort mithilfe des Enzyms Carboanhydrase zu Kohlensäure umgewandelt. Durch das Enzym wird eine 10 000-mal höhere Reaktionsgeschwindigkeit erreicht als ohne dieses Enzym im Blutplasma. Die Kohlensäure dissoziiert sofort in Hydrogencarbonat-Ionen (HCO_3^-), von denen ein großer Teil ins Blutplasma diffundiert, und in Protonen. Die Bildung von Protonen führt nur zu geringen pH-Wert-Änderungen, da sie in den Erythrocyten durch Hämoglobin und im Blutplasma durch Proteine abgepuffert werden. In der Lunge verlaufen die Reaktionsschritte in die andere Richtung, sodass Kohlenstoffdioxid aus dem Blut an die Lunge abgegeben wird.

Tauchen

Beim **Streckentauchen** sinkt aufgrund der Zellatmung der Sauerstoffgehalt im Blut, während der Kohlenstoffdioxidgehalt ansteigt. Diese Erhöhung des Partialdrucks für Kohlenstoffdioxid wird durch Chemorezeptoren im Atemzentrum des Gehirns erfasst: Der Taucher verspürt Atemnot und taucht auf. Immer wieder kommt es zu Todesfällen, wenn Menschen versuchen, durch mehrfaches schnelles und tiefes Atmen, auch **Hyperventilation** genannt, eine bessere Tauchleistung zu erzielen. Durch das Abatmen des Kohlenstoffdioxids sinkt dabei der Partialdruck des Kohlenstoffdioxids im Blut, wodurch der Zeitpunkt des Auftauchsignals hinausgezögert wird. Das Hämoglobin ist schon bei normaler Atmung zu fast 100 Prozent mit Sauerstoff gesättigt, daher wird der Sauerstoffanteil im Blut durch Hyperventilation nicht erhöht. Sinkt der Partialdruck des Sauerstoffs vor Erreichen der Wasseroberfläche auf null ab, ohne dass ein Auftauchsignal erfolgt, drohen Bewusstlosigkeit durch Sauerstoffmangel und infolgedessen Tod durch Ertrinken. Man spricht vom Schwimmbad-Blackout.

Extremsportler können maximal 7,4 Minuten die Luft anhalten, mit Maske und Flossen 81 Meter weit tauchen oder mit einem Tauchschlitten bis 152 Meter tief tauchen. Das Extremtauchen ohne Atemgerät, auch **Apnoe-Tauchen** genannt, birgt zahlreiche Gefahren, die in den Druckänderungen beim Ab- und Auftauchen begründet sind. Beim Abtauchen erhöht sich pro Meter Wassertiefe der hydrostatische Druck um etwa zehn Kilopascal. Dadurch wird die Lunge zusammengedrückt; in einer Tauchtiefe von 52 Metern ist ein Lungenflügel auf einen Minimalwert von 1,2 Litern komprimiert. Durch das abnehmende Volumen erhöht sich die Konzentration der Gase in den Alveolen, sodass sie verstärkt ins Blut übertreten. Beim Auftauchen tritt aufgrund der nun wieder einsetzenden Ausdehnung der Lunge und des Druckabfalls in den Alveolen verstärkt Sauerstoff aus dem Blut aus. Hierdurch kann die Sauerstoff-Konzentration im Blut so weit absinken, dass es zur Bewusstlosigkeit kommt.

Zum längeren Tauchen und für größere Tiefen werden **Tauchgeräte** mit Pressluft benötigt, die den Druck der Einatemluft automatisch auf den umgebenden Wasserdruck einstellen, sodass mit normalem Kraftaufwand geatmet werden kann. Beim Abtauchen löst sich durch den steigenden hydrostatischen Druck verstärkt Stickstoff in Blut und Gewebeflüssigkeiten. Dieser hat eine narkotische Wirkung. Der Taucher gerät dadurch in einen rauschartigen Zustand, den so genannten **Tiefenrausch.** Beim schnellen Auftauchen nach einem längeren Tauchgang können durch den Druckabfall Stickstoffgasbläschen im Blut und Gewebe entstehen und die Blutgefäße verschließen, was tödliche Folgen haben kann. Ein Taucher muss beim Auftauchen genügend Zeit durch Zwischenstopps verstreichen lassen. Dann können die Gewebeflüssigkeiten den gelösten Stickstoff an das Blut abgeben, sodass er zur Lunge transportiert und abgeatmet werden kann. Dies bezeichnet man als **Dekompression.** Tauchcomputer geben dem Taucher hierzu die nötigen Informationen. Ebenso wird durch die Stopps einer zu starken Lungendehnung entgegengewirkt.

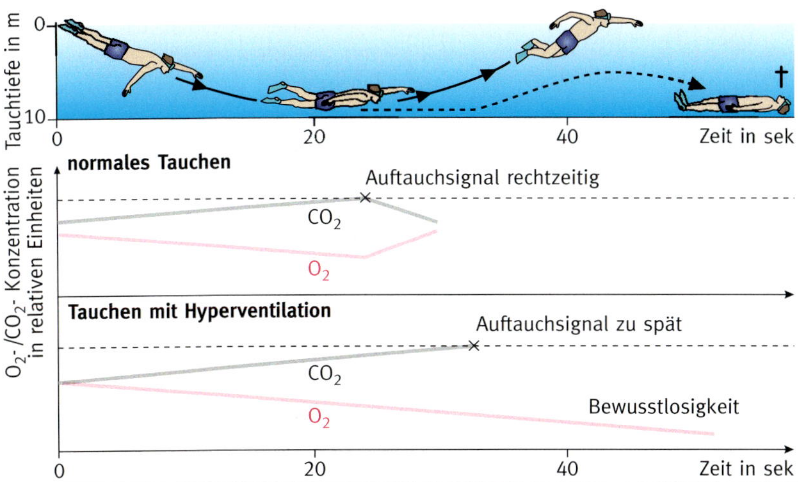

Druckverhältnisse beim Tauchen ohne Tauchgerät

3.3 Blutzuckerregulation

Die Regulation des Blutzuckerspiegels auf einen Sollwert von etwa 0,6 bis 1,0 Milligramm Glucose pro Milliliter Blut ist für den Energiestoffwechsel von großer Bedeutung. An dieser Regulation sind die Peptidhormone Insulin und Glukagon maßgeblich beteiligt. Insulin wird von den B-Zellen und Glukagon von den A-Zellen der **LANGERHANS-Inseln** in der Bauchspeicheldrüse gebildet.

Die B-Zellen schütten bei einer Glucose-Konzentrationen von ungefähr 0,9 Milligramm pro Milliliter **Insulin** ins Blut aus. Zielzellen für das Hormon sind vor allem Muskel- und Leberzellen. Nach der Bindung von Insulin an Membranrezeptoren wird die Permeabilität dieser Membranen für Glucose erhöht, indem verstärkt Glucose-Transportmoleküle aus dem Zellinneren in die Zellmembran eingelagert werden. Gleichzeitig fördert Insulin in der Leber und in Muskeln Glucose verbrauchende Stoffwechselvorgänge wie den Aufbau von Glykogen und die Glykolyse. In den Leberzellen wird Glucose zum Aufbau von Fetten verwendet. Glucose erzeugende Vorgänge wie der Abbau von Glykogen und die Neubildung von Glucose aus Aminosäuren und Glycerin werden hingegen gehemmt. Insulin wirkt somit blutzuckersenkend. **Glukagon** wird von den A-Zellen ausgeschüttet, wenn der Blutzuckerspiegel sinkt. Es stimuliert die Leberzellen zur Freisetzung von Glucose aus Glykogen sowie zur Bildung von Glucose aus Glycerin und Aminosäuren. Glukagon wirkt insgesamt blutzuckererhöhend und ist ein Gegenspieler, ein Antagonist, zum Insulin. Vor allem durch Zusammenspiel dieser beiden Hormone wird der Blutzuckerspiegel reguliert.

In Stresssituationen sorgt das im Nebennierenmark gebildete Hormon **Adrenalin** für eine schnelle Blutzuckererhöhung durch Aktivierung des Glykogenabbaus in Leber- und Muskelzellen. In Muskelzellen fördert es zugleich die Aufnahme und den Verbrauch der Glucose. Das in der Nebennierenrinde gebildete Hormon **Cortisol** sorgt für eine Bereitstellung von Glucose und Ketonen insbesondere für Herz und Gehirn. Es fördert den Abbau von Proteinen im Muskel und die Bildung von Glucose aus Aminosäuren. Beide Hormone wirken daher wie das Glukagon Blutzucker erhöhend.

1 Erklären Sie, warum Diabetiker in Stresssituationen ihren Blutzuckerspiegel häufiger als sonst kontrollieren sollten.

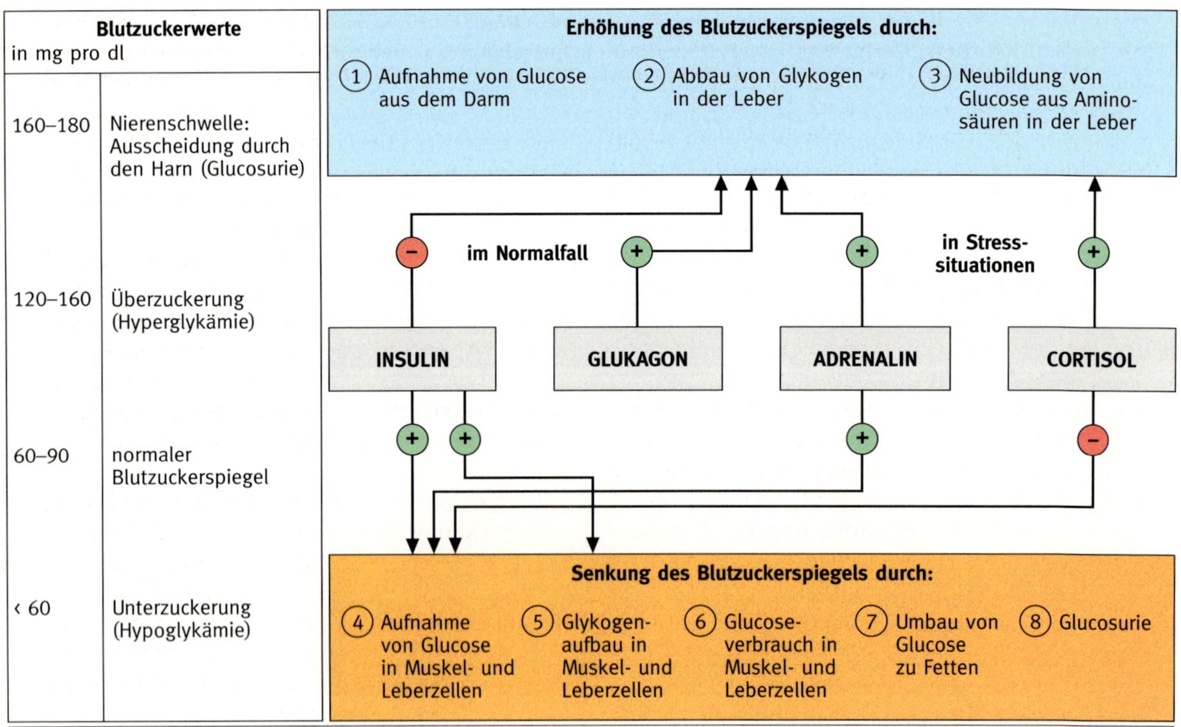

134.1 Regulation des Blutzuckerspiegels

Diabetes mellitus

Schwitzen, Zittern, Blässe und Durst sind typische Symptome für die Stoffwechselkrankheit **Diabetes mellitus** (gr. *diabetes,* Durchfluss; lat. *mel,* Honig). Bei einer erhöhten Blutzucker-Konzentration von über 160 Milligramm pro Deziliter Blut kann die Niere Glucose nicht vollständig rückresorbieren. Glucose wird dann verstärkt mit dem Urin ausgeschieden.
In Deutschland gibt es zurzeit ungefähr sechs Millionen erkannte Diabetes-Kranke, die Dunkelziffer wird auf drei Millionen geschätzt. Die Behandlungskosten belaufen sich auf jährlich knapp 16 Milliarden Euro. Ursache für den Diabetes mellitus kann entweder ein Mangel an Insulin sein oder das Unvermögen der Leber- und Muskelzellen, auf Insulin zu reagieren. Man unterscheidet daher zwei Hauptformen des Diabetes mellitus.
Der Diabetes mellitus **Typ I,** der in zehn Prozent aller Fälle vorliegt, entwickelt sich durch eine Autoimmunreaktion. Dabei werden die körpereigenen B-Zellen der Bauchspeicheldrüse vom Abwehrsystem zerstört. So geht die Fähigkeit zur Insulinproduktion verloren. Dieser Diabetes-Typ tritt altersunabhängig und oft schon im Kindesalter auf.
Der Diabetes mellitus **Typ II,** der in 90 Prozent aller Diabetes-Fälle vorliegt, geht auf eine unzureichende Insulinproduktion oder auf eine verringerte Fähigkeit der Leber- und Muskelzellen, auf Insulin zu reagieren, zurück. In der Regel ist die Anzahl der Rezeptoren für Insulin auf diesen Zielzellen stark verringert. Der Diabetes Typ II trat früher meistens erst im höheren Alter auf, trifft aber heute immer häufiger junge Menschen. Da unter anderem Übergewicht, Fehlernährungen und Bewegungsmangel zu seinen Auslösern gehören, gilt er als Erkrankung der Wohlstandsländer. Er ist vom Krankheitsverlauf zunächst weniger schwer und kann meist durch Diät, Gewichtskontrolle, körperliche Aktivität sowie durch Tabletten kontrolliert werden.
Der Ausfall der Insulinproduktion beim Diabetes Typ I muss durch Insulin-Injektionen ausgeglichen werden, die der Erkrankte selber mehrmals täglich durchführt. Man spricht daher auch vom insulinabhängigen Diabetes. Die Insulindosis wird auf den Gehalt an Blutzucker abgestimmt, der mehrmals am Tag in einer kleinen Blutprobe mithilfe eines Teststreifens kontrolliert wird. Insulin wird mit einer Spritze oder einem Pen, der aus einer Insulinpatrone mit einer Injektionsnadel besteht, unter die Haut gespritzt. Für die Therapie stehen gentechnisch gewonnene Insulinarten zur Verfügung: zum Beispiel das Normalinsulin, das nach 15 bis 30 Minuten für

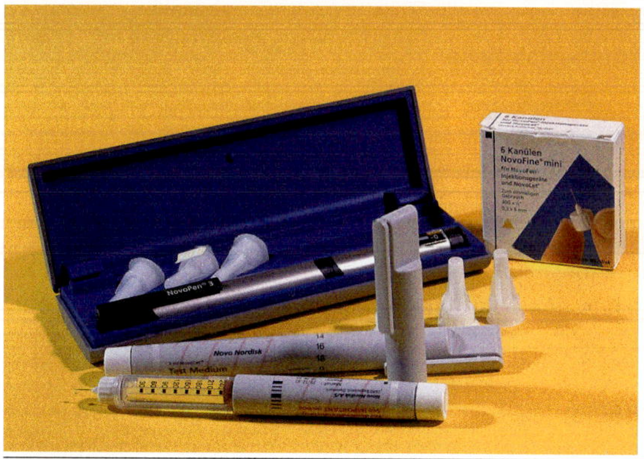

Insulin-Pen

vier bis acht Stunden wirkt oder das Verzögerungsinsulin, das zwar langsamer, aber für 10 bis 24 Stunden wirkt.
Das Therapiekonzept wird individuell je nach Lebensweise des Erkrankten festgelegt. Bei der häufig gewählten intensivierten Insulintherapie spritzt der Erkrankte zwei- bis viermal eine Grundmenge an Verzögerungsinsulin sowie situativ, zum Beispiel nach einer üppigen Mahlzeit, benötigte Zusatzmengen an Normalinsulin. Bei einem nicht gut eingestellten Diabetes können langfristig Schädigungen eintreten wie Blindheit, Nierenversagen und Durchblutungsstörungen.

Seit Ende der 70er-Jahre gibt es so genannte Insulinpumpen, bei denen über einen permanenten Katheter sowohl stündlich eine variable Grundmenge als auch situativ benötigte Zusatzmengen an Insulin in das Unterhautfettgewebe eingespritzt werden. Diese Methode bietet eine bessere Anpassung an den Insulinbedarf und mehr Flexibilität im Tagesplan, sie ist aber teurer als die Insulininjektionen.
Transplantationen von Bauchspeicheldrüsen sind in Einzelfällen bei Typ I-Diabetikern eine Therapiemöglichkeit. Hierbei muss die Abstoßung des fremden Gewebes lebenslang unterdrückt werden. Aus Kostengründen lohnt eine Transplantation anstelle der normalen Insulintherapie nur dann, wenn gleichzeitig auch eine Spenderniere übertragen wird.

Tritt trotz Insulintherapie eine Unterzuckerung, **Hypoglykämie** genannt, auf, muss als Behandlung sofort Zuckerhaltiges zugeführt werden. Bei einer schweren Hypoglykämie mit Bewusstlosigkeit muss eine stabile Seitenlage hergestellt und sofort ein Arzt benachrichtigt werden. Da Gefahr durch Verschlucken besteht, darf dann keine Nahrung oder Flüssigkeit eingeflößt werden.

Herz, Kreislauf und Blut

1 Blutbestandteile

Material: frisches Tierblut vom Schlachthof, Natriumcitrat, Schneebesen, Bechergläser, Reagenzgläser, O_2-/CO_2-Gasflaschen. *Hinweis:* Durch Natriumcitrat werden die Calcium-Ionen als Calciumcitrat ausgefällt und gebunden.

Durchführung: Lassen Sie von dem Tierblut 1/3 unbehandelt und machen Sie 1/3 durch Natriumcitrat und 1/3 durch Schlagen ungerinnbar. Alle drei Blutproben bleiben dann in Bechergläsern oder Reagenzgläsern einen Tag stehen. Leiten Sie in die Proben des mit Natriumcitrat behandelten Blutes CO_2- bzw. O_2-Gas ein.

Aufgaben:
a) Vergleichen Sie die Blutproben miteinander und erklären Sie mögliche Unterschiede.
b) Erklären Sie die Versuchsergebnisse nach Einleiten der verschiedenen Gase.

2 Wirkung von Autoabgasen auf den Sauerstofftransport

Material: Reagenzglas mit Ständer, Standzylinder mit doppelt durchbohrtem Stopfen, 2 Schläuche, 2 Glasrohre (passend zum Schlauchdurchmesser), Luftpumpe, Autoabgase (im Plastiksack), 150 ml Blut, Propanol (F, Xi)

Durchführung: Füllen Sie ein Reagenzglas zur Hälfte mit Blut und stellen Sie dies in einen Ständer. Schütten Sie den Rest des Blutes in einen Standzylinder. Geben Sie einige Tropfen Propanol hinzu, um zu starkes Schäumen zu verhindern. Setzen Sie die Apparatur wie in der Abbildung dargestellt zusammen. Halten Sie zum Einleiten der Abgase den Plastikschlauch hoch und pressen ihn leicht zusammen. Leiten Sie nach 5 Minuten durch das andere Glasrohr mit dem Schlauch Luft in den Zylinder, indem Sie mit der Luftpumpe eine Minute pumpen.

Aufgaben:
a) Erklären Sie die Färbung des Blutes zu Beginn des Versuches (vergleiche Blut im Reagenzglas), nach der Zuleitung der Autoabgase und nach Zuführung von Luft.
b) Informieren Sie sich anhand eines Lexikons oder des Internets über das bei unvollständigen Verbrennungen entstehende Gas Kohlenstoffmonooxid und seine Wirkung auf das Hämoglobin.

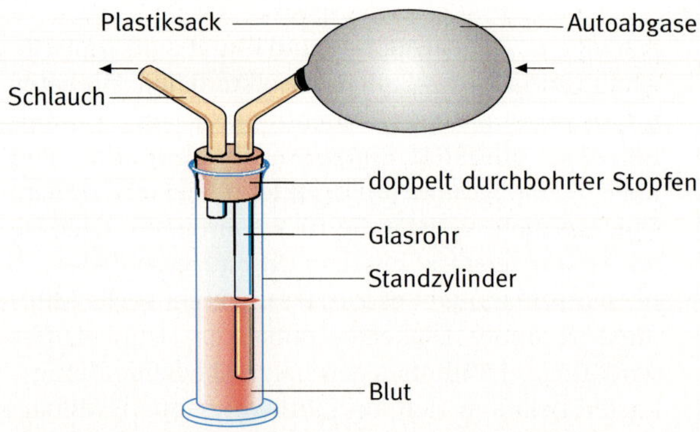

3 Wirkung von Zigarettenrauch auf den Sauerstofftransport

Material: Reagenzglas mit Ständer, Luftpumpe, Standzylinder mit doppelt durchbohrtem Stopfen, 2 Schläuche, 2 Glasrohre (passend zum Durchmesser des Schlauches), Zigarette, Feuerzeug, Glasrohr (10 cm lang, ∅ 3 cm) mit 2 durchbohrten Stopfen, Watte, Pelleusball, 150 ml Blut, Propanol (F, Xi)

Durchführung: Verfahren Sie in der Vorbereitung wie in Versuch 2 beschrieben. Setzen Sie die Apparatur wie in der Abbildung unten dargestellt zusammen. Durch Betätigen des Pelleusballs wird die Luft aus dem Standzylinder abgesaugt und Zigarettenrauch nachgesogen. Entfernen Sie nach 5 min das rechte Glasrohr mit der Zigarette und leiten Sie mit einem Schlauch Luft in den Zylinder, indem Sie mit einer Luftpumpe eine Minute lang pumpen.

Aufgabe:
Erklären Sie die Färbung des Blutes zu Beginn des Versuches, nach der Zuführung von Zigarettenrauch und nach Einleitung von Luft.

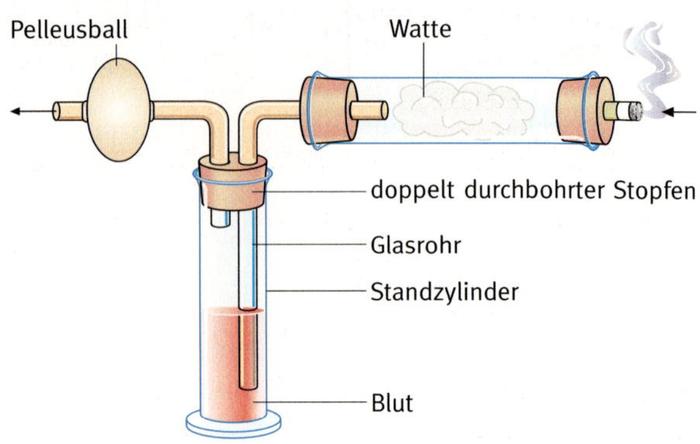

Herz, Kreislauf und Blut

1 Die folgende Abbildung zeigt zwei Karten zur Bestimmung der Blutgruppe und des Rhesusfaktors. Auf den Testfeldern der unbenutzten Karte (A) ist ein Testserum aufgebracht; es muss vor der Untersuchung mit einem Tropfen Wasser verflüssigt werden. Dann wird Blut aufgetropft. Abbildung B zeigt das Ergebnis einer solchen Blutuntersuchung.

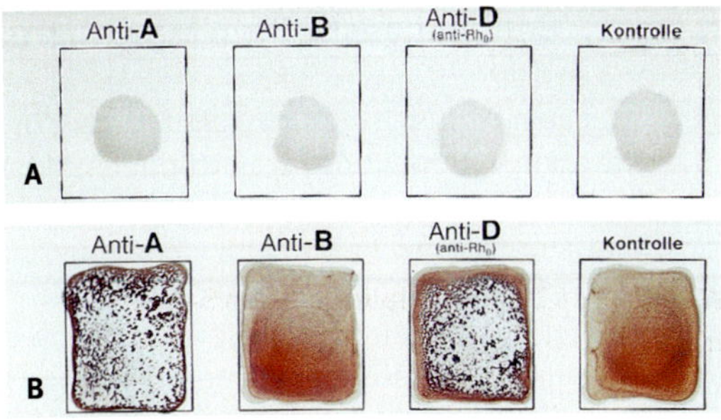

a) Geben Sie an, worauf die Blutgruppeneigenschaften zurückgehen.
b) Beschreiben Sie, was das Testserum der einzelnen Felder enthält.
c) Geben Sie an und erklären Sie, welche Blutgruppe und welchen Rhesusfaktor die Untersuchung in Karte B ergab.
d) Skizzieren Sie Testkarten, die die Ergebnisse einer Blutuntersuchung der Blutgruppe A/rh beziehungsweise der Blutgruppe 0/Rh zeigen.

2 Manchen Menschen wird sehr leicht schwindelig, in extremen Fällen auch schwarz vor Augen, wenn sie aus dem Liegen aufstehen. Die Abbildungen A und B zeigen die Verhältnisse des systolischen beziehungsweise diastolischen Blutdrucks sowie die Pulsfrequenz einer gesunden Person und einer Person, die unter den oben beschriebenen Symptomen leidet.

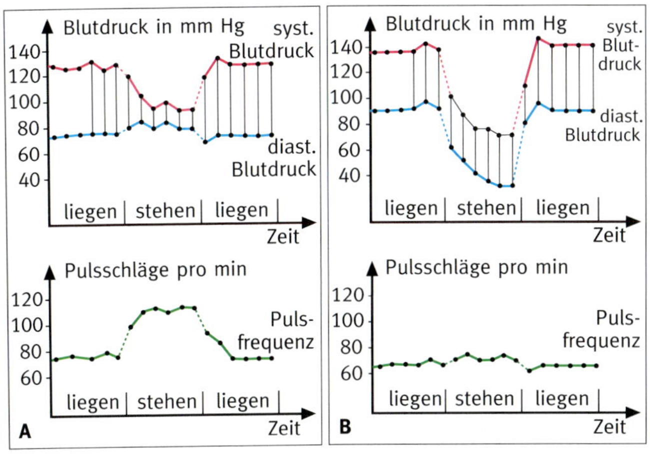

a) Geben Sie an, was unter systolischem und diastolischem Blutdruck zu verstehen ist. Erklären Sie, wie diese Blutdruckwerte entstehen.
b) Beschreiben und interpretieren Sie die Aussagen der beiden Diagramme.

3 Bei der einmaligen intravenösen Gabe eines Narkosemittels, das rasch von den Körpergeweben aufgenommen wird, spielen Durchblutung und Speicherkapazität der Organe eine wichtige Rolle. Die Abbildung zeigt die Verhältnisse in drei Geweben.

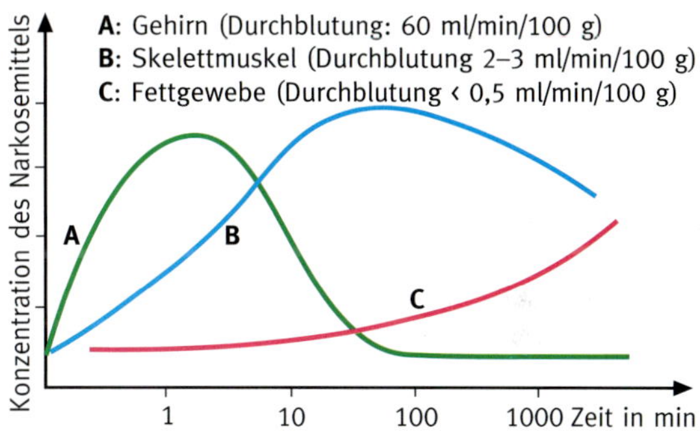

a) Beschreiben Sie die Aussagen der einzelnen Kurven.
b) Bringen Sie die Kurven unter dem Aspekt der Narkosemittel-Konzentration in den jeweiligen Organen in Beziehung zueinander.
c) Erklären Sie die Beobachtung, dass der Patient sehr schnell in Narkose fällt und nach etwa zehn Minuten wieder erwacht.

4 Unvollständige Verbrennungen, wie sie zum Beispiel beim Zigarettenrauchen und in Automotoren ablaufen, lassen Kohlenstoffmonooxid entstehen.

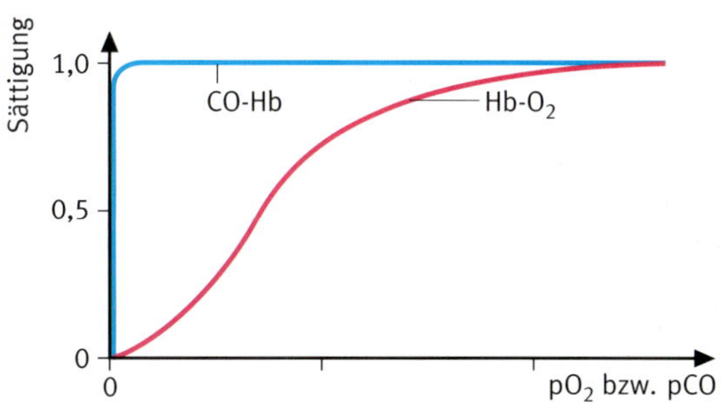

O_2- und CO-Bindungskurven

Erläutern Sie anhand der Bindungskurven des Hämoglobins die Gefährlichkeit dieses Gases.
Hinweis: CO-Hb bedeutet Carboxyhämoglobin.

Muskeln und Bewegung

1 Bau und Funktion der Muskulatur

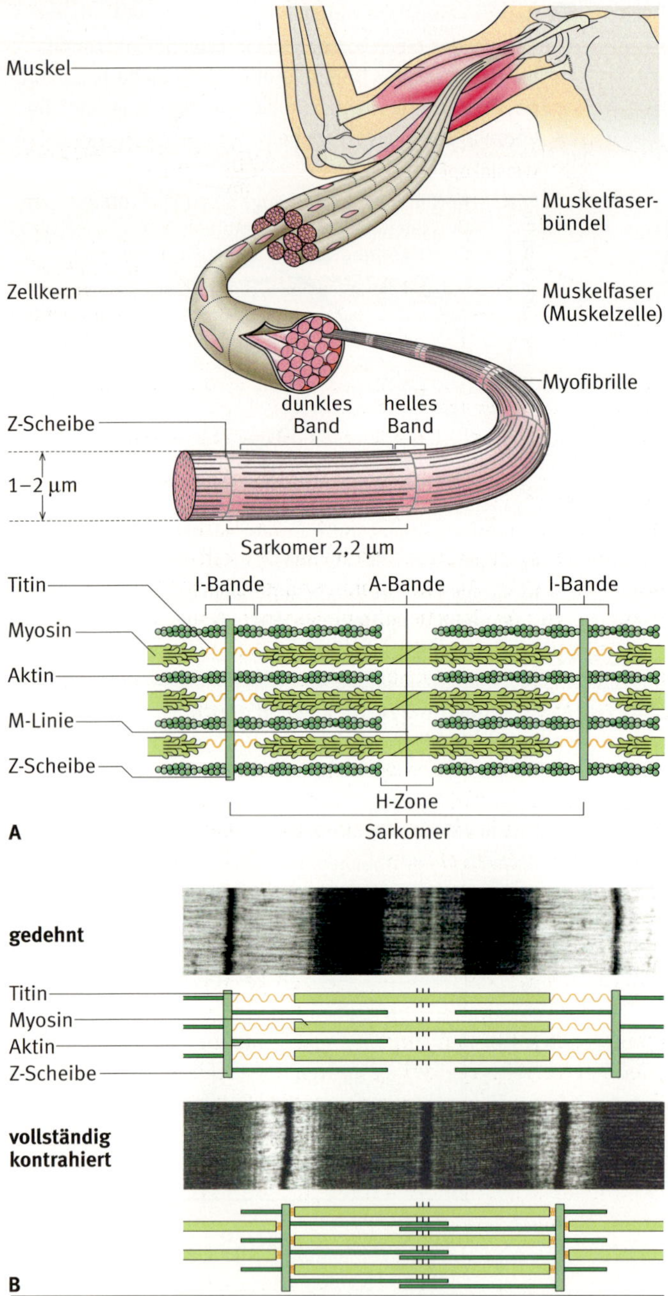

138.1 Aufbau eines Skelettmuskels. A Untergliederung in Muskelfasern und Myofibrillen mit Sarkomeren; **B** Sarkomer im gedehnten und im kontrahierten Zustand (jeweils EM-Aufnahme und Schema)

1.1 Aufbau und Kontraktion der quer gestreiften Muskulatur

Muskeln befinden sich überall dort im Körper, wo aktive Bewegungen stattfinden. Muskelzellen haben die Fähigkeit, sich zu verkürzen. Die gemeinsame Verkürzung vieler Muskelzellen ermöglicht die Kontraktion eines Muskels. Skelettmuskeln dienen der Bewegung von Körperteilen. Muskeln, die Körperhohlräume wie den Magen-Darm-Trakt, Blutgefäße oder die Blase umgeben, sind an Transportprozessen im Körper oder an deren Regulation beteiligt. Hierzu zählt auch der pausenlos arbeitende Herzmuskel. Andere Muskeln üben sehr spezielle Funktionen aus, wie etwa der Ziliarmuskel des Auges, der für die Akkomodation, die Scharfeinstellung, verantwortlich ist.

Skelettmuskeln machen gewöhnlich knapp die Hälfte der Körpermasse eines Menschen aus. Typische Skelettmuskeln sind über Sehnen mit Knochen verbunden und von einer derben Bindegewebshülle umgeben. Sie bestehen aus Muskelfaserbündeln, die sich meistens über die gesamte Länge des Muskels erstrecken. Jedes Muskelfaserbündel besteht aus vielen hundert parallelen **Muskelfasern** mit Durchmessern von 5 bis 100 Mikrometern. Dabei handelt es sich um Zellen, die aus dem Zusammenschluss vieler embryonaler Zellen hervorgegangen sind und daher viele Zellkerne besitzen. Muskelfasern sind weiter in **Myofibrillen** untergliedert. Diese bestehen aus bis zu 20 000 hintereinander angeordneten **Sarkomeren.** Die Sarkomere sind die funktionellen Einheiten eines Skelettmuskels.

Ein Sarkomer ist im Ruhezustand etwa 2,2 Mikrometer lang. Es enthält verschiedene Proteinfilamente (lat. *filum,* Faden). Die dünnen **Aktinfilamente** sind an den Trennwänden der Sarkomere, den Z-Scheiben, verankert; von dort ragen sie in das Innere des Sarkomers. Die dicken **Myosinfilamente** liegen in der Mitte des Sarkomers zwischen den Aktinfilamenten.

Über lange Proteine mit elastischen Eigenschaften, die **Titin**-Moleküle, sind die Myosinfilamente mit den **Z-Scheiben** verbunden. Durch die regelmäßige Anordnung der Filamente entsteht in den Myofibrillen ein Muster aus hellen und dunklen Streifen. Die hellen Randbereiche der Sarkomere, in denen sich keine Myosinfilamente befinden, bezeichnet man als **I-Banden.** Die zentralen Bereiche mit Myosinfilamenten heißen **A-Banden.** Im entspannten Zustand befinden sich in ihrer Mitte keine Aktinfilamente. Hier liegt die helle **H-Zone.** Im übrigen, dunklen Teil der A-Bande überlagern sich Aktin- und Myosinfilamente. In der Mitte der A-Bande befindet sich die dunkle **M-Linie.** Hier werden die Myosinfilamente durch weitere Proteine miteinander vernetzt und somit zusammengehalten. Bei Skelettmuskeln liegen die Sarkomere benachbarter Myofibrillen an gleichen Positionen, sodass die I- und A-Banden nebeneinander liegen und die gesamte Muskelfaser im mikroskopischen Bild quer gestreift erscheint. Man spricht daher von **quer gestreiften Muskeln.**

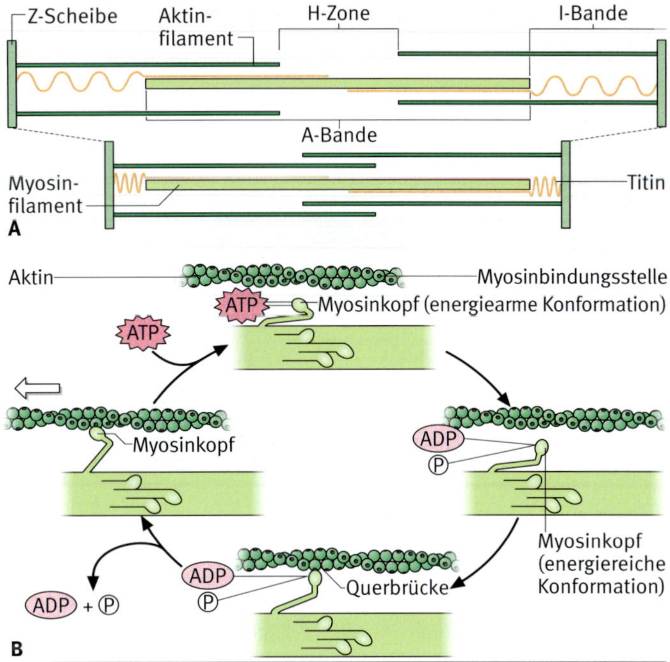

139.1 Mechanismus der Muskelkontraktion.
A Verkürzung eines Sarkomers (Schema); **B** Querbrücken-Zyklus

Die Muskelkontraktion erfolgt durch eine Verkürzung der Sarkomere. Dabei nehmen die Längen der I-Banden und H-Zonen ab; letztere können sogar ganz verschwinden, während sich die A-Banden nicht verkürzen. Diese Beobachtung wird durch die **Gleitfilamenttheorie** erklärt. Danach verkürzen sich die Filamente bei der Kontraktion nicht, sondern sie gleiten aneinander vorbei, sodass sie sich im Sarkomer stärker überlappen. Das Gleiten der Filamente wird durch Wechselwirkungen zwischen den Myosin- und Aktinfilamenten bewirkt. Die Myosinfilamente bestehen aus Bündeln von stäbchenförmigen Myosin-Molekülen. An den Enden der Myosin-Moleküle stehen Myosinköpfchen mit beweglichen Halsregionen seitlich vom Bündel ab. Die Aktinfilamente bestehen aus kugelförmigen Aktin-Molekülen. Diese lagern sich zu zwei Ketten zusammen, die in einer starren Doppelhelix umeinandergewunden sind.

Die zur Kontraktion des Sarkomers erforderliche Energie stammt aus ATP-Molekülen. Bereits im entspannten Zustand wird das Myosin-Molekül in eine energiereiche Konformation überführt. Dies geschieht durch Spaltung eines am Myosinköpfchen gebundenen ATP-Moleküls. Die Spaltungsprodukte, ADP und Ⓟ, bleiben zunächst am Myosinköpfchen gebunden. Es ist dann etwa senkrecht vom Myosinfilament abgewinkelt und hat noch keinen Kontakt zu den Aktinfilamenten. Die Kontraktion wird eingeleitet, indem das Myosinköpfchen an ein Aktinfilament bindet. Diese Bindung wird als **Querbrücke** bezeichnet. Anschließend werden ADP und Ⓟ abgespalten. Dadurch geht das Myosinköpfchen in eine stärker angewinkelte, energieärmere Stellung über und das Aktinfilament wird zur Mitte des Sarkomers gezogen. Durch erneute Bindung eines ATP-Moleküls an das Myosinköpfchen wird die Querbrücke wieder gelöst. Der Zyklus kann von Neuem beginnen.

Je ein solcher **Querbrücken-Zyklus** auf beiden Seiten der H-Zone führt zu einer Verkürzung des Sarkomers um 20 bis 30 Mikrometer, also um rund ein Prozent. Die gleichzeitige Verkürzung der hintereinanderliegenden Sarkomere der Myofibrillen führt zu einer entsprechenden Verkürzung des gesamten Muskels. Für eine starke Muskelkontraktion, die 50 Prozent der Ausgangslänge des Muskels betragen kann, sind viele Zyklen erforderlich. Dabei kann jedes Köpfchen etwa fünf Querbrücken pro Sekunde bilden und wieder lösen. Um eine kontinuierliche Bewegung unter Beibehaltung einer konstanten Muskelspannung zu ermöglichen, bilden die über 300 Köpfchen eines Myosinfilaments ihre Querbrücken zeitlich versetzt aus.

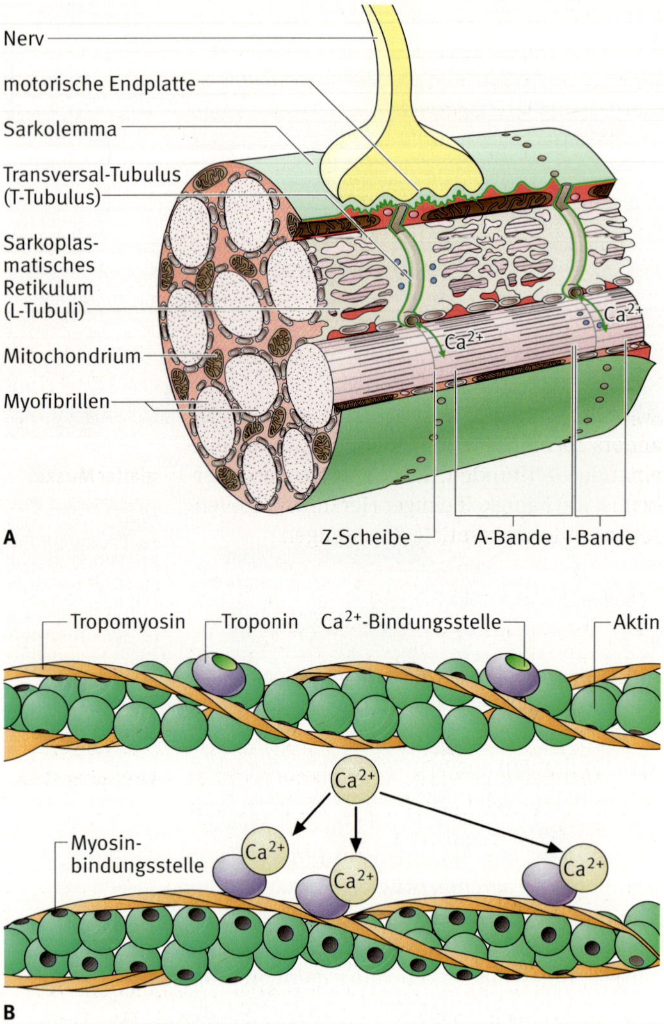

140.1 Regulation der Kontraktion einer Muskelfaser. A Ausbreitung eines Aktionspotentials und Freisetzung von Calcium-Ionen; **B** Freilegung der Bindungsstellen für die Myosinköpfchen auf den Aktinfilamenten durch den Einfluss der Calcium-Ionen

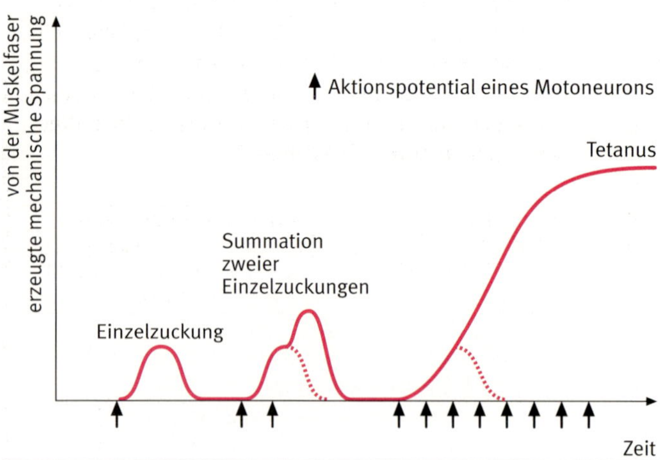

140.2 Summation von Muskelzuckungen

1.2 Regulation der Muskelkontraktion

Die Kontraktion einer quer gestreifen Muskelfaser wird durch spezielle Nervenzellen, die **Motoneuronen,** ausgelöst. Diese sind über so genannte **motorische Endplatten** eng mit den Muskelfasern verbunden. Jede Muskelfaser ist von einer Membran, dem Sarkolemma, umgeben. Diese bildet im Bereich der Z-Scheiben, quer zu den Muskelfasern, tiefe röhrenförmige Einfaltungen, die transversalen Tubuli (Einzahl Tubulus) oder kurz **T-Tubuli.** Daneben sind die Myofibrillen noch von einem feinen Netzwerk von Hohlräumen, dem **Sarkoplasmatischen Retikulum,** umgeben, das längs der Muskelfasern verläuft. Es wird daher auch als Longitudinales Tubulussystem oder **L-Tubuli** bezeichnet. Das Sarkoplasmatische Retikulum entspricht dem Endoplasmatischen Retikulum anderer Körperzellen. Es dient als Speicher von Calcium-Ionen (Ca^{2+}).

Erreicht ein Nervenimpuls die Zellmembran der Muskelfaser, breitet sich die Erregung entlang der T-Tubuli schnell in der gesamten Muskelfaser aus. Dadurch wird das Sarkoplasmatische Retikulum veranlasst, Calcium-Ionen in das Cytoplasma der Muskelzelle abzugeben. Erst durch die Calcium-Ionen wird die Bildung von Querbrücken zwischen Aktin- und Myosinfilamenten ermöglicht.

Für die regulatorische Wirkung der Calcium-Ionen sind zwei Proteine verantwortlich, die eng an die Aktinfilamente gebunden sind. Das fadenförmige **Tropomyosin** umwindet das Aktinfilament und blockiert im ruhenden Muskel am Aktinfilament die Bindungsstellen für die Myosinköpfchen. Das **Troponin** ist ein kugeliger Molekülkomplex, der eng mit dem Tropomyosin verbunden ist. Binden Calcium-Ionen an das Troponin, so erfolgt eine Verschiebung des Tropomyosins auf dem Aktinfilament. Dadurch werden die Bindungsstellen für die Myosinköpfchen frei, sodass Querbrücken gebildet werden können. Nach Ablauf des Kontraktionszyklus werden die Calcium-Ionen wieder unter ATP-Verbrauch in das Sarkoplasmatische Retikulum zurückgepumpt. Bevor ein neuer Kontraktionszyklus beginnen kann, muss der Muskel mit seinen Muskelfasern erst wieder gedehnt werden. Dazu dienen bei Skelettmuskeln andere Muskeln mit einer gegensinnigen Wirkung, so genannte **Antagonisten.**

In vielen Skelettmuskelfasern führt jedes Aktionspotential nach einem Alles-oder-Nichts-

Prinzip zu einer etwa 100 Millisekunden dauernden Erhöhung der mechanischen Spannung, einer **Einzelzuckung.** Solche Muskelfasern werden Zuckungsfasern oder **phasische Fasern** genannt. Um geordnete und fein abgestimmte Bewegungen bewirken zu können, müssen Ausmaß und Stärke einer Muskelkontraktion genau gesteuert werden. Dazu dienen zwei Mechanismen: Wenn mehrere Aktionspotentiale hintereinander die Muskelfaser erreichen, summieren sich die Einzelzuckungen der Faser zu einer größeren Kontraktion. Oberhalb einer bestimmten Frequenz erfolgt eine gleich bleibende Kontraktion, die **Tetanus** genannt wird. Außerdem wird jeder Muskel mit bis zu mehreren hundert Motoneuronen versorgt. Jedes Motoneuron ist mit einer Reihe von Muskelfasern verbunden und bildet mit diesen eine **motorische Einheit.** Sämtliche Muskelfasern einer motorischen Einheit kontrahieren auf ein Aktionspotential des mit ihnen verbundenen Motoneurons hin gleichzeitig. Durch Variation der Anzahl aktiver motorischer Einheiten wird ebenfalls die im Muskel erzeugte Kraft reguliert.
Je nach ihrer Aufgabe müssen Muskeln sich unterschiedlich schnell verkürzen. Dazu enthalten sie verschieden schnelle Fasern. Schnelle Muskelfasern werden etwa bei der raschen Fortbewegung eingesetzt. Langsame Fasern dienen vor allem zur Stabilisierung der Körperhaltung. In langsamen Fasern werden Querbrücken langsamer als in schnellen Fasern geknüpft und wieder gelöst. Sie können daher nicht so schnell kontrahieren, sind aber in der Lage, eine aufgebaute Spannung länger zu halten. Besonders langsam arbeiten die tonischen Muskelfasern, die nicht nach dem Alles-oder-Nichts-Prinzip funktionieren. Sie können abgestufte, sehr lang anhaltende Spannungen erzeugen. Auch der **Herzmuskel** ist ein quer gestreifter Muskel. Allerdings sind seine Fasern, anders als bei Skelettmuskeln, netzförmig miteinander verbunden. Eine weitere Besonderheit ist die Fähigkeit einiger Herzmuskelzellen, selbst Aktionspotentiale zu erzeugen.

Die Hohlorgane des Körpers, wie Magen und Darm, werden von **glatter Muskulatur** umgeben. In den Zellen der glatten Muskulatur sind die Aktin- und Myosinfilamente nicht regelmäßig angeordnet, sodass keine Querstreifung entsteht. Glatte Muskeln kontrahieren erheblich langsamer, arbeiten aber ökonomischer als quer gestreifte Muskeln. Ihre Aktivität lässt sich vielfältiger regulieren.

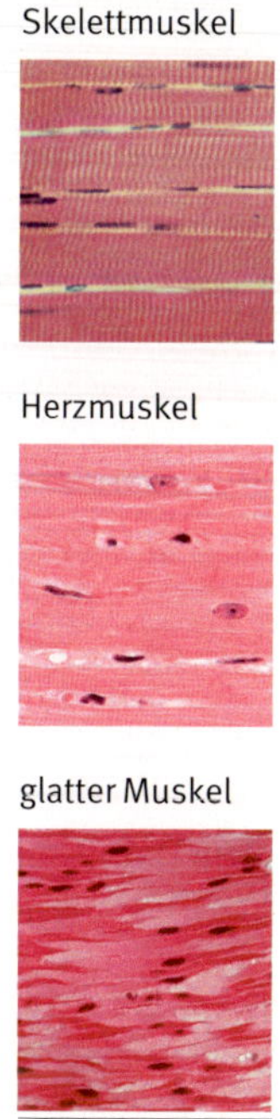

141.1 Verschiedene Muskeltypen im Lichtmikroskop

Kraft und Größe

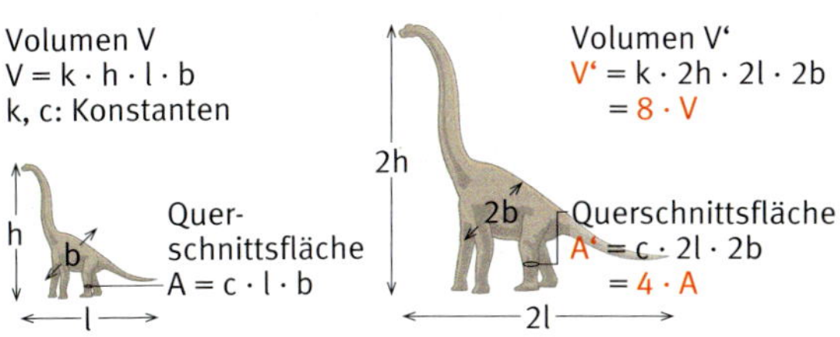

Veränderung von Kraft und Gewicht mit der Körpergröße

Oft wird über die Kraftleistungen kleiner Tiere gestaunt. So können Ameisen anders als große Tiere scheinbar mühelos das Vielfache ihres Körpergewichts tragen. Die Ursache liegt nicht in besonders leistungsfähigen Muskeln. Es handelt sich vielmehr um einen einfachen Größeneffekt.
Die Kraft, die ein Muskel, eine Sehne oder ein Knochen maximal erzeugen oder aufnehmen kann, hängt vom Querschnitt dieser Strukturen, nicht aber von ihrem Volumen ab. Das ist ähnlich wie bei einem Seil, dessen Stärke von der Querschnittsfläche und nicht von der Länge abhängt. Verdoppelt man in einem Gedankenexperiment die Länge eines Tieres unter Beibehaltung seiner Proportionen, so vervierfachen sich die Querschnittsflächen von Muskeln, Sehnen und Skelettelementen. Das Volumen des Tieres verachtfacht sich jedoch. Entsprechend kann das größere Tier viermal so hohe Kräfte erzeugen oder aushalten; sein Gewicht ist aber auf das Achtfache gestiegen. Mit der Größe steigt die Körperkraft also langsamer an als das Gewicht. Daher haben größere Tiere tendenziell dickere Muskeln und Skelettelemente. Vor allem aber nehmen sie weniger kraftaufwändige Körper- und Gliedmaßenhaltungen ein und führen weniger kraftaufwändige Bewegungen durch als kleinere Tiere.

2 Muskelstoffwechsel

Für die Muskelkontraktion benötigt die Muskelzelle ATP. Der Speicher an ATP beträgt etwa fünf Mikromol ATP pro Gramm Muskel. Bei starker Belastung ist er daher in wenigen Sekunden erschöpft. Die Regeneration des ATPs erfolgt durch verschiedene anaerobe und aerobe Stoffwechselwege.

Am schnellsten wird ATP regeneriert, indem das Enzym Kreatinkinase vom Kreatinphosphat (KrP) eine Phosphatgruppe auf ADP überträgt:

ADP + KrP ⇆ ATP + Kr.

Sauerstoff wird hierbei nicht benötigt. Da das Gleichgewicht dieser Reaktion beim leicht sauren pH-Wert des Muskels ganz auf der Seite der ATP-Bildung liegt, wird dadurch laufend ATP gebildet. Der Kreatinphosphat-Speicher beträgt ungefähr 25 Mikromol pro Gramm Muskel und ist ein Kurzzeit-Energiespeicher. In Ruhephasen wird Kreatin zu Kreatinphosphat regeneriert.
Bei länger dauernden Anstrengungen greift die Zelle auf Kohlenhydrate in Form von Glykogen und auf Fette zurück, die als Langzeit-Energiespeicher fungieren.

In den Muskeln eines erwachsenen Menschen befinden sich ungefähr 500 Gramm Glykogen. Vom Glykogen werden durch eine Glykogen-Phosphorylase einzelne Glucose-1-phosphat-Moleküle abgespalten und nach Umwandlung zu Glucose-6-phosphat in die Glykolyse eingeschleust. Beim Abbau von Glucose zu Pyruvat werden normalerweise in der Glykolyse insgesamt 2 Moleküle ATP gebildet. Bei der Verwendung von Glucose-1-phosphat entfällt die Aktivierung von Glucose durch ATP. Deshalb erhält man beim Abbau von Glucose-1-phosphat zu Pyruvat drei ATP-Moleküle pro Molekül Glucose-1-phosphat. Pyruvat wird unter anaeroben Bedingungen zu Milchsäure reduziert, die im Zellplasma in Form ihres Ions Lactat vorliegt. Milchsäure senkt den pH-Wert in der Muskelfaser. Dadurch werden Glucose abbauende Enzyme gehemmt und so die Muskelkontraktion erschwert. Man spricht davon, dass der Muskel ermüdet.
Das Lactat kann später vor allem in der Leber aerob abgebaut werden. Die Sauerstoffmenge, welche nach Beendigung einer körperlichen Belastung mehr als dem Ruhebedarf entsprechend aufgenommen wird, bezeichnet man als Sauerstoffschuld. Die starken Atembewe-

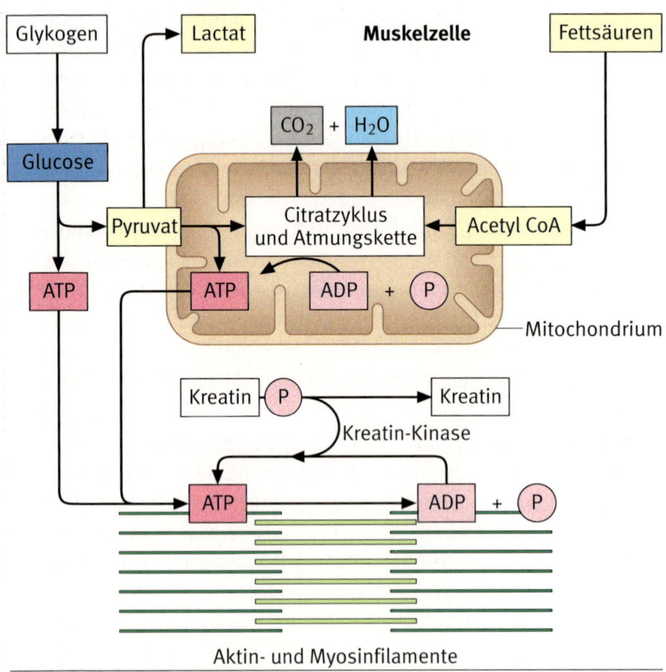

142.1 Stoffwechsel im Muskel

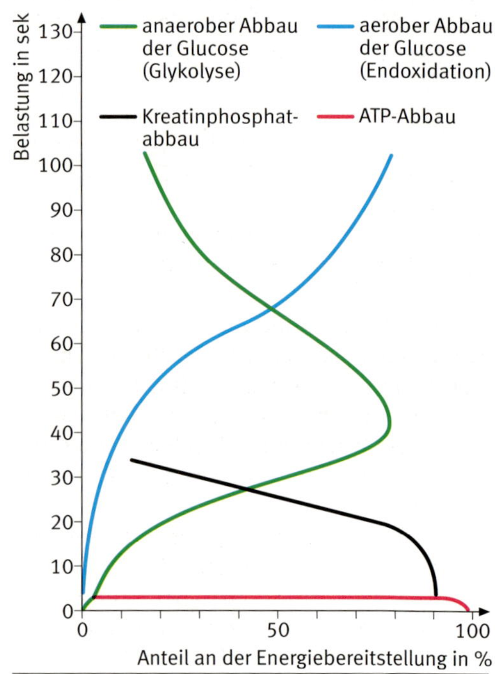

142.2 Energiebereitstellung während eines 800-Meter-Laufes

gungen nach körperlicher Anstrengung sind somit in einer Mehraufnahme an Sauerstoff begründet, die vor allem dem Lactatabbau dient. Zudem werden die Sauerstoffspeicher in Blut- und Muskelzellen und die Energiespeicher in Form von ATP und Kreatinphosphat wieder aufgefüllt.
Pyruvat kann bei ausreichender Sauerstoffversorgung des Muskels mithilfe des Citratzyklus und der Atmungskette auch vollständig zu Kohlenstoffdioxid und Wasser abgebaut werden. Der aerobe Abbau liefert insgesamt pro Molekül Glucose bis zu 36 Moleküle ATP. Pro Zeiteinheit wird aber mehr ATP durch den anaeroben Glucoseabbau bereitgestellt.

Bei sehr lang andauernden Belastungen werden in den Mitochondrien der Muskelfasern auch Fettsäuren durch die so genannte β-Oxidation abgebaut. Sind die in der Muskelfaser gespeicherten Fettsäuren aufgebraucht, werden über das Blut freie Fettsäuren aus dem Depotfett angeliefert. Im Muskel werden bei Belastungen zuerst der ATP- und dann der Kreatinphosphatspeicher aufgebraucht. Messungen zum Beispiel bei einem 800-Meter-Lauf ergaben, dass beide Energiespeicher für die ersten 100 Meter reichen. Ob bei längeren Belastungen die Energie auf aerobem oder anaerobem Weg gewonnen wird, hängt von der Sauerstoffversorgung des Muskels ab. Bei einem 800-Meter-Lauf überwiegt bis zur 70. Sekunde der anaerobe Abbau von Glucose, wobei sich Lactat anhäuft. Sobald durch Steigerung des Herzschlages die Transportmenge des Blutes zugenommen hat und infolge erhöhter Atmungsaktivität mehr Sauerstoff über die Lungen ins Blut aufgenommen wird, laufen in den Muskelfasern die aeroben Abbauwege von Glucose und Fettsäuren ab.

Für die unterschiedlichen Leistungen, die ein Muskel für einen Organismus erbringen muss, werden verschiedene Muskelfasertypen eingesetzt. Sie zeigen Unterschiede im Membranbau, in der Ausstattung mit Zellorganellen und in den chemischen Eigenschaften von Enzymen.
In den schnellen Muskelfasern der quer gestreiften Muskulatur ist die ATPase-Aktivität des Myosinkopfes sehr hoch. Hieraus resultieren eine schnellere Querbrückenbildung und Kontraktionsgeschwindigkeit der Muskelfaser. Die Mitochondriendichte ist gering. Glykogen ist in größeren Mengen vorhanden. Zusätzlich liegen für die Milchsäuregärung benötigte Enzyme in höherer Konzentration vor.
Die langsamen Muskelfasern der quer gestreiften Muskulatur sind reich an Mitochondrien und enthalten viel Myoglobin, das für den Sauerstofftransport von der Zellmembran zu den Mitochondrien zuständig ist. Diese Muskelfasern können über den aeroben Abbau von Glucose und Fettsäuren langfristig Energie bereitstellen. Sie ermüden folglich langsamer.
In tonischen Muskelfasern ist die Umsatzrate für das am Myosinkopf angebundene ATP sehr niedrig, sodass bei geringem Energieumsatz Kontraktionen lange aufrechterhalten werden können.

1 Stellen Sie die Auswirkungen der Lactatbildung auf die Muskelaktivität dar.

Muskelkater, Muskelkrampf und Totenstarre

MEDIZIN

Vor allem bei untrainierten Personen treten nach sportlichen Aktivitäten Dehnungsschmerzen von Muskeln auf. Sie entstehen bei Überbelastung durch kleine Risse im Muskelgewebe. Infolge der daraus resultierenden Entzündungen tritt Wasser in den Muskel ein und lässt ihn anschwellen. Da dies einem Katarrh, das heißt einer Entzündung von Schleimhäuten mit Flüssigkeitsabsonderung, gleicht, spricht man von einem **Muskelkater.** Frühere Deutungen, denen zufolge der Muskelkater durch Übersäuerung des Muskels infolge von Lactatbildung entstehen soll, erwiesen sich als falsch. Vor allem die kurze Halbwertszeit des Lactats von 20 Minuten lässt sich nicht mit dem 24 Stunden später einsetzenden Muskelschmerz verbinden. Durch lockeres Aufwärmen und durch Dehnungsübungen vor der Aktivität soll sich ein Muskelkater vermeiden lassen.
Ein **Muskelkrampf** hingegen kann auf verminderte Durchblutung von Muskelbereichen oder auf einen gestörten Wasser- und Mineralsalzhaushalt, vor allem einen Magnesiummangel, zurückgehen.

Schon ein bis zwei Stunden nach dem Tod setzt die **Totenstarre** ein, bei der eine sehr starke Muskelverkrampfung vorliegt. Sie erreicht nach 14 bis 18 Stunden ihre volle Ausprägung. Da nach Eintritt des Todes einige chemische Reaktionen noch kurze Zeit weiterlaufen, sinkt der ATP-Spiegel schnell auf null ab. Die Aktin-Myosin-Bindungen können aber ohne ATP nicht gelöst werden, sodass die Filamente sich nicht mehr gegeneinander verschieben können. Erst beim Einsetzen des Zellverfalls nach ungefähr zwei Tagen lösen sich die Bindungen wieder und die Totenstarre geht zurück.

2.1 Muskeltraining und Anabolika

Training zielt neben Aspekten der Taktik, Technik, Koordination, Geschwindigkeit und Beweglichkeit vorrangig darauf ab, die Leistungsfähigkeit der Skelettmuskulatur zu steigern. Der zuerst einsetzende Trainingseffekt ist eine verbesserte intramuskuläre Koordination. Sie besteht darin, dass durch regelmäßige Wiederholung eines Erregungsablaufes die verschiedenen motorischen Einheiten eines Muskels besser koordiniert sind. Erst danach erfolgt die Leistungssteigerung durch Erhöhung der Muskelmasse. Beim Muskelwachstum wird nur die Muskelfaser verdickt, indem über die Proteinbiosynthese die Zahl der Aktin- und Myosinfilamente erhöht wird. Die vermutlich von Geburt an festgelegte Zahl an Muskelfasern kann durch Muskeltraining nicht erhöht werden.

Durch Training werden beim Muskel Maximalkraft, Schnellkraft und Kraftausdauer erhöht. Die Maximalkraft, wie sie zum Beispiel beim Gewichtheben benötigt wird, ist die größtmögliche Kraft, die ein Muskel entfalten kann.

144.1 Bodybuilder Andreas Münzer. Er starb laut Obduktionsbericht an Lebertumoren als Folge der Einnahme anaboler Steroide.

Sie hängt vor allem von der Zahl an Aktin- und Myosinfilamenten ab.
Unter der Schnellkraft versteht man die Kraft, mit der, wie beim Sprint, möglichst schnell aufeinander Muskelkontraktionen ermöglicht werden. Vor allem das Training von Motorik und Beweglichkeit kann durch eine verbesserte Koordination die Schnellkraft erhöhen.
Kraftausdauer wird benötigt, um – wie beim Joggen – Ausdauerleistungen zu erbringen. Aufgrund der längerfristig benötigten Energiezufuhr ist dazu vor allem eine verbesserte Sauerstoffversorgung der Muskeln Voraussetzung. Sie wird durch eine vermehrte Bildung von Blutgefäßen im Muskel sowie durch Steigerung des Kreislaufs und der Atmung erreicht.

Immer wieder erfährt man, dass im Leistungssport Leistungssteigerungen durch Dopingmittel erzielt werden. Diese teilt man in verschiedene Wirkstoffgruppen ein. Bei den **Anabolika** handelt es sich um Substanzen, die eine steigernde Wirkung auf den anabolen Stoffwechsel, vor allem den Aufbau der Muskelproteine, haben. Es handelt sich überwiegend um **Steroide,** die dem männlichen Sexualhormon Testosteron ähneln. Wie Testosteron binden sie an intrazelluläre Rezeptoren der Muskelzellen. Als Folge werden im Zellkern die Gene für die Bildung von Aktin und Myosin aktiviert. Die als Anabolika eingesetzten Steroide haben neben der anabolen Wirkung auch Einfluss auf die männliche Geschlechtsausprägung; für weibliche Konsumenten eine sehr unerwünschte Nebenwirkung. Liegen Steroide aufgrund längeren Konsums in höheren Konzentrationen vor, dann können sie in Östrogen umgewandelt werden. Dies hat bei Männern die Ausprägung weiblicher Geschlechtsmerkmale zur Folge. Anabolika sind im Sport während und außerhalb der Wettkämpfe als Dopingmittel verboten.

Eine andere verbotene Wirkstoffgruppe sind die **Beta-2-Agonisten.** Beta-2-Agonisten stimulieren die Beta-2-Rezeptoren der glatten Muskulatur der Bronchien. Hierdurch werden zum Beispiel bei der Asthmatherapie die Bronchien geweitet und die Sauerstoffaufnahme erhöht. Als Dopingmittel werden sie in zehnfach höherer Dosierung verwendet. Sie erhöhen zugleich die Muskelmasse und reduzieren die Menge des Körperfettes, ohne eine androgene Wirkung zu entfalten.

1

Muscheln besitzen Schließmuskeln, die stundenlang kontrahiert bleiben können. Sobald die Schließmuskeln erschlaffen, öffnet sich die Schale von selbst durch die Wirkung elastischer Verbindungen (Ligamente) zwischen den Schalenklappen. Die glatten Muskelfasern der Schließmuskeln können in einen so genannten Sperrtonus übergehen. Dabei kann der Muskel lange Zeit kontrahiert bleiben und sehr hohen Dehnungskräften widerstehen. Die Schließmuskeln einiger Muscheln enthalten neben den glatten auch quer gestreifte Muskelfasern.

a) Erklären Sie, weshalb viele Muscheln ihre Schalen lange Zeit unter Kraftaufwand geschlossen halten müssen.

b) Überlegen Sie, welche Funktion die unterschiedlichen Muskelfasertypen in den Schließmuskeln haben.

c) Stellen Sie eine begründete Vermutung auf, weshalb die Schließmuskeln von Muscheln auch bei lang anhaltender Kontraktion nicht ermüden.

2 Bei Wirbeltieren beträgt die Länge der Myosinfilamente rund 1,6 µm. Einige Wirbellose haben viel längere Myosinfilamente. So kommen in den Beinmuskeln von Heuschrecken Myosinfilamente von 5,5 µm Länge vor. Bezogen auf die Querschnittsfläche können diese Muskeln fast die dreifache Kraft wie Skelettmuskeln von Wirbeltieren erzeugen.

a) Erklären Sie, in welchem Zusammenhang die Länge der Myosinfilamente und die Muskelkraft stehen.

b) Welchen wesentlichen Nachteil haben lange Myosinfilamente? *Hinweis:* Die Geschwindigkeit, mit der Aktin- und Myosinfilamente aneinander vorbeigleiten können, ist begrenzt.

3 Bei einem Huhn befinden sich massive rote Muskeln in den Beinen, während die Flugmuskeln weiß sind.

a) Vergleichen Sie Muskeln für schnelle, kurzzeitige Aktivitäten mit Muskeln für Ausdauerleistungen in den folgenden Eigenschaften: Kontraktionsgeschwindigkeit, Ermüdung, Durchblutung, Myoglobingehalt, Energieumsatz und Mitochondriendichte.

b) Erklären Sie das unterschiedliche Vorkommen von roten und weißen Muskeln beim Huhn.

4 Die Abbildung zeigt zwei Versuchsaufbauten zur Messung der Muskelkontraktion.

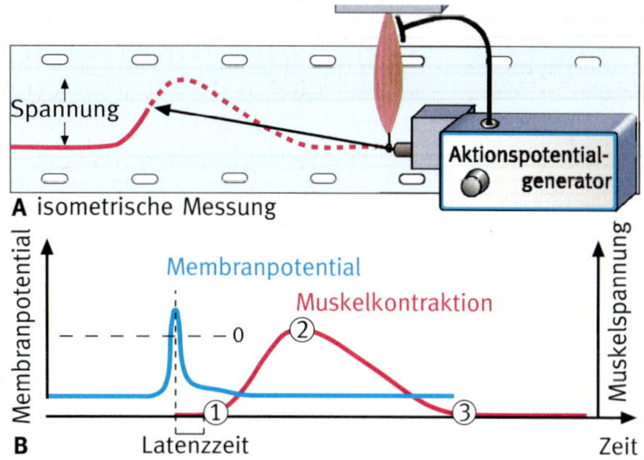

a) Beschreiben und erklären Sie den Aufbau der Versuchsanordnungen.

b) Beschreiben und erklären Sie den Verlauf der beiden Graphen in Abbildung A und B.

c) Zeichnen Sie schematisch einen Längsschnitt durch ein Sarkomer für die Messpunkte 2 und 3 in Abbildung B.

d) Beschreiben Sie, was auf der Ebene der Myosin- und Aktinfilamente zwischen den Punkten 1 und 2 in Abbildung B passiert und beziehen Sie auch die Veränderung der Calcium-Ionen-Konzentration mit ein.

5 Die Tabelle gibt die Konzentrationen einiger Substanzen im lebenden Muskel und im Muskelfleisch nach der Schlachtung wieder.

Verbindung	µmol/g Frischgewebe	
	lebender Muskel	Muskelfleisch nach Schlachtung
anorganisches Phosphat	‹12	›48
Adenosintriphosphat	9	‹1
Adenosindiphosphat	1	‹1
Kreatinphosphat	20	‹1
Kreatin	21	42
NAD^+	2	1
Glykogen	50	‹10
Glucose-1-phosphat	‹1	‹1
Glucose-6-phosphat	5	6
Fructose-1,6-bisphosphat	‹1	‹1
Milchsäure	10	100

a) Beschreiben Sie die stoffwechselphysiologische Situation im Muskel kurz vor der Schlachtung.

b) Begründen Sie anhand der Zahlenwerte der Tabelle, welche stoffwechselphysiologischen Prozesse direkt nach der Schlachtung ablaufen.

Exkretion und Wasserhaushalt

1 Bau und Funktion der Säugetierniere

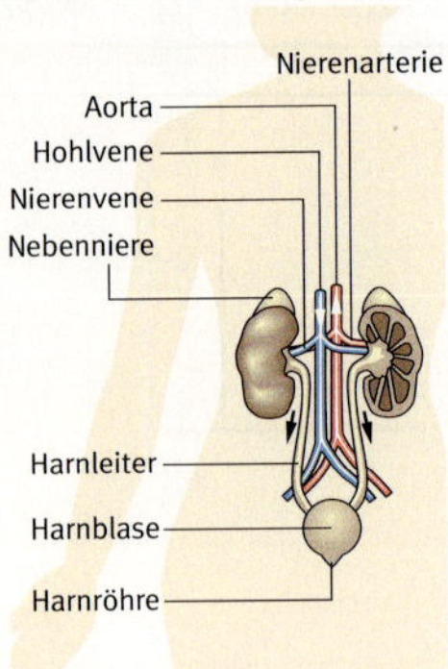

Die **Nieren** entgiften den Körper durch die Ausscheidung von Harnstoff und Harnsäure, die stickstoffhaltige Endprodukte des Stoffwechsels, sowie von Fremdstoffen, zum Beispiel von Giften, Arzneistoffen und deren Abbauprodukten. Sie regeln die Zusammensetzung, den pH-Wert und das Volumen der Körperflüssigkeit. Außerdem sind die Nieren an der Bildung von Hormonen beteiligt, beeinflussen die Blut- und Knochenbildung sowie die Regulation des Blutdrucks.

Die beiden bohnenförmigen Nieren eines Menschen liegen links und rechts der Aorta im rückwärtigen Bereich der Bauchhöhle unterhalb der Rippen. Jede Niere wird durch eine große **Nierenarterie,** die direkt von der Aorta abzweigt, mit Blut versorgt. Ein fein verästeltes Gefäßsystem in den Nieren sorgt für ihre gute Durchblutung. Das aus den Nieren kommende Blut fließt durch die **Nierenvenen** in die untere Hohlvene des Körpers. Mit jedem Herzschlag empfangen die Nieren etwa 20 Prozent des gesamten Blutvolumens eines Menschen. So fließen in 24 Stunden rund 1500 Liter Blut durch die Nieren.

Die Niere besteht aus einer dicken Wand und einem inneren Hohlraum, dem **Nierenbecken.** Außen ist sie von einer derben Haut, der Nierenkapsel, überzogen. Die Nierenwand gliedert sich in die etwa einen Zentimeter dicke **Nierenrinde** und das **Nierenmark.** Dieses setzt sich aus kegelförmigen Einheiten, den Nierenpyramiden, zusammen. Sie ragen mit ihren Spitzen, den Papillen, ins Nierenbecken. Im Nierenbecken sammelt sich der Harn. Er wird durch den Harnleiter in die Harnblase geleitet. In der Niere liegen als kleinste Baueinheiten die **Nephrone.** Ihre Anzahl wird pro Niere auf etwa eine Million geschätzt. Ein Nephron setzt sich zusammen aus einem Nierenkörperchen und dem sich anschließenden Tubulus. Während die Nierenkörperchen sowie der kapselnahe und -ferne Tubulusabschnitt in der Nierenrinde liegen, durchzieht der mittlere Tubulusabschnitt, **HENLEsche Schleife** genannt, haarnadelförmig das Nierenmark. Die Tubuli mehrerer Nephrone münden in ein Sammelrohr. In den Pyramiden des Nierenmarks liegen zahlreiche Sammelrohre zusammen mit den HENLEschen Schleifen. Ihre Öffnungen zum Nierenbecken liegen in den Nierenpapillen.

146.1 Bau der Niere (A) und Feinbau eines Nephrons (B)

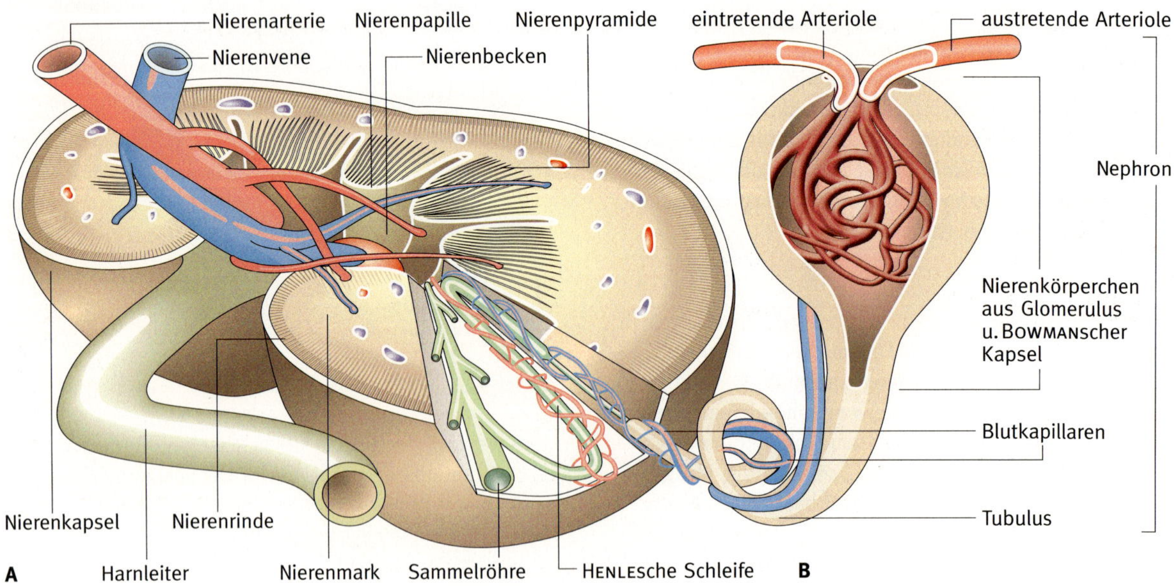

Ein Nierenkörperchen besteht aus der doppelwandigen **BOWMANschen Kapsel** und einem darin eingesenkten Kapillarknäuel, **Glomerulus** genannt. Es wird von einer Arteriole gebildet, die in die BOWMANsche Kapsel hineinführt und sich dort verzweigt. Die Kapillaren vereinigen sich wieder zu einer Arteriole, die aus der BOWMANschen Kapsel austritt. Sie führt ins Nierenmark und bildet dort ein Kapillarnetz, das die Tubuli und Sammelrohre umgibt.

Durch den in den Kapillaren des Glomerulus herrschenden Druck wird Flüssigkeit aus dem Blut in die BOWMANsche Kapsel gepresst. Diese Flüssigkeit, **Primärharn** genannt, enthält alle löslichen Bestandteile in gleicher Konzentration wie das Blut. Nur große Partikel, wie Blutzellen und die meisten Proteine, bleiben im Blut zurück. Der Primärharn wird zwischen der inneren und äußeren Wand der BOWMANschen Kapsel aufgefangen und gelangt von dort aus in den Tubulus des Nephrons. Auf dem Weg durch den Tubulus und das Sammelrohr wird er in den Endharn umgewandelt. Dabei werden über 99 Prozent des Wassers und viele verwertbare Stoffe resorbiert und wieder dem Blutkreislauf zugeführt. Da Abfallstoffe, wie zum Beispiel Harnstoff, nur geringfügig resorbiert werden, erhöht sich ihre Konzentration während der Harnbildung. Bestimmte Stoffe, zum Beispiel Kalium-Ionen, können auch gezielt in den Harn hinein transportiert werden. Pro Tag bilden die Nieren des Menschen aus 180 Litern Primärharn etwa 1,5 Liter **Endharn.**

Im kapselnahen Abschnitt des Tubulus werden Natrium-Ionen, Glucose-Moleküle und einige andere Stoffe aus dem Primärharn in das umliegende Gewebe transportiert. So entsteht dort eine höhere osmotische Konzentration, während sie im Primärharn sinkt. Infolgedessen diffundiert Wasser passiv aus dem Primärharn ins Gewebe. Von dort aus gelangt es zusammen mit den zurückgewonnenen Teilchen wieder ins Blut.

Die Transportprozesse entlang der Tubuli bewirken, dass die osmotische Konzentration im Gewebe zum Niereninneren hin ansteigt. Im absteigenden Ast der HENLEschen Schleifen diffundiert Wasser aufgrund des Konzentrationsgefälles aus dem Harn ins Gewebe, sodass der Harn weiter konzentriert wird. Der aufsteigende Ast der HENLEschen Schleife durchzieht das Nierenmark in umgekehrter Richtung. Je höher er zur Nierenrinde hin aufsteigt, umso mehr nimmt die osmotische Konzentration im Gewebe ab. Da die Tubuluswände hier wasserundurchlässig sind, kann aber kein Wasser aus dem Gewebe in den Harn hineinströmen. Natrium-Ionen werden aktiv aus dem Harn ins umliegende Gewebe transportiert. Zum Ladungsausgleich strömen Chlorid-Ionen passiv nach. Dadurch nimmt im aufsteigenden Ast der HENLEschen Schleife die osmotische Konzentration im Harn ab.

Im kapselfernen Tubulus werden weitere Substanzen aus dem Harn resorbiert und andere in den Harn sekretiert. Bei der Passage durch den kapselfernen Tubulusabschnitt und das Sammelrohr verliert der Harn nochmals Wasser.

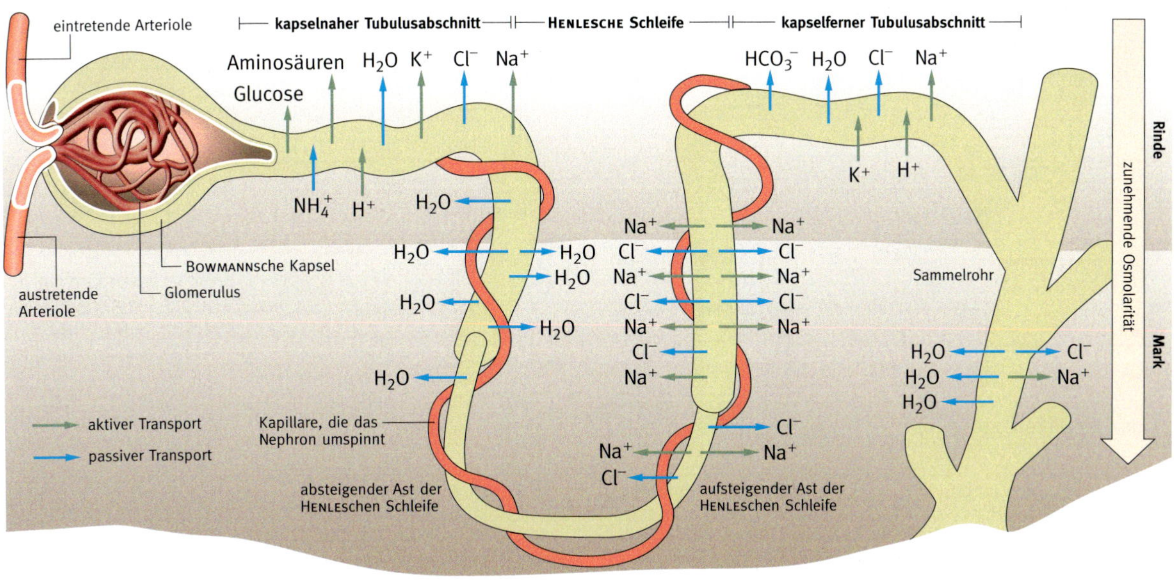

147.1 Bildung von Primär- und Endharn

2 Wasser- und Salzhaushalt des Menschen

Für die Funktionsfähigkeit der Organe und für alle Stoffwechselvorgänge des Körpers ist Voraussetzung, dass innerhalb und außerhalb der Zellen das Flüssigkeitsvolumen und die Salzkonzentration konstant gehalten werden. Bei dieser Regulierung spielen die Nieren eine zentrale Rolle.
Eine grobe Regulierung erfolgt zusätzlich über den Durst. Osmorezeptoren im Hypothalamus reagieren sehr empfindlich auf eine Änderung der osmotischen Konzentration des Blutes. Steigt diese an, weil der Mensch zum Beispiel stark geschwitzt hat, wird dort Durstempfinden ausgelöst. Nimmt der Mensch daraufhin Flüssigkeit zu sich, sinkt die osmotische Konzentration des Blutes wieder.

Die Wasserabgabe über die Nieren wird durch das **antidiuretische Hormon (ADH)** reguliert. ADH wird im Hypothalamus gebildet und in der Hypophyse gespeichert. Bei einer hohen osmotischen Konzentration des Blutes wird es ins Blut freigesetzt. Daraufhin werden vermehrt Wasserkanalproteine, Aquaporine, in die Wände der Sammelrohre eingebaut, sodass sich die Wasserpermeabilität in den Sammelrohren erhöht. Wasser diffundiert infolgedessen vermehrt ins umliegende Gewebe und gelangt über die Kapillaren im Nierenmark zurück ins Blut. Dadurch wird mit dem Harn weniger Wasser ausgeschieden.

Ein weiteres hormonelles System, das **RAA-System (Renin-Angiotensin-Aldosteron-System)**, reguliert den Salzhaushalt des Körpers. Bei einem zu geringen Salzgehalt des Blutes strömt Wasser aufgrund des osmotischen Gefälles aus dem Blutplasma in die Gewebszellen. Dadurch verringert sich das Blutvolumen und der Blutdruck sinkt. In den Wänden der Arteriolen, die den Nierenkörperchen Blut zuführen, befinden sich Rezeptoren, die einen Blutdruckabfall registrieren und dann die Freisetzung von Renin auslösen. Renin aktiviert das Hormon Angiotensin II. Dieses verengt die Blutgefäße, steigert das Durstempfinden und stimuliert die Freisetzung von Aldosteron aus der Nebennierenrinde. Aldosteron vermindert die Salz- und Wasserausscheidung durch die Niere. Infolgedessen steigen das Blutplasmavolumen und der Blutdruck wieder an.

1 Alkohol hemmt die ADH-Freisetzung. Erklären Sie den „Nachdurst" als Folge des Alkoholkonsums.

2 Wie wird die Wasserabgabe durch die Nieren reguliert, wenn die osmotische Konzentration des Blutes hoch ist?

3 Erklären Sie, wie der Körper bei hohem Blutverlust hormonell reguliert, dass der Blutdruck möglichst nicht lebensbedrohend absinkt.

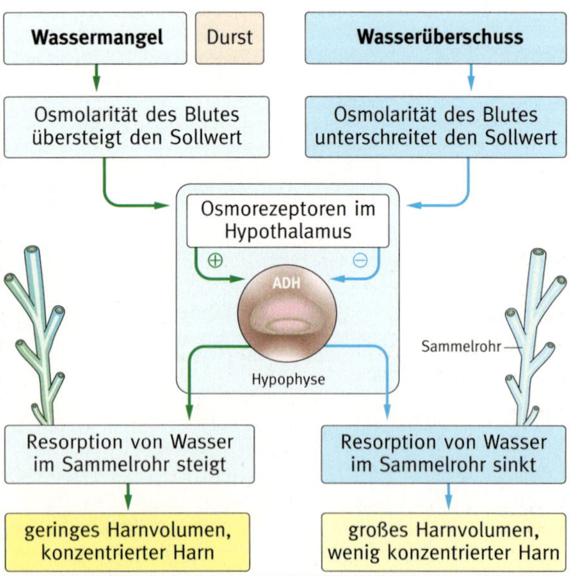

148.1 Das ADH-System

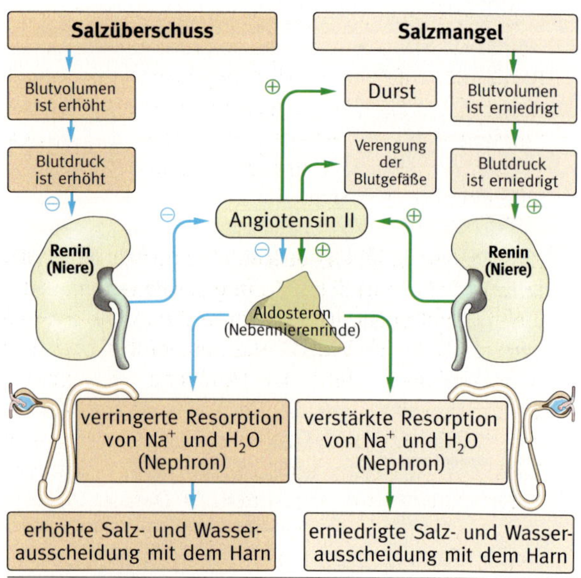

148.2 Das RAA-System

Wenn die Nieren versagen

Ein völliges Nierenversagen führt innerhalb weniger Tage zum Tod. Nur eine Dialyse oder Transplantation ist dann lebensrettend.

Bei der **Hämdialyse** wird der Patient dreimal wöchentlich für vier bis fünf Stunden an einen Dialysator angeschlossen. Dabei wird ihm aus einer Arterie im Unterarm kontinuierlich Blut entnommen und im Dialysator durch semipermeable Membranschläuche gepumpt. Diese tauchen in eine spezielle Dialyselösung. Harnstoff und andere Stoffe diffundieren aus dem Blut durch die Membranen in die Dialyselösung. Außerdem wird dem Blut dabei überschüssiges Wasser entzogen und der pH-Wert eingestellt. Danach wird das Blut über eine Vene des Unterarms in den Körper des Patienten zurückgeführt. Für die Hämdialyse wird dem Patienten operativ ein besonderer Zugang zum Blutgefäßsystem, ein **Shunt,** geschaffen.

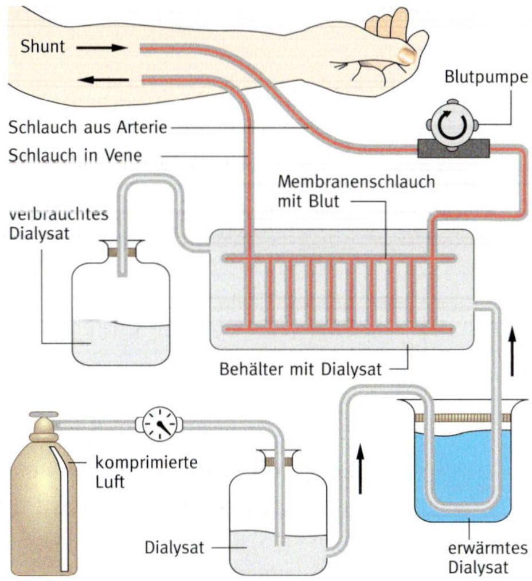

Die **Bauchfelldialyse** kann vom Patienten selbstständig zu Hause durchgeführt werden. Sie findet innerhalb der Bauchhöhle statt. Diese ist mit dem Bauchfell, einer dünnen, gut durchbluteten Haut, ausgekleidet. Das ein bis zwei Quadratmeter große Bauchfell stellt eine gute Austauschmembran dar. Drei- bis fünfmal täglich lässt der Patient über einen Katheter in der Bauchwand circa zwei Liter Dialyselösung in seine Bauchhöhle einlaufen. Der im Blut gelöste Harnstoff und andere Stoffe diffundieren durch die Kapillarwände und das Bauchfell in die Dialyselösung. Diese enthält 1,5 bis 4,5 Prozent Glucose, sodass dem Körper gleichzeitig osmotisch Wasser entzogen wird. Nach einigen Stunden muss die Dialyselösung ausgetauscht werden.

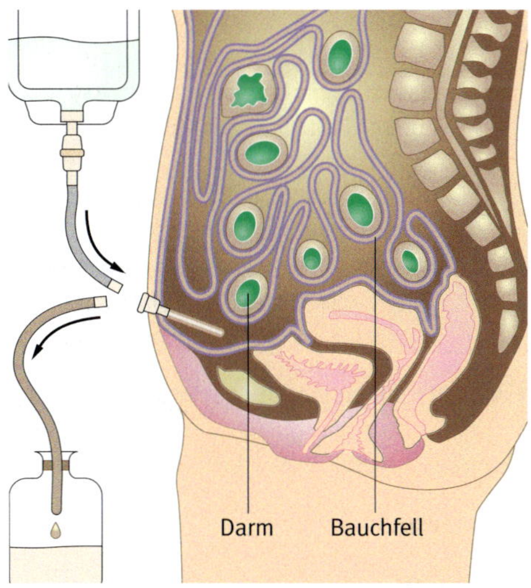

Da eine Dialysebehandlung nicht alle Nierenfunktionen ersetzen kann und bei jeder Dialyse wichtige Stoffe, etwa Vitamine, verloren gehen, müssen Dialysepatienten ständig Medikamente zu sich nehmen, bestimmte Diätempfehlungen beachten und die Flüssigkeitszufuhr rigoros einschränken. Bei der Bauchfelldialyse sind die Einschränkungen für Ernährung und Flüssigkeitsaufnahme geringer. Sie wird in der Regel auch besser vertragen. Nachteilig ist, dass der Katheter ständig getragen werden muss und die Gefahr einer Bauchfellentzündung besteht.

Eine Dialyse ist lebensrettend, aber nur die **Nierentransplantation** ist eine wirkliche Heilung des Patienten. Dabei werden die erkrankten Nieren entfernt und durch eine Spenderniere ersetzt. Diese wird ins Becken eingeführt und dort mit der Bauchschlagader und der Hohlvene verbunden. Für die Transplantation muss die Gewebeverträglichkeit von Spender und Empfänger übereinstimmen. Um die Abstoßung des Spenderorgans zu verhindern, müssen die Patienten lebenslang Medikamente einnehmen. In Deutschland warten gegenwärtig mehr als 11 000 Menschen auf eine Spenderniere. Pro Jahr werden etwa 2300 Nieren transplantiert.

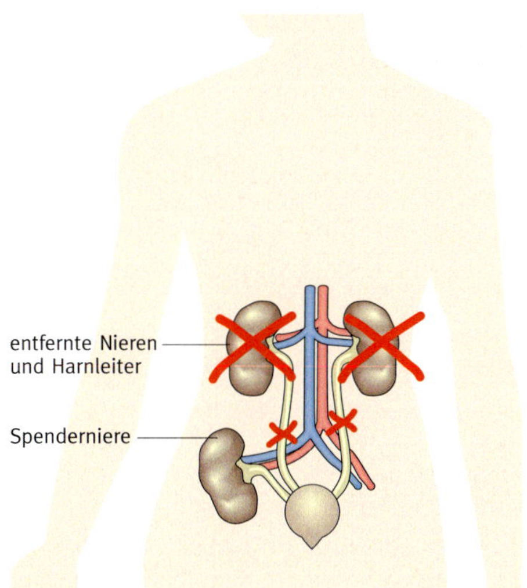

MEDIZIN

ÖKOLOGIE

Formen der Stickstoffausscheidung

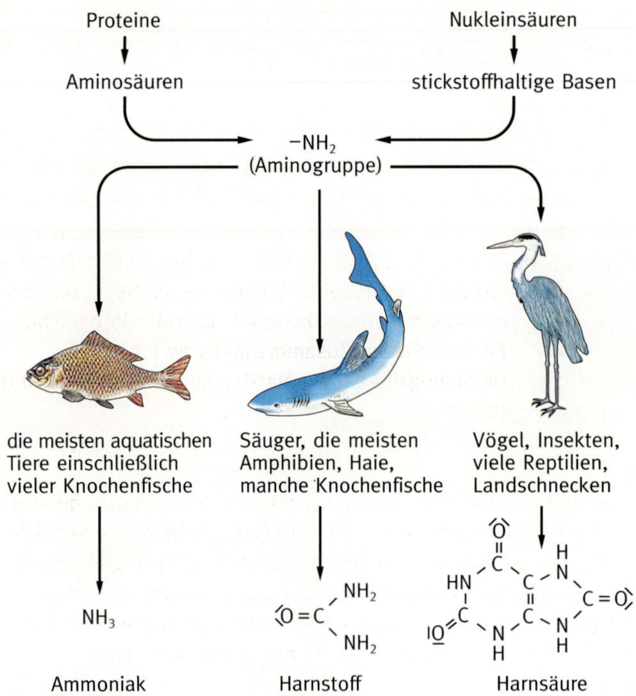

Der beim Stoffwechsel anfallende Stickstoff wird von Lebewesen in drei verschiedenen Formen ausgeschieden: als Ammoniak, Harnstoff oder Harnsäure.

Ammoniak ist hochgradig giftig. Um ihn auszuscheiden, ist viel Wasser notwendig. Insbesondere in Wasser lebende Tiere nutzen ihn als Exkretionsprodukt. Ammoniak ist die energetisch günstigste Form der Stickstoffausscheidung.

Harnstoff ist etwa 100 000-mal weniger giftig als Ammoniak und kann in höheren Konzentrationen in den Körperflüssigkeiten gespeichert werden. Er ist gut wasserlöslich. Lebewesen, die ausreichend Wasser zur Verfügung haben, scheiden gewöhnlich Harnstoff aus.

Harnsäure ist fast wasserunlöslich. Sie wird als breiige Paste ausgeschieden. Tiere, die auf einen sparsamen Wasserverbrauch angewiesen sind, scheiden in der Regel Harnsäure aus.

STECKBRIEF

Exkretionsorgane wirbelloser Tiere

Protonephridien bei Plattwürmern. Protonephridien sind ein verzweigtes, blind endendes Röhrensystem. Am Ende jeder Röhre befindet sich ein Reusenapparat, in dem eine Wimpernflamme schlägt. Sie erzeugt so einen leichten Unterdruck, sodass Flüssigkeit aus dem Gewebe durch den Reusenapparat in die Röhre gesaugt wird. Dadurch wird die Flüssigkeit durch die Membran zwischen den Reusenstäben filtriert.

Metanephridien bei Ringelwürmern. Jedes Körpersegment des Regenwurms enthält zwei Metanephridien, welche Körperflüssigkeit sammeln. Die Flüssigkeit tritt durch einen Wimperntrichter ein und passiert den gewundenen Exkretionskanal, der mit einem Porus nach außen mündet. Der Exkretionskanal wird von Blutkapillaren umsponnen.

Malpighigefäße der Insekten. Malpighigefäße sind schlauchförmige Ausstülpungen des Darms. Sie nehmen aus der Flüssigkeit der Leibeshöhle Salze, Wasser und stickstoffhaltige Abfallprodukte auf und leiten diese in den Darm. Die Stickstoffverbindungen werden als Harnsäure nahezu trocken zusammen mit dem Kot ausgeschieden.

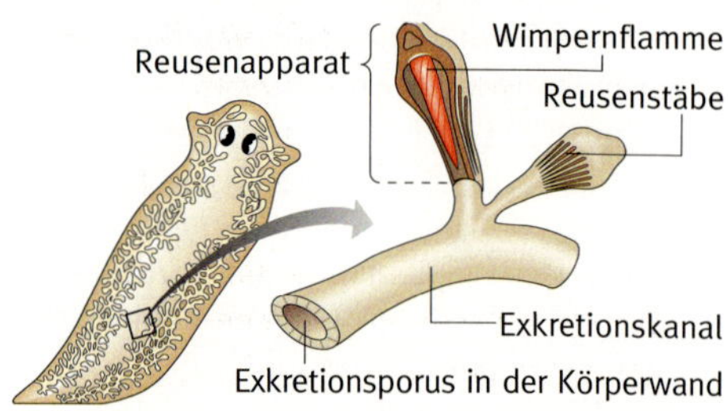

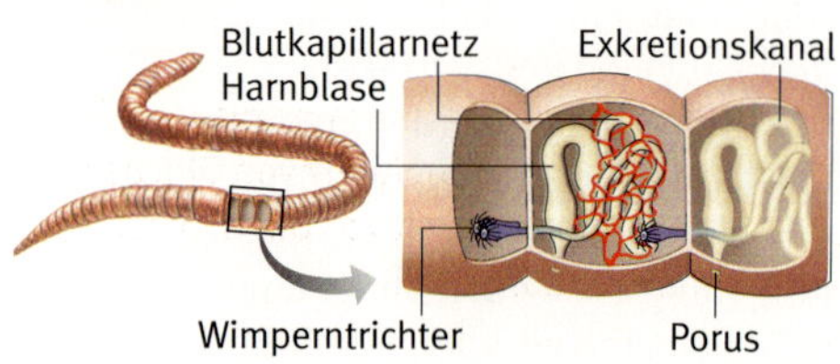

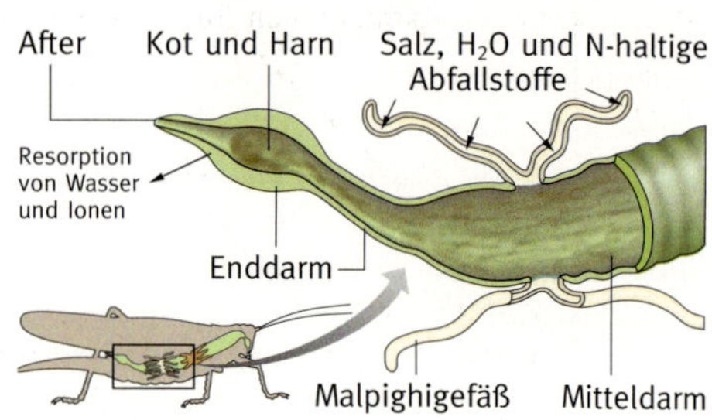

Exkretion und Wasserhaushalt

1 Die folgende Abbildung zeigt die osmotische Konzentration im Harn in den verschiedenen Abschnitten des Nephrons. Beschreiben und erklären Sie den Kurvenverlauf.

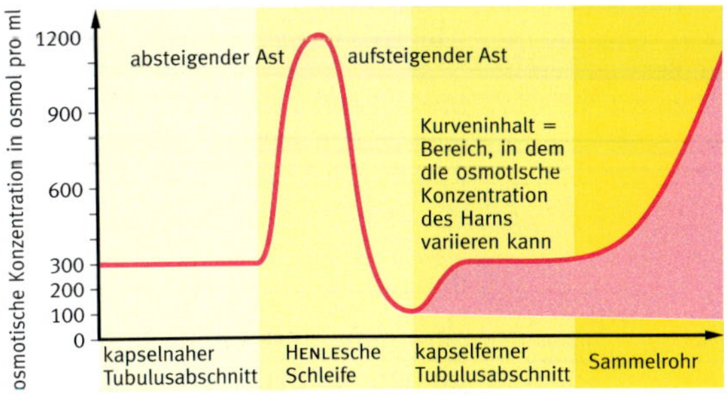

2 Bei Menschen, die an Diabetes mellitus leiden, kann die Glucose-Konzentration im Blut hohe Werte erreichen. Wenn sie nach den Mahlzeiten auf 160 bis 180 mg/dl ansteigt, wird die so genannte Nierenschwelle überschritten und Glucose mit dem Harn ausgeschieden.

a) Erklären Sie diesen Sachverhalt mithilfe der folgenden Abbildung.

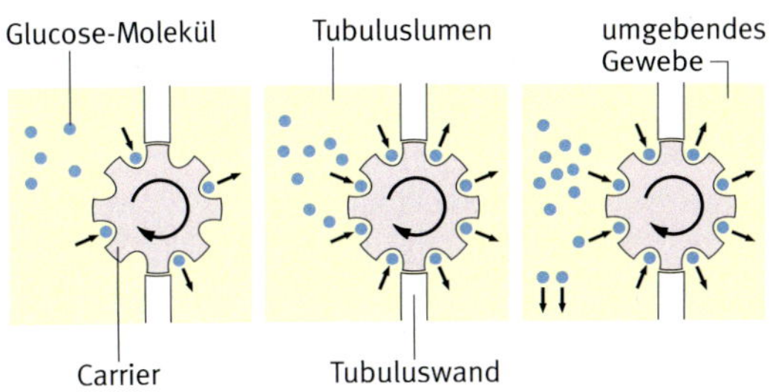

b) Erklären Sie, warum bei erhöhten Glucosewerten im Harn gleichzeitig auch eine erhöhte Harnmenge ausgeschieden wird.

3 In der folgenden Abbildung sind die Ultrafiltration, Resorption und Ausscheidung von Glucose durch das Nephron in Abhängigkeit von der Glucose-Konzentration im Blutplasma dargestellt.

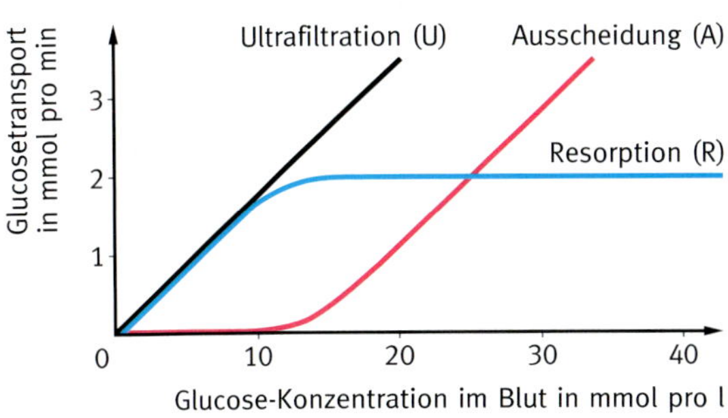

a) Beschreiben und erklären Sie den Verlauf der Kurven.

b) Stellen Sie einen einfachen mathematischen Zusammenhang zwischen Filtration, Resorption und Ausscheidung dar.

4 Das Medikament Furosemid, das zum Beispiel von bestimmten Herzkranken eingenommen wird, hemmt im aufsteigenden Ast der HENLEschen Schleife den aktiven Na^+-Transport. Dadurch wird bewirkt, dass der Patient innerhalb einer Stunde eine große Harnmenge ausscheidet. Die Wirkung hält etwa vier Stunden an. Erklären Sie den Zusammenhang zwischen der Hemmung des aktiven Na^+-Transports und der erhöhten Harnmenge.

5 Wird in einem Versuch möglichst schnell ein Liter Wasser getrunken, so wird diese Flüssigkeitsmenge ziemlich rasch wieder ausgeschieden. Wird im Vergleich dazu ein Liter einer isotonen Kochsalzlösung getrunken, so erstreckt sich die Ausscheidung über einen längeren Zeitraum. Erklären Sie diese Beobachtungen.

6 Die folgende Abbildung zeigt die prozentuale Änderung der filtrierten K^+-Menge bei der Passage durch ein Nephron unter Normalbedingungen sowie bei K^+-armer und K^+-reicher Ernährung. Beschreiben und erklären Sie die Kurvenverläufe.

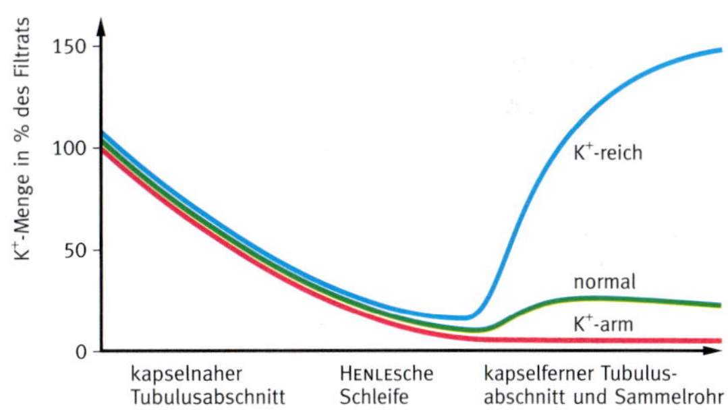

7 Bei Säugetieren besteht zwischen der Länge der HENLEschen Schleifen und der Fähigkeit, den Harn zu konzentrieren, eine enge Beziehung. Begründen Sie, bei welchen Tieren Sie lange HENLEsche Schleifen vermuten.

8 Informieren Sie sich über den Ablauf der Organspende. Nehmen Sie begründet Stellung zum Besitz eines Organspendeausweises. Wie beurteilen Sie die erweiterte Zustimmungsregelung?

Glossar

abiotischer Faktor: Faktor der unbelebten Welt (z. B. Licht, Temperatur, Feuchtigkeit), dem ein Lebewesen in seiner Umwelt ausgesetzt ist

Adenosintriphosphat (ATP): wichtigste energiereiche Verbindung des Zellstoffwechsels, die durch Phosphorylierung von Adenosindiphosphat (ADP) entsteht

Aktinfilamente: an der Muskelkontraktion (→ Querbrücken-Zyklus) beteiligte dünne Proteinfäden; ragen von den Enden (Z-Scheiben) in das Innere des → Sarkomers

aktiver Transport: Transport eines Stoffes durch eine Biomembran gegen seinen Konzentrations-, elektrischen oder elektrochemischen Gradienten mithilfe von Stoffwechselenergie ATP (→ Adenosintriphosphat) und spezifischen Carriern

Aktivierungsenergie: die Energie, die benötigt wird, um eine chemische oder biochemische Reaktion in Gang zu setzen; kann durch Katalysatoren (Enzyme) herabgesetzt werden

allosterische Beeinflussung: Effektoren binden an regulatorische Zentren der Enzyme und verändern dadurch die Raumstrukturen der Enzyme, insbesondere die Struktur des aktiven Zentrums; positive Effektoren erhöhen die Enzymaktivität, negative senken sie

Aminosäure: organisches Molekül mit einem zentralen → -Kohlenstoff-Atom, an dem eine Aminogruppe ($-NH_2$), eine Carboxylgruppe (–COOH) und eine variable Seitenkette ansetzen; 20 verschiedene natürliche Aminosäuren sind die Bausteine der → Proteine

Ammonifikation: chemische Umsetzung (Mineralisation) von Aminogruppen organischer Aminosäuren zu anorganischen Ammonium-Ionen

Anabolika: Substanzen, die eine steigernde Wirkung auf den anabolen (Muskel-) Stoffwechsel haben, zum Beispiel Steroide und Beta-2-Agonisten

Anabolismus: Aufbauprozesse des Stoffwechsels

Angina pectoris: unzureichende Versorgung der Herzkranzgefäße mit Sauerstoff und damit einhergehende schmerzhafte Beklemmungsgefühle

Antennenkomplex: Komplex aus fotosynthetisch aktiven Pigmenten in den Chloroplasten; diese absorbieren Sonnenstrahlung und geben die aufgenommene Energie an ein → Reaktionszentrum weiter

Antidiuretisches Hormon (ADH): Hormon das im Hypothalamus gebildet und in der Hypophyse gespeichert wird; wird bei einer hohen osmotischen Konzentration des Blutes ins Blut freigesetzt; bewirkt, dass mit dem Harn weniger Wasser ausgeschieden wird

apoplastischer Transportweg: Transportweg des Wassers durch die Kapillaren der Zellwände der Wurzelrinde bis zur Endodermis

Aquaporine: Kanäle in Membranen, durch die der Wassertransport erfolgt

Arbeitsumsatz: Tätigkeitsumsatz, Leistungsumsatz; je nach Definition die gesamte Stoffwechselrate während der Aktivität eines Lebewesens oder nur die Differenz zwischen dieser Stoffwechselrate und dem → Grundumsatz

Arteriosklerose: Verkalkung von Arterien infolge der Einlagerung von → Mineralsalzen an den Innenwänden der Blutgefäße

Atmungskette: Kette von Redoxreaktionen in der inneren Mitochondrienmembran, in deren Verlauf NADH + H^+ und $FADH_2$ mit Sauerstoff unter Bildung von Wasser-Molekülen zu NAD^+ und FAD oxidiert werden; dabei wird ATP gebildet

autotroph: „sich selbst ernährend“; Ernährungsweise von Organismen, die aus körperfremden anorganischen Stoffe körpereigene organische Stoffe herstellen können

β-Oxidation: Reaktionskette, bei der Fettsäuren schrittweise um Einheiten mit zwei Kohlenstoff-Atomen verkürzt werden, die so zu Acetyl-CoA-Molekülen werden

biologische Wertigkeit von Proteinen: sie gibt an, wie viel Gramm körpereigenes Protein aus 100 Gramm eines bestimmten Nahrungsproteins aufgebaut werden kann

biotischer Faktor: Faktor der belebten Welt (z. B. Parasiten, Fressfeinde, Krankheitserreger), dem ein Lebewesen in seiner Umwelt ausgesetzt ist

Blutdoping: unerlaubte Steigerung der Leistungsfähigkeit durch Erhöhung der Erythrocytenzahl, zum Beispiel durch Einnahme des Hormons Erythropoietin (EPO)

Brennwert: Energie, gemessen in Kilojoule pro Gramm (kJ/g), die frei wird, wenn ein Nährstoff im Körper (physiologischer Brennwert) oder vollständig in einer Brennkammer (physikalischer Brennwert) oxidiert wird

Bruttofotosynthese: gesamte Menge an Kohlenhydraten, die durch → Fotosynthese pro Zeiteinheit gebildet werden

C_3-Pflanze: Pflanze, deren erstes stabiles Produkt der CO_2-Fixierung eine C_3-Verbindung (3-Phosphoglycerat) ist

C_4-Pflanze: Pflanze, deren erstes Produkt der CO_2-Fixierung eine C_4-Verbindung (Oxalessigsäure, Äpfelsäure) ist

CALVIN-Zyklus: von Melvin CALVIN erforschter Zyklus, in dessen Verlauf in den lichtunabhängigen Reaktionen der → Fotosynthese sowohl CO_2 gebunden und in Triosen fixiert, als auch das Akzeptor-Molekül für CO_2 regeneriert wird

CAM-Pflanze: Pflanze, die bei der nächtlichen CO_2-Aufnahme dieses in einer C_4-Verbindung (Malat) in der Vakuole speichert

Carotinoid: meist gelber oder roter Blattfarbstoff der grünen Pflanzen im → Antennenkomplex; enthält eine Vielzahl konjugierter Doppelbindungen

Carrier: Membranprotein, das unter Konformationsänderung Stoffe durch eine Membran in ein anderes Kompartiment oder in eine andere Zelle transportiert

Cellulose: Polymer der → Glucose; Bestandteil der Zellwände von Pflanzen

Chemiosmose: Vorgang in den Mitochondrien oder Chloroplasten, bei dem an Membranen ein Protonengradient aufgebaut wird; beim Rückstrom der Protonen durch die Membran wird ATP mithilfe der ATPase gebildet

Chemosynthese: Aufbau organischer Stoffe aus anorganischen, bei dem die Energie für Bau- und Betriebsstoffwechsel durch chemische Reaktionen (→ Oxidation/Reduktion) gewonnen wird

Chlorophyll: fotosynthetisch aktiver grüner Blattfarbstoff, der aus vier Pyrrolringen, einem Phytolrest und einem Magnesium-Ion besteht

Citratzyklus: Zitronensäurezyklus; zyklischer Stoffwechselweg, durch den Acetyl-CoA-Moleküle zu Kohlenstoffdioxid oxidiert werden

Coenzym: Hilfsmolekül von Enzymen, das am Ablauf der enzymatischen Reaktion beteiligt ist; übernimmt Elektronen, Atome oder chemische Gruppen; wird während der Enzymreaktion chemisch verändert, daher wird es auch als Cosubstrat bezeichnet

Cofaktor: Hilfsmolekül von Enzymen, das am Ablauf der enzymatischen Reaktion beteiligt ist; es handelt sich um Metall-Ionen wie Fe^{2+}, Cu^{2+} oder Zn^{2+}, sowie um kleine organische Moleküle (→ Coenzyme)

Cotransport: gemeinsamer Transport verschiedener Substrate an unterschiedlichen Bindungsstellen eines Carriers; beim Symport erfolgt der Transport aller Substrate in dieselbe Richtung, beim Antiport in entgegengesetzter Richtung

Cyanobakterien: zur → Fotosynthese fähige Prokaryoten, die häufig im Wasser vorkommen

Cytochrom-b/f-Komplex: Eisen-Ionen haltiges Protein, das als → Redoxsystem arbeitet; transportiert Elektronen z. B. durch Aufnahme eines Elektrons von einem Fe^{3+}-Ion (dieses geht durch diese Reduktion in das Fe^{2+}-Ion über) oder Abgabe des Elektrons von einem Fe^{2+}-Ion (dieses geht durch diese Oxidation in ein Fe^{3+}-Ion über)

Denaturierung: Verlust der funktionsfähigen räumlichen Struktur eines Proteins aufgrund von Umgebungsfaktoren, etwa durch extreme Temperaturen oder pH-Werte

Denitrifikation: Umwandlung von Nitrat in elementaren Stickstoff durch denitrifizierende Bakterien

Deplasmolyse: im hypotonen Medium ablaufender Vorgang, der eine → Plasmolyse wieder rückgängig macht

Destruenten: Lebewesen, die abgestorbene Biomasse und damit organische Stoffe zu anorganischen abbauen

Diastole: Phase des Herzzyklus, bei der die Kammern erschlaffen und sich erneut mit Blut füllen

Diffusion: Vorgang, bei dem sich Teilchen aufgrund ihrer kinetischen Energie im ihnen zur Verfügung stehenden Raum gleichmäßig verteilen

diurnaler Säurerhythmus: nächtliches Absinken des pH-Wertes des Zellsaftes bei → CAM-Pflanzen durch Bindung des Kohlenstoffdioxids in der Nacht; tagsüber wird das Kohlenstoffdioxid im → CALVIN-Zyklus verarbeitet, der pH-Wert des Zellsaftes steigt wieder

Druckstrommodell: durch Turgoränderungen in den Zellen des → Phloems hervorgerufene Verschiebung der Saccharose aus dem Blatt in Richtung Wurzel

Düngung: Einbringung von → Mineralsalzen in den Boden in Form organischen Materials (Mist, Stroh, Gülle) oder besonderer Ackerpflanzen (Klee, Lupine) oder synthetisch hergestellter Stoffe

Einzelzuckung: kurzzeitige Erhöhung der mechanischen Spannung in einer → Muskelfaser nach dem Alles-oder-Nichts-Prinzip

EMERSON-Effekt: der EMERSON-Effekt zeigt, dass die Quantenausbeute bei der → Fotosynthese um einen wesentlichen Betrag gesteigert werden kann, wenn gleichzeitig mit Licht zweier Wellenlängen (ca. 680 und ca. 700 nm) bestrahlt wird

Endosymbiont: im Inneren eines Symbiosepartners lebender Einzeller

Energie: potentielle Fähigkeit, Arbeit zu verrichten

Energieäquivalent (des Sauerstoffs): Energie, die beim Umsatz der Nährstoffe im Körper pro Liter verbrauchtem Sauerstoff frei wird

Energieerhaltungssatz: physikalisches Prinzip, nach dem bei keinem Vorgang insgesamt Energie verloren geht oder gewonnen wird

Entropie S: Maß für die Unordnung; nimmt insgesamt nie ab

Enzym: hochspezifischer Biokatalysator; setzt die → Aktivierungsenergie chemischer Reaktionen im Stoffwechsel herab und ermöglicht dadurch den Ablauf der Reaktionen bei den in der Zelle herrschenden Bedingungen; meistens Proteine, einige sind Ribonukleinsäuren

Ferredoxin: bewegliches eisenhaltiges Protein in den Thylakoidmembranen von Chloroplasten, das Elektronen überträgt

Fett: natürliches Fett, Triacylglycerin, kurz Triglycerin; Verbindung (Ester) aus dem Dreifachalkohol Glycerol (Glycerin) und drei → Fettsäuren

Fettaustauschstoff: täuscht im Mund den Geschmack und das Gefühl von Fett vor und ist im Gegensatz zu einem → Fettersatzstoff ein Protein oder Kohlenhydrat; wird im menschlichen Darm vollständig verdaut und resorbiert

Fettersatzstoff: erzeugt im Mund das Gefühl und den Geschmack von Fett, kann jedoch nicht von Lipasen des Verdauungstrakts gespalten werden und verlässt den Darm unverdaut

Fettsäure: kettenförmige Carbonsäure; Baustein der Triglycerine (→ Fett); gesättigte Fettsäuren besitzen nur Einfachbindungen zwischen den Kohlenstoff-Atomen; ungesättigte Fettsäuren enthalten auch Doppelbindungen zwischen den Kohlenstoff-Atomen

Feuchtpflanze: Hygrophyt; Pflanze immerfeuchter Standorte mit verdunstungsfördernden Strukturen

fotoautotroph: Lebewesen werden als fotoautotroph bezeichnet, wenn sie in der Lage sind, energiereiche organische Verbindungen mithilfe des Sonnenlichts durch die Fotosynthese aus einfachen anorganischen Molekülen aufzubauen

Fotolyse: lichtinduzierte Spaltung von Wasser im Sauerstoff bildenden Komplex des → Fotosystems II; Wasser wird in Protonen, Elektronen und Sauerstoff zerlegt

Fotophosphorylierung: Bindung eines Phosphat-Restes an ein ADP-Molekül im Verlauf der → Fotosynthese

Fotosynthese: Aufbau energiereicher organischer Verbindungen (Glucose) in Pflanzen, Algen und Cyanobakterien aus energiearmen anorganischen Stoffen (CO_2, H_2O) mithilfe von Lichtenergie

Fotosystem: Komplex aus Pigmenten (z. B. → Chlorophyll, → Carotinoid), der in Chloroplastenmembranen gebundene Lichtenergie absorbiert und diese auf Elektronen überträgt

freie Enthalpie G: GIBBsche freie Enthalpie, freie Energie; Zustandsgröße, die es erlaubt, bei einem Vorgang allein aus den Veränderungen eines Systems auf die Änderung der gesamten → Entropie innerhalb und außerhalb des Systems zu schließen (→ freie Reaktionsenthalpie)

freie Reaktionsenthalpie ΔG: Änderung der → freien Enthalpie G während eines Vorganges; bei konstantem Druck und konstanter Temperatur steigt die Entropie insgesamt, wenn die freie Reaktionsenthalpie sinkt; daher laufen Reaktionen von selbst, freiwillig, ab, wenn $\Delta G < 0$ ist; $-\Delta G$ ist die für andere Prozesse frei werdende Energie

Gärung: unvollständige Oxidation eines Nährstoffes in Abwesenheit von Sauerstoff; → Glucose wird bei der alkoholischen Gärung zu Ethanol, bei der Milchsäuregärung zu Milchsäure vergoren

Gesetz vom Minimum: Begrenzung des Pflanzenwachstums durch den Faktor, der nicht in ausreichender Menge vorliegt (= limitierender Faktor)

Glucose: Produkt der → Fotosynthese; Summenformel $C_6H_{12}O_6$

Glykogen: Polymer der → Glucose; Speicherstoff von Tieren in Muskel- und Leberzellen

Glykolyse: Abbau von Glucose zu Pyruvat; kommt in allen lebenden Zellen vor; Ausgangspunkt von → Zellatmung und → Gärung

Grana: Bereiche, in denen die Thylakoidmembranen in den Chloroplasten höherer Pflanzen geldrollenartig gestapelt sind

Grundumsatz: Ruheumsatz; Stoffwechselrate bei minimaler Belastung des Organismus

Guttation: Absonderungen von Wassertropfen an den Blatträndern aufgrund des → Wurzeldrucks

Harnstoffzyklus: Kreisprozess, der der Stickstoffausscheidung dient; aus Kohlenstoffdioxid und Ammoniak wird Carbamoylphosphat gebildet, das in den Zyklus eintritt; Harnstoff wird ausgeschieden

heterotroph: auf organische Stoffe als Energie- und Kohlenwasserstoffquelle angewiesen

HILL-Reaktion: Reaktion isolierter Chloroplasten, bei der unter Belichtung und in Anwesenheit von Elektronen-Akzeptoren z. B. Sauerstoff freigesetzt wird; Robert HILL wies damit nach, dass der Sauerstoff aus der → Fotosynthese nicht vom Kohlenstoffdioxid, sondern vom Wasser stammt

Hydrokultur: erdlose Kultivierung von Pflanzen in einer Lösung mit → Mineralsalzen

Hyperventilation: mehrfaches, schnelles und tiefes Einatmen zum Zwecke der verringerten CO_2-Menge in der Einatemluft

Ionenaustausch: Austausch von Protonen gegen Mineralsalz-Kationen z. B. an den Bodenpartikeln

irreversible Hemmung: unlösbare Bindung eines → kompetitiven oder → nicht-kompetitiven Hemmstoffs an ein Enzym

Kalorimetrie: Messung der Wärmeenergie, die beispielsweise beim Verbrennen von Nährstoffen in einer Brennkammer (Kalorimeter) frei wird; der Energieumsatz eines Lebewesens kann über die vom Körper abgegebene Wärme (direkte Kalorimetrie) oder über den Sauerstoffverbrauch (indirekte Kalorimetrie) bestimmt werden

Katabolismus: Abbauprozesse des Stoffwechsels

Kohlenhydrat: Einfachzucker (Monosaccharid) und Verbindungen von Einfachzuckern (Di-, Oligo- und Polysaccharide)

kompetitive Hemmung: Bindung eines Inhibitors an das aktive Zentrum eines Enzyms; behindert dadurch die Anlagerung des Substrat-Moleküls

Leitbündel: Leitungsbahnen in Wurzel, Stängel und Blatt; besteht aus → Phloem und → Xylem sowie Grund- und Teilungsgewebe

Medulla oblongata: verlängertes Rückenmark; ein Teil des ZNS, der zwischen Gehirn und Rückenmark liegt; enthält Zentren für die vegetativen Funktionen wie das Atemzentrum, das Kreislaufzentrum und Zentren des Stoffwechsels

Micelle: Wasser unlösliche Produkte der Fettspaltung werden zum Transport und zur Resorption in Micellen eingebaut; wesentlicher Bestandteil der Micelle sind Gallensalze; besitzt ein hydrophiles Äußeres und ein hydrophobes Inneres; darin eingelagert sind unpolare Moleküle wie langkettige Fettsäuren, Cholesterin und fettlösliche Vitamine

MICHAELIS-MENTEN-Konstante: K_M-Wert; Substrat-Konzentration bei der die Reaktionsgeschwindigkeit halbmaximal ist; durch den K_M-Wert wird die Affinität zwischen Enzym und Substrat charakterisiert

Mineralsalz: lebensnotwendige, anorganische Stoffe, welche ein Lebewesen nicht selbst herstellen kann und aufnehmen muss; man unter scheidet Mengen- und Spurenelemente

motorische Einheit: Komplex aus einer motorische Nervenzelle, einem Motoneuron und den damit verbundenen → Muskelfasern eines Skelettmuskels; sämtliche Muskelfasern einer motorischen Einheit kontrahieren auf ein Aktionspotential des Motoneurons hin gleichzeitig

Muskelfaser: lang gestreckte Muskelzelle; im Skelettmuskel in Muskelfaserbündeln angeordnet und weiter in → Myofibrillen untergliedert

Muskelkater: Erkrankung, bei der infolge von kleinen Rissen im Muskelgewebe über Entzündungen Wasser in den Muskel eindringt

Mykorrhiza: → Symbiose zwischen Pilzen und Bäumen an den Wurzeln

Myofibrille: fadenförmige Struktur in der → Muskelfaser eines quer gestreiften Muskels; besteht aus hintereinander angeordneten kontraktilen Einheiten, den → Sarkomeren

Myosinfilamente: an der Muskelkontraktion (→ Querbrücken-Zyklus) beteiligte dicke Proteinfäden; befinden sich im Inneren des → Sarkomers zwischen den → Aktinfilamenten

Natrium-Kalium-Pumpe: Carrier in Biomembranen, die unter Verbrauch von Stoffwechselenergie (ATP) Natrium-Ionen im Austausch gegen Kalium-Ionen aus der Zelle heraustransportieren

Nephron: Bau- und Funktionseinheit der Niere aus einem Nierenkörperchen und dem sich anschließenden Tubulus; das Nierenkörperchen besteht aus der doppelwandigen BOWMANschen Kapsel und einem darin eingesenkten Kapillarknäuel (Glomerulus)

Nettofotosynthese: Differenz zwischen der → Bruttofotosynthese und der von den Produzenten bei der Zellatmung pro Zeiteinheit wieder abgebauten Menge an Kohlenstoffverbindungen

nicht-kompetitive Hemmung: Art der Hemmung, bei der Hemmstoffe außerhalb des aktiven Zentrums an ein Enzym binden und dadurch dessen Raumstruktur so verändern, dass kein Substrat mehr an das aktive Zentrum anlagern kann

Nicotinamidadenindinucleotid (NAD^+): → Coenzym als Akzeptor für den Elektronentransport; wird dabei zu $NADH + H^+$ reduziert

Nitrifikation: Umwandlung (→ Oxidation) von Ammonium-Ionen über Nitrit-Ionen zu Nitrat-Ionen

Omega-6-Fettsäure / Omega-3-Fettsäure: mehrfach ungesättigte Fettsäuren unterscheidet man hinsichtlich der Position der ersten Doppelbindung; liegt sie, vom Methylende der Fettsäure her gesehen, am sechsten Kohlenstoff-Atom, spricht man von einer Omega-6-Fettsäure; bei den Omega-3-Fettsäuren liegt die erste Doppelbindung am dritten Kohlenstoff-Atom

Osmose: → Diffusion durch eine semipermeable Membran hindurch

Oxidation: Abgabe von Elektronen

Parasit: Organismus, der sich auf Kosten eines Wirtsorganismus ernährt, diesen also schädigt

passiver Transport: Transport eines Stoffes durch eine Biomembran mit seinem Konzentrations-, elektrischen oder elektrochemischen Gradienten ohne Verbrauch von Stoffwechselenergie ATP (→ Adenosintriphosphat); zur Erleichterung des Transports gibt es in Membranen Kanäle und Carrier

Peptidbindung: Bindung zwischen → Aminosäuren durch die Reaktion der Carboxyl-Gruppe (–COOH) einer Aminosäure mit der Aminogruppe ($-NH_2$) einer anderen Aminosäure unter Abspaltung eines Wasser-Moleküls; Bildungsprinzip der → Proteine

Phloem: Assimilate leitender Teil der → Leitbündel aus lebenden Zellen

Phytoplankton: pflanzliches → Plankton

Plankton: Gesamtheit der aquatischen Schwebeorganismen mit nur geringer Eigenbewegung; zumeist handelt es sich dabei um pflanzliche (→ Phytoplankton) oder tierische Einzeller (→ Zooplankton)

Plasmolyse: Ablösung des Protoplasten von der Zellwand in einem hypertonen Medium

Plastochinon: bewegliches Protein in den Thylakoidmembranen, das Elektronen vom → Fotosystem II zum Cytochrom f überträgt

Plastocyanin: bewegliches Protein in den Thylakoidmembranen, das Elektronen vom Cytochrom f zum → Fotosystem I überträgt

Polypeptid: lange Kette aus → Aminosäuren, die durch → Peptidbindungen miteinander verknüpft sind

Protein: Makromolekül aus → Aminosäuren, die durch → Peptidbindungen miteinander verknüpft sind; viele Proteine enthalten zusätzlich Bestandteile, die nicht aus Aminosäuren aufgebaut sind, so genannte → Cofaktoren

Protonengradient: eine elektrochemische Potentialdifferenz, die dadurch entsteht, dass an der einen Seite einer Membran eine höhere Protonenkonzentration vorhanden ist als an der anderen Seite dieser Membran

Querbrücken-Zyklus: Kreisprozess, in dessen Verlauf in einer Muskelfaser unter Verbrauch eines Moleküls ATP (→ Adenosintriphosphat) eine Verbindung (Querbrücke) zwischen einem → Aktin- und einem → Myosinfilament geknüpft und wieder gelöst wird; dabei werden die beiden Filamente gegeneinander verschoben; Querbrücken-Zyklen bewirken die Muskelkontraktion

Reaktionsenthalpie ΔH: Wärmeenergie, die bei einer chemischen Reaktion bei konstantem Druck abgegeben ($\Delta H < 0$) oder aufgenommen ($\Delta H > 0$) wird

Reaktionszentrum: im Fotosystem befindliche Chlorophyll-a-Moleküle, die nach Energieaufnahme Elektronen auf ein hohes Energieniveau befördern und diese an einen Akzeptor abgeben

Redoxsystem: Moleküle, die durch Aufnahme/Abgabe von Elektronen zwischen einem reduzierten und einem oxidierten Zustand hin und her wechseln können

Reduktion: Aufnahme von Elektronen

Renin-Angiotensin-Aldosteron-System (RAAS): System aus verschiedenen Hormonen (Renin, Angiotensin II, Aldosteron), die zusammen den Salzhaushalt des Körpers regulieren

Respiratorischer Quotient (RQ): Molverhältnis von abgegebenem Kohlenstoffdioxid und aufgenommenem Sauerstoff bei der Oxidation der Nährstoffe im Körper

reversible Hemmung: umkehrbare Hemmung, da sich der Hemmstoff wieder vom Enzym ablösen kann

RGT-Regel: Reaktionsgeschwindigkeits-Temperatur-Regel; einfache Faustregel, die besagt, dass bei einer Temperaturerhöhung von circa 10 Grad Celsius sich die Geschwindigkeit einer biochemischen Reaktion verdoppelt bis verdreifacht

Rubisco: Ribulose-1,5-bisphosphat – Carboxylase/Oxygenase; dieses Enzym katalysiert die Kohlenstoffdioxid-Fixierung an das Akzeptor-Molekül Ribulose-1,5-bis-phosphat (Carboxylase) und unter bestimmten Bedingungen (z. B. Kohlenstoffdioxid-Mangel) die Fixierung von Sauerstoff an dieses Akzeptor-Molekül (Oxygenase)

Salzpflanze: Halophyt; an hohen Salzgehalt von Boden und Luft angepasste Pflanze

Sarkomer: Grundeinheit der quer gestreiften Muskeln; von Z-Scheiben getrennte, hintereinander angeordnete Sarkomere bilden die → Myofibrillen; in den Sarkomeren parallel angeordnete → Aktin- und → Myosinfilamente sind für die Muskelkontraktion verantwortlich

Sauerstoffkapazität: das in einem Liter Blut maximal angelagerte Volumen an Sauerstoff

Stroma: Grundsubstanz der Chloroplasten

Stärke: Polymer der → Glucose; Speicherstoff von Pflanzen

Substratspezifität: ein Enzym kann selektiv nur ganz bestimmte Substrate binden und umsetzen

Surfactant (Surface Active Agent): eine oberflächenaktive Substanz, die von den Epithelzellen der Alveolen gebildet wird und die Oberfläche der Alveolen überzieht; für die Entfaltung und die Formerhaltung der Alveolen unbedingt notwendig

Symbiose: Zusammenleben von Lebewesen zum gegenseitigen Vorteil

symplastischer Transportweg: Weg des Wassers durch die Protoplasten der Zellen

Systole: Phase des Herzzyklus, bei der die Kammern kontrahieren und das Blut in die Arterien pumpen

Thylakoid: Thylakoide bilden das innere Membransystem von Chloroplasten; man unterscheidet die gestapelten Grana- und die ungestapelten Stromathylakoide

Torpor: Starrezustand mit deutlich verminderter Stoffwechselrate; etwa bei einigen kleinen Säugetieren und Vögeln während der Nacht

Transaminierung: Übertragung der Aminogruppe einer Aminosäure auf eine Ketosäure, die dadurch zu einer anderen Aminosäure wird

Transpiration: Abgabe von Wasserdampf aufgrund der Wasserpotentialdifferenz zwischen Luft und Blattinnerem

Transpirationssog: durch Wasserverdunstung an den Blättern entstehende Saugkraft, die das Wasser aus dem Boden nach oben zieht

Treibhauseffekt: Eigenschaft der Erdatmosphäre, einfallendes sichtbares Licht weitgehend durchzulassen, den längerwelligen Teil der Rückstrahlung (Infrarotstrahlung/Wärmestrahlung) aber zu absorbieren

Treibhausgas: Erwärmung eines Planeten durch Treibhausgase und Wasserdampf in der Atmosphäre

Trockenpflanze: Xerophyt; an trockenen Standorten vorkommende Pflanze mit großem Wurzelsystem und Schutzvorrichtungen gegen Wasserverluste

Turgor: im Inneren der Zelle herrschender Druck des Protoplasten

Vitamine: organische Verbindungen, die vom Organismus für lebenswichtige Funktionen benötigt werden und mit der Nahrung aufgenommen werden müssen

Wasserpotential: → freie Enthalpie von Wasser pro Volumeneinheit

Winterruhe: Ruhephase mit nur mäßiger Verringerung der Körpertemperatur während des Winters, die leicht unterbrochen werden kann

Winterschlaf: Ruhezustand vieler Säugetiere zum Überdauern kalter Winter; dabei wird die Körpertemperatur erheblich, aber kontrolliert gesenkt, sodass die Stoffwechselrate sehr gering ist

Winterstarre: Kältestarre; Starrezustand von ektothermen Tieren wie Eidechsen bei niedrigen Außentemperaturen; im Unterschied zu → Winterschlaf und → Winterruhe von endothermen Tieren wird die Körpertemperatur bei der Winterstarre nicht vom Tier reguliert

Wirkungsspezifität: ein Enzym kann selektiv nur bei ganz bestimmten biochemischen Reaktionen als Katalysator wirksam sein

Wurzeldruck: in den Gefäßen des → Xylems entstehender Druck, der Wasser nach oben in den Stängel treibt

Xylem: Wasser leitender Teil der → Leitbündel aus lang gestreckten, verholzten Zellen

Zeigerpflanze: Pflanze, die an Umweltfaktoren wie pH-Wert, Salzgehalt oder Bodenart besondere Anforderungen stellt (zum Beispiel Stickstoff- oder Kalkanzeiger)

Zellatmung: in der Zelle ablaufende Oxidation von Glucose oder anderen organischen Verbindungen mit Sauerstoff; dabei werden große Mengen an ATP (→ Adenosintriphosphat) gebildet

Zooplankton: tierisches → Plankton

Register

Fette Seitenzahlen weisen auf ausführliche Behandlung im Text hin; ein * hinter den Seitenzahlen verweist auf das Glossar; f. = die folgende Seite; ff. = die folgenden Seiten.

Hinweise zum sicheren Experimentieren

Den Praktikumversuchen ist in diesem Buch eine **Sicherheitsleiste** vorangestellt, die in bis zu neun Symbolfeldern Hinweise zu den Gefahren und zur Entsorgung gibt

Die *orangefarbenen* Felder enthalten die *Gefahrensymbole* der verwendeten Stoffe. Diese Symbole geben Hinweise auf die Gefahren beim Umgang mit den betreffenden Stoffen. Folgende Gefahrensymbole werden verwendet:

 Kennbuchstabe **T** — Giftig

 Kennbuchstabe **T+** — Sehr giftig

 Kennbuchstabe **Xn** — Gesundheitsschädlich

 Kennbuchstabe **C** — Ätzend

 Kennbuchstabe **Xi** — Reizend

 Kennbuchstabe **O** — Brandfördernd

 Kennbuchstabe **F+** — Hochentzündlich

 Kennbuchstabe **F** — Leicht entzündlich

 Kennbuchstabe **E** — Explosionsgefährlich

 Kennbuchstabe **N** — Umweltgefährlich

Die *violetten* Felder geben *Hinweise zur sicheren Handhabung* der jeweiligen Stoffe.

 Versuch unter dem Abzug oder in einer geschlossenen Apparatur durchführen

 Schutzbrille tragen

 Schutzhandschuhe tragen

Die *grünen* Felder geben *Hinweise zur sicheren und umweltschonenden Entsorgung.*

Entsorgung. Das für die Praktikumsversuche empfohlene Entsorgungssystem basiert auf den Sicherheitsempfehlungen der Kultusministerkonferenz. Es gelten folgende Prinzipien:

- *Vermeiden:* Das Entstehen unnötiger Abfälle oder unnötig großer Mengen an Abfällen ist zu vermeiden. Dazu ist eine sorgfältige Planung der experimentellen Arbeit in Hinblick auf Art und Menge der verwendeten Stoffe notwendig.

- *Umwandeln:* Nicht vermeidbare gefährliche Abfallstoffe werden in weniger gefährliche Stoffe umgewandelt: Säuren und Laugen werden neutralisiert. Lösliche Stoffe werden zu schwer löslichen Stoffen umgesetzt.

- *Sammeln:* Abfälle, die an Ort und Stelle nicht in ungefährliche Produkte umgewandelt werden können, werden gesammelt, um sie später einer geordneten Entsorgung zuzuführen. Durch das Sammeln in getrennten Behältern werden Wiederaufbereitung oder endgültige Entsorgung erleichtert.

- *Autoklavieren:* Abfälle, die angereicherte Kulturen von Mikroorganismen enthalten, müssen unter Dampfdruckbedingungen, wie sie in einem Schnellkochtopf erreicht werden, abgetötet werden. Danach werden sie dem Hausmüll zugeführt.

Entsorgungssystem: Beim Sammeln von Abfallstoffen ist ein möglichst einfaches System anzuwenden.
Chemikalische Abfälle werden in vier unterschiedlichen Sammelgefäßen getrennt. Der Behälter B1 dient dem Sammeln und der anschließenden Entsorgung durch den Sammlungsleiter, bei den Behältern B2, B3 und B4 erfolgt die endgültige Entsorgung durch ein zugelassenes Entsorgungsunternehmen. Abfallbehälter sind mit den Gefahrensymbolen und den Gefahrenbezeichnungen zu kennzeichnen.
Biologische Abfälle, also Kulturen von Mikroorganismen, werden in hitzebeständigen Abfallbeuteln, zum Beispiel in Bratenbeuteln, nur kurze Zeit gesammelt.

Im **Behälter B1** werden saure *und* alkalische Lösungen gesammelt. Der Inhalt dieses Behälters wird neutralisiert, bevor er ganz gefüllt ist. Der neutralisierte Inhalt wird anschließend der Kanalisation zugeführt. Abfälle, die giftige Stoffe enthalten, etwa saure Chromat-Lösungen, dürfen nicht in diesen Behälter gegeben werden.

Im **Behälter B2** werden giftige anorganische Stoffe wie Schwermetallsalze, Chromate oder Fluoride gesammelt.

Im **Behälter B3** werden *halogenfreie* organische Verbindungen gesammelt. Kleinere Mengen wasserlöslicher organischer Verbindungen wie Aceton oder Ethanol werden in den Ausguss gegeben.

Im **Behälter B4** werden *halogenhaltige* organische Verbindungen gesammelt.

In einem **Autoklaven** oder Dampfdrucktopf, zum Beispiel einem Schnellkochtopf, werden hitzebeständige Beutel gegeben, die Kulturen von Mikroorganismen enthalten. Diese werden 30 Minuten bei 120 °C erhitzt. Danach werden die Beutel dem Hausmüll zugeführt.